仿真科学与技术及其军事应用丛书

军队高层次科技创新人才工程专项经费
总装备部科技创新人才团队专项经费　资助

仿真科学与技术导论

郭齐胜　　徐享忠　　徐豪华
杨学会　　谭亚新　　王　浩　编著

国防工业出版社

·北京·

内 容 简 介

　　本书力图从学科的角度对仿真科学与技术进行比较系统的阐述,内容包括:学科基础(学科的产生、内涵、理论体系、与相关学科的关系及发展展望),学科理论体系(仿真建模基本理论与方法、仿真系统构建理论与支撑技术、仿真可信度理论、仿真应用技术、仿真标准化)等内容。

　　本书可供高等院校有关专业本科生和研究生作为教材或参考书使用,也适合科研人员和工程技术人员作为技术参考书。

图书在版编目(CIP)数据

　　仿真科学与技术导论/郭齐胜等编著. —北京:国防工业出版社,2014. 1
　　(仿真科学与技术及其军事应用丛书)
　　ISBN 978-7-118-09038-3

　　Ⅰ.①仿...　Ⅱ.①郭...　Ⅲ.①计算机仿真 – 应用 –作战模拟　Ⅳ.①E83 – 39

　　中国版本图书馆 CIP 数据核字(2013)第 239850 号

※

国防工业出版社出版发行
(北京市海淀区紫竹院南路 23 号　邮政编码 100048)
北京嘉恒彩色印刷责任有限公司
新华书店经售

*

开本 710×960　1/16　印张 21¾　字数 381 千字
2014 年 1 月第 1 版第 1 次印刷　印数 1—3000 册　定价 60.00 元

(本书如有印装错误,我社负责调换)

国防书店:(010)88540777　　发行邮购:(010)88540776
发行传真:(010)88540755　　发行业务:(010)88540717

丛书编写委员会

主 任 委 员 郭齐胜

副主任委员 徐享忠　杨瑞平

委　　　员 （按姓氏音序排列）

曹晓东　曹裕华　丁　艳　邓桂龙　邓红艳

董冬梅　董志明　范　锐　郭齐胜　黄俊卿

黄玺瑛　黄一斌　贾庆忠　姜桂河　康祖云

李　雄　李　岩　李宏权　李巧丽　李永红

刘　欣　刘永红　罗小明　马亚龙　孟秀云

闵华侨　穆　歌　单家元　谭亚新　汤再江

王　勃　王　浩　王　娜　王　伟　王杏林

徐丙立　徐豪华　徐享忠　杨　娟　杨瑞平

杨学会　于永涛　张　伟　张立民　张小超

赵　倩

总 序

为了满足仿真工程学科建设与人才培养的需求，郭齐胜教授策划在国防工业出版社出版了国内第一套成体系的系统仿真丛书——"系统建模与仿真及其军事应用系列丛书"。该丛书在全国得到了广泛的应用，取得了显著的社会效益，对推动系统建模与仿真技术的发展发挥了重要作用。

系统建模与仿真技术在与系统科学、控制科学、计算机科学、管理科学等学科的交叉、综合中孕育和发展而成为仿真科学与技术学科。针对仿真科学与技术学科知识更新快的特点，郭齐胜教授组织多家高校和科研院所的专家对"系统建模与仿真及其军事应用系列丛书"进行扩充和修订，形成了"仿真科学与技术及其军事应用丛书"。该丛书共 19 本，分为"理论基础—应用基础—应用技术—应用"4 个层次，系统、全面地介绍了仿真科学与技术的理论、方法和应用，体系科学完整，内容新颖系统，军事特色鲜明，必将对仿真科学与技术学科的建设与发展起到积极的推动作用。

中国工程院院士

中国系统仿真学会理事长

李伯虎

2011 年 10 月

序 言

　　系统建模与仿真已成为人类认识和改造客观世界的重要方法，在关系国家实力和安全的关键领域，尤其在作战试验、模拟训练和装备论证等军事领域发挥着日益重要的作用。为了培养军队建设急需的仿真专业人才，装甲兵工程学院从 1984 年开始进行理论研究和实践探索，于 1995 年创办了国内第一个仿真工程本科专业。结合仿真工程专业创建实践，我们在国防工业出版社策划出版了"系统建模与仿真及其军事应用系列丛书"。该丛书由"基础—应用基础—应用技术—应用"4 个层次构成了一个完整的体系，是国内第一套成体系的系统仿真丛书，首次系统阐述了建模与仿真及其军事应用的理论、方法和技术，形成了由"仿真建模基本理论—仿真系统构建方法—仿真应用关键技术"构成的仿真专业理论体系，为仿真专业开设奠定了重要的理论基础，得到了广泛的应用，产生了良好的社会影响，丛书于 2009 年获国家级教学成果一等奖。

　　仿真科学与技术学科是以建模与仿真理论为基础，以计算机系统、物理效应设备及仿真器为工具，根据研究目标建立并运行模型，对研究对象进行认识与改造的一门综合性、交叉性学科，并在各学科各行业的实际应用中不断成长，得到了长足发展。经过 5 年多的酝酿和论证，中国系统仿真学会 2009 年建议在我国高等教育学科目录中设置"仿真科学与技术"一级学科；教育部公布的 2010 年高考招生专业中，仿真科学与技术专业成为 23 个首次设立的新专业之一。

　　最近几年，仿真技术出现了与相关技术加速融合的趋势，并行仿真、网格仿真及云仿真等先进分布仿真成为研究热点；军事模型服务与管理、指挥控制系统仿真、作战仿真试验、装备作战仿真、非对称作战仿真以及作战仿真可信性等重要议题越来越受到关注。而"系统建模与仿真及其军事应用系列丛书"中出版最早的距今已有 8 年多时间，出版最近的距今也有 5 年时间，部分内容需要更新。因此，为满足仿真科学与技术学科建设和人才培养的需求，适应仿真科学与技术快速发展的形势，反映仿真科学与技术的最新研究进展，我们组织国内 8 家高校和科研院所的专家，按照"继承和发扬原有特色和优点，转化和集成科研学术成果，规范和统一编写体例"的原则，采用"理论基础—应用基础—应用技术—应用"的编写体系,保留了原"系列丛书"中除《装备效能评估概论》外的其余9本,对内容进行全面修订并修改了5本书的书名,另增加了10本新书,形成"仿真科学与技术及其军事应用丛书",该丛书体系结构如下图所示(图中粗体表示新增加的图书,括号中为修改前原丛书中的书名):

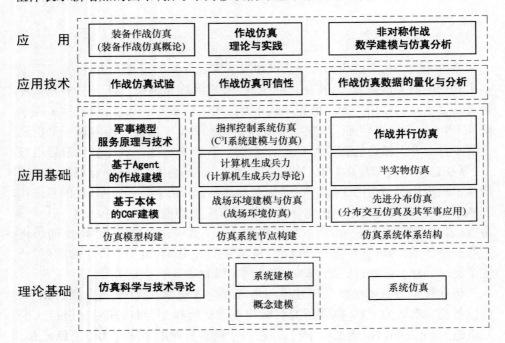

中国工程院院士、中国系统仿真学会理事长李伯虎教授在百忙之中为本丛书作序。丛书的出版还得到了中国系统仿真学会副秘书长、中国自动化学会系统仿真专业委员会副主任委员、《计算机仿真》杂志社社长兼主编吴连伟教授,空军指挥学院作战模拟中心毕长剑教授,装甲兵工程学院训练部副部长王树礼教授、装备指挥与管理系副主任王洪炜副教授和国防工业出版社相关领导的关心、支持和帮助,在此一并表示衷心的感谢!

仿真科学与技术涉及多学科知识,而且发展非常迅速,加之作者理论基础与专业知识有限,丛书中疏漏之处在所难免,敬请广大读者批评指正。

郭齐胜

2012 年 3 月

总 序

仿真技术具有安全性、经济性和可重复性等特点,已成为继理论研究、科学实验之后第三种科学研究的有力手段。仿真科学是在现代科学技术发展的基础上形成的交叉科学。目前,国内出版的仿真技术方面的著作较多,但系统的仿真科学与技术丛书还很少。郭齐胜教授主编的"系统建模与仿真及其军事应用系列丛书"在这方面作了有益的尝试。

该丛书分为基础、应用基础、应用技术和应用 4 个层次,由《概念建模》、《系统建模》、《半实物仿真》、《系统仿真》、《战场环境仿真》、《C^3I 系统建模与仿真》、《计算机生成兵力导论》、《分布交互仿真及其军事应用》、《装备效能评估概论》、《装备作战仿真概论》10 本组成,系统、全面地介绍了系统建模与仿真的理论、方法和应用,既有作者多年来的教学和科研成果,又反映了仿真科学与技术的前沿动态,体系完整,内容丰富,综合性强,注重实际应用。该丛书出版前已在装甲兵工程学院等高校的本科生和研究生中应用过多轮,适合作为仿真科学与技术方面的教材,也可作为广大科技和工程技术人员的参考书。

相信该丛书的出版会对仿真科学与技术学科的发展起到积极的推动作用。

中国工程院院士

2005年3月27日

序 言

仿真科学与技术具有广阔的应用前景,正在向一级学科方向发展。仿真科技人才的需求也在日益增大。目前很多高校招收仿真方向的硕士和博士研究生,军队院校中还设立了仿真工程本科专业。仿真学科的发展和仿真专业人才的培养都在呼唤成体系的仿真技术丛书的出版。目前,仿真方面的图书较多,但成体系的丛书极少。因此,我们编写了"系统建模与仿真及其军事应用系列丛书",旨在满足有关专业本科生和研究生的教学需要,同时也可供仿真科学与技术工作者和有关工程技术人员参考。

本丛书是作者在装甲兵工程学院及北京理工大学多年教学和科研的基础上,系统总结而写成的,绝大部分初稿已在装甲兵工程学院和北京理工大学相关专业本科生和研究生中试用过。作者注重丛书的系统性,在保持每本书相对独立的前提下,尽可能地减少不同书中内容的重复。

本丛书部分得到了总装备部"1153"人才工程和军队"2110 工程"重点建设学科专业领域经费的资助。中国工程院院士、中国系统仿真学会副理事长、《系统仿真学报》编委会副主任、总装备部仿真技术专业组特邀专家、哈尔滨工业大学王子才教授在百忙之中为本丛书作序。丛书的编写和出版得到了中国系统仿真学会副秘书长、中国自动化学会系统仿真专业委员会副主任委员、《计算机仿真》杂志社社长兼主编吴连伟教授,以及装甲兵工程学院训练部副部长王树礼教授、学科学位处处长谢刚副教授、招生培养处处长钟孟春副教授、装备指挥与管理系主任王凯教授、政委范九廷大校和国防工业出版社的关心、支持和帮助。作者借鉴或直接引用了有关专家的论文和著作。在此一并表示衷心的感谢!

由于水平和时间所限,不妥之处在所难免,欢迎批评指正。

郭齐胜

2005 年 10 月

前 言

　　有关仿真科学与技术的研究成果非常丰富,但从学科的角度对其进行系统阐述的著作还没有。作为"仿真科学与技术及其军事应用丛书"的核心,本书按照基础和理论的层次组织内容,力图比较系统地阐述仿真科学与技术的基本原理、方法与技术,结构如下:

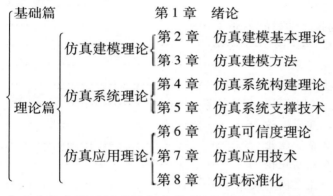

　　本书由郭齐胜设计总体框架结构,徐享忠、徐豪华、杨学会、谭亚新、王浩和郭齐胜共同编写(其中第1章由杨学会编写,第2、3章由徐豪华编写,第4、5、7章由徐享忠编写,第6章由谭亚新编写,第8章由郭齐胜和王浩编写,郭齐胜统稿。本书编写过程中参考或直接引用了国内外有关文献,出版得到了军队高层次科技创新人才工程专项经费和总装备部科技创新人才团队专项经费资助,在此一并表示感谢。

　　不妥之处在所难免,欢迎批评指正。

郭齐胜

2013 年 5 月

目 录

缩略词英中对照

缩略词	全称	含义
3I	Immersion,Interaction,Imagination	沉浸、交互、构思
AAR	After Action Review	事后分析
ABMS	Agent Based Modeling And Simulation	基于 Agent 的建模与仿真
ACD	Activity Cycle Diagram	活动周期图
ADS	Advanced Distributed Simulation	先进分布仿真
ADS	Authority Data Source	权威数据源
AHP	Analytic Hierarchy Process	层次分析法
ALSP	Aggregative Level Simulation Protocol	聚合级仿真协议
AV	Antithetic Variable	对偶变量法
BDM	Block Distributed Model	分组分布式模型
BEEP	Blocks Extensible Exchange Protocol	块可扩展交换协议
BOM	Base Object Model	基础对象模型
BOSS	Burroughs Operational System Simulator	宝来操作系统仿真语言
BSP	Bulk Synchronous Parallel	大同步并行
CLIMB	Confidence Levels In Model Behavior	模型行为置信度等级
CLR	Common Language Runtime	公共语言运行时库
COM	Component Object Model	组件对象模型
COTS	Commercial Off The Shelf	商用现货供应
CRN	Common Random Number	公用随机数法
CSMP	Continuous System Modeling Program	连续系统建模语言
CSSL	Continuous System Simulation Language	连续系统仿真语言
CTS	Common Type System	公共类型系统
DARE	Differential Analyzer Replacement	微分分析器置换语言

DARPA	Defense Advanced Research Projects Agency	国防高级研究计划局
DAS	Digital Analog Simulator	数字模拟仿真语言
DESS	Discrete Event System Specification	离散事件系统描述
DFD	Data Flow Diagram	数据流图
DIS	Distributed Interactive Simulation	分布交互式仿真
DMSO	Department of Defense Modeling and Simulation Office	国防部建模与仿真办公室
DMT	Distributed Mission Training	分布式训练系统
DOE	Design Of Experiments	试验设计
DOM	Document Object Model	文档对象模型
DSR	Distributed Simulation Repository	分布式仿真资源库
DYNAMO	Dynamic Models	系统动力学建模语言
EFC	Entity Flow Chart	实体流图法
EME	Electromagnetic Environment	电磁环境
FDD	Federation Object Model Document Data	联邦对象模型文档数据
FOM	Federation Object Model	联邦对象模型
GASP	General Activity Simulation Program	一般活动仿真语言
GERT	Graphical Evaluation and Review Technique	图示评审法
GONFR	Goal-Oriented Non-Function Requirement	面向目标的非功能需求
GOTS	Government Of The Shelf	政府现货供应
GPSS	General Purpose Systems Simulator	通用系统仿真语言
GPSS	General Purpose Simulation System	通用仿真系统
GVT	Global Virtual Time	全局虚拟时钟
H3M	Hybrid Heterogeneous Hierarchical Modeling	混合异构层次化建模
HCI	Human-Computer Interface	计算机人机界面
HL1	Hybrid Language 1	混合仿真语言
HLA	High Level Architecture	高层体系结构
HPC	Human Performance Center	人类行为研究中心
HPMI	Human Performance Modeling Integration	人类行为建模合成
IL	Intermediate Language	中间语言

JIT Debugger	Just-In-Time Debugger	即时调试器
JMASE	Joint Modeling And Simulation Environment	联合建模与仿真环境
JSB	Joint Synthetic Battlespace	联合综合战场空间
KAOS	Knowledge Acquisition In Automated Specification	知识的自动化获取规范
LBTS	Lower Bound Time Stamp	时戳下限值
LCG	Linear Congruential Generator	线性同余法
LFSRG	Linear Feedback Shift Register Generator	线性反馈移位寄存器法
LP	Logical Program	逻辑进程
LVC	Live, Virtual, Constructive	实况、构造、虚拟仿真
M&S	Modeling and Simulation	建模与仿真
MAS	Multi-Agent System	多 Agent 系统
MDA	Model Driven Architecture	模型驱动的体系结构
MIDAS	Modified Digital Analog Simulator	改进型数字模拟仿真语言
MOM	Management Object Model	管理对象模型
MPIP	Multiple Parallel replication In Parallel	多个并行样本的并行运行
MPM	Multi-Paradigm Modeling	多范式建模
MSD	Module Structure Diagram	模块结构图
MSRR	Modeling and Simulation Resource Repository	建模与仿真资源库
MTBF	Mean Time Between Failures	平均无故障时间
OM	Object Model	对象模型
OMG	Object Management Group	对象管理组织
OMT	Object Modeling Technology	对象建模技术
OMT	Object Model Template	对象模型模板
OOA	Orient Object Analysis	面向对象分析
OOD	Orient Object Design	面向对象设计
OOMS	Object Oriented Modeling & Simulation	面向对象的建模与仿真
OOS	Object Oriented Simulation	面向对象仿真
OOSI	Object Oriented Simulation Implementation	面向对象仿真实现
PDES	Parallel Discrete Event Simulation	并行离散事件仿真

PDU	Protocol Data Unit	协议数据单元
PIM	Platform-Independent Model	平台无关模型
PRAM	Parallel Random Access Machine	并行随机存取机器
PRNG	Pseudo Random Number Generator	伪随机数发生器
PSM	Platform-Specific Model	平台相关模型
RO	Receive Order	接收顺序
RPG	Recommended Practice Guide	推荐实施指南
RS	Rough Set	粗糙集
RS-FSE	Rought Set-Fuzzy Synthetic Evaluation	粗糙—模糊综合评判
RTI	Run Time Infrastructure	运行支撑平台
SA	Structured Analysis	结构化分析
SAFOR	Semi-Automated Forces	半自动兵力
SCSI	the Society for Modeling & Simulation International	国际建模与仿真协会
SD	Structured Design	结构化设计
SDG	Signed Directed Graph	符号定向图
SEDRIS	Synthetic Environment Data Representation Interchange Specification	综合环境数据表示和交换规范
SIMNET	SIMulator NETworking	模拟器联网
SISO	Simulation Interoperability Standards Organization	仿真互操作性标准组织
SLAM	Simulation Language for Alternative Modeling	交替建模仿真语言
SMDL	Simulation Model Definition Language	仿真模型定义语言
SNE	Synthetic Natural Environments	综合自然环境
SOA	Service Oriented Architecture	面向服务的架构
SOAP	Simple Object Access Protocol	简单对象访问协议
SOM	Simulation Object Model	仿真对象模型
SP	Structured Programming	结构化程序设计
TENA	Test and training ENabling Architecture	试验与训练使能体系结构
TSO	Time Stamp Order	时间戳顺序
URI	Uniform Resource Identifier	统一资源标识符

V&V	Verification and Validation	校核与验证
VM	Virtual Machine	虚拟机
VR	Virtual Reality	虚拟现实
VV&A	Verification, Validation and Accreditation	校核、验证与确认
VV&C	Verification, Validation and Certification	校核、验证与证明
XMSF	Extensible Modeling and Simulation Framework	可扩展建模仿真框架

第 **1** 章

绪　论

　　仿真已成为科学研究与工程实践中人类认识与改造客观世界的重要方法，极大地扩展了人类认知世界的能力，可以不受时空的限制，在各种假想条件下，观察和研究已发生或尚未发生的现象；可以深入到科学研究及人类生理活动难以到达的宏观或微观世界去进行研究和探索，为人类认识和改造世界提供了全新的方法和手段。

　　本章主要介绍仿真科学与技术学科的形成、学科的内涵和学科的理论体系，然后介绍本学科的相关学科，并对学科的发展进行了展望。本章的内容将为学习以及进一步研究仿真科学与技术建立基础。

1.1　仿真科学与技术学科的形成

　　仿真在系统论证、试验、设计、分析、维护、人员训练等应用层次成为不可或缺的重要科学技术，尤其是在军事应用领域，仿真技术是推动军事变革的重要支撑技术。在广泛的应用推动下，仿真科学与技术经历了初级阶段、发展阶段、成熟阶段，现在正面临着发展的新阶段，研究队伍不断发展壮大，理论体系逐渐完善，逐渐发展了一般建模与仿真理论、复杂系统仿真理论和仿真系统理论，在仿真科学与技术发展的各个阶段，指导着仿真模型的建立和仿真系统的构建，支持各行各业的应用。

1.1.1　应用需求

　　仿真科学与技术已成为人类认识与改造世界的重要方法，是建立创新型国家的不可或缺的科学技术之一。在关系国家实力和安全的关键领域,如航空航天、信息与通信、生物、材料、能源、先进制造等高技术领域和军事、工业、农业、商业、教育、交通、社会、经济、医学生命等领域,发挥着不可或缺的作用。

在系统的规划、设计、运行及改造的各个阶段,仿真科学与技术都可以发挥重要作用。总之,利用系统仿真技术,可以构造出系统分析器、系统设计器、系统观测器、系统预测器及系统训练器。

(1)系统分析器。对已有系统进行分析时采用仿真技术,如果系统是人造的,则可通过仿真提出改进意见,比如通过对汽车摆振问题的仿真分析提出克服摆振的方案;如果系统是自然的,则可通过仿真掌握其规律,使之运行得更好,比如对生态平衡问题、环境问题进行仿真。

(2)系统设计器。对尚未有的系统进行设计时采用仿真技术,如果构造所设计系统的仿真模型,通过仿真考察其性能是否满足预定要求;对已设计并制造出来的分系统在投入到整个系统中运行之前,利用仿真技术进行试验,比如新型控制器在工业过程中投运之前先与仿真模型组合在一起进行分系统试验。

(3)系统观测器。利用仿真模型作为观测器,给用户提供系统过去的(历史的)、现在的(实时的)、甚至是未来的(超实时的)信息,以便用户实时做出正确的决策,比如利用仿真技术进行故障分析及故障处理。

(4)系统预测器。在系统运行前,利用仿真模型作为预测器,向用户提供系统运行起来后,可能产生什么样的现象,以便用户修订计划或决策。

(5)系统训练器。利用仿真模型作为训练器,训练系统操作人员或管理人员。

在军事应用领域,仿真技术是新军事变革中不可缺少的高技术支柱。美军从 20 世纪 70 年代开始就将计算机仿真技术用于作战训练、武器评估、作战条令检验以及作战力量分析等方面,建立了战斗实验室、陆军实验室、空军实验室、海军实验室和陆战队实验室,研制了多种作战模拟系统。我军仿真科学与技术在军事领域的应用主要包括以下 3 种类型:

1. 作战实验

作战实验可以用于作战理论研究,检验作战新概念、创造作战新理论,也可以用于作战计划制定,通过评估作战方案、预测作战结果,作战实验是检验和优化作战决心的重要手段,还可以用于战略规划,检验现有能力、探索发展对策。

1)作战理论研究

随着信息技术的快速发展,战争样式的稳定周期越来越短,运用传统的方法,从战争中学习战争变得越来越不可靠,运用实验的方法研究战争则日益受到世界主要军事强国的重视。在信息化军事时代,有关战争新概念、新理论的提出主要依赖作战实验。

作战实验可在实验室里创造出虚拟的战争环境,在虚拟的战争环境里,可以设计未来的战争,创造指导未来战争的理论。我们可在作战实验室中模拟出当前或潜在对手,反复与其进行交战,而不会给我们带来任何损失。通过这种作战实验创造出来的"预实践",我们可以对对手的情况进行反复研究,寻找敌方的强点、弱点,真正做到知己知彼,为提出新的作战方法、作战思想奠定基础。

作战实验可以超越现有的历史阶段,用前瞻的方法研究军队的转型方法及可能的风险,提出指导军队长远发展的建设思想与方法。军事变革是一个持续进行的过程,推动力来自未来战争需要的作战能力。军队转型又是一次全局性的变革,把握不好,将会付出难以想象的代价。作战实验不仅可以模拟未来作战,模拟下一场战争,在反复的实验中摸清未来作战的需求和对军队转型的要求,而且可以让我们能够更加理性地认识未来战争,更科学地寻找转型发展之路,以规避风险,减少损失,加快建设速度,提高建设效益。因此,作战实验是提出下一代战争理念和长远建设思路的关键环节。

作战实验还可以探索新的作战概念和模式。从世界范围看,经济全球化、世界多极化、战争信息化进程加快,新军事变革发展的势头正劲,战争形态正在发生根本性的变化,新的军事理论和作战思想不断提出并应用于建设和作战实践。非战争时期,探索新的作战概念和模式决定一个国家和民族的前途与命运,决定战场上的胜负。谁占有先机,谁就能赢得主动。谁的创新意识强,谁的创新成果多,谁就能在转型的道路上走得更快、更远。利用作战实验,正好可以满足这方面的需求。事实上,这在美军对新军事变革的论证中都已经得到了充分的证实。美国海军的"网络中心战"、空军的"全球参与"战略、陆军的"后天的陆军"、美国国防部的"转型战略",以及近十余年来美军参与的几场战争,都采用了大量的作战实验进行研究,而且作战实验在其中发挥了无法替代的作用。

2)作战计划制定

作战实验的核心和实质是能对军事问题进行定量分析,预测策略的执行结果,为军事指挥提供优化的决策方案。其巨大能力就在于可从相同的起点,用不同的规则和各种不同的参数值,反复模拟实战过程,以使军事人员看出各种不同策略的运用效果。

作战实验可以优化作战决心,检验作战预案。现代战争的复杂程度越来越高,作战进程越来越快,作战要素越来越多,仅靠指挥员的经验和个人智慧是很难形成好的作战决心和比较成熟的作战预案的,必须有高科技的手段进行辅助。作战实验是比较好的选择方式。利用作战实验提供的"预实践"方法，可以反复验证作战计划，发现作战计划中存在的缺陷和漏洞。利用作战实验一方面可以把设想的作战进程以直观的形式表现出来，同时相对客观地提供可能的结局，以供军事指挥员进一步思考；另一方面也可以提供统一认识、科学决策的平台，利用作战实验提供的模拟作战进程，决策集体可以更有针对性地提出不同的意见和设想，充分发扬军事民主，集中集体的智慧，定下正确的作战决心。

现代战争的参战兵力多、作战空间广阔，各兵力之间、各任务之间关系比较复杂，是一个不易被掌握的复杂系统，因而作战计划也就可能存在着不易察觉的缺陷，有时还可能是重大的缺陷。作战计划在作战实验前预先排演，就可能发现计划中许多没有完全展开、仅凭大脑不能发现的缺陷和漏洞。同时，在作战实验中可行的作战计划并不能完全保证其在实际中可行，实验过程中当然也会启发制定作战计划人员对计划进行更深入的思考，充分发挥人的主观能动性，使作战计划更符合实际、更具有可行性。

在现代军事史上，各军事强国在运用模拟方法制定战争计划方面，都有出色的表现，例如海湾战争中，美军高度计算机化的计划更是使其庞大的洲际作战部署做到了快速反应、有条不紊的原因之一。海湾战争爆发前一周，美军中央总部根据作战预案进行了为期5天的代号为"内部观察90"的作战演习，模拟伊拉克入侵科威特时美军的作战部署等一系列行动。1990年8月2日，伊拉克真的采取了演习中预演的那种行动。美军对"内部观察90"稍加修正，于8月4日提出应急方案，并通过计算机计划系统立即形成了战区作战计划和后勤保障计划。事实证明，作战模拟系统在制定战略、战役计划方面具有不可替代的优势。

3）战略规划

目前，作战模拟已成为各国制定中长期发展计划和实施决策的一个必不可少的环节。作战能力是打赢战争的基础与保证。摸清现有能力，是科学筹划作战行动、正确定下作战决心的前提。认清现有的差距和不足，才能知道缺什么、需要补什么，找到最有效的发展策略与途径。在这方面，作战实验既可以检验评估现有的作战能力，也可以论证评估发展对策。

美军已经建立了一系列的战略级作战模拟模型，主要研究总兵力的规划，提出各军种的军事战略方面的要求，分析各军兵种的规模、兵力结构，评定部队的作战能力，并对军费分配的长远规划、年度计划及现有部队的作战部署、计划等方面提出建议。为了有效地进行战略分析与战略规划，现在世界上已有各种各样的政治军事模拟系统、战略计划模拟系统等。最为典型的例子是美国发展核武器的策略研究，正因为美国成功地运用了作战模拟技术，才找到了正确的发展策略。

通过作战实验，还可以根据国家的战略方针和战术原则，针对现有装备在现实的或未来的战争中与对方装备对抗可能出现的问题，利用科学技术的最新成就，提出发展新武器装备的建议；根据国家批准的发展新武器装备的任务，在委托的研制单位对待研的新系统进行总体方案分析的同时，拟订出新系统的性能要求、技术规格，作为实际设计工作的依据；根据新武器装备运用的战略和战术环境，预测新武器装备对作战方式带来的影响，拟订最优的使用原则；等等。建立在科学实验基础上的发展策略，其可信度是传统方法难以比拟的。

2. 模拟训练

模拟训练，是指运用以计算机为核心的模拟仿真技术，模仿交战各方的人员、装备和战斗与保障平台，在虚拟的战场上展开作战与保障行动，使指挥员和指挥机关、单个人员和整个部队在近似实战的环境中受到逼真训练的一种方法。模拟训练是提高军事训练质量和效益的主要途径，也是信息化条件下军事训练发展的重要方向。开展模拟训练，已经成为当今世界各国军队军事训练的普遍发展方向。美军从营级到师级的士兵训练较少，主要进行模拟训练，极大地改变了训练的过程和方式，大大提高了训练质量和效益。近年来，随着高新技术特别是信息技术在军事领域的广泛应用，我军模拟训练有了很大发展，模拟训练已从单一手段过渡到多种手段的综合运用。

信息化武器系统越来越复杂，要掌握这些系统的原理、结构、操作程序及对付各种先进武器的方法和应变能力，完全依靠战争实践和实装实弹训练是不现实的。因此，必须充分运用多媒体技术、虚拟现实技术、数据库技术、网络技术、人工智能技术、模拟技术等高新技术，建立各类作战实验室，制造环境逼真、情况逼真、心理逼真等酷似实战的境况，量化与作战能力有关的各种因素（如人员和武器装备的数量质量、编制体制的科学化程度、组织指挥和管理水平、各种勤务保障能力等），在反复的作战实验中，提高部队官兵的战技水平和指挥能力。

模拟训练有利于提高训练的实效性。模拟训练可以直接、真实地反映训练效果，从而使受训者在训练中能够及时发现和解决问题，缩短训练时间，提高训练质量。模拟训练受天候气象、地形环境等客观因素限制较小，主动性较大，并可多次重复进行，不受时空限制；模拟训练还解决了实装、实弹训练消耗大的问题，节约了大量的人力、物力、财力，并提高了训练安全系数，减少电磁频谱等暴露的危险，可以大大提高训练效益。

模拟训练有利于增强训练的实战性。模拟训练能够较好地利用各种模拟器材模拟武器平台，提高单个人员对武器装备的操作熟练程度，使人与武器装备的结合程度大幅度提高；能够较好地利用各种模拟器材和模拟设备模拟战场环境,较为真实地虚构战场气氛,体现现代条件下作战的特点,生动形象地反映作战的基本形态,让受训者在近似实战的环境中接受训练;能够较好地利用各种信息化模拟手段模拟战场景况,为指挥员和指挥机关提供虚构的战场态势和敌我双方的情况,生动形象地反映出多维战场的复杂性,锻炼指挥员和指挥机关的分析判断能力和指挥控制能力。

模拟训练有利于调动训练的积极性。模拟训练由于不受实装、实弹的影响,能够以较少的训练投入产出较大的训练效益,而且模拟武器装备和战场情况设置灵活、形象、逼真,使受训者得到近似实装的操作和近似实战的演练,能产生浓厚的兴趣,提高训练自觉性,激发练兵积极性。

3. 装备仿真

在武器装备系统的全寿命周期中,每个阶段都需要运用仿真科学与技术解决有关问题。

1)需求分析阶段

采用武器平台级的对抗模型进行仿真,可以论证我军及各军兵种的武器装备发展战略,确定在不同时期对武器的需求:将概念和真实的武器置于虚拟的多武器平台体系对抗环境中,进行仿真武器系统的作战效能评估,可以确定战技性能指标,再根据国内外可采购的武器和我军现有武器状态分析,进而决定武器平台的发展规划。

2)可行性论证阶段

用于验证装备战术技术指标的合理性和可行性,通过虚拟装备的对抗,对装备的新概念的形成、概念的选择及技术途径研究、概念的可行性分析等,可以逐次的验证关键战技指标。

3)方案论证阶段

将仿真技术用于比较和选定武器系统方案,并确定总体及各分系统的主要参数要求,包括技术论证、概念确认、系统集成、资源选择等。

4)工程设计研制阶段

仿真系统用于系统工程设计、方案和参数确定、摸清系统性能规律和对系统性能作初步评估,不断的解决设计和研制中的具体困难。

5)实装试验阶段

用于验证设计和对系统性能进行评估,以坦克为例,包括跑车前跑车试验性能预测、跑车试验后结果分析、故障原因分析。采用仿真试验取代部分实装试验,可以缩短试验时间。

6)鉴定和定型阶段

利用经过确认的具有较高置信度的仿真系统,进行作战对抗的多批次试验,得出多种地域各种作战情况下该装备对各种目标的作战效果以及可靠性数据,科学、快速的形成装备定型的部分文件,减少定型实装试验次数。

7）批量生产阶段

用于投产前决策研究,包括对武器系统的确认等,军事经济学仿真研究生产成本,维护运行成本。对关键工艺可行性分析仿真,在经济性、可生产性和技术指标之间做出最佳选择,调整某些测试参量的指标范围,在保证质量的基础上降低成本。

8）使用、库存和报废阶段

通过装备作战仿真及早形成部队使用的条令等文件,及早地发现、暴露武器系统的薄弱环节,及时提出系统改进方案,在敌情发生新变化时,及时评价装备对新的作战对象环境的适应能力,并可对报废决策进行仿真。

1.1.2 发展历史

"仿真科学与技术"是工业化社会向信息化社会前进中产生的新的科学技术学科。社会与经济发展的需求牵引和各门类科学与技术的发展,有力推动了仿真科学与技术的发展。半个多世纪以来,仿真科学与技术在系统科学、控制科学、计算机科学、管理科学等学科中孕育、交叉、综合和发展,并在各学科、各行业的实际应用中成长,逐渐突破孕育本学科的原学科范畴,成为一门新兴的学科,并已具有相对独立的理论体系、知识基础和稳定的研究对象。它的发展经历了如下几个阶段:

1. 仿真技术的初级阶段

在第二次世界大战后期,火炮控制与飞行控制系统的研究孕育了仿真技术的发展。从 20 世纪 40 年代到 60 年代,通用电子模拟计算机和混合模拟计算机相继研制成功,是以模拟机实现仿真的初级阶段。

2. 仿真技术的发展阶段

20 世纪 50 年代初连续系统仿真在模拟计算机上进行,50 年代中期出现数字仿真技术,从此计算机仿真技术沿着模拟仿真和数字仿真两个方面发展。20 世纪 60 年代初出现了混合模拟计算机,增加了模拟仿真的逻辑控制工程,解决了偏微分方程、差分方程、随机过程的仿真问题。而在数字仿真方面,除了计算机的运算速度不断提高外,为了使仿真人员摆脱复杂的程序设计,20 世纪 60 年代至 70 年代,仿真技术不但在军事领域得到迅速发展,而且扩展到了许多工业领域,同时相继出现了一些从事仿真设备和仿真系统生产的专业化公司,使仿真技术进入了产业化阶段。

1）仿真语言的发展

仿真语言是仿真开发的基础,在仿真技术的发展阶段,随着数字计算机的发展,也发展起多种仿真语言。

（1）连续系统仿真语言。

1955年出现第一个框图式仿真语言,称为数字模拟仿真语言(DAS)。其支撑软件配有一整套对应于模拟计算机中各种标准运算部件的程序模块,用这种仿真语言编写的源程序分为结构、参数和控制三部分,分别用来指定程序模块间的连接、模块的参数和模块的运行方式。用户书写源程序语句的顺序则是任意的,源程序经编译程序翻译成机器码,或经解释程序解释后执行。因为源程序的编制方法与模拟计算机的编排方式相类似,所以很受仿真界的欢迎,盛行于1955年—1965年间,但模型的表达内容要受预先编制好的模块类型的限制。DAS语言吸取了早期许多仿真语言的特点,在仿真语言的发展中起过重要的作用,20世纪60年代初还在DAS语言的基础上作了改进,出现改进型数字模拟仿真语言(MIDAS)。

1959年出现系统动力学建模语言DYNAMO(Dynamic Models)。

1967年美国计算机仿真学会提出一种兼有框图表示功能的面向方程的仿真语言,称为连续系统仿真语言(CSSL),成为连续系统仿真语言的规范。此后又出现了许多符合CSSL规范的仿真语言,其中应用较广的有连续系统建模语言(CSMP)和微分分析器置换语言(DARE)。由于近代公式翻译语言FOR-TRAN的编译程序对某些小型计算机也能产生高效率的目标代码,所以面向方程的仿真语言都是先翻译成FORTRAN语言,再通过编译程序生成目标代码。

（2）离散系统仿真语言。

1959年出现第一个离散系统仿真程序包MONTECONE。

1961年提出进程型仿真语言——通用系统仿真语言(GPSS)。

1963年出现事件型仿真语言SIMSCRIPT。

1967年又提出另一种进程型仿真语言SIMULA67。

后来又出现另一种事件型仿真语言:一般活动仿真语言(GASP)。20世纪70年代以后,仿真语言开始向多功能的方向发展,在离散系统仿真语言中引入连续系统仿真语言,产生混合系统仿真语言。其中应用最广的是GASP的两个新版本GASPⅣ和GASP-PL/1以及交替建模仿真语言(SLAM)。

混合仿真语言(HL1)可用于设计并行计算模块的程序,适用于高速仿真和实时仿真。将仿真语言与控制系统计算机辅助设计软件包配合使用,使计算机仿真系统成为控制系统设计研究的有力工具。近年来出现的仿真软件系统和仿真专家系统进一步扩展了仿真语言的功能,成为仿真语言发展的新方向。

2）仿真可信性研究

在这个阶段，仿真可信性受到业界的关注，诸多关于仿真可信度的重要概念、术语和原则初步确立，为该领域的后续研究指明了方向。

在仿真技术发展初期，人们对利用模型代替原型系统进行仿真实验的可信度是持怀疑态度的。所以，Biggs 和 Cawthorne 在 1962 年对"警犬"导弹仿真可信度进行了全面研究，被认为是早期仿真可信度研究的代表。

1967 年，Fishman 和 Kiviat 最早提出了仿真的校核与验证问题。他们认为仿真模型的有效性研究可以划分为两个部分：即模型的校核与验证（V&V），模型校核是判断模型在计算机上的实现是否正确；模型验证是指通过比较相同输入条件下和运行环境中的模型与原型系统输出之间的一致性，从而评价模型的可信度。Hermann 提出可以从不同角度来验证仿真模型和真实对象之间的一致性。Miharm（1972 年）将模型开发过程分为 5 个步骤，即系统分析、系统集成、模型校核、模型验证和模型分析，首次将仿真可信度分析作为仿真工作的一个有机组成部分。

20 世纪 70 年代中期，美国计算机仿真学会为建立与模型可信度相关的概念、术语和规范，成立了"模型可信度技术委员会"，这是一个重要的里程碑，标志着仿真可信度研究的组织化。

3. 仿真技术发展的成熟阶段

自 20 世纪 70 年代以来，随着信息技术、计算机技术、计算机网络技术、图形图像处理技术等的飞速发展，人们开始在计算机中描述和建立客观世界中的客观事物以及它们之间的关系。多媒体仿真、虚拟现实仿真技术、分布交互式仿真以及仿真可信性研究飞速发展、不断成熟，成为仿真科学与技术在各行各业迅猛发展的重要支撑技术。

1）多媒体仿真技术

20 世纪 80 年代末 90 年代初，以计算机技术、通信技术、智能技术等为代表的信息技术的迅猛发展，给仿真技术在可视仿真基础上的进一步发展带来了契机，出现了多媒体仿真技术，它采用不同媒体形态描述性质不同的模型信息，建立反映系统内在运动规律和外在表现形式的多媒体模型，并在多媒体计算机上运行，产生定性、定量相结合的系统动态演变过程，从而获得关于系统的感性和理性认识。多媒体仿真技术充分利用了视觉和听觉媒体的处理和合成技术，更强调头脑、视觉和听觉的体验，仿真中人与计算机的交互手段也因之而更加丰富。

2）虚拟现实仿真技术

20 世纪 80 年代初"VR"（虚拟现实）一词正式提出，虚拟现实仿真技术是继多媒体仿真之后兴起的又一仿真技术。虚拟现实是一种由计算机全部或部分生成的多维感觉环境,给参与者有身临其境的感觉,同时参与者从定性和定量综合集成的虚拟环境中可以获得对客观世界中客观事物的感性和理性的认识。沉浸、交互、构思(3I)是虚拟现实具备的 3 个基本特征。虚拟现实仿真技术具有安全、经济、节能降污、不受外界环境限制等突出优点,在今后必然会得到更深入的发展和更广泛的应用。

3) 分布交互式仿真技术

在需求牵引和计算机科学与技术的推动下,为了更好地实现信息与仿真资源共享,"网络化建模与仿真系统"应运而生。20 世纪 80 年代初期,出现了分布仿真系统,它受当时网络技术的限制,在可扩展性、性能及其应用方面存在着许多局限性。80 年代中期,美国国防部提出了先进分布仿真(ADS)技术的概念,国防高级研究计划局(DARPA)和陆军率先共同制定了模拟器联网(SIM-NET)计划。自此,开辟了 ADS 技术发展的新纪元,并经历了分布交互式仿真(DIS)、聚合级仿真协议(ALSP)和高层体系结构(HLA)等几个典型发展阶段。

(1) DIS。20 世纪 80 年代早期,美国的 DARPA 资助了将坦克训练模拟器在网络上联接起来的 SIMNET 项目。该项目首次实现了将大规模、实时、人在回路的仿真器集成在网络的目标。20 世纪 90 年代早期,SIMNET 的体系结构和协议发展成了 DIS。DIS 是一个网络协议标准,它提供了通过协议数据单元(PDU)传送实体状态和其他信息的方法。这些协议数据单元由数据包组成,在仿真网络上用广播的方式发送。在仿真应用的推动下,DIS 从仅支持基于同构网络的分布交互仿真发展为支持基于异构网络的分布交互仿真,从概念性研究发展到人员训练、武器研制、战术演练和空中交通管制等具体的仿真应用。

在 DIS 中,每个仿真实体负责将自身状态的更新传输给其他实体,无论它们是否需要;每个 PDU 单元包含固定的状态信息,故只要任意一个状态变量的变化超过预定的阈值,所有信息都将被传输。由此可见,DIS 由于采用了消息广播机制及固定的 PDU 使得系统的可伸缩性和协同性不好。另外,由于 DIS 缺乏可靠的对象间通信和适当的时间管理服务,故只能被动地将分布的仿真器互联,不能满足未来大规模仿真的需求。这些都影响了仿真应用向深度和广度发展。

(2) ALSP。在 20 世纪 90 年代初期,DARPA 资助 MITRE 研究设计一种用于大规模的、聚合级对抗仿真的通用仿真协议——ALSP。ALSP 的设计原则是无中心节点(即每个仿真应用控制自己的局部资源,自主地采取行动)、动态配置(即仿真实体可以自由加入和退出仿真)、地理分布、基于消息的协议、时间管理、数据管理和属性所有权。

与 SIMNET 和 DIS 相比,ALSP 的特点主要体现在:

① 仿真时间管理:典型情况下,仿真时间是与物理时间无关的。与 DIS 中的实时仿真器不同,使用 ALSP 互操作是明确进行时间管理的离散事件仿真。ALSP 提供时间管理服务协调仿真时间,并保持仿真中事件的因果关系。

② 数据管理:参与 ALSP 系统的各种仿真可能在内部的数据表示上有很大的不同。为了将它们集成到同一个系统中,ALSP 定义了一种通用表示方式及相应的转换和控制机制。

(3) HLA。美国国防部于 1996 年 9 月正式颁布了 HLA,定义了一个灵活的、可伸缩的、可重用的软件体系结构。基于 HLA 可创建基于组件的分布式仿真,构成系统的各类模块或各类仿真体均可直接接入该框架,并能容易地实现相互间的互操作及仿真部件的可重用。为了确保系统有较好的性能价格比,HLA 还提供了一系列商用现货供应(COTS)和政府现货供应(GOTS)的软、硬件,以达到"高效实用"和"即插即用"的效果。

在 HLA 中,每个通过运行支撑平台(RTI)与其他应用软件互联,并按照联邦对象模型文档数据(FDD)与其他应用软件交互的仿真应用,被称为 HLA 的一个联邦成员。每个联邦成员包含若干个对象,对象是联邦成员内部代表现实世界中基本元素的概念表示。作为一个整体为实现某种特定仿真目的而使用一个公共的联邦对象模型(FOM)的一组具有名字的联邦成员集合称为联邦。每个联邦成员通过逻辑通路与运行支撑平台 RTI 相连,整个系统的交互通信由 RTI 进行协调和管理。HLA 由三部分组成:框架及规则,给出了联邦成员及联邦的框架及所应遵守的规则;联邦成员接口规范,定义了各联邦成员与 RTI 的接口方式;对象模型模板,定义了 HLA 对象模型的格式和语法。RTI 是 HLA 框架的平台软件,作为联邦执行的核心,其功能类似于特殊目的的分布式操作系统,在 HLA 联邦执行过程中为各联邦成员的同步和数据交互提供公共的接口服务。

随着计算机技术的发展,RTI 支撑平台技术也在不断发展,为适应网格计算、云计算等新技术的发展,通过 RTI 拓展等技术手段,实现 RTI 的扩展应用。同时,适应高性能计算环境的新的分布式交互仿真标准及 Web 技术也正在探索与发展中。

(4) 可扩展建模仿真框架技术及仿真网格技术。1996 年的冬季仿真会议提出了基于 Web 的仿真的概念。随着 Internet/Web 技术的不断发展,2000 年以后,M&S 与 Web/XML、Internet/Networking 技术的进一步结合推动形成了可扩展建模仿真框架(XMSF)。

XMSF 的核心是使用通用的技术、标准和开放的体系结构促进建模与仿真在更大范围(尤其包括与 C⁴I 系统)的互操作与重用。目前,XMSF 尚处于研究之中,但也开发了一些演示系统。除美国 DoD 支持的 XMSF 之外,还有许多其他组织和国家展开了研究,如国际建模与仿真协会(SCSI)、瑞典国防研究局等。

当前基于 Web 技术的网络化建模仿真技术研究发展的重点是 XMSF 相关标准、技术框架和应用模式等的建立与完善,HLA 中 SOM/FOM 与基础对象模型(BOM)的结合,以及 HLA/RTI 的开发应用与 Web/Web Service 技术的结合,实现在公共广域网条件下的联邦组织和运行。其重要意义在于推动分布建模仿真技术向着标准化、组件化,以及仿真嵌入实际系统的方向发展。

网格技术是一项新兴并且正在发展的技术,其核心是解决网上各种资源(如计算资源,存储资源,软件资源,数据资源等)的动态共享与协同应用。网格与仿真的结合为各类仿真应用对仿真资源的获取、使用和管理提供了巨大的空间。同时,它以崭新的理念和方法为仿真领域中诸多挑战性的难题的解决提供了技术支撑。仿真网格技术是军民两用技术,它将对建模/仿真的应用模式、管理模式和支撑技术上带来巨大的变革与创新,并将产生重大的社会和经济效益。

目前,国外已开展了仿真与网格技术结合的研究项目,如:SF – Express 基于网格技术解决资源分配和动态容错等问题;CrossGrid 从"RTI Layer"、"Federation Layer"、"Federate Layer"3 个层次按照 HLA 标准采用网格技术对 RTI 的实现进行研究;DS – Grid(英国伯明汉大学、诺丁汉大学和新加坡南洋技术大学的协作项目,e – Science 姊妹项目)、NessGrid 和 FederationX Grid 等较为系统地研究面向仿真的应用网格。

在我国也较早展开了这方面的研究,如中国航天科工二院提出并开展的仿真网格技术研究项目和北京航空航天大学正在开发的基于网格的 RTI。

4) 仿真可信性研究

自 20 世纪 80 年代以来,几乎每年的夏季计算机仿真会议(SCSC)和冬季仿真会议(WSC)都有关于模型可信度的专题讨论;美国军事运筹学会(MORS)自 1989 年召开了多次有关模型 VV&A 的讨论会,在此基础上,逐步形成和发展了仿真的 VV&A 技术,使仿真可信度研究向系统化、全面化的方向发展。

很多学者结合工程实践,提出了许多模型校核与验证的方法。如图灵检验法(TuringTest)、最优时间匹配法都是这一阶段提出来的;1984 年,Holmes 提出了确定模型行为置信度等级的(CLIMB)方法。Balci(1989,1990)认为可信度评估应贯穿于仿真研究的全生命周期中,他将仿真研究的全生命周期划分为仿真开发的 10 个阶段,10 个过程及贯穿于其中的 13 个可信度评估步骤,并提出了一种综合所有步骤的评估结果以形成一个量化衡量指标的思路。1994 年,Sargent 对模型验证的方法进行了综述,为这些方法的应用提供了指导。

美国国防部公布的 VV&A 建议规范中归纳总结了 76 种校核与验证方法,分为静态方法、动态方法、正规方法和非正规方法四大类,为这方面的研究提供了全面的指导。1994 年,美国国防部建模与仿真办公室(DMSO)为了对 VV&A 在模型可信度研究中进行广泛而全面的示范,在反坦克先进技术演示项目中,资助实施了 VV&A 的 9 步过程模型,取得了很好的效果。

4. 仿真科学与技术发展的新阶段

随着各行各业对仿真科学与技术应用的更加深入,仿真科学与技术的发展面临着一个尴尬的局面:仿真成为各行各业解决难题的基本手段或终极解决方案,但不重视仿真基础理论、方法和技术的研究,无法为仿真应用提供专业的理论、方法和技术的指导;在解决项目难题时,从上到下、从前到后,无不重视仿真技术的应用、仿真系统的开发,但所有人又都质疑仿真的可信性。

在仿真科学与技术发展的新阶段,这种局面有待我们打破,一是加强仿真科学与技术的学科建设,为仿真科学与技术的基础性研究提供一个牢固的、开放的、兼容的舞台;二是积极应对仿真科学与技术新的挑战,利用学科的优势,广泛吸取系统科学、计算机科学等学科的先进思想和技术,为仿真科学与技术的发展开辟出新天地。

1)仿真科学与技术学科建设

为规范和加强学科专业的设置与管理,进一步发挥学科专业目录在学位授予、人才培养和学科建设中的指导作用。国务院学位委员和教育部在 2009 年制订了《学位授予和人才培养学科目录设置与管理办法》,文件指出一级学科是具有共同理论基础或研究领域相对一致的学科集合。一级学科原则上按学科属性进行设置,须符合以下基本条件:

(1)具有确定的研究对象,形成了相对独立、自成体系的理论、知识基础和研究方法;

(2)一般应有若干可归属的二级学科;

(3)已得到学术界的普遍认同。在构成本学科的领域或方向内,有一定数量的学位授予单位已开展了较长时间的科学研究和人才培养工作;

(4)社会对该学科人才有较稳定和一定规模的需求。

为推动仿真科学与技术学科的发展,中国系统仿真学会在 2004 年至 2010 年组织国内仿真界专家进行了长达 6 年的学科建设论证工作,对仿真科学与技术的理论、方法体系进行了归纳总结,统计了国内仿真科学与技术学科专业人才培养的现状以及社会应用情况。经过多次总结、讨论,认为仿真科学与技术学科已形成了相对独立、自成体系的理论、知识基础和方法论;本学科由仿真建模理论与方法、仿真系统与技术、仿真应用工程 3 个二级学科组成,学科结构合理;本学科的学位培养体系已形成,有较强的人才培养能力,在 3 个以上省(自治区、直辖市)都有多个学位授予单位,依托相关一级学科在构成本学科的学科领域内完成了至少 3 届博士研究生培养,且培养质量良好;社会对该学科人才有较稳定和一定规模的需求。

这段工作的研究成果在 2010 年《仿真科学与技术学科发展研究报告》蓝皮书中发布,既是对国内仿真科学与技术学科发展的总结,又为今后学科发展提供了一个基础,并开启了未来中国仿真科学与技术学科研究的新篇章。

2)新的挑战

(1)复杂系统建模与仿真理论。

复杂系统建模与仿真理论是复杂系统仿真领域的核心问题。现有建模与仿真理论可以支持对复杂系统的哪些特征进行模拟?不同领域的复杂系统,有其不同的特点,也就意味着可能需要不同的仿真理论来研究。本书寻求最合适的建模与仿真理论来进行某一类复杂系统的仿真,并且将其总结凝练,得到复杂系统仿真的普适性理论。

当前,表面上可用于复杂系统仿真的理论众多,但这些理论是否真正适用于复杂系统仿真,其仿真可信度如何;在仿真时一般需对复杂系统进行简化,这些简化是否会引起整个问题的质变,这一系列问题,都需要在多年的实践和理论分析之后才能回答。另一方面,由于复杂系统具有自适应性、不确定性等特点,那么研究专门用于复杂系统的建模与仿真理论,也是一种可行之路,这方面,比如从定性到定量的综合集成研讨厅和基于人工系统、计算实验、平行执行的建模方法都给出了一定的探索,但总体上尚处于初步阶段。总之,对现有复杂系统建模与仿真理论的分析、改进,以及研究出新的理论,都将是该领域以后研究的重点之一。

(2)仿真支撑技术。

随着仿真应用的不断深入,仿真规模越来越大,仿真模型越来越精细,其对计算资源的要求也越来越高。高性能仿真是进行仿真研究、解决重大挑战问题的重要途径,近些年提出的基于 GPU、FPGA 的并行计算加速技术、云计算等先进的计算机应用理论和技术,为高性能仿真、高效能仿真提供了新的起点,也带来了新的挑战。

针对仿真应用特点,定制高性能计算机体系结构和硬件加速器,是高性能仿真计算机的发展趋势;为充分利用高性能仿真计算机的资源,更好地支持大规模或超大规模仿真,并行仿真支撑软件需要进一步攻克同步算法、负载平衡、乐观机制、高效通信等关键技术,以取得更好的加速比和可扩展性;高性能仿真建模理论和技术将重点解决基于组件及基于 Agent 的建模理论与技术。随着高性能仿真应用领域的不断拓展,高性能仿真必将在国防安全、生命科学、社会学等领域得到越来越广泛的应用,应用的牵引会进一步促进高性能仿真技术的快速发展。

3）仿真可信度

从 20 世纪 90 年代中期至今,仿真应用几乎渗透到各个领域,可信度的重要性也被更广泛的关注。但是,仿真可信度的标准、规范等基本问题仍然跟不上仿真应用的步伐,所以,以美国为代表的西方国家和科研机构加强了对仿真可信度标准化、规范化工作的研究力度。

1993 年,美国陆军颁布了《陆军建模与仿真的 VV&A》;1996 年,美国国防部提交了《VV&A 推荐实施指南》,并于 2002 年将其推荐为 IEEE 标准;1998 年 7 月,IEEE 计算机协会发表了关于 DIS VV&A 的标准 IEEE Std 1278.4,成为 DIS 系列标准之一;2008 年 1 月,美国国防部发布建模与仿真(M&S)VV&A 文档标准 MIL – STD – 3022。

在本阶段,尤其是进入 21 世纪以来,复杂系统建模与仿真成为仿真应用领域的一个新的热点,对复杂仿真系统仿真可信度的理论、方法、测试与评估 (T&E)技术的需求也越来越迫切。研究人员重点在可信度评估方法上进行了一些探索,基于层次分析法、模糊综合评判、人工智能、粗糙集、系统辨识等理论的原有方法得到了改进,一些新方法应运而生,在一定范围的应用中有针对性地解决了很多问题。但是,这些方法往往是某具体仿真系统开发过程中的“衍生物”,具有局限性,还难以向所有仿真应用推广。

随着各行各业对仿真应用依赖加强,对仿真可信度会越来越重视,同时,随着新的建模理论、仿真支撑技术的出现,将会不断制定新的标准,研究新的理论、方法、技术以及相应的工具、手段,辅助仿真可信度的提高。

1.1.3　研究队伍

由于“仿真科学与技术”尚未列入教育部一级学科目录,目前仿真科学与技术的研究队伍基本上都是依托于相关学科,如“控制科学与工程”一级学科下的“导航、制导与控制”二级学科;“航空宇航科学与技术”一级学科下的“飞行器设计”二级学科;“兵器科学与技术”一级学科下的“武器系统与运用工程”二级学科;“计算机科学与技术”一级学科等,并依托各高等学校、科研院所建立了一大批仿真研究与应用实验室和工程研究中心,其中 6 个国家重点实验室和 2 个工程研究中心的情况简述如下。

（1）大气科学和地球流体力学数值模拟实验室主要研究大气和海洋宏观演变规律及机理，天气、气候系统变化规律及其异常发生机制，并进行数值模拟。在提高预防和减轻气候灾害、合理利用气候和水资源及重要的国际研究计划中发挥了重要作用。

（2）电力系统及发电设备控制和仿真实验室主要从事电能源领域的基础和应用基础研究，包括电力系统控制与仿真、电力系统调度自动化、电力设备运行与热力系统在线检测和故障诊断、火电机组建模与仿真等。

（3）汽车动态模拟实验室主要研究人—车闭环系统、汽车系统及其总成部件、汽车地面系统、汽车动力系统、汽车车身与空气动力学等的建模、仿真与控制。

（4）虚拟现实技术实验室主要从事虚拟现实技术、可视化技术、计算机网络、图形系统工具、图像信息处理、分布式系统和人工智能等领域的科学研究和技术开发。建立了我国首个用于分布式虚拟现实研究的广域专用网络DVENET，推出分布交互仿真开发与运行平台 BHHLA/RTI。

（5）北京仿真中心圆满完成了各项航天科研任务，为长征三号甲（乙）运载火箭、防空导弹等进行了数学和半实物仿真试验；为东方红 3 号等多个卫星的成功发射起到了"保驾护航"作用。并将科研成果推广到"引黄入晋"等大型水利工程和高科技游乐设备的研制中，取得了良好的社会和经济效益。

（6）环境模拟与污染控制联合实验室包括了水污染控制、环境水化学、大气环境模拟和水环境模拟 4 个实验室。主要运用先进的科学技术，特别是模拟（仿真）手段研究重大的环境问题，以基础研究支持高新污染控制技术的发展，为我国环境保护发挥了重要作用。

（7）国家 CIMS 工程技术研究中心的仿真与虚拟制造实验室，主要从事复杂产品的设计/仿真/优化技术研究和相关软件工具的开发。研究开发了基于HLA/RTI 的多学科协同仿真平台原型系统，建立了多学科协同仿真优化平台、网络制造平台。

（8）经济领域系统仿真技术应用国家工程研究中心圆满完成"南水北调工程仿真系统"、"中国地震减灾仿真网络试验与方案构建"、"国家粮食安全预警模型系统"等科研任务，为国民经济领域重大工程决策问题提供了科学依据。

1.1.4 理论研究

仿真科学与技术是在应用中成长起来的一门学科，学科理论研究经历了从无到有，从应用中不断总结的过程。学科理论研究的过程可以分为两个阶段：

一般建模与仿真理论和复杂系统仿真理论阶段,建模理论研究的是从客观世界映射到仿真模型的理论,包括一般建模与仿真理论和复杂系统建模与仿真理论,仿真理论研究的是仿真系统构建与运行的理论。在建模理论发展的同时,仿真系统理论也在不断发展,具体研究情况如下。

1. 一般建模与仿真理论

1976年,Zeigler在《建模与仿真理论》中指出:建模与仿真实践遍及所有的学科领域,然而它具有自身一套关于模型描述、简化、有效性、仿真与测试等一整套概念,这些概念对于任何一门学科并没有特殊性。

从1976年至今,一般建模与仿真理论的建立,仍然在探索中。2000年《建模与仿真理论》一书发行了第二版。Zeigler对全书做了重要修改和补充:提出了连续与离散事件建模与仿真的综合框架;探索了仿真建模的数学基础。

北京航空航天大学文传源对仿真学科的基础理论进行了探索:一门学科的专门基础理论必须有其独特的理论内容,它所研究的对象也必然有相应的独特功能、工作方式、运行规律等。他还对仿真系统中的仿真系统理论问题进行了研究,以飞行模拟器为例,在飞行模拟器和真飞机之间存在着一种特殊关系:即相似关系,分析、研究这种相似关系的相似规则与运算、相似方式、相似方法、相似建模、相似程度及其与误差的对应关系等方面的独特性内容,可形成仿真中的相似理论体系,并可对开发研究仿真系统起到指导作用。

仿真科学与技术在应用上发展迅速,但在理论上一直鲜有突破,使得仿真技术、仿真应用的发展很难得到统一的理论指导,极大地限制了这门学科的发展。从2004年开始,中国系统仿真学会组织各个领域的仿真专家,共同总结仿真科学与技术的学科理论体系,基本确定了本学科的理论体系框架,可以作为一般性理论基础指导,但还需要进一步加强研究,不断完善该体系,这是本学科一般建模与仿真理论发展的一个里程碑。同一时期,加拿大的Ören教授总结出建模与仿真学科的"知识体"(Body of Knowledge),基本思路和国内理论体系一致。

2. 复杂系统建模与仿真理论

复杂系统,指的是一类具有"系统组成关系复杂、系统机理复杂、系统的子系统间以及系统与其环境之间交互关系复杂和能量交换复杂、总体行为具有非线性,自组织、混沌、涌现等特点的系统"。典型的复杂系统如航空航天工程系统,国民经济社会系统,人、动物、植物等生命系统,气候、电磁等环境系统,以及C^4ISR、攻防体系等军事系统。

近年来,仿真技术在复杂系统中的应用日益成为推动仿真发展的动力,复杂系统在设计和试验过程中,参数量大,系统复杂,基于实物的设计和试验周期长,耗资巨大,仿真技术为复杂系统的设计和试验提供了良好的技术平台。李伯虎、王子才等在《系统仿真学报》百期纪念特约专家论坛上均发表了关于复杂系统仿真的论文,指出复杂系统已经无可争议地成为国内仿真界研究的最大热点问题之一。

复杂系统建模与仿真理论与技术已经成为研究各类复杂系统的最重要手段之一,而复杂系统与仿真的融合,不仅是复杂系统发展的需要,也是仿真理论和技术发展到现阶段的固有需求。

基于 Agent 的建模与仿真(ABMS)是研究复杂系统的有效途径和建模仿真方法学,是当前最具有活力、有所突破的仿真方法学,已经成为系统仿真领域的一个新的研究方向,在多个领域得到应用,尤其在复杂系统的研究中得到广泛的关注。但对该类系统采用还原论方法不能取得对系统整体行为的了解,而ABMS 是一种合适的方法。目前 ABMS 在国内外自然科学和社会科学的许多领域均得到了应用。

ABMS 是主体系统理论与仿真方法的融合,用 ABMS 方法研究复杂系统与一般仿真研究的基本过程类似,只是在一些环节上有差别,需要在仿真研究基本过程之上进行调整、细化。ABMS 方法具有鲜明的特点,在复杂系统研究中得到广泛应用,然而对该方法本身却缺乏统一认识,至今未形成普遍接受的方法论。Ören 指出随着 ABMS 的应用,Agent 将拥有越来越多的高级特性,如情绪感知、机器理解特性等,并介绍了一个可以进行情感交流的智能体框架方案。国内的一些学者也对 ABMS 仿真方法论、主体应用等进行了探索性的研究。

复杂系统仿真面临的一个难点是海量计算和海量存储问题。在高性能计算技术的支持下,仿真可以较好地解决这些问题。国内外已经有一批学者和公司将高性能计算技术与复杂系统仿真相结合展开研究。仿真学科与其他学科的仿真应用形成了一批跨学科的研究对象,现代学科尤其是信息化社会萌生的新科学技术中,有一类具有广泛的、深层次的学科知识交叉现象,这种交叉不仅存在于理论部分,还广泛存在于方法、技术及各种应用科学之中。在仿真系统与技术的自身研究对象日趋稳定的同时,由于仿真应用的深入,由仿真学科和应用仿真的各学科共同形成的研究对象日益增多,如复杂系统仿真、智能仿真、生物技术、虚拟现实、网络仿真、高性能计算与仿真等。同时在仿真的应用领域中还有相应的仿真研究对象,如作战仿真、社会经济仿真、虚拟制造、虚拟仪器、石油化工流程仿真、培训仿真、能源仿真、医学仿真等。

根据复杂系统建模仿真的应用需求,针对复杂系统的组成及其行为特点,吸收、融合和发展信息、建模仿真、系统科学、自动化和人工智能等相关学科的理论与方法,站在共性、概括的高度,对复杂系统建模仿真一体化理论与方法学

展开研究,其中,具有创新性的重点研究方向包括:

(1)连续离散混合,定性定量结合,多粒度,动态演进的复杂系统建模理论与方法;

(2)连续、离散、定性三类模型及其混合系统模型高效解算的多核/多机并行仿真理论与方法;

(3)有"人"参与的定性定量结合的复杂系统仿真结果分析理论与方法;

(4)"以人和任务为中心",具有对建模仿真资源按需动态共享、协同、容错迁移能力的智能化建模仿真集成环境的构建和运行的理论与方法;

(5)复杂系统仿真的 VV&A 理论。

3. 仿真系统理论

仿真系统是仿真科学与技术应用于社会的主要形式,是解决各类实际问题的得力工具,从各种模拟器、系统仿真到体系仿真,它们有着共同的理论和技术基础。仿真系统理论的研究是基于模型对系统及其运行行为、规律进行定量或定性描述的方法,主要研究仿真系统构建的理论,包括仿真系统的基本概念、仿真系统相似理论、仿真系统需求分析理论、仿真系统设计理论以及仿真系统实现理论。

仿真系统是本学科研究主客观世界的主要形式。仿真系统理论是指导仿真系统构建的理论。仿真系统所用的软件、工具被称为仿真支撑技术和工具,其目的是实现各类仿真资源、活动的共享与重用、协同与互操作、动态调度与优化运行,从而灵活、快速及有效地开发与集成仿真系统。

仿真系统的支撑技术涉及系统总体技术、建模/仿真实验/评估工具引擎技术、虚拟现实(VR)/可视化技术、集成框架/平台技术、中间件/虚拟化技术、模型库/知识库管理技术、仿真计算机技术、仿真器技术等。

仿真模型库系统是仿真系统支撑环境中的重要组成部分,实现了对系统研发过程中产生的所有信息资源的管理。为了方便有效地为建模与仿真领域的用户提供及时的、校核的和有效的数据、算法、模型等,美国国防部提出创建建模与仿真资源库(MSRR)。北京航空航天大学为了解决复杂产品虚拟样机工程中的仿真模型、文档的规范化管理和可重用的问题,开发了基于.NET 框架技术的模型库管理系统。哈尔滨工业大学提出了符合组件化思想的 MSRR 概念体系结构,为进一步深入研究 MSRR 系统奠定了基础。澳大利亚国防仿真办公室、国防科学技术机构提出建立了分布式仿真资源库(DSR),研究了企业到企业(P2P)结构的应用。美国 DMSO、MEL 等多个研究机构已在 MSRR 系统方面作了大量工作,并已开发了基于 Web 数据库技术的 MSRR 系统,到现在已经建成了以 DMSO 为主节点、包含陆、海、空军、战略导弹防御组织(BMSO)等共 7 个节点的分布式仿真资源管理系统。随着 Web 技术的飞速发展,建立基于 Web 的、分布式的、开放的、可扩展的、基于标准的、分层的以及安全的仿真模型库是仿真模型库发展的趋势。

现代仿真由于系统本身的复杂性,如现代海、陆、空、电磁一体化的战争,仿真本身既要考虑复杂环境的建模,又要对系统的实体进行建模,这样的仿真平台要模拟的实体数量达到几十万,甚至上百万,仿真系统本身的规模和复杂度对硬件的要求越来越高。高性能和高效能计算机在近年来的仿真中得到了越来越多的应用。2009 年 10 月国防科学技术大学研发成功"天河一号",使我国成为继美国之后世界上第二个能够自主研制千万亿次超级计算机的国家。基于计算机集群和高性能计算机的高性能仿真,并行化仿真系统将成为未来仿真的发展方向之一。

1.2　仿真科学与技术学科的内涵

学科是按照学问的性质而划分的门类,是指一定科学领域或一门学科的分支,也指教学科目,即学校教学内容的基本单位。本节从仿真科学与技术的定义、学科的研究对象、研究内容 3 个方面对学科的内涵进行界定。

1.2.1　定义

仿真科学与技术是以建模与仿真理论为基础,以计算机系统、物理效应设备及仿真器为工具,根据研究目标,建立并运行模型,对研究对象进行认识与改造的一门综合性、交叉性的信息类学科。

1.2.2　研究对象

仿真科学与技术学科的研究对象是已有的或设想的系统;模型是对研究对象及其包含的实体、现象、过程和工作环境的数学、物理、逻辑或语义等的抽象描述;仿真是基于模型的活动,利用共性或专用支撑技术,建立仿真系统,对研究对象进行抽象、映射、描述和试验、分析、评估。仿真包含 3 个基本的活动,如图 1－1 所示,即建立研究对象模型,构造与运行仿真系统,分析与评估仿真结果。仿真科学与技术学科是研究这 3 个基本活动的共性知识的一个信息类学科。

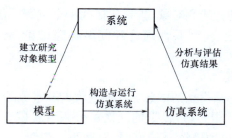

图 1-1　仿真 3 个基本活动示意图

1.2.3　主要研究内容

　　仿真科学与技术学科的主要研究内容包括仿真建模理论、仿真系统及支撑技术和仿真应用工程。仿真建模理论是研究仿真模型构建的理论及方法,包括仿真建模基本理论和建模方法;仿真系统及支撑技术包括仿真系统构建理论和仿真系统支撑技术;仿真应用工程包括仿真可信度理论、仿真应用技术以及建模与仿真标准。

1.3　仿真科学与技术学科的理论体系

　　仿真科学与技术学科形成了相对独立的理论体系,主要包括仿真建模理论、仿真系统理论和仿真应用理论 3 个部分,分别属于学科的基础理论、专业理论和应用理论。

1.3.1　仿真建模理论

　　仿真建模理论是仿真科学与技术的基础理论,或称为基本理论,是指导仿真科学与技术活动的根本原理和原则。包括仿真建模基本理论和仿真建模方法。这里的建模,是指建立用于仿真的模型。

1.3.1.1　仿真建模基本理论

　　模型是仿真的基础,建模是仿真中必不可少的重要环节。在仿真需求的推动下,仿真已被广泛应用于不同的领域和行业,从而形成了一套有效的建模理论。

　　建模理论是被大家所公认的、系统性的建模原则、规律和方法的知识体系,而其中的建模方法是建模活动所采取的途径、步骤、手段。仿真建模基本理论以仿真中的建模活动为研究对象,指导建模活动全过程。仿真建模基本理论主要包括模型基础理论、模型共性理论和模型构建理论,各部分理论研究内容如下。

1. 模型基础理论

模型基础理论包括模型的概念、分类、建模的基本原理及模型相似理论。

模型的分类方式很多,按模型的层次可分为概念模型、数学模型和计算机模型;按建模对象可分为连续系统模型、离散系统模型、混合异构模型;按建模方法分为理论模型、实验模型和混合模型;尚有确定性模型和不确定性模型、定性模型和定量模型等。

仿真建模基本原理是研究和界定仿真建模的概念、基本内容和步骤、基本原则以及概念模型、数学模型、计算机模型的概念和特点的理论。

模型相似理论是限于为仿真而寻找事物、系统、信息之间的相似性的理论,是为建立仿真模型而涉及的相似性研究的理论。

2. 模型共性理论

模型共性理论是各领域中仿真建模都可能涉及的理论,具有广泛的指导作用。模型共性理论一般包括:模型多态理论、模型重用理论、模型互操作理论和模型的可信性理论。

3. 模型构建理论

模型构建理论是指导建模全过程进行的理论和方法,主要围绕如何建立仿真模型,研究建立仿真模型的基本规律,包括概念、内涵、步骤、原则和特点。模型构建理论包括一般系统建模理论、变结构建模理论、混合异构层次化建模理论、多范式建模理论、柔性仿真建模理论以及综合性建模理论。

1.3.1.2 仿真建模方法

建模方法可以按照建模的过程即观察分析、抽象表述、形式化描述、设计和实现以及模型 VV&A 等形成方法体系。

(1)观察分析方法。从获取建模信息进行分析的角度对建模方法进行分类,比较完备。主要包括理论建模法、实验建模法以及混合建模法等方法。

(2)概念模型抽象表述方法。从系统的组成关系和变化关系的特征概念描述进行分类,面向过程、面向组成、面向整体往往结合使用。主要包括面向过程建模、面向组成建模、面向整体建模等方法。

(3)数学模型形式化描述方法。为描述系统的组成、状态、行为(包括智能行为)这三种方法需要综合使用,主要包括变量形式化描述、关系形式化描述、逻辑形式化描述方法等。

（4）计算机模型设计与实现方法。主要包括计算机软件模块、类、构件、组件及其集成方法，有时需要物理效应设备（实物模型）配合，如模拟器、虚拟现实的模型等。

（5）模型 VV&A 方法。模型 VV&A 方法主要包括静态检测方法、动态调试方法、标准实例测试方法等；模型验证的一般方法，如可信性验证、一致性验证法、定性分析方法以及定量分析方法等；模型的确认方法有模型的质量与标准规定、模型的权威性验证等。

1.3.2　仿真系统理论

仿真系统是仿真科学与技术贡献社会的主要形式，是解决各类实际问题的得力工具，从各种模拟器、简单仿真系统到复杂仿真系统，它们有着共同的理论指导和技术基础。仿真系统理论包括仿真系统构建理论和仿真系统支撑技术。

1.3.2.1　仿真系统构建理论

仿真系统构建理论是指导构建仿真系统的共性理论，包括仿真系统的基本概念、仿真系统相似理论、仿真系统需求分析理论、仿真系统设计理论和仿真系统实现理论。

（1）仿真系统的基本概念。主要包括仿真系统的定义、分类及特性。仿真系统有多种不同的分类方法，根据仿真时钟与实际时钟的比例关系，仿真系统可分为实时仿真系统、欠实时仿真系统、超实时仿真系统；根据模型的种类，仿真系统可分为物理仿真系统、数学仿真系统、硬件在回路仿真系统、软件在回路仿真系统、人在回路仿真系统；根据组成单元的性质，仿真系统可分为构造仿真系统、虚拟仿真系统、实况仿真系统；根据系统数学模型的描述方法，仿真系统可分为定量仿真系统、定性仿真系统；根据仿真系统体系结构，仿真系统可分为单平台仿真系统和多平台分布交互仿真系统；按功能分为工程仿真系统、训练仿真系统和决策支持仿真系统。仿真系统具有超现实性、分布式仿真的时空一致性以及实时仿真的实时性等特性。

（2）仿真系统相似理论。仿真系统的相似性是指系统具体属性和特征的相似，强调的是系统结构与功能等多个特性综合的系统相似性，而不是个别特征现象的相似性。仿真系统相似理论包括一般系统相似理论、复杂系统相似理论和仿真系统相似性和复杂性形成原理。

（3）仿真系统需求分析理论。需求是指明仿真系统应当解决什么问题，它描述了被仿真事物的行为、特性或属性，要求开发人员要准确理解仿真对象，进行细致的调查分析,将非形式的需求陈述转化为完整的需求定义,综合导出仿真系统的逻辑模型。它精确地阐述一个仿真系统必须提供的功能和性能,以及所要考虑的限制条件。仿真系统和需求的一致性是仿真系统研制成功与否的主要标志,主要通过软件需求、基于场景的需求和面向目标的需求分析来实现。

（4）仿真系统设计理论。仿真系统设计理论主要研究仿真系统的设计原理、步骤、内容与要求,不断协调、解决性能要求、成本支撑和研制周期约束之间的矛盾。在满足性能要求的前提下提高效费比,在尽可能短的工程周期内实现仿真系统。仿真系统设计理论包括仿真系统体系结构设计、仿真系统硬件设计、仿真系统软件设计和用户界面设计等内容。

（5）仿真系统实现理论。仿真系统实现理论主要研究依据仿真设计实现仿真系统的原理、方法、步骤与要求,按照仿真系统设计所规定的硬件、软件及用户界面方案,遵循工程实施的标准、规范,开发、调试、验证、运行仿真系统的相关理论。具体包括面向过程仿真系统、面向对象仿真系统和面向 Agent 仿真系统的实现理论。

1.3.2.2 仿真系统支撑技术

它是在仿真系统的理论指导下的一系列构建仿真系统的支撑技术,包括仿真系统构建的支撑技术和仿真系统运行支撑技术。

（1）仿真系统构建的支撑技术。仿真系统构建的支撑技术包括模型驱动的架构、对象模型开发技术、仿真系统集成技术以及仿真语言。

（2）仿真系统运行支撑技术。运行支撑技术为仿真系统的运行提供支撑平台或工具,包括仿真引擎、仿真管理、负载均衡、状态保存与恢复、异常捕获等技术。

1.3.3 仿真应用理论

仿真应用理论是指所有仿真应用中的共同的、并能指导仿真活动的理论,是仿真应用中不可或缺的、应当遵循的原理和规律。它包含仿真可信度理论、仿真应用技术以及建模与仿真标准化。

仿真应用理论是不同领域的仿真应用中具有共性的部分所形成的综合应用理论和技术,具备以下两个显著的特点:

（1）仿真应用理论贯穿于仿真系统的设计、实现、运用的整个过程。

（2）仿真应用技术分布于仿真科学与技术各种应用领域的各个层次。

1.3.3.1 仿真可信度理论

仿真可信度理论是表述所有应用领域中仿真的质量评价、质量控制的基本理论。它包含 5 个方面的理论和方法,分别是仿真可信度的概念、模型与仿真的 VV&A、数据的 VV&C、仿真可信度评估方法以及仿真可信度控制。

(1)仿真可信度的概念。仿真可信度可以基于相似度、基于置信度和基于误差来定义,具有目的相关性、客观性、综合性、层次性、整体性、关联性和反馈性等性质。

(2)模型与仿真的 VV&A。模型与仿真的 VV&A 贯穿于仿真开发及应用全生命周期,是提高仿真可信度的基础,主要研究 VV&A 的概念、VV&A 的工作过程、VV&A 的基本原则、VV&A 相关人员及其职责、VV&A 的相关技术以及仿真可信度与 VV&A 的关系。

(3)数据的 VV&C。数据是建模与仿真不可信的主要来源之一,当错误数据被使用时,或者正确数据被错误使用时,仿真结果就会变得混乱而不可信。数据的 VV&C 保证模型与仿真应用的数据是可信的,并且为 VV&A 提供最有效的数据。主要研究 VV&C 的基本概念、建模与仿真中数据的分类以及仿真数据校核与验证的关键过程。

(4)仿真可信度评估方法。仿真可信度评估方法主要有基于相似理论的可信度评估、基于模糊综合评判的可信度评估、基于层次分析法(AHP)的可信度评估、基于粗糙集的仿真可信度评估方法、基于粗糙—模糊综合评判的可信度评估、基于模糊推理的可信度评估方法等。

(5)仿真可信度控制。仿真可信度的控制方法是根据不同性质的仿真系统,采用不同的标准和方法,控制仿真可信性,使仿真可信度满足应用要求。主要研究确定性仿真系统的可信度控制方法、不确定性仿真系统的质量控制方法以及复杂性仿真系统的质量控制方法。

1.3.3.2 仿真应用技术

仿真应用技术主要研究所有仿真应用中的共用技术,包含仿真试验设计、仿真数据准备、仿真数据采集、仿真数据回放、仿真可视化、仿真结果分析等技术。

(1)仿真试验设计。仿真试验设计是以概率论和数理统计等知识为基础,经济地、科学地安排仿真试验的一项技术,研究如何合理地安排试验和正确地处理、分析试验数据,从而尽快地给出试验结果。主要研究试验指标、试验因子、试验因子水平、试验效应以及仿真试验设计常用方法、仿真试验设计一般步骤等。

（2）仿真数据准备。仿真数据是为仿真模型服务的,仿真数据准备工具必须确保仿真数据的完备性、一致性和安全性。主要研究仿真数据的类型、仿真数据准备的关键技术等。

（3）仿真数据采集。数据采集包括接收要采集的数据、对接收到的数据进行记录保存两部分工作。由于底层仿真平台的不同,这两部分工作的实现方法和难度也有很大差异。主要研究各种技术体制下的仿真数据采集理论、方法和技术。

（4）仿真数据回放。为了评估仿真结果,仿真回放是十分必要的。通过对仿真系统中模型运行的状态和交互行为进行采集,可以对仿真系统进行在线监控。主要研究仿真数据回放方式及数据解析、索引、回退、同步、回放策略等关键技术。

（5）仿真可视化。仿真的可视化原理和方法是将仿真对象、仿真环境及仿真活动过程可视化展现的理论和技术,应用于仿真的各个领域。

从仿真可视化的概念范畴和应用来看,可视化涉及 5 个要素,即可视化对象、可视化的实现者、对象的可视结果、观察者以及观察者对对象的认识结果。

可视化的过程描述为,可视化的实现者对被仿真的客观事物进行深刻地把握和组织,然后运用图形、图像技术,建立可视的图形,观察者观察可视化结果,通过相似联想给出被仿真的客观事物的景象,进而透过现象认识事物的本质,在这个过程中,人们是运用形象思维来认识事物的。可视化的基本理论基础应该包括数据建模理论、可视化映射理论、人类的视觉感知理论、形象思维理论等几部分内容。

（6）仿真结果分析。在多数情况下,仿真结果并不能直接用于决策,必须经过数据分析与挖掘,这样才能有效利用仿真结果进行决策分析。仿真结果分析主要研究输出数据不稳定及自相关的处理方法、终止型仿真结果分析、稳态型仿真结果分析以及仿真结果重抽样统计分析等理论、方法和技术。

1.3.3.3　仿真标准化

以美国为代表的先进国家,对建模与仿真工作给予了高度重视,尤其是建模与仿真的标准化问题,美军认为这是促进建模与仿真互操作、可重用并增强模型与仿真可信度的根本保障,必须优先开展。主要从建模与仿真资源、系统体系结构、建模与仿真的 VV&A 以及开发过程几个方面开展建模与仿真标准研究。

1.3.4 各理论之间的关系

以上陈述了仿真学科理论体系中3个部分理论结构的描述,它们之间的关系可以用图1-2来描述。

仿真应用靠仿真系统来支撑,而仿真系统的关键是建立仿真模型,在仿真从建模到应用的过程中,都需要仿真建模基本理论和建模方法的支持,而这部分理论又在仿真的全过程中发展、充实、完善,仿真科学的基础需要由仿真学科之外的数学、物理等自然科学的公共基础理论来支持。

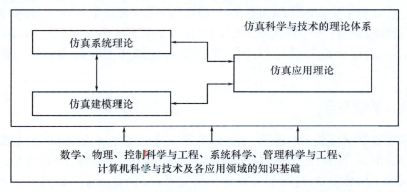

图1-2 仿真科学与技术的理论体系与相关学科的关系

1.4 仿真科学与技术的相关学科

作为新兴学科,仿真科学与技术学科是从其他学科演绎、派生出来并由多门学科交叉、融合而产生,学科的知识基础是由自然科学的公共基础知识,相关学科的基础专业知识,各应用领域的基础专业知识,以及仿真科学与技术的基础专业知识综合而构成。其中数学和物理知识是公共核心基础知识,对于本学科知识体系的建立以及仿真系统的研究、开发和应用至关重要。相关学科的基础专业知识包括系统科学、计算机科学与技术和控制科学与工程等学科的基础专业知识。系统科学的知识包括一般系统理论、复杂系统理论等;计算机科学与技术的知识包括计算机体系结构、算法与软件、计算机图形图像学、网络技术等;控制科学与工程的知识包括动态系统建模、分析、控制与综合的理论和方法。应用领域的基础知识根据应用对象而定,如作战仿真涉及到战略学、战役学、战术学、军队指挥学、军事运筹学等学科知识。本节主要阐述在专业知识上与仿真科学与技术密切相关的学科。

1.4.1　控制科学与工程

本学科与控制科学与工程学科紧密相关,仿真技术的最初研究就是基于控制问题而展开的,并在此基础上不断地发展、成熟起来。区别在于:仿真科学与技术已突破了控制科学与工程学科的研究领域,是实验属性强的学科,在学科理论和方法上有别于控制科学与工程学科。

仿真科学与技术是一门实验属性强的学科,可以通过仿真进行科学实验,因而它具有科学实验的作用和意义。在现代的科学研究中,利用仿真技术能够模拟各种极端条件和理想条件下的实验,使人们获得大量的、新的、精确的和系统的信息,通过分析和研究,实现对系统运行状态和演化规律的综合评估与预测。

1.4.2　系统科学

系统科学学科提出的还原论、整体论及系统论等方法论为本学科的发展提供指导。但是,区别在于:仿真科学与技术学科不但关注系统本身,更要研究在仿真系统上构建模型,运行和分析评估研究对象,目前已成为研究复杂系统的一种行之有效的方法和工具。本学科与系统科学学科研究中的交叉将有益于相互发展。

系统科学学科关注系统的结构、功能,研究系统的演化规律。仿真科学与技术学科在研究系统的基础上,对系统进行抽象,并映射成仿真模型,构建仿真系统,对仿真系统进行运行、分析和评估,并以此来研究系统。所以,系统科学为仿真科学与技术学科提供研究系统的理论和方法指导,而仿真科学与技术学科则为系统科学提供了研究系统的手段和工具。

对于复杂系统来说,不能用还原论方法来研究,通过复杂系统相似理论,建立复杂系统的仿真模型,构建仿真系统,通过仿真系统的运行来研究复杂系统的非线性、涌现性、自治性、突变性等规律,仿真则成为一种有效的研究方法。

1.4.3　管理科学与工程

管理科学与工程是研究管理理论、方法和管理实践活动的一般规律的科学。现代管理理论以系统论、信息论、控制论为其理论基础,应用数学模型和计算机手段来研究、解决各种管理问题。仿真科学与技术也受到管理科学的指导,区别在于:管理科学与工程研究的内容是系统的管理学规律,仿真是管理科学与工程研究的一个重要手段,而仿真科学与技术学科主要研究仿真活动的规律,包括管理科学与工程中的仿真活动的规律。仿真科学与技术是实现科学管理的重要手段,管理科学与工程是仿真科学与技术一个重要的应用领域。

1.4.4 计算机科学与技术

仿真科学与技术是伴随着计算机科学与技术的发展而逐步形成的,计算机科学与技术的不断发展为仿真提供了雄厚的物质技术基础,同时仿真科学与技术的发展需求也有力促进了计算机科学与技术的发展。区别在于:仿真科学与技术中许多研究内容并非都是可计算的,有些必须借助特定的物理效应设备和系统才能实现仿真。

为满足仿真的应用需求,仿真系统中涉及到大量的物理效应设备,如模拟器中的力反馈部件、液压运动平台等功能无法使用计算机实现。

1.5 仿真科学与技术学科的发展展望

由于仿真科学与技术学科的理论日趋完善,其技术不断地实现突破,它的基础研究在应用的推动下,更加深入、规范并形成产业。仿真科学与技术学科得益于该学科的社会、经济以及军事效益,从而有强大的推动力向前发展。学科的基本理论在原有的研究基础上向更充实、更完善的方向发展,学科的支撑技术将有重大发展,学科应用将更加广泛,具体体现在以下几个方面。

1.5.1 理论发展展望

1.5.1.1 复杂系统建模与仿真理论

复杂系统建模是近年来国内外仿真建模研究的一个重要脉络,多个研究方向上的成果都是围绕这一主题展开的。其中,复杂巨系统建模与仿真方法将社会、经济、战争、气象、生命等诸多不能用还原论研究的巨系统作为仿真对象,给出建模理论及方法,以解决国家经济、安全、环境、生命等涉及国家生存发展和人民生活的重大问题。针对这些复杂系统的研究与分析对促进国民社会经济发展、巩固加强国防建设有着十分重大的意义。复杂系统是一门新兴的前沿科学领域,其研究与分析涉及众多学科的交叉与集成。

目前复杂系统建模与仿真有两种发展趋势。一是把研究重点放在研究演化动力学的机理上,研究演化算法和建立演化模型,其代表如复杂适应系统、人工生命、遗传算法、演化计算、演化建模等研究。另一种是把研究重点放在研究具体对象(如经济系统,社会系统)的建模与仿真应用方法上,对于系统的演化过程则通过人机(计算机)结合,以人为主,建立以专家群体为主,计算机及网络为辅的建模与仿真平台,通过人机交互,实现模型的修正和演化,其代表如系统动力学、综合集成方法等。

从总体上来看,面向复杂问题求解的复杂系统仿真建模方法迅速发展,主要体现在两个方面:

(1)基于 Agent 建模方法与复杂网络理论的结合。基于 Agent 建模与复杂网络理论的相融合,共同支撑复杂系统建模。复杂系统仿真是信息时代的产物,是信息社会对仿真提出的明确的应用需求。信息技术和信息基础设施支撑下的信息域紧密融合导致的时空维度压缩,加剧了系统的复杂性和体系的广泛形成。在进行复杂问题求解的过程中,传统的仿真建模方法局限性导致了对复杂系统仿真中的动态性、整体性和涌现性描述的困难。基于 Agent 建模方法力图通过自底向上的个体适应性建模来完成微观刻画,而复杂网络理论侧重从结构关联、网络整体演化来描述复杂系统行为,二者的相互融合,发挥了各自的建模优势,沟通了复杂系统建模中微观到宏观的模型层次鸿沟,推动了复杂系统和复杂体系建模的发展。

(2)人工生命的概念性研究向应用型研究的转化。概念性、示意性的人工生命建模研究逐渐向应用转化。作为人工生命模型的早期代表,元胞自动机和 BOID 模型从概念和原理上证明了开展人工生命建模研究的重要意义。1996年,美国海军陆战队作战开发司令部牵头开展的"阿尔伯特计划"(Project Albert)陆续进行了一系列以作战行动为背景的人工生命仿真实验,取得了较好实验效果。军方对人工生命建模,特别是人类行为建模的重要地位给予了充分的认可,认为其是国防部仿真建模最重要的需求牵引。空军研究实验室"人类行为建模合成"(HPMI)项目、海军人类行为研究中心(HPC)等从事相关研究工作的多家研究机构,近几年来又将研究方向提升为复杂体系下人的行为建模。从研究成果上来看,采用 Agent 建模方法构建的 SEAS 仿真系统已经开始参与复杂社会问题决策研究,Sandia 国家实验室研究了士兵疲劳度问题,等等。诸多研究成果表明,基于人工生命的仿真建模方法已逐渐向应用功能转化。

1.5.1.2　仿真系统理论

在高性能计算和仿真应用需求的推动和相关技术的促进下,仿真系统理论当前的发展方向是:

（1）以计算机网络为基础的网络计算和仿真理论；

（2）以超级计算机为基础的高性能计算和仿真理论；

（3）多个异构仿真系统的交互融合理论。

目前，国内外已开展了各类建模仿真支撑环境与平台、大规模虚拟战场、综合自然环境建模与仿真、仿真网格/云仿真、仿真专用工具软件、嵌入式仿真技术等的研究、开发与应用；在网络化分布交互仿真系统方面，多个高校和研究单位开发出功能完善、实时性强、通用性好的运行支撑软件及开发工具并得到应用和推广，如 DMSO‐RTI、P‐RTI、MAK‐RTI、KD‐RTI 等，已应用于多台飞行模拟器联网的空战仿真系统、多武器平台联网仿真系统等；在有关研究所、高校研发的仿真网格的基础上，近年来又提出集成与分布式处理、并行处理和仿真网格技术的"云仿真技术"；为了实现实况仿真（Live Simulation）、构造（Constructive）仿真、虚拟（Virtual）仿真系统的融合，近些年来，开始提出 LVC（Live，Virtual，Constructive）仿真系统理论，以支持高层体系结构（HLA）、基础对象模型（BOM）、试验与训练使能体系结构（TENA）和模型驱动的体系结构（MDA）等仿真技术的集成和融合，解决 LVC 建模与仿真的互操作性、可重用性和可组合性。

目前，仿真系统正向"数字化、虚拟化、网络化、智能化、集成化、协同化"等方向发展。其研究与应用的热点包括基于现代网络/虚拟化技术的分布建模与仿真、智能系统建模及智能仿真系统、综合自然/人为环境的建模与仿真、复杂系统/开放复杂巨系统的建模/仿真、虚拟样机工程、高性能仿真计算硬件与软件、普适化仿真、嵌入式仿真、训练仿真器和仿真语言等。仿真系统理论将会在仿真系统构建、仿真系统融合方面不断发展，为仿真系统发展提供支撑。

1.5.1.3 仿真系统可信性理论

仿真系统 VV&A 是保证仿真系统可信性的关键途径，是仿真技术研究的关键问题。对 VV&A 的研究始于 20 世纪 50 年代，前期的研究进展比较缓慢。从 20 世纪 90 年代初开始，VV&A 研究进入快速发展时期。其主要特点是从对简单仿真系统的 VV&A 研究转向对复杂的、分布式的仿真系统的 VV&A 研究，VV&A 研究变得系统化和规范化，并且出现了很多 VV&A 标准和规范。

随着仿真系统越来越复杂、开发周期越来越长，开发的风险越来越大，VV&A 已成为仿真系统研究与开发中的关键技术与难题之一。尽管国内外在 VV&A 研究方面已经取得了很多成果，但是相对巨大 VV&A 需求来说，还是远远不够，未来 VV&A 研究的道路还很长，需要解决的问题还很多。在仿真需求的大力推动下，仿真系统 VV&A 正向着复杂化、系统化、智能化、实用化等方向快速地发展。

1.5.2　技术发展展望

仿真科学与技术已经受了国家重大工程,如三峡工程、南水北调、西气东输等的考验,也是我国载人航天工程、军队装备建设、能源、交通、材料等重要领域不可缺少的技术。仿真科学与技术将成为我国技术原创的重要方面,近几年以下方向将有重大发展。

1.5.2.1　网络化建模仿真技术

网络化建模仿真技术泛指以现代网络技术为支撑技术的一类系统建模与仿真技术。建模与仿真技术(M&S)在工程与非工程的各种领域已得到了广泛应用,但面临以下问题:

(1)被仿真系统规模和结构的扩大和复杂化,以及多单位联合协同仿真需要构建具有分布、异构、协同、互操作、重用等性能的新型的分布建模与仿真系统。

(2)各类用户能否通过互联网得到所需的仿真服务。

网络化建模与仿真技术的发展方向主要有:

(1)扩充 RTI 平台。扩充 RTI 平台目标是支持全生命周期的(分布)仿真系统工程和改善 HLA 使用的运行性能、方便性与可信性。

拓展 RTI 的支撑环境进一步将研究系统级分布仿真语言,资源库/知识库管理系统,异构联邦集成,高性能支撑平台(如高性能 RTI、支持多核计算机、并行计算机等),完善项目与过程管理和智能化的结果分析与评估系统。

(2)基于 Web 技术的 XMSF 及 BOM 技术。随着 Internet 和 Web 技术的不断发展,M&S 与 Web / XML、Internet / Networking 技术的进一步结合推动了 XMSF 和 BOM 的发展。XMSF 推动新一代分布式建模仿真应用的产生、开发与互操作。XMSF 是一系列基于 Web 的建模仿真技术开发与实施的标准、规范与建议;XMSF 的核心是使用通用的技术、标准和开放的体系结构促进建模与仿真在更大范围(尤其包括与 C^4I 系统)的互操作与重用。要成功实现 XMSF 的宏观(指导性)要求:必须通过 Web 框架和网络技术,使仿真系统直接和可扩展地在分布网络上交互;必须同样适用于人和软件代理;必须支持可组装、可重用模型组件;使用要开放。BOM 支持基于组件模式开发构造仿真应用系统和利于互操作与重用。

(3)仿真网格技术。仿真网格就是将现代网络技术和现有的分布仿真技术(如 HLA)结合,改善现有分布仿真技术的不足:仿真资源动态调度与管理、自组织与容错能力及安全机制等。进一步融合分布建模与仿真技术、项目管理技术、网格/Web Service 技术、普适计算技术,以实现对仿真系统工程的支持。

仿真网格是一种新型的分布建模与仿真系统,"它综合应用各类技术,包括复杂系统模型技术、先进分布仿真技术/VR 技术、Web/Web Service 技术、网格技术、普适计算技术、人工智能技术、管理技术、系统工程技术,及其应用领域有关的专业技术,实现网格/联邦中各类资源(包括仿真系统/项目参与单位有关的模型资源、计算资源、存储资源、网络资源、数据资源、信息资源、知识资源、软件资源,与应用相关的物理效应设备及仿真器等)安全地共享与重用,协同互操作,动态优化调度运行。从而支持仿真系统工程,支持对工程与非工程领域内已有或设想的复杂系统/项目进行论证、研究、分析、设计、加工生产、试验、运行、评估、维护和报废等(全生命周期)活动"。

仿真网格技术是军民两用技术,它将对建模/仿真的应用模式、管理模式和支撑技术上带来巨大的变革与创新,并将产生重大的社会和经济效益。

(4)云仿真平台。"云仿真平台"是一种新型的、比仿真网格性能更好的网络化建模与仿真平台。它以应用领域的需求为背景,基于云计算理念,实现系统/联邦中各类资源安全地按需共享与重用(包括系统/项目参与单位有关的模型资源、计算资源、存储资源、网络资源、数据资源、信息资源、知识资源、软件资源,与应用相关的物理效应设备及仿真器等)。网上资源多用户按需协同互操作—"云计算模式",系统/联邦动态优化调度运行。进而支持仿真系统工程,支持对工程与非工程领域内已有或设想的复杂系统/项目进行论证、研究、分析、设计、加工生产、试验、运行、评估、维护和报废等(全生命周期)活动。

1.5.2.2　综合环境建模与仿真技术

许多仿真系统要处理大型/复杂环境的仿真问题,如使人能有身临其境的仿真效果(如可视化、虚拟现实),环境对实体运行和决策行为直接产生影响。综合自然/人为环境的建模与仿真包括对地形地貌、海洋、空间、大气、电磁等的建模与仿真。

传统的环境建模与仿真技术重点是综合自然环境的建模与仿真技术,随着电子战等应用领域的发展,人为的电磁环境与光学环境的建模与仿真等技术得到了相应的重视。综合自然/人为自然环境建模与仿真技术现已广泛应用于战场模拟、军/民训练、空间技术研究、工业检测与评估、复杂产品研制等领域。

(1)电磁与光学环境建模与仿真技术。电磁环境中的电磁波主要分为两类:电子战与工业应用中产生的人为电磁场和客观环境中存在的自然电磁现象。电磁环境的建模方法分为经验方法模型和确定性方法模型。

经验模型是由大量测量数据经统计分析后所归纳出的经验公式。在经验模型中,比较典型的有 Egli 模型、Okumura – Hata 模型、CCIR(ITU – R)公式、COST 231 – Hata 模型、Lee 模型等。经验模型方法简单,应用时不需要详细的环境信息,但通常只应用于城市、市郊这些场景小、距离短的小尺度电磁波传播模型中,该方法对路径损耗的预测精度不高。

确定性模型是在严格的电磁理论基础上从麦克斯韦(Maxwell)方程组导出的公式。由于确定性模型对具体复杂目标电磁散射以及复杂环境中的电磁波传播特性有很高的预测精度,因而成为电磁环境建模的主要研究方向。电磁环境的确定性建模方法有解析法、近似解析法和数值法。

大范围复杂电磁环境仿真由于要进行复杂的数学运算,对整个系统从算法到外围硬件都提出了比较高的要求。从目前的现代仿真技术发展趋势来看,仿真的计算复杂性问题正在随着先进的计算技术与体系结构迅速发展,变得相对可以实现。尤其是网络化建模仿真技术的出现和发展,使得复杂的计算拥有良好的实时性成为可能。

(2)可视化技术。包括基于几何绘制技术的三维图形生成技术和基于图像绘制的图形生成技术。

随着《阿凡达》等3D电影的巨大成功,可视化技术成为计算机技术、显示技术研究的热点,可视化技术将在真实图像捕捉技术、基于几何绘制技术的无缝混合技术、图像映射填补技术、摄像机标定技术、自适应流媒体传输技术在无线网络上的应用、全景图拼接技术和漫游路径规划、光照系统模型等的研究上有所突破。

1.5.2.3　智能系统建模与仿真技术

智能系统建模及智能仿真系统中两个重要研究与应用领域包括:

(1)基于建模与仿真技术研究人类智能系统(大脑和神经组织)机理——智能系统建模。

(2)各类基于知识的仿真系统——智能仿真系统。

智能系统建模方法中已有的方法包括 Kuipers 定性建模方法、定性线性代数方程、定性常微分方程、符号定向图、模糊数学、神经网络、智能代理、本体论等。

智能系统建模方法研究热点包括 Agent 建模、面向本体建模、符号定向图建模、计算机生成兵力智能决策方法。

可以将智能科学技术,如专家系统、动态规划、定性推理、模糊推理、模拟退火、神经网络和遗传算法等与建模/仿真技术结合,建立基于知识的具有智能前端的建模环境,基于知识的智能建模与仿真运行环境和基于知识的智能仿真结果评估分析环境等。

1.5.2.4 基于仿真的采办与虚拟样机工程技术

虚拟样机技术是一种基于产品的计算机仿真模型的数字化设计方法,这些数字模型即虚拟样机能从视觉、听觉、触觉,及功能、性能和行为上模拟真实产品。复杂产品虚拟样机技术涉及多系统运动学与动力学建模理论及其技术实现,是基于先进的建模技术、多领域协同仿真技术、信息集成与管理技术、工程设计分析技术和虚拟现实技术的综合应用技术。利用虚拟样机可代替物理样机对产品进行创新设计、测试和评估,缩短开发周期,降低成本,改进设计质量,提高企业面向客户、敏捷响应市场的能力。

复杂产品虚拟样机开发已成为一个系统工程——复杂产品虚拟样机工程。它以开发满足客户需求产品的虚拟样机为工程目标,综合运用先进建模/仿真技术、现代信息技术、先进设计制造技术和现代管理技术,基于集成化的支撑环境,优化组织虚拟样机开发全过程中的团队/组织、经营管理、资源和技术,支持复杂产品开发过程各类活动中的信息流、工作流和物流集成优化运行,进而改善产品开发的上市时间(T)、质量(Q)、成本(C),提高企业的创新能力与市场竞争能力。

1.5.2.5 高性能计算技术

随着仿真应用的发展,特别是在广泛应用复杂数学模型的领域,如军事、气象、生物、医学、能源、科学研究等领域,一般的计算技术已不能满足需求。因此,高性能计算技术在仿真中的应用成为仿真技术的另一热点。

高性能计算技术包括高性能计算机系统、高性能计算算法与软件技术。

(1)高性能计算机系统。高性能计算机系统按指令与数据流分为单指令多数据流和多指令多数据流;按内存访问类型、微处理器和互联网络分为对称多处理共享并行机、分布共享存储并行机、机群、大规模并行处理机。

高性能计算机发展的关键技术包括大规模并行程序编程技术,存储墙(处理器的处理速度或处理器间的通信速度和访存速度之间不匹配),功耗问题,可靠性问题。高性能计算机正从高性能向高效能方向发展。

(2)高性能计算算法。高性能计算算法分为并行算法及分布并行算法两类。并行算法是适合于在各种并行计算机上求解问题的算法,是可同时执行的进程的集合。分布并行算法是由通信链路连接的分布多节点机并行协同以完成计算任务的算法。与并行算法的不同：分布并行算法是在分布的、不同的操作系统、多处理器上运行的算法；并行算法是在集中的、相同操作系统、多处理器上运行的算法。

并行算法涉及的基本技术包括分治方法、划分原理、平衡树方法、加速级联策略、流水线技术、倍增技术、二分法、压缩技术、破对称技术等。围绕提高并行算法的效率，保持算法的可伸缩性，以下问题是进一步研究的焦点：如何实现动态负载平衡；如何减少并行计算中协同所需的通信量；如何兼顾可扩展、可移植的大粒度任务级并行和在每个进程，组织便于发挥单机性能的合理数据结构、程序设计和通信方式。

基本的分布算法有波动算法、遍历算法、广播算法、选举算法、终止检测算法、匿名网络的随机算法、快照算法、方向侦听、定向算法、死锁检测算法、同步系统算法等。

与仿真相关的需进一步研究的分布并行算法包括基于网格、云仿真平台的分布算法和分布并行离散系统算法。

（3）并行编程环境。目前迫切需要研究面向用户的简易好用、可靠、可扩展性好的并行编程环境。并行算法和并行编程是今后几十年计算机科学和软件界必须突破的科学问题和关键技术。可以从生物和人脑等天然系统中获得启示，特别是找到如何实现大规模并行分布处理、动态连接、自适应性、容错和自修复性等功能的机制。

1.5.2.6　基于普适计算技术的普适仿真技术

普适计算技术是将计算技术与通信技术、数字媒体技术相融合的技术，它提供一种全新的计算模式，其目标是构造由计算和通信构成的信息空间与人们生活的物理空间相融合的智能化空间（Smart Space），在这个智能化空间中，人们可以随时随地透明地获得计算和信息服务。

可以在仿真系统中引进普适计算技术，将计算机硬软件、通信硬软件、各类传感器、设备、模拟器紧密集成，实现将仿真空间与物理空间结合的一种新仿真模式。其重要意义是实现仿真进入真实系统，无缝地嵌入到我们的日常生活事物与工作中。融合普适计算技术、网格计算技术与 Web Service 技术的"普适化仿真技术"将推动现代建模仿真技术研究、开发与应用进入一个崭新的时代。

当前，普适仿真相关的重要研究内容涉及：

（1）融合基于 Web 的分布仿真技术、网格计算技术、云计算技术、普适计算技术的先进普适仿真体系结构；

（2）开发针对普适仿真的软件平台和中间件；

（3）建立新型的人与仿真计算服务的交互通道；

（4）建立面向普适计算模式的新型仿真应用模型；

（5）提供适合普适计算时代需求的新型仿真服务；

（6）仿真空间和物理空间的协调管理和集成技术；

（7）基于普适计算的普适仿真自组织性、自适应性和高度容错性；

（8）普适仿真应用技术等。

1.5.2.7　嵌入式仿真技术

嵌入式仿真是将虚拟仿真和实况仿真结合从而能够提供最真实的操作、训练环境。也就是说，嵌入式仿真是在真实系统中嵌入一种能力，这种能力使得操作人员能够看到虚拟世界，并通过与真实系统中各子系统的交互完成实时运行监控、信息可视化、调度、管理、辅助决策、训练、测试和评估等功能。其本质是将仿真系统嵌入到真实系统。

嵌入式仿真在军事上主要有四方面的应用：基于嵌入式仿真的试验、基于嵌入式仿真的训练、基于嵌入式仿真的作战、基于嵌入式仿真的决策控制等。

未来的嵌入式仿真系统将向系统高可靠、低功耗、低成本，系统多媒体化和网络化，系统人性化、智能化方向发展。

1.5.3　应用发展展望

仿真科学与技术是一种综合的、横断的科学技术，其建模理论和方法以及仿真系统技术支撑众多学科的科学研究和广泛的产业领域，形成了广泛的应用，在仿真应用的共同理论中已有的仿真可信性理论、仿真的共性应用技术将会继续发展，指导各种仿真应用，而各领域、各学科的研究中会不断地运用仿真技术创造出新的应用。在仿真应用工程方面，近期的发展有仿真系统的全寿命理论，仿真系统的 VV&A 理论，在航空、航天、军事、生命、娱乐、教育、体育等领域中将出现多种类型、多种用途的仿真应用。

在军事领域，随着武器系统及作战过程复杂程度的提高，仿真科学与技术的军事应用也会出现新局面，主要包括：

（1）装备体系建设中将出现仿真论证的新局面。未来战争是复杂电磁环境下的联合作战，是主战装备、信息装备、保障装备组成的装备体系的对抗，研制、生产、装备什么样的武器系统将是一个体系优化的问题，装备体系论证的仿真系统、论证实验室将会大量涌现，形成装备建设的崭新局面。

（2）部队训练中大量采用仿真训练系统。仿真训练已从单个武器装备操作使用的仿真训练发展到战术仿真训练、战役仿真训练、战争仿真训练。不仅训练士兵对各种作战装备熟练的操纵、控制能力,也训练各级指挥员(一直到最高统帅)的谋略指挥能力,不仅在军队院校建造了大量的训练模拟器及其他仿真系统,在军种、军区、各部队的训练基地以及军官训练中心也建造了大量的仿真训练系统。可以全员、全天候对抗训练,可以结合作战任务训练,可以只有首长司令部仿真训练,也可以带实兵一起训练。大型的各层次的仿真训练系统将相继诞生,将成为军队提高作战能力的主要措施之一。

(3)作战中运用仿真作为决策辅助手段。由于信息化条件下现代战争的特点,光凭人的经验和反应能力是不能克敌制胜的,必须运用信息技术在掌握情况、分析判断、定下决心和实施指挥中,及早掌握情况,快速、准确分析情况,定下正确决心,及时组织指挥。各种武器系统要发挥最大效能,避开自身弱点,最有效地打击敌人,因而在指挥中,决策支持系统必不可少,而决策支持系统中必然有各种作战仿真系统,预测各种作战需求、评价各种作战方案和决心,达到打赢的目的。

参 考 文 献

[1] 中国系统仿真学会. 仿真科学与技术学科发展研究报告[R]. 北京:中国科学技术出版社, 2010.

[2] 陈宗基,李伯虎,王行仁,等. "仿真科学与技术"学科研究[J]. 系统仿真学报, 2009,9.

[3] 熊光楞,彭毅,等. 先进仿真技术与仿真环境[M]. 北京:国防工业出版社, 1997.

[4] 吕跃广,方胜良. 作战实验[M]. 北京:国防工业出版社, 2007.

[5] 刘忠. 现代军用仿真技术基础[M]. 北京:国防工业出版社, 2007.

[6] 肖田元,范文慧. 系统仿真导论(第2版)[M]. 北京:清华大学出版社, 2010.

[7] 吴旭光,杨惠珍,王新民. 计算机仿真技术[M]. 北京:化学工业出版社, 2005.

[8] 齐欢,王小平. 系统建模与仿真[M]. 北京:清华大学出版社, 2004.

[9] 李兴玮,邱晓刚. 计算机仿真技术基础[M]. 长沙:国防科技大学出版社, 2006.

[10] 王子才. 仿真科学的发展及形成[J]. 系统仿真学报, 2005,17(6).

[11] 国务院学位委员会,教育部. 学位授予和人才培养学科目录设置与管理办法[R]. 2009.

[12] 李伯虎,等. 现代建模与仿真技术发展中的几个焦点[J]. 系统仿真学报, 2004,16(9).

[13] 李元,李伯虎,胡晓峰,等. 基于设计模式和基本对象模型的多分辨率仿真框架[J]. 计算机集成制造系统, 2011,6.

[14] 李潭,李伯虎,柴旭东,等. 面向复杂定性系统的知识建模及联合仿真方法研究[J]. 系

统仿真学报, 2009, 9.

[15] 李伯虎,柴旭东,侯宝存,等 一种基于云计算理念的网络化建模与仿真平台——"云仿真平台"[J]. 系统仿真学报, 2011, 6.

[16] Foster I, Kesselman C. The Grid: Blueprint for a New Computing Infrastructure[M]. San Franssiseo(CA, USA): Morgan Kanfinann, 2004.

[17] B P Zeigler, H Praehofer, T Cz Kim. Theory of Modeling and Simulation Discrete Event and Continuous Complex Dynamic Systems(2nd Edition). San Diego: Academic Press, 2000.

第 **2** 章

仿真建模基本理论

　　建立模型是进行仿真不可缺少的一个环节,可以说,不建立模型就不能进行仿真活动。同时,模型的质量和运行效率也直接决定着仿真系统的可信性和运行效率。因此建模理论是仿真理论的重要组成部分。本章将要阐述的建模理论是指关于模型所遵循的普遍理论,是建模活动的共有规律。

2.1　仿真建模基本理论体系框架

　　建模理论是指被大家所公认的、系统性地研究建模中某方面问题的策略、方法、规则或知识体系。仿真建模理论是指以基础科学及各应用领域内的科学理论为基础,建立符合仿真应用要求的、通用的或各应用领域专用的各种模型的理论,以及验证所建模型正确性的仿真建模的可信性理论。

　　通过近年来国内仿真专家的研究,形成了由模型基础理论、模型共性理论和模型构建理论构成的仿真建模理论体系框架,如图 2 - 1 所示。

2.2　模型基础理论

　　模型基础理论包含了模型的概念、分类、建模的基本原理及模型相似理论。

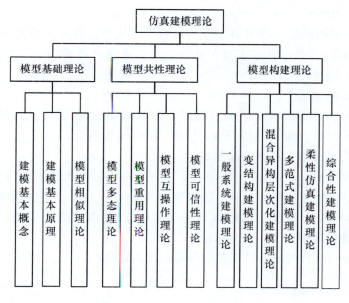

图 2-1　仿真建模理论体系框架

2.2.1　模型的基本概念

2.2.1.1　相似

相似就直观感受而言是相近或类似的现象,它的定义有许多,例如:从哲学层次,相似被认为是事物之间存在的同与变异矛盾的统一;从系统特性,周美立教授认为相似是系统间存在着数值上有差异的某些共有属性或特征,相似性的实质是系统间特性相似;作为仿真学科的基础理论,相似被认为是两个不同的事物在各自特征域上存在依据一定原则相同或类似的共性。

本书倾向于第三个定义。尽管事物具体属性特征的相似性不依人的意志而存在,但事物哪些特性相似以及相似程度却依赖于人的类比认知。在认知科学中,类比被认为是基于一定目标对事物特性进行表征、检索、映射、适应和归纳的过程。其中,目标是约束,不同的目标可导致不同的类比结果;映射是关键,通过映射建立了事物表征之间的关系。事物之间的相似就是类比认知的结果,它与人认知的目标、所关注的特征集合、认知的能力、判断的标准都有很大的关系。相似作为一种类比认知的结果,与其他认知方法产生的结果一样,在目标范围内,要求能正确、如实地反映事物的本质。

定义 1：相似

两个不同的事物 A 和 B 在某个特征域 T 上至少存在满足规则集 R 所约定的相近或类似的共性，则称这两个事物在 T 上依规则 R 相似，记为 S(A.B.T.R)，简记为 A ~ B。

定义 2：相似域

事物 A 和 B，所有相似的特征组成的集合称为相似域。显然，相似域为特征域的子集。若 A 和 B 的相似域为空集，则 A 与 B 不相似。

定义 3：相似规则和相似规则集

相似规则也称相似规律、相似准则，是两事物相近、类似的共性的表述，是判断它们是否相似的基本判据。依据这个原则可以说明事物之间的一种必然联系。事物的相似是在一定相似规则下的相似，但两事物在某相似规则下相似，在其他相似规则下不一定相似。

相似规则集指构成事物相似的所有规则的集合。

2.2.1.2 仿真模型

1. 定义

模型是为了对事物进行研究，依照研究的需要，将被研究对象的内在规律、外部表现进行简缩、提炼，构造成一种结构，它和原事物具有一定相似性，是对原事物抽象映射的结果。其中的建模对象"事物"可以是客观存在的实体，也可以是人们预想中的虚拟事物。"事物"可以是一个体系、系统、子系统或元素，也可以是一个过程、一种状态、一种计划、一种设计以及自然的或人类的活动等。

仿真模型定义是：仿真模型是建模者对建模对象为满足仿真应用需求而建立的、以某种形式（自然语言及其形式化语言、数学语言、计算机语言）给出的描述。仿真模型以多种形式存在，例如实物、语言、数学符号、图形、计算机程序等，但有着共同的本质：是对研究对象的描述和表示，是一种结构化的信息，它是客观存在的，具备自身的特性，可以被评价和验证，在一定范围内可替代研究对象应用于具体问题的研究中。

2. 特性

仿真模型具备以下的特性：

（1）相似性。仿真模型和原对象之间应该具有相似的特性和变化规律。这里的相似主要是指所要研究特性本质上的相似。为不同目的而建立的仿真模型对相似性的要求不同。

（2）抽象性。仿真模型是对事物的一种描述和体现，但它不是对建模对象——对应镜像式的反映，而是按照建模的目标对建模对象的信息进行了过滤或者增加,是一种超越的抽象。仿真模型虽然来源于某一具体的建模对象,但抽象之后,可以用来指代一类事物的特征,这一点和概念很相似。但仿真模型比概念具体,内容更丰富,形式更多样,可以用人的思维以外的工具例如计算机进行操作和处理。

（3）结构化。仿真模型是一种结构化的信息形式,承载了建模者对建模对象认知后的思维结果。仿真模型作为信息的存在形式,决定了仿真模型可以在思维、表达媒介、计算机之间能够灵活转换,不同人员能对仿真模型达成一致的理解,仿真模型能保存,仿真模型可以被添加、丰富、减少、简化。

（4）系统性。仿真模型可以理解为是人以一定的思维"切刀"(指研究论域的理论框架)对建模对象切割后形成切面,它保留了一定框架下原对象全面的信息,不是支离破碎、毫无联系的信息,具有系统性。根据原对象的系统性和仿真模型的系统性可以进一步衍生出仿真模型的多面性、层次性、多分辨率性、分解/组合性等。

（5）局限性。仿真模型是人构建的一种产品,由于建模者受自身水平和时代条件的限制,对于建模对象的认知和对仿真模型的表达具有一定局限性。

3. 仿真模型的功能

仿真模型具有以下功能:

（1）表征功能。仿真模型的表征功能体现为它总是典型地表征建模对象的一些方面。仿真模型表征不是对对象的镜像式映射,与对象之间不是一一对应的关系,仿真模型对对象的表征通常是部分的、抽象的。虽然每一种仿真模型的表征可能不是完全的,但如果没有这种表征,人对某些复杂事物的认识可能无从下手,对此人们必须借助仿真模型的表征功能达到对真实系统的类比认识。

（2）解释功能。仿真模型的解释功能是人们在用仿真模型表征事物的过程中,蕴涵着建模者对于事物的认知和理解,从某种意义上也是一种知识存在的形式。仿真模型作为一种认知结果,可以用来传递信息,可以用来说明事物的概念、过程,可以利用它进行推理,可以借助它通过特定的理论框架进行思考和理解,可以被其他人所认可、接受和应用。

（3）滤补功能。仿真模型的目的是为了使建模对象得以简化和抽象。为便于研究,建模者对建模对象对研究不相关的内容进行简化;有时由于对于某些局部认知并不充分,需要建模者根据想象或推理,为其添加一部分内容。

4. 仿真模型的分类

仿真模型的分类方式有多种,按模型存在形式可分为实物模型、符号模型、图形模型和计算机模型等;按模型的功用可分为描述模型、仿真模型和评估模型等;按模型量化程度可分为定性模型和定量模型等;按模型数值特征可分为连续系统模型、离散系统模型、混合异构模型、确定性模型和不确定性模型等。最经常使用的仿真模型分类方式是实物模型、概念模型、数学模型和计算机模型:

（1）实物模型。以实际物体构造的与建模对象相似的模型。例如,船、飞机等的航模、风洞。

（2）概念模型。针对一种已有的或设想的系统,对其组成、原理、要求、实现目标等,用文字、图表、技术规范、工作流程等文档来描述,反映系统中各种事物、实体、过程的相互关系、运行过程和最终结果,以此对这种系统进行形式化的概念描述,这种描述称为概念模型。概念模型是对建模对象的概念描述,反映对象的领域特征;可以作为仿真模型开发的向导和开发人员与领域专家沟通理解的工具。

（3）数学模型。是采用数学符号、数学关系式、图对系统或实体内在的运动规律及与外部的作用关系进行抽象和对某些本质特征进行描述。

（4）计算机模型。是将数学模型通过某种数字仿真算法转换成能在计算机上运行的数字模型,它是一类面向仿真应用的专用软件。因此计算机模型与计算机操作系统、采用的编程语言、采用的算法(与计算精度、稳定性、实时性要求有关)有密切关系。

2.2.2 仿真建模基本原理

2.2.2.1 仿真建模的概念

仿真建模是仿真中一类特殊的建模活动,它是建模人员通过对建模对象进行抽象、映射和描述来构造模型的行为,这种行为的目的在于赋予模型特定的功能,使模型成为便于人们认知和运用的事物。仿真建模活动包含两个主要因素:主体因素和客体因素,主体因素是构造和运用模型的人,客体因素是建模对象及其所处的环境。

在仿真应用中发挥作用的主要是计算机模型,为了建立计算机模型,仿真建模先要提取建模对象的有关特征信息,以某种概念的形式表示,然后根据仿真实验的需求,设计计算机模型,最后才能开发仿真可用的计算机模型。因此,仿真建模的定义是以相似理论为基础,根据用户对对象进行研究的需求,建立能揭示对象特性的概念模型、数学模型并将其转化成能运行的计算机模型的活动。

2.2.2.2 仿真建模的基本内容和步骤

仿真建模的本质是建模者对建模对象进行抽象、映射和描述以构造仿真模型的行为,大体包括了人对建模对象认知的概念建模、为进行仿真而设计数学模型(逻辑模型、图元模型等)、为仿真应用而开发计算机模型和物理模型、为检验模型是否有效是否可信而校验 VV&A 4 个部分,这四部分的工作步骤如图 2-2所示。

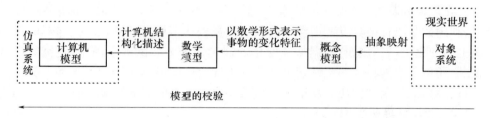

图 2-2　仿真建模步骤图解

1. 建立概念模型

建模者总是从一定的学科领域的视角,带着问题和目标对现实世界中的研究对象进行认知,这种学科领域的研究目标构成了建模的研究论域,框定了对研究对象信息的关注范围。

建模者在认知的过程中会依据一定的先验知识和假设对研究对象进行观察,再把观察得到的信息和先验知识进行综合,形成研究对象在头脑中以意识存在的虚拟对象。虚拟对象与研究对象在信息上有相似性,但不完全是一一对应式的类比映射,建模者会根据研究目标对虚拟对象进行滤补、加工。虚拟对象是思维的产物,而思维的基础是概念,因此虚拟对象以概念的形式存在着。为了表达和交流,需要把虚拟对象以一定的方式描述出来,这样就形成了概念模型即以自然语言或形式化语言表述的研究对象的知识模型。有时,概念模型并没有在现实世界对应的参照对象,它是由建模者根据经验想象或设计形成的。

建模者的认知是在一定领域理论的指导下进行的,领域理论不仅为建模认知提供了方法,提供了相关的假设、先验知识,而且提供了明确概念语义的环境,因此概念模型是在一定的理论框架中存在。

2. 模型的数学描述

以概念描述的模型便于人的理解,但并不适合计算机的计算和运行。因为计算机在本质上是一个因果逻辑系统,因此需要在概念模型的基础上采用更注重逻辑和数量关系的形式将概念模型中的数量关系、逻辑关系描述出来,以便于计算机程序开发。其中用图元描述形成图元模型,用数学符号描述形成数学模型。

图元是具有特定语义的图形符号,利用图元以组合的方式形成图表示概念模型所描述的事物之间的关系,这种关系可以是结构关系、隶属关系、时序关系、因果关系、逻辑关系等,例如:利用 Petri 网、神经网络、UML 等描述的模型就是比较典型的图元模型。

在假设的基础上,以一定的数学符号表示概念模型所描述的事物特征要素,利用数学语言把具有特定含义的数学变量表达事物特征的在时间、空间、逻辑上的变化关系。例如:根据特征变化的连续性分为离散数学模型、连续数学模型,还可以根据特征的统计变化规律分为确定性模型和不确定性模型。为了进行仿真,数学模型中还必须给出依据离散化求解特征变量的数学描述。

3. 开发计算机模型

在概念模型、数学模型和图元模型的基础上可以对研究对象进行分析、推理或计算,但对于一些复杂的研究对象,这种分析、推理或计算是人脑所不能胜任的,需要利用外在的辅助工具,例如计算机是最常用的计算辅助工具。建模者利用计算机语言把概念模型、数学模型、图元模型以计算机能理解的方式描述出来形成计算机模型,为了让这些程序模型运行还需要一定的辅助环境,例如计算机描述的时空环境,这样计算机模型和辅助环境就构成了模拟系统。计算机模型是在概念模型、数学模型、图元模型基础上对人脑认知思维在计算机中的结构化,能够被计算机所执行。

模拟系统不同于仿真系统,仿真系统中不仅包含有计算机模型构成的系统,它还能提供试验、观察、解释、保存、重现仿真现象的一些子系统。

4. 模型的校验

为检验模型是否正确、充分地描述了研究对象,建模者根据一定的原则和方法对模型进行校验。

以上 4 个部分虽然相互区分,各有其重点内容,但它们并不是严格按照固定步骤先后进行,例如,当数学模型描述的数量关系过于复杂超出现有计算能力时,则需要对数学模型进行简化,而模型校验贯穿于其他 3 个部分。仿真建模的 4 个部分是一个相互影响和相互制约的循环过程,直至达到建模目标。

2.2.2.3　仿真建模的基本原则

原则是人们通过对事物运动规律的不断认识总结,高度抽象概括所形成的具有普遍指导意义的行动依据和法则。仿真建模是以研究对象为起点,依据一定的原则建立模型。一般而言具有以下建模原则：

（1）目的原则。目的性原则是首要原则。仿真建模一定要围绕研究问题的论域，依照认知目的对对象的特征进行适当取舍，模型粒度的选择和模型的表现形式要符合研究的需求。

（2）本体原则。以研究对象为建模的起点，在本体观的指导下，根据研究的需求抽象分析研究对象，以研究对象的特征信息去构建模型的形式。在抽象时要充分体现建模对象的自身规律，避免削足适履式地让建模对象中的元素及元素的关系去适应先验的模型形式；要保留研究对象中元素之间的多向的固有联系，避免人为拆解模型要素而影响模型的多向性、整体性、有效性、可生长性，以至影响对问题的认识、表达和对模型的使用。

（3）整体性原则。为便于把不同仿真模型集成为仿真系统，在建立研究对象各个组成部分的局部模型时，依据统一的认知理念和模型框架，遵循统一的描述规范和粒度要求，构建出各个局部模型，同时考虑模型的可组装性，建立标准规范的接口。

（4）层次性原则。仿真建模的层次性原则体现在两个方面：一方面建模的认知过程要分层次，先抽取对象的特征，再根据获取的特征信息构建模型，层次性体现在仿真建模的各个阶段；另一方面研究对象的抽象要分层次，要逐层构建，满足用户对不同层次模型的认知需求。

（5）独立性原则。仿真建模建立的模型要具有独立性，除了研究需求所必须的信息联系外，各个模型之间相互耦合尽可能少。

（6）迭代性原则。对建模对象的认识不是一次就能完成的，模型需求需要逐步满足，模型的可信和可用性也需要逐步完善，因此，仿真建模应遵循迭代原则，不断完善和扩展模型。

2.2.2.4 概念建模

概念建模包括以下几个方面：

（1）概念模型的作用。这方面的研究要解决基本认识问题，属于概念建模的基础理论，回答在仿真开发的过程中，概念建模活动所处的开发阶段，以及概念模型是如何影响仿真系统的质量的。

（2）概念建模语义环境的构造。这属于概念建模的基础理论，探讨用哪些语素和语法结构能够传递概念模型用户所需要的建模信息，既能够保证信息的无遗漏，也能够保证信息的无二义性。

（3）概念分析方法和概念建模基本步骤。这属于概念建模的应用理论，用于指导概念建模人员对特定的使命空间进行概念分析，提取出有价值的建模信息,并形成概念模型这一知识产品。

（4）概念模型文档化。这也属于概念建模的应用理论,探讨为了便于用户对概念模型的获取和使用,概念模型文档应由哪些内容构成。

除了上述几个方面外,结合计算机技术,概念建模理论还研究概念建模的工具化,以及概念模型管理和应用方法。概念建模方法学包括三大组成部分和5个层次：

（1）三大组成部分:定义、规程和应用。规程包括应用方法的步骤、方法的语义环境以及工具。规程所规定的步骤为应用者提供了一种可靠地取得较好结果的操作规定。方法的语义环境规则是用来消除描述的二义性(即描述可能引起的歧义)。定义和规程体现了思维方式和模型表达语言两个大的方面。

（2）5个细化层次:世界观及方法论、抽取技术、描述方法、工具和应用。世界观及方法论是建模的认识及方法,是思维方式,一旦世界观发生改变,则此方法的所有基础都得动摇;抽取技术是对真实世界进行的抽象,相当于知识工程中的知识获取技术;描述方法负责模型的描述;工具是指 CASE 工具及实现环境;应用是针对具体案例的研究应用项目。

2.2.2.5　数学建模

一般说来,数学模型可以描述为:对于现实世界的一个特定对象,为了一个特定目的,根据对象特有的内在规律,作出一些必要的简化假设,运用适当的数学工具,得到的一个数学结构。通过对系统数学模型的研究可以揭示实际系统的内在运动和系统的动态特性。

系统是指具有某些特定功能、按照某些规律结合起来、相互作用、相互依存的所有实体的集合或者总和。系统模型是用来研究系统功能及其规律的工具,它常常是用数学公式、图、表等形式表示的行为数据的一组指令。系统模型是对实际系统的抽象,是对系统本质的描述,它是通过客观世界的反复认识、分析,经过多次相似整合过程得到的结果。数学表述方式是系统模型的最主要的表示方式,系统的数学模型是对系统与外部的作用关系及系统内在的运动规律所做的抽象,并将此抽象用数学的方式表示出来。系统数学模型的建立需要按照模型论对输入、输出状态变量及其间的函数关系进行抽象,这种抽象过程称为理论构造。

抽象中,必须联系真实系统与建模目标,先提出一个详细描述系统的复杂抽象模型,并在此基础上不断增加细节到原来的抽象中去,使抽象不断具体化,最后用数学语言定量地描述系统的内在联系和变化规律,实现实际系统和数学模型间的等效关系。

数学模型的建立首先要求了解所研究对象的实际背景,明确预期要达到的目标,根据研究对象的特点,确定刻画该对象的状态、特征和变化规律的若干基本变量。这就要求我们查阅大量的资料,请教相关领域的专家,力求掌握研究对象的各种信息,弄清实际对象的特征。

数学建模过程的关键步骤之一是模型简化。使得数学模型都比实际情况更容易处理,而又能提供关于原来系统的足够多的信息,从而使得出的模型最大可能地近似地等效于原型。

建立能较全面、集中、精确地反映系统的状态、本质特征和变化规律的数学模型是系统建模的关键。系统分析下的数学模型只是系统结构和机理的一个抽象,只有在系统满足一些原则的前提下,所描述的模型才趋于实际。因此,数学建模一般遵循下述原则:

(1)可分离原则。系统中的实体在不同程度上都是相互联系的,但是在系统分析中,绝大部分的联系是可以忽略的,系统的分离依赖于对系统的充分认识、对系统环境的界定、系统因素的提炼以及约束条件与外部条件的设定。

(2)假设的合理性原则。在实际问题中,数学建模的过程是对系统进行抽象,并且提出一些合理的假设。假设的合理性直接关系到系统模型的真实性,无论是物理系统、经济系统还是其它自然科学系统,它们的模型都是在一定的假设下建立的。

(3)因果性原则。按照集合论的观点,因果性原则要求系统的输入和输出满足函数映射关系,它是数学模型的必要条件。

(4)输入量和输出量的可测量性、可选择性原则,对动态模型还应当保证适应性原则。

为便于理解和交流,数学模型要以一定的规范形式描述出来。现有的描述方法主要分为四大类:基于形式化语言的描述、基于图元的形式化描述、基于数学语言的形式化描述和基于逻辑规则的形式化描述,将在第3章中展开详细阐述。

2.2.2.6　计算机建模

一般地说,计算机模型是建模者对建模对象为满足仿真应用需求而建立的、以计算机语言给出的描述,可在计算机中执行的仿真模型。从某种意义上来说,计算机模型是一类特殊的软件,首先它要能忠实地映射形式化描述的模型,其次作为一种软件产品要符合仿真应用的需求:有用、能用、好用和重用。

(1)有用。模型必须具有一定作用。

(2)能用。反映了模型能被有效开发并集成起来运行。

（3）好用。是指易于理解和使用,用户容易控制计算机模型,操作少,能自动运行,健壮稳靠。

（4）重用。是指模型能被应用于解决多种问题,可以在不同的硬件和软件环境中工作,易于通过参数化等方式在不同的环境中进行配置,易于升级和维护。

计算机模型的建模可借鉴软件开发的有关经验和理论,其基本原理可以总结如下:

- 用分阶段的生命周期计划严格管理;
- 坚持进行阶段评审;
- 实行严格的产品控制;
- 采用现代程序设计技术;
- 结果应能清楚的审查;
- 开发小组的人员应少而精;
- 承认不断改进软件工程实践的必要性。

2.2.3　模型相似理论

相似现象是自然界和人类社会普遍存在的一种现象。相似理论认为,任何事物都客观存在一定的特征和属性。事物之间存在的相近、类似的共有特性为相似特性。当事物间存在相似特性,简称为事物间存在相似性。相似理论是研究事物之间相似性的理论。其中,相似的基本原理是最重要的组成部分,可描述所有相似现象的基本概念、性质、规律。模型相似理论是研究模型与建模对象之间相似性的理论,在研究范围上比一般泛指的相似理论有所缩小。

2.2.3.1　模型的相似性

研究对象和模型是两个相互独立的事物,它们之间通过相似关系联系起来。因此,相似关系十分重要,它是仿真可信性的基础。

1. 实物模型相似

实物相似指实物和实物模型的相似。实物模型是实物几何、物理方面的参量按一定比例放大或缩小的模型。实物相似主要包括实物的几何相似、运动学相似、动力学相似三部分。

（1）几何相似研究对象几何特征的相似,构建各种实物的模型,使模型和实物保持几何相似。原型和模型对应的线性长度均成固定比例系数。

（2）运动学相似研究不同对象和模型的运动学相似性。原型和模型的速度场相似,即速度场中各对应点的速度大小成比例,方向相同。

(3)动力学相似采用几何模型,一般是缩小的模型,进行动力学实验,并通过模型研究真实对象的动力学特征。原型和模型对应点所受的同名力方向相同,大小成比例。

例如,各种教学用的实物模型是按几何相似原则制作的;风洞试验中吹风试验是按实际空气动力学相似进行的;坦克驾驶模拟器中,驾驶座舱的外形尺寸要尽量与实车相一致,各种仪表、开关、按钮的形状和空间位置也要尽量与实车相一致。

2. 数学模型相似

要对一个控制系统进行仿真,首先要建立该系统的数学模型,再通过某种算法将其转化为仿真模型,进行仿真试验,以此研究原型系统的运动规律。动态方程在数量特征上与研究对象的动态特性具有相似性。根据数学方程的特征,可分为:

(1)连续系统动力学的数学相似。连续系统的状态方程、传递函数等是对其各个因素之间关系的数学描述,如果不同系统的状态方程、传递函数等数学模型一致,则系统之间具有相似性。

(2)离散系统动力学的数学相似。系统的离散状态方程、离散传递函数是对离散系统的数学描述,当两个系统的离散数学模型一致时,则它们之间存在相似。

(3)场的相似。场是一种特殊的物质存在形式,如电磁场、能量场、引力场等。对不同场中的效应进行分析,建立其偏微分方程数学模型。当不同场效应的数学模型一致时,就出现了场的相似。

(4)概率、模糊集、粗糙集的数学规律相似。在不确定性问题求解以及随机事件仿真中,引入了大量统计分析工具,形成基于概率统计数学表达式的随机事件相似。还有模糊、粗糙集等数学工具揭示了与统计规律不同的不确定性事物的规律,出现了基于模糊集、粗糙集的相似。

(5)图的相似。图是对事物的一种数学抽象,建立各类事物的图的模型,当模型一致时可以建立图的相似关系。

2.2.3.2 模型相似的性质

根据相似的定义,相似一定是两事物之间的特性。相似具有多元性、传递性、叠加性等性质。

1. 相似的多元性

相似不是事物的孤立性质,而是事物之间,事物整体和部分之间,事物部分与部分之间的性质,因而必然具备二元性,即存在两个事物,才存在相似,相似现象至少存在两个事物。

推论:

(1) 自反性:有事物 A,则 $A \sim A$;

(2) 对称性:有两事物 A、B,若 $A \sim B$,则 $B \sim A$。

2. 相似的传递性

有 3 个事物 A、B、C,若 $A \sim B$,$B \sim C$,A、B、C 三者之间存在非空相似域,且有相同的相似规则 R,则 $A \sim C$。

设事物 A 有 k 个特征,组成特征域 a,即 $A = (a_1, a_2, \cdots, a_k)$;

事物 B 有 l 个特征,组成特征域 b,即 $B = (b_1, b_2, \cdots, b_l)$;

事物 C 有 f 个特征,组成特征域 c,即 $C = (c_1, c_2, \cdots, c_f)$;

A、B、C 之间的相似规则为 R。

设 A、B 的特征中有 $(0 \leqslant m \leqslant \min(k, l))$ 个特征相似,组成相似域 r,即 $r = A \cap B$,且 $S(A. B. r. R)$;

设 B、C 的特征中有 $n(0 \leqslant n \leqslant \min(l, f))$ 个特征相似,组成相似域 p,即 $p = B \cap C$,且 $S(B. C. p. R)$;

设 A、C 两事物的特征中有 $h(0 \leqslant h \leqslant \min(k, f)$ 个特征相似,组成相似域 d,即 $d = A \cap C$;

令 $s = r \cap p \cap d$,即为 A、B、C 三事物的共有相似域,其中,该集合中有 e 个元素,显然,$0 \leqslant e \leqslant \min(m, n, l)$,以 #( ) 表示集合特征数目的提取,则

$\#(r) = m; \#(p) = n; \#(d) = h; \#(s) = e$;

由于 $A \sim B$,$B \sim C$,则 $m \neq 0$,$n \neq 0$;

当 $e \neq 0$ 时,s 不为空集,根据集合的交运算法则,则 $d = A \cap C$ 也不为空集,意味着事物 A 与 C 有非空相似域,即 A 与 C 相似,记为 $S(A. C. d. R)$;

当 $e = 0$ 时,s 为空集,根据集合的交运算法则,无法确定 $d = A \cap C$ 是否为空集,也就无法判断 A 与 C 是否相似。

3. 相似的叠加性

相似的叠加性指:有 3 个事物 A、B、C,若 $A \sim C$,$B \sim C$,则 $(A + B) \sim C$。

A、C 在相似域 ac 上依规则 R_1 相似,记为 $S(A. C. ac. R_1)$;B、C 在相似域 bc 上依规则 R_2 相似,记为 $S(B, C. bc. R_2)$。设

$ac = \{ac_1, ac_2, \cdots, ac_i\}$,其中,$ac_i$ 为 A、C 的相似特征;

$bc = \{bc_1, b_2, \cdots, bc_j\}$,其中,$bc_j$ 为 B、C 的相似特征;

$W = A \cup B$,为 $A + B$ 的特征域;

$R = \{R_1, R_2\}$，为 $A+B$ 与 C 的相似规则集；

$U = ac \cup bc$；

显然，$U \subseteq C$ 且 $U \subseteq \overline{V}$，即 $A+B$ 与 C 有至少共同的特征域 U，在 U 上依规则集 R 相似，记为 $S((A+B).C.U.R)$。

4. 强相似与弱相似

相似的传递性可以扩展到 3 个以上事物之间的相似，称之为广义相似传递性。

定义 1：广义相似传递性

有 N 个事物，A_1、A_2、$\cdots$、A_N，若 N 个事物间存在非空的相似域，且有相同的相似规则 R，则这 N 个事物两两相似。

对广义相似传递性可进行如下讨论：

第一，N 个事物两两相似，它们之间并不一定存在非空的相似域。例如，设事物 $A = \{1,2,3,6\}$，$B = \{2,5\}$，$C = \{3,5,7,8\}$，则 $r = A \cap B = \{2\}$，$p = B \cap C = \{5\}$，$d = A \cap C = \{3\}$，说明 $A \sim B$，$B \sim C$，$A \sim C$。而 $s = r \cap p \cap d = \Theta$ 为空集，说明 A、B、C 间不存在非空相似域。所以，"N 个事物间存在非空的相似域"是"这 N 个事物两两相似"的充分条件而非必要条件。

第二，N 个事物两两之间一共存在 C_N^2 个相似域 $r_{12}, r_{13}, \cdots, r_{1N}, r_{23}, \cdots, r_{2N}, \cdots, r_{N-1N}$，当此 C_N^2 个相似域均不为空，且其中的特征及特征数目完全相同时，在相同的相似规则 R 下，称这 N 个事物为**同域相似**。当此 C_N^2 个相似域中的特征及其数目不完全相同时，称这 N 个事物为**异域相似**。设 C_N^2 个相似域的交集为 G，那么，当同域相似时，有

$$\#(G) = \#(r_{12}) = \#(r_{13}) = , \cdots, = \#(r_{N-1N}) = \max((\#(r_{12}), \#(r_{13}), \cdots, \#(r_{1N}), \cdots, \#(r_{N-1N})) = K (K \text{ 为常数})。$$

当**异域相似**时，$\#(G)$ 的值不确定，但有一个取值范围，该范围是
$$[0, \min((\#(r_{12}), \#(r_{13}), \cdots, \#(r_{1N}), \cdots, \#(r_{N-1N}))]。$$

显然，同域相似时，$\#(G)$ 取值最大，N 个事物之间的相似特征最多。

根据相似域的异同，可以将相似的传递性分为同域相似传递性和异域相似传递性。

定义 2：同域相似传递性

有 N 个事物 $A_1, A_2, A_3, \cdots, A_N$，两两之间存在 C_N^2 个相似域，若这 C_N^2 个相似域非空，其中的特征完全相同，且存在相同的相似规则 R，则这 N 个事物两两相似。

定义 3：异域相似传递性

有 N 个事物 A_1、A_2、$\cdots$、A_N，两两之间存在 C_N^2 个相似域，若满足：

（1）这 N 个相似域非空；

（2）存在相同的相似规则 R；

（3）C_N^2 个相似域存在共同的特征；

（4）C_N^2 个相似域的特征不完全相同；

则这 N 个事物两两相似。

根据相似传递性的分类，可以导出"强相似"和"弱相似"两个定义，用来描述相似关系的强弱。

定义 4：强相似

多个事物符合同域相似传递性条件，则称这些事物之间的相似为强相似。如 $A \sim B$，$B \sim C$，且 AB、BC、AC 的相似域相同，则 $A \sim C$。这里，$S(A. B. ab. R)$ 的相似域 ab 和 $S(B. C. bc. R)$ 的相似域 bc 是一致的，且 $S(A. C. ac. R)$ 的相似域 ac 也与 ab，bc 一致，AC 之间的相似为强相似。

定义 5：弱相似

多个事物符合异域相似性条件，则称这些事物之间的相似为弱相似。假设 A、B、C 3 个事物，$S(A. B. ab. R)$ 有相似域 ab，而 $S(B. C. bc. R)$ 有相似域 bc，如果 ab 和 bc 没有交集，一般不可能在相似规则 R 下从 $A \sim B$ 及 $B \sim C$ 推导出 $A \sim C$。但并不能否认在其他相似规则如 R' 下存在 $S(A. C. ac. R')$。如果 ab 和 bc 有交集，在交集构成的相似域中 A 和 C 在规则 R 下相似，但 A 和 C 的相似程度可能弱于 $S(A. B. ab. R)$ 及 $S(B. C. bc. R)$。

由于相似的强弱性及其相似域的不同，使用相似理论指导仿真研究时，不严谨地扩大相似的域，会出现错误。依据相似原理建立的仿真系统，超出其相似域的结果不一定是原系统的相似结果，这样，就会导致仿真过程中出现"超原型性"。这也是目前很多人对仿真抱有疑问，尤其对复杂系统仿真顾虑较大的原因。

2.2.3.3 相似性的度量

对于简单线性系统，周美立提出了用相似度来描述系统之间的相似性，并给出了定量度量系统间相似性的方法[5]。

设事物 A 有 k 个特征，组成特征域 a，即 $A = (a_1, a_2, \cdots, a_k)$；

事物 B 有 l 个特征，组成特征域 b，即 $B = (b_1, b_2, \cdots, b_l)$；

A、B 的特征中有 $m(0 \leqslant m \leqslant \min(k, l))$ 个特征相似，且 $S(A. B. r. R)$，$r = A \cap B$；

A 与 B 在相似规则 R 下所有特征数目: $\#(A \cup B) = k + l - m$;

对事物 A、B 而言,用 Q 表示事物之间的相似程度,即相似度,它由事物之间的相似特征的数目以及各相似特征的相似程度两部分决定,设 $Q(r)_m$ 为相似特征数目的相似度,$Q(r)_s$ 为相似特征的相似程度。

m 个相似特征分别在特征域 a 和 b 中所占的比例系数为 $Q(a)_m$、$Q(b)_m$,则有

$$Q(a)_m = \frac{m}{k} \qquad (2-1)$$

$$Q(b)_m = \frac{m}{l} \qquad (2-2)$$

m 个相似特征在所有特征中所占的比例系数为 $Q(r)_m$,则有

$$Q(r)_m = \frac{m}{k + l - m} \qquad (2-3)$$

r 域中 m 个相似特征各自的比例系数可分别记为: $r_1, r_2, \cdots, r_m$。

$$r_m = \frac{\min(u_m(a), u_m(b))}{\max(u_m(a), u_m(b))} \qquad (2-4)$$

式 $(2-4)$ 中,$u_m(a)$、$u_m(b)$ 分别表示第 m 个特征在域 a、b 中的特征值。$0 < r_m < 1$,且 r_m 越趋近于 1,表示 a、b 中第 m 个特征的特征值越相近,这两个特征越相似。

考虑每一相似特征对事物相似的影响不等,取特征权重分别为 $d_1, d_2, \cdots, d_m$,则相似域中特征相似程度记为 $Q(r)_s$,得出

$$Q(r)_s = d_1 r_1 + d_2 r_2 + \cdots + d_m r_m = \sum_{j=1}^{m} d_j r_j \qquad (2-5)$$

对于事物整体相似而言,事物间有一定数量相似特征,且每一相似特征都有一定相似程度,两者不可缺少。参照典型并和算法,可给出事物整体相似度数值 $Q(r)$ 的计算式如下:

$$Q(r) = Q(r)_m \cdot Q(r)_s = \frac{m}{k + l - m} \cdot \sum_{j=1}^{m} d_j r_j \qquad (2-6)$$

$0 \leqslant Q(r) \leqslant 1$, $\sum_{j=1}^{m} d_j = 1, 0 < r_j \leqslant 1$,且 $Q(r)$ 的取值情况如下:

当 $m = 0$ 时,$Q(r) = 0$,说明 A、B 相异。

当 $0 < m < \min(l, k)$ 时,$0 < Q(r) < 1$,说明 A、B 相似。

当 $m = k = l$ 时,$Q(r) = 1$,说明 A、B 相同。

2.2.3.4 模型的相似原理

基本的相似原理由 3 个定理组成,简称相似三定理。

1. 相似第一定理

相似第一定理：凡相似现象，相似准则必相等。

相似准则又称相似模数，是一个现象中若干个有量纲的量或无量纲的量经过代数运算而成的一个新的无量纲数。无量纲是相似准则的一个重要特征。

例如三角形 A 和 B 相似，$\dfrac{l_{a1}}{l_{b1}} = K_{l1}$，$\dfrac{l_{a2}}{l_{b2}} = K_{l2}$，$\dfrac{l_{a3}}{l_{b3}} = K_{l3}$，$K_{l1}$、$K_{l2}$、$K_{l3}$ 就是三角形 A、B 的相应边的相似系数，且

$$K_{l1} = K_{l2} = K_{l3} \qquad (2-7)$$

称为三角形 A 和 B 相似的相似准则。相似三角形中独立的相似准则只有两个，其他的相似准则是这两个相似准则的组合。

在运动相似中，我们知道

$$V_a = \frac{\mathrm{d}S_a}{\mathrm{d}t_a}, \quad V_b = \frac{\mathrm{d}S_b}{\mathrm{d}t_b} \qquad (2-8)$$

若 A 和 B 相似，它们的相应物理量成比例，有 $V_a/V_b = C_v$，$S_a/S_b = C_s$，$t_a/t_b = C_t$，C_v、C_s、C_t 为相似现象中对应的同名物理量之比，即 $V_a = C_v V_b$，$S_a = C_s S_b$，$t_a = C_t t_b$，代入式（2-8）的左式有 $C_v V_b = \dfrac{C_s \mathrm{d}S_b}{C_t \mathrm{d}t_b}$，可得

$$C_v = \frac{C_s}{C_t} \qquad (2-9)$$

显然 A 和 B 的各相似倍数是互相关联的，将各相似倍数代入式（2-9）有 $\dfrac{V_a}{V_b} \cdot \dfrac{t_a}{t_b} = \dfrac{S_a}{S_b}$，即 $\dfrac{V_a t_a}{S_a} = \dfrac{V_b t_b}{S_b} = \dfrac{Vt}{S} = $ 不变量。

$\dfrac{Vt}{S}$ 可以称为运动系统的运动相似准则。A 和 B 相似时，其 $\dfrac{Vt}{S}$ 表现的相似准则相等。

同样，动力相似中有

$$F_a = m_a \frac{\mathrm{d}V_a}{\mathrm{d}t_a}, \quad F_b = m_b \frac{\mathrm{d}V_b}{\mathrm{d}t_b} \qquad (2-10)$$

两系统相似，则有各相应量成比例

$$\frac{F_a}{F_b} = C_F, \quad \frac{m_a}{m_b} = C_m, \quad \frac{V_a}{V_b} = C_v, \quad \frac{t_a}{t_b} = C_t \qquad (2-11)$$

同样式（2-11）代入式（2-10）有

$$\frac{C_F C_t}{C_m C_v} = 1 \qquad (2-12)$$

动力相似的相似准则为

$$\frac{F_a t_a}{m_a V_a} = \frac{F_b t_b}{m_b V_b} = \frac{Ft}{mV} = N_e \qquad (2-13)$$

这个准则称为牛顿准则,以 N_e 表示。

第一定理我们没有证明,只是举了 3 个例子验证。这里强调一下对第一定理的理解:

相似是指在有同一特性的现象中,该现象所有物理量的关系服从同一规律,有相同的方程式,并在各对应的时间和空间上,方程中的量各自互成比例,具有各自的相似倍数,各相立的量的相似倍数之间有约束。

系统的相似准则是该系统的一个综合无量纲量,相似系统的相似准则相等,它是相似现象中的不变量。由于系统的复杂程度不同,相似准则不止一个。

2. 相似第二定理

相似第二定理:具有同一特性的现象,如果单值条件彼此相似,由单值条件所包含的物理量组成的相似准则相等,则这些现象相似。

第二定理是第一定理的逆定理,用来判断现象的相似,也是人为识别实物相似现象时必须遵守的法则。

3. 相似第三定理

该定理又称 π 定理或伯金汉定理,是实物模型相似原理的重要定理,也是进行量纲分析的重要工具。

相似第三定理:当一现象由 n 个物理量的函数来表示时,当这些物理量中含有 m 种基本物理量时,则能得到 $n-m$ 个基本相似准则,描述这现象的函数关系式可以表示成 $n-m$ 个基本相似准则间的函数关系式。

2.2.3.5 相似准则的规律

理论研究可以证明 $n-m$ 个相似准则是独立的,即其中任一个不可能由其他相似准则通过代数运算求得,所以叫基本相似准则,也就是 $\pi_1, \pi_2, \cdots, \pi_{n-m}$ 组成了一个完备系,除 $n-m$ 个基本相似准则外,还有其他很多形式的相似准则,它们是不独立的,都是基本相似准则经过代数运算而得到的。经分析,相似准则遵从以下规律:

(1) 相似准则的指数幂 τ^n 仍是相似准则。

(2) 相似准则的指数积仍是相似准则。

（3）相似准则的和与差仍是相似准则。

（4）相似准则和常数的和或差仍是相似准则。

即

$$\pi = \pi_1^{n_1} \pi_2^{n_2} \cdots \pi_k^{n_k} \pm \pi_1^{s_1} \pm \pi_2^{s_2} \cdots \pm \pi_k^{S_k} \pm \alpha \qquad (2-14)$$

式中，α 为常数，若 π_i 是相似准则，则 π 也是相似准则。当然，在整理相似准则时，应当采用常用的标准式，使 π 的物理意义明显并使准则方程简化。

2.2.3.6 相似准则的导出

相似准则的导出有两种方法。

1. 方程分析法

这种方法适用于描述该现象的方程式的具体形式已知时，经过方程式转换和积分类比转换等计算可求出相似准则。

1）相似转化法

写出被研究的过程的基本方程组，可以是微分方程、代数方程等和全部单值条件。列出相似倍数 C_i 的表示式，不同的量有不同的相似倍数。将相似倍数代入基本方程组，得到相似不变式。再将相似倍数的原式代入相似不变式中求出相似准则。同样从单值条件的方程中还可以得到相似准则。

2）积分类比法

首先写出微分方程组和全部单值条件，应用类比求出相似准则。如有单自由度无阻尼振动系统为 A 和 B，其基本运动方程为

$$\left. \begin{array}{l} m_A \dfrac{\mathrm{d}^2 x_A}{\mathrm{d}t_A^2} + K_A x_A = 0 \\[3mm] m_B \dfrac{\mathrm{d}^2 x_B}{\mathrm{d}t_B^2} + K_B x_B = 0 \end{array} \right\} \qquad (2-15)$$

单值条件为初始条件，有

$$\left. \begin{array}{l} \dfrac{\mathrm{d}x_A}{\mathrm{d}t_A}\bigg|_{t_A=0} = V_{A_0} \\[3mm] \dfrac{\mathrm{d}x_B}{\mathrm{d}t_B}\bigg|_{t_B=0} = V_{B_0} \\[3mm] \dfrac{\mathrm{d}^2 x_A}{\mathrm{d}t_A^2}\bigg|_{t_A=0} = a_{A_0} \\[3mm] \dfrac{\mathrm{d}^2 x_B}{\mathrm{d}t_B^2}\bigg|_{t_B=0} = V_{B_0} \end{array} \right\} \qquad (2-16)$$

将方程式(2-15)中的任意一项除其他项,得到

$$\left.\begin{array}{r} \dfrac{K_A x_A}{m_A \dfrac{d^2 x_A}{dt_A^2}} + 1 = 0 \\[6mm] \dfrac{K_B x_B}{m_B \dfrac{d^2 x_B}{dt_B^2}} + 1 = 0 \end{array}\right\} \qquad (2-17)$$

则

$$\dfrac{K_A x_A}{m_A \dfrac{d^2 x_A}{dt_A^2}} = \dfrac{K_B x_B}{m_B \dfrac{d^2 x_B}{dt_B^2}} \qquad (2-18)$$

从式(2-17)和式(2-18)有

$$\dfrac{V_A}{\dfrac{dx_A}{dt_A}} = \dfrac{V_B}{\dfrac{dx_B}{dt_B}} \qquad (2-19)$$

$$\dfrac{a_A}{\dfrac{d^2 x_A}{dt_A^2}} = \dfrac{a_B}{\dfrac{d^2 x_B}{dt_B^2}} \qquad (2-20)$$

再将所有的导数比值用相应的量的比值来代替,去掉微分符号。同时,各轴向投影分量用量本身代替,坐标用基本量长度代替,便可求出相似准则。

2. 量纲分析法

当无法列出描述现象的方程式时,采用量纲分析法导出相似准则。

1)量纲分析法的一般步骤

首先考察被研究的对象,找出全部有关的物理量,写成一般函数式,然后写出一般项的形式,将一般 π 项中的各物理量量纲代入,整理量纲式,得出各物理量指数间的联立方程组。如基本物理量数目为 m,则可以列出 m 个方程组。未知数的数目等于全部物理量的总数 n,所以是 n 个未知数,有 m 个方程的联立方程组,可以求出 $n-m$ 个独立的 π 项,即 $n-m$ 个相似准则。

2)矩阵法

为了使上述步骤条理化,常用规格化的矩阵法,我们以静力相似准则的建立为例了解其过程。

两个受力系统静力相似是研究强度、刚度的重要方法,也是静力模型试验(实体模型、光弹模型)的理论指导。

从矩阵法解相似准则的步骤是：第一步是找出静力系统的有关物理量的一般函数表达式，即

$$f(\sigma,\delta,p,M,q,A,V,J,\varepsilon,\mu,\varphi,L,E) = 0 \qquad (2-21)$$

式中，σ 为应力、δ 为挠度、p 为集中力、M 为力矩、q 为分布载荷、A 为杆件截面积、V 为体积、J 为惯性矩、ε 为应变、μ 为泊松比、φ 为扭转角、L 为线性长度、E 为弹性模量。

π 项的指数式为

$$\pi = \sigma^{\alpha_1}\delta^{\alpha_2}p^{\alpha_3}M^{\alpha_4}q^{\alpha_5}A^{\alpha_6}V^{\alpha_7}J^{\alpha_8}\varepsilon^{\alpha_9}\mu_0^{\alpha_1}\varphi_1^{\alpha_1}L_2^{\alpha_1}E_3^{\alpha_1}$$

将各量量纲代入 π，写成量纲矩阵

	α_1	α_2	α_3	α_4	α_5	α_6	α_7	α_8	α_9	α_{10}	α_{11}	α_{12}	α_{13}
	σ	δ	p	M	q	A	V	J	ε	μ	φ	L	E
$[F]$	1	0	1	1	1	0	0	0	0	0	0	0	1
$[L]$	-2	1	0	1	-1	2	3	4	0	0	0	1	-2

写出指数的联立方程为

$$\left. \begin{array}{l} \alpha_1 + \alpha_3 + \alpha_4 + \alpha_5 + \alpha_{13} = 0 \\ -2\alpha_1 + \alpha_2 + \alpha_4 - \alpha_5 + 2\alpha_6 + 3\alpha_7 + 4\alpha_8 + \alpha_{12} - 2\alpha_{13} = 0 \end{array} \right\} \qquad (2-22)$$

$$\left. \begin{array}{l} \alpha_{12} = -\alpha_2 - 2\alpha_3 - 3\alpha_4 - \alpha_5 - 2\alpha_6 - 3\alpha_7 - 4\alpha_8 \\ \alpha_{13} = -\alpha_1 - \alpha_3 - \alpha_4 - \alpha_5 \end{array} \right\} \qquad (2-23)$$

由式(2-23)列出 π 矩阵

	α_1	α_2	α_3	α_4	α_5	α_6	α_7	α_8	α_9	α_{10}	α_{11}	α_{12}	α_{13}
	σ	δ	p	M	q	A	V	J	ε	μ	φ	L	E
π_1	1	0	0	0	0	0	0	0	0	0	0	0	-1
π_2	0	1	0	0	0	0	0	0	0	0	0	-1	0
π_3	0	0	1	0	0	0	0	0	0	0	0	-2	-1
π_4	0	0	0	1	0	0	0	0	0	0	0	-3	-1
π_5	0	0	0	0	1	0	0	0	0	0	0	-1	-1
π_6	0	0	0	0	0	1	0	0	0	0	0	-2	0
π_7	0	0	0	0	0	0	1	0	0	0	0	-3	0
π_8	0	0	0	0	0	0	0	1	0	0	0	-4	0
π_9	0	0	0	0	0	0	0	0	1	0	0	0	0
π_{10}	0	0	0	0	0	0	0	0	0	1	0	0	0
π_{11}	0	0	0	0	0	0	0	0	0	0	1	0	0

得到相似准则为

$$\pi_1 = \frac{\sigma}{E} \quad \pi_2 = \frac{\delta}{L} \quad \pi_3 = \frac{p}{EL^2} \quad \pi_4 = \frac{M}{EL^3}$$

$$\pi_5 = \frac{q}{EL} \quad \pi_6 = \frac{A}{L^2} \quad \pi_7 = \frac{V}{L^3} \quad \pi_8 = \frac{J}{L^4}$$

$$\pi_9 = \varepsilon \quad \pi_{10} = \mu \quad \pi_{11} = \varphi \tag{2-24}$$

在列出量纲矩阵时可以看出,物理量的排列次序可以有各种方法,自然相应的相似法则也不同,实际上相似准则的形式是有无穷多形式的,我们希望得到的相似准则能使方程 $\pi = f(\pi_1, \pi_2, \cdots, \pi_n)$ 简洁,容易处理。从实验的角度看,希望 $\pi_1, \pi_2, \cdots, \pi_n$ 之一能够被实验技术控制,而其他的 π 则能保持常数,这样的实验容易进行。伯金汉指出,如果调整原始变数只出现在一个 π 则(相似准则)中,我们就能最大限度地对相似准则的实验进行控制。所以原始变数排列次序要使每一物理变数在一个 π 项中出现。也就是说,将被研究的物理量列为第一个物理量,要和它建立函数关系的物理量排在第 2 位,第 3 位……在倒数第一到第四位置上先排列几何长度 L,然后是表征物理性质的量,以及其他出现相似准则中的量,这样做可以突出被研究的物理量。总之相似准则整理中应力求物理意义明确,最好是采用常用的形式,去掉无法测试和难以测试的量。

在量纲矩阵中,先要判断它的秩,若秩为 m,变量为 n,则有 $n-m$ 个独立相似准则。上例中秩 $m=2$,变量 $n=13$,故有 $13-2=1$ 个独立相似准则。

在相似准则中只由单值条件所组成的相似准则称为定性准则,包含非单值条件的物理量的相似准则称为非定性准则。

2.3　模型共性理论

模型共性理论是各领域中仿真建模都可能涉及的理论,具有广泛的指导作用。模型共性理论一般包括:模型多态理论、模型重用理论、模型互操作理论和模型可信性理论。

2.3.1　模型多态理论

对于系统、复杂系统建模,常用的方法是运用还原论的分析方法,将事物按系统层次逐层分解,对每一层进行建模,系统层次划分越细,模型的层次越多。由于对系统层次划分的不同,因此对同一系统(事物)形成了模型的多种层次结构,即模型具有了多种状态,我们称之为模型的多态。处于高层次的模型具有较多的全局,处于底层的模型具有较好的细节描述,可以适应不同的仿真需要。因此对同一问题,运用多态建模理论,将建立很多不同的模型结构,应用时一般需要将各种多态模型间实现无缝连接。

2.3.1.1　多态建模的概念

　　与多态建模类似的定义有很多,如多分辨率建模、多粒度建模等。有人认为分辨率等同于粒度,是指建模对象的大小、规模;有人将分辨率与粒度作为描述建模对象的不同侧面,即粒度指建模对象的大小、规模,而分辨率则是描述建模对象的精确和精细程度。实质上,建立对象的不同大小、精细程度的模型族都将面临共同的问题,如模型间的交互、模型间的转换以及模型的一致性等,解决这些问题的理论、方法和技术在近来建模理论中已有一定的成果。为了便于在阅读本章时,对模型的多态性有统一认识,对多分辨率、多粒度、多态模型等作如下定义。

　　(1)多分辨率模型(variable – resolution):模型在实体内部属性、实体之间逻辑关系、仿真过程中时间属性和功能属性等方面的详细程度。例如要建立某车辆的机动模型,"模型一"用最大速度和最大加速度这两个指标来描述车辆的机动性能;"模型二"则建立了发动机、油门、离合等部件的工作模型,从而描述车辆的机动性能。这两个模型就是车辆机动模型的不同分辨率模型,"模型二"比"模型一"详细程度高些。

　　(2)多粒度模型(variable – scale):模型描述被研究对象在空间大小、系统分解层次等方面的详细程度。例如要建立某集团军的作战模型,"模型一"建立了直接描述集团军一级的作战模型;"模型二"则建立了集团军内各师的作战模型,而后通过将这些师的模型经过有机联结,生成集团军的仿真。这两个模型就是集团军作战模型的多粒度模型,由于模型二可以最小描述到师的作战行动,因此比模型一详细程度高些。

　　(3)多态模型(variable – station model):是多分辨率模型和多粒度模型的统称。

　　(4)高聚合度模型、低聚合度模型:描述详细程度较高的模型为低聚合度模型,如高分辨率模型、细粒度模型;而描述详细程度较低的模型为高聚合度模型,如低分辨率模型、粗粒度模型。

　　(5)聚合、解聚:由低聚合度模型转换为高聚合度模型的过程,称为聚合;而由高聚合度模型转换为低聚合度模型的过程,称为解聚。

　　多态建模,是一种在不同分辨率或抽象层次上一致的、描述同一系统或过程的建模技术或方法。所建立的模型或模型族能够方便地改变其所描述的现象的分辨率或粒度。

低聚合度模型描述对象的详细程度高,而高聚合度模型的详细程度相对较低。但是,并非聚合度越低越好,因为在低聚合度模型中若加入无效的细节并不会提高模型的可信度,即不增加仿真的效果,有时还会严重影响模型可信度,同时低聚合度模型一般都要增加计算的复杂性。一般来说,低聚合度的模型能够抓住事物的细节,为整体提供比较可信的底层基本活动仿真,从而使仿真系统有较好的仿真效果。而高聚合度模型能够较好的揭示事物宏观的属性,仿真速度较快,占用计算机资源少。当仿真需要时,建立同一事物的一系列不同聚合度的模型能够提高模型解决问题的能力。一般应根据建模的目的和可用的仿真资源等要素来确定对应于此应用的最佳聚合度。

2.3.1.2　多态建模的必要性

在较大规模的仿真系统中通常具有结构和功能的多样化模型体系,体现了模型的复杂程度。在仿真的过程中可以选择不同分辨率、粒度的模型进行仿真,可以获取不同层面的信息和仿真结果。研究多态建模理论的必要性具体体现在以下几个方面:

(1) 人的认知习惯需要多分辨率、多粒度模型。一般情况下,人们都在不同的分辨率、粒度下来认识、理解事物并进行推理,所以要求相应的模型能够反映其所选择的不同分辨率和粒度。

(2) 建立和运行低聚合度模型所消耗的资源高。通常,低聚合度模型的构造费用包括设计、编码、调试的费用相对高,所需的构造时间也相对较长,同时由于模型复杂度增加,低聚合度模型的仿真也相应需要更快的计算机,更大的内存和更长的仿真时间。

(3) 有些低聚合度模型难以建立、分析和理解。现实世界中复杂系统的不确定性、不可知性和混沌性有时使得建立低聚合度模型不现实,而且低聚合度模型往往需要更加详尽的基础数据,而这些基础数据经常不易得到,不得已从高聚合度模型做起。

(4) 从仿真的实际需求上考虑,并不是任何仿真都需要低聚合度的模型。模型的分辨率和粒度是由仿真的需求决定的,不同的仿真需求往往需要不同分辨率和粒度的模型,不必要的细节只会增加仿真系统的负担,其产生的过多信息并不是研究所关心的,造成信息过剩。仿真需要一定的时间解决一定问题时,分辨率和粒度的选择是一个关键。

(5) 从系统仿真技术的发展趋势上看,分布式交互仿真已有了长足的进步,采用 DIS、HLA 及其他网络中间件将人在环仿真、实物在环、嵌入式仿真以及大型仿真系统联结时必然出现不同层次不同分辨率的仿真系统互联到一个综合环境中的问题,要解决这一问题就要对系统建立多态模型的理论进行研究,以保证多态模型间的互操作,以及时空的一致性。

2.3.1.3 多态模型的聚合与解聚

在仿真系统中往往需要将各种不同分辨率、不同粒度的仿真模型互联起来,既要保证两个仿真模型通过模型转换处于同一分辨率或粒度级别上,又要保证转换前后的模型在一定误差范围内的一致性。多态模型的示意图,如图2-3所示,不同分辨率、粒度模型组成金字塔形状,越往上模型的分辨率越低(或粒度越大),为高聚合度模型;反之,越往下模型的分辨率越高(或粒度越小),为低聚合度模型。如聚合与解聚的定义所述,相较于聚合过程,解聚是一个非常复杂的过程,因为在高聚合度模型中信息的详细程度没有低聚合度模型高,而这些信息可能就是模型解聚必需的。所以在对模型进行聚合与解聚中,"聚"和"解"不是完全对称的、可逆的。

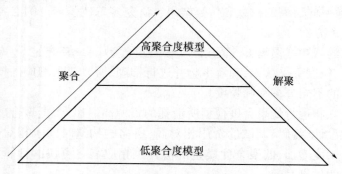

图2-3 多态模型聚合与解聚示意图

目前,多分辨率建模方法主要有视点选择法和聚合解聚法。

1. 视点选择法(selecting views)

视点选择法是指模型一直运行在低聚合度下,当它需要以高聚合度与其他实体交互时,它运用系统辨识等模型抽象技术获得高聚合度模型后与外界进行交互,它根据低聚合度模型的信息生成交互所需的高聚合度的信息,来模拟实体高聚合度下的模型。

此方法是一种需要在任意时刻都运行最低聚合度的模型的极端做法,一般用在几乎在所有的仿真时刻都需要最低聚合度模型,而只有少数时刻模型和其他高聚合度模型发生交互的情况下。

视点选择法的优点是实现起来比较简单,模型间的一致性容易维护,但是也存在很多不足之处,如低聚合度的模型比较复杂,开发起来也比较困难,对资源的要求比较高;另外低聚合度的模型可能会限制人们进行分析决策的能力;再者,有些情况下,高聚合度的模型所需要的信息不能从低聚合度模型得到,比如一些复杂系统的整体功能是不能由其子系统的功能累加而成的,而且有些模型可能也不存在严格的层次关系,所以也就不存在低聚合度的模型,也就无法使用视点选择法。

2. 聚合解聚法

一般状况下,不同聚合度的模型不能直接相互交互。当低聚合度的实体和高聚合度实体进行交互时,会产生严重的一致性问题。一个解决办法就是通过聚合解聚动态地改变实体的分辨率和粒度,以满足交互在同一聚合度下进行的要求。

聚合解聚法就是通过对高聚合度模型进行解聚,或者对低聚合度模型进行聚合,以保证实体在同一层次上进行交互。

聚合解聚法大致可分为静态方法和动态方法两类。静态方法是处理模型不同聚合度问题比较原始的方法,其优点是实现起来比较简单,不足的是灵活性较差。静态方法又可分为完全聚合法和完全解聚法。完全聚合法中,所有的实体都运行在高聚合度下,完全解聚法中所有的实体都运行在低聚合度下。动态方法则允许动态地改变模型的聚合度,一般是将高聚合度模型进行部分解聚法。它的思想是根据需要动态地将高聚合度模型中与低聚合度模型交互的部分解聚,而不是完全解聚,其关键技术是确定聚合模型的解聚范围。还有一种伪解聚的方法,通常在某个低聚合度实体并不和高聚合度实体进行交互,而只需要高聚合度实体的某些属性时使用。下面将介绍上述几种方法。

1)完全解聚法与完全聚合法

完全解聚法中所有实体模型的交互都转换到模型中最低聚合度模型的层次上,从而确保所有实体在同一分辨率(或粒度)级别上实现交互作用。如图2-4所示,HM 是实体的高聚合度模型,当它与其他实体的低聚合度模型 LM1、

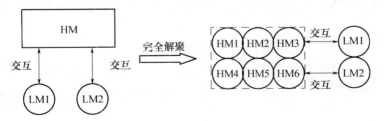

图2-4 完全解聚法示意图

LM2 发生交互时,需要将高聚合度实体模型 HM 完全解聚成较低聚合度级别的实体模型 HM1、HM2、…然而,完全解聚有时会造成资源的浪费,例如如果只需解聚一个高聚合度实体模型中的部分子实体,若完全解聚,所有子实体也将被解聚,这样会生成大量的实体,消耗过多的系统资源。

2)部分解聚法

部分解聚法的思想是试图克服完全解聚的缺点,它只解聚一部分高聚合度模型,而不是全部,如图 2-5 所示。可以将其中需要与低聚合度实体发生交互的部分解聚,其余不发生交互的部分可以不用解聚,如可以将 HM 做一个分区,将需要与低聚合度实体交互的部分解聚,另一部分则保持原状。

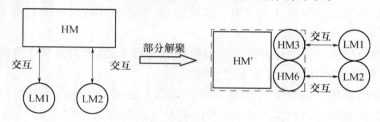

图 2-5 部分解聚法示意图

部分解聚还包括区域解聚,即事先划分一个解聚区,凡是满足解聚区条件的高聚合度实体模型都要解聚为低聚合度实体模型。当高聚合度模型所解聚出的低聚合度模型都不满足解聚区条件时,它们再聚合成为高聚合度模型。但是,区域解聚往往会出现迫使高聚合度实体模型进行不必要解聚的情况,例如一个高聚合度的实体模型虽然满足解聚区条件但是并未发生交互,而按照区域解聚的方法,它也将被解聚成低聚合度的实体模型。

3)伪解聚

伪解聚发生在当某个低聚合度实体只需要另一高聚合度实体的低聚合度信息而不与其发生交互时,这时高聚合度实体可以进行伪解聚,也就是说,高聚合度实体并没有进行真的解聚,而只是将组成它的低聚合度信息发出去而已。

2.3.1.4 多态模型间的一致性

多态模型间的一致性是指同一个系统、实体、现象、过程的不同聚合度的模型在相同的仿真环境下,在输入输出、行为、状态或结构等方面彼此一致的程度。

由于在从低聚合度模型转换到高聚合度模型的过程中存在信息的损失,维护不同聚合度模型之间完全的一致性从理论上讲是不可能的。模型间的不一致性是多态建模的固有属性,不同聚合度的模型之间不存在完全的一致性。对于多态模型间的一致性,我们更关心的是在不同分辨率、粒度的模型之间的相互替换、交互等问题,因此主要涉及到的是模型输入输出的一致性,而对高聚合度模型与低聚合度模型是否具有一致的行为或结构等并不予以关心。

模型在解聚过程中,对模型的基本要素同时进行细化,如状态的映射、时间的分段、事件空间的分解、输入输出的细化等,要保证低聚合度模型和高聚合度模型在相同时间段内的状态变化与事件发生的一致性。常见的模型不一致性问题表现在以下两个方面:

(1) 时间不一致。当多态模型以不同时间步长运行时,就可能会发生时间不一致的问题。假设:高聚合实体 A 和实体 B 用时间步长 t_1 进行交互,低聚合实体 C 用时间步长 t_2 与 A 进行交互,t_1 大于 t_2。实体 A、B 交互时使用的是高聚合级数据,在 t_1 时间后产生交互结果;实体 C 从 A 中请求低聚合实体信息进行交互,在 t_2 时间后产生交互结果。由于两个交互的时间步长不同,t_1 大于 t_2,因此 A、B 交互所使用的信息实际上在 t_2 时刻已经发生改变,其计算结果就变得没有意义了。

(2) 状态映射不一致。当实体经过连续的聚合解聚后,可能出现实体的状态映射的不一致。例如:从低聚合模型 A 到高聚合模型 B 转换中,一些相关信息可能会被丢失,而再将高聚合模型 B 转换到低聚合模型 A 时,又需要这些信息,而这些信息已经被丢失,只能用一些算法或映射函数进行转换,这就可能引起转换后的实体状态和低聚合模型中的实体状态存在不一致。

目前,解决多态模型间不一致的问题是多态建模的热点问题,大多是针对具体问题采用针对性强的方法,还没有形成统一的方法,但基本思路是按照现实世界事件发生的顺序,锁定仿真中的交互,避免时间不一致。

"锁定交互"是指严格按照交互发生的时间顺序进行交互的计算,并且一个实体在开始处理当前的交互时,首先对该交互实施"锁定"处理,交互完成后解锁,再进行下一个交互。这是因为在任何级别聚合度模型的交互都可能影响其他级别聚合度模型的计算。如果能严格遵守"锁定交互",将能有效地保证所有多态模型在时间上彼此一致。

建立状态映射函数,实现不同聚合级模型输入输出的相互转换。为了将一个聚合度级别的模型的输入和输出一致地映射到另一个聚合度级别的模型,同时亦能反向映射,必须设计一个映射函数。一般地,一对聚合度级别的模型之间会需要一对映射函数 f 和 f^{-1},其中 f 是将高聚合度模型的输入输出映射到低聚合度模型的输入输出,而 f^{-1} 是从低聚合度向高聚合度的映射函数。如果存在两个以上的聚合度级别,那么必须要为每一对可以互相转换的聚合度级别寻找映射函数。映射函数的一个重要特性是它们必须具有可逆性,即一个映射函数 f,必须要有一个能一致地将从低聚合度向高聚合度的对应函数 f^{-1}。

2.3.2　模型重用理论

模型重用(Simulation Model Reusability)是一个以避免重复建模为主导思想,以尽可能使用已有的模型实现降低仿真开发成本的系统化过程,重用理论是指导构建大型、复杂模型的理论,使大型模型能持续的使用。

就仿真应用而言,构建模型是要耗费大量人力的。随着时间的推进,积累的各类仿真模型越来越多,存在着已有模型在新仿真应用中的重用问题;随着仿真对象与应用问题的规模以及复杂性的上升,存在着简单仿真模型在复杂仿真模型中作为子模型的重用问题;随着仿真技术标准的不断完善,存在着原有技术标准下的仿真模型在新的技术标准下的重用问题。

仿真模型的重用问题已经引起了各相关领域的重视。兰德公司对模型的重用问题进行了专题研究,研究结果表明单纯从技术角度难以从根本上解决模型重用问题,必须重视建模仿真理论方面的深入研究,并制定面向领域人员的建模规范和技术标准。仿真模型重用问题已成为新时期建模仿真领域越来越迫切需要解决的一个重大理论问题。

2.3.2.1　模型重用的概念与发展现状

模型重用是指在尽可能少做修改的前提下达到模型在不同应用目的的仿真系统中的重复使用,从而避免低水平的重复建模。通过重用成熟模型可以实现仿真系统开发的工程化和系统化,降低仿真系统开发成本,提高仿真系统开发水平和仿真系统质量,形成规模化发展。模型的可重用性是模型本身的一种属性,不依赖于技术、平台、系统等特性。

仿真模型重用的核心理论问题,一是如何在建立模型时,该模型能够保留充足的信息和规范统一的形式,有利于模型的重用;二是如何使得在重用时刻具备足够的支持可重用性判定的相关信息,并在此基础上进行可重用性判定。

早在 1994 年,Emilie 等人就以"仿真模型的重用"为题讨论了仿真模型重用与一体化图形建模仿真环境的相互关系,分析了一体化图形建模仿真环境对仿真模型重用的支持,以及仿真模型重用对建模仿真以及分析等仿真活动的影响。

2000 年,Dale 等人明确指出了仿真概念模型对仿真模型重用的重要意义,并建议重点考虑概念模型的重用,避免绑定到所采用的实现方法和技术上。

2002 年在英国运筹学协会的仿真工作组会议上,5 位仿真专家就仿真模型重用问题进行了专题讨论。其中 Michael Pidd 教授从软件重用的角度将仿真模型重用分为代码重用、函数重用、组件重用和完全模型重用 4 个层次。Simon Tylor 教授指出模型重用的成功实现必须是在有计划且考虑重用的情况下,从而指出模型的重用是在模型构建过程中形成。

Overstreet 等人对仿真模型重用问题进行了一般性的研究,讨论了实现重用必须解决的关键问题,并论述了充分描述模型组件的目标、假设和约束(OAC)信息能够解决大部分问题。

随着对模型重用理论研究的深入,初步产生了模型重用的实现方法,可归纳如下:

(1)模型的重用应当分层次进行;

(2)模型应具备统一的结构;

(3)模型的表示要规范化与标准化。

下面就具体说明以上三方面。

2.3.2.2 模型重用的层次

模型按仿真活动过程,可分为概念模型、数学模型、计算机模型。模型的重用也可以相应地分为 3 个层次,即概念模型的重用、数学模型的重用、计算机模型的重用。

(1)概念模型的重用。概念模型是对真实世界的首次抽象,实现对真实世界的准确和规范的描述,从而为领域专家、技术人员和 VV&A 人员提供关于真实世界的一致的理解。概念模型的建立不是一蹴而就的,需围绕实际仿真要求不断充实和完善。在此过程中要保存通用的可重复使用的知识信息,供其他仿真应用重复使用,实现领域知识的共享和重用。

(2)数学模型的重用。数学模型描述概念模型中的算法和逻辑关系。如描述实体运动的运动模型,描述实体之间的碰撞模型等。这些模型一般都可以形成标准的算法。如果明确了模型的功能模型和使用的约束条件,并设计了相对通用和标准的模型接口,那么在其他仿真系统中若满足模型的约束条件和接口要求时就可以实现数学模型的重用。

(3)计算机模型的重用。计算机模型是数学模型的计算机语言表示,除了模型的使用条件和接口之外,还包含了模型使用的软件环境。在数学模型可以重用的基础上,若软件环境能够满足计算机模型的运行,一般是可以实现计算机模型重用的。

2.3.2.3 统一的模型结构

大型或复杂系统的概念模型、数学模型、计算机模型往往由若干子模型组成。模型重用并不要求重用每个层次上的所有模型，而是追求能尽量多重用每个层次上的子模型，因此这些模型的分解方法和相互关系就成为是否可重用的关键。

模型的结构是模型的构成及其相互关系，它是按层次对模型进行分解后形成的。模型分解将模型模块化和组件化，使处于较底层的模型的通用性增强，实现了模型的重用。

模型分解将模型分解为功能相对单一和独立的模块，从提高模型模块通用性和模型系统结构化程度的角度实现模型的重用。从分解方法角度来讲，一般可以分为基于过程的模型分解和基于功能的模型分解。

（1）基于过程的模型分解将系统运行的过程进行逐层分解为各个子过程、活动和动作。过程、子过程、活动和动作描述的粒度不同，形成自顶向下逐步细化的过程仿真模型的层次结构，其中的低层模型即活动和动作，由于其执行的内容的单一性，可以在相同或相似的仿真应用中重用。

（2）基于功能的模型分解将功能分解为多个子功能，同时定义功能之间的接口，子功能可以进一步分解，直至其完成的功能相对单一和独立。功能、子功能描述的功能的规模不同，形成自顶向下逐步细化的功能仿真模型的层次结构。低层模型由于其功能的相对单一和独立，可以在相同或相似的仿真应用中重用。

如上所述，如果在模型分解上采用较通用的方法，形成相对统一的模型结构，底层模型在动作或功能描述上取得一致，那么模型的可重用性将提高。

2.3.2.4 规范化标准化的模型表示

规范标准的模型表示是实现模型重用、移植和组合的重要手段。模型表示包括模型的描述内容和模型的表现形式。

1. 模型的描述内容

为保证在模型重用时能够得到足够的模型信息，在描述模型时，无论是概念模型、数学模型还是计算机模型都应至少有以下内容：

（1）明确建模对象，对于容易引起混淆的，还要强调建模对象不包括哪些；

（2）明确模型的应用目标，例如是因果分析还是预测；

（3）说明模型的建模原理，包括定性或定量，是否线性等；

（4）明确模型使用的相关要求和条件；

（5）模型运行的性能指标,例如模型的粒度和分辨率、模型精度、所需的计算时间、对计算机内存的特殊要求等;

（6）建模日期及其他备注。

2. 模型的表现形式

模型的规范化表现形式不仅易于理解,而且便于交流和使用。目前常用的表现形式有:

（1）概念模型的表现形式。概念模型可以用自然语言或形式化语言表示,形式化语言更严谨和便于交流,一般可以采用统一建模语言(UML),UML 是对象管理组织 OMG 积极推荐的一种可视化的标准的建模语言,提供面向对象分析与设计的一种标准表示。UML 支持独立于平台的建模,并且具有良好的可扩展性,已经成为仿真模型表示的标准化语言。采用 UML 建模语言描述概念模型,可用类图和对象图描述仿真实体,用活动图和顺序图描述仿真实体的活动,用协作图描述仿真实体之间的交互。用 UML 建模语言描述的模型与特定的仿真软件平台无关,可以重用于现有的和将来可能推出的不同的仿真软件平台,从而使概念模型得到最大程度上的重用。

（2）数学模型的表现形式。数学模型的表现形式一般都是形式化的,如各种框图流程图(IDEF 系列、程序流程图等)和数学公式等。

（3）计算机模型的表现形式。计算机模型一般是用各种高级编程语言或仿真语言来表现的,采用何种语言一般与仿真系统的开发平台有关。

概念模型和数学模型不能直接应用于仿真系统,因此对二者的重用关键在于模型的表现形式是否便于理解、交流、完善。计算机模型则是直接应用于仿真系统,只有在认可概念模型、数学模型可重用的基础上,并且符合新仿真系统的开发平台,才能重用。

2.3.3　模型互操作理论

2.3.3.1　模型互操作的概念

互操作性是近十多年来信息技术领域的主要研究问题之一。一般意义上的互操作性定义为:"一组互相通信实体共享指定信息,并根据公共的操作语义对该信息进行操作以便在给定上下文中达到指定目的能力"。在建模仿真领域,DMSO 将模型互操作性定义为:"模型向其他模型提供服务、从其他模型接收服务以及使用这些服务实现相互有效协同工作的能力"。模型的互操作性是模型的基本属性,它在建模过程中形成,它必须遵守一定的规律才能保证模型有良好的互操作特性。

2.3.3.2　模型互操作的层次

模型互操作是一个十分棘手的问题。由于模型存在异质异构,有些仿真系统的模型分散在网络中,模型从功能、组成、使用方式到支撑环境等各方面都存在差异,模型所使用的数据、信息都被存放在多个系统中,而且这些数据的描述和存储格式都不同。所以模型之间在底层上实现互操作存在技术障碍。鉴于这种情况,基于模型间可以松散耦合、协同工作的目标,我们将模型的互操作划分为多个深度层次,由低到高依次为:

(1)技术层互操作,即模型间建立了物理连接,可以是互联网络、遵从某种协议局域网或者是共享内存;

(2)语法层互操作:即建立了模型间数据交换(数据接口)的格式;

(3)语义层互操作:即模型接口数据连同其用途和可用性一起进行交互;

(4)概念层互操作:即建模人员遵循公共的概念视图,这是互操作的最高层次。

2.3.3.3　模型互操作的主要实现技术

模型之间要实现互操作从两个方面来解决,一是模型互操作中的语义理解问题,二是互操作途径,即信息(数据)传递问题。

1. 语义理解

模型之间的互操作与人们日常交流与沟通具有很多相似之处。人们在日常生活中,共同的背景知识对于人们能否准确地交换意见起着关键的作用。一般来说,相同的背景知识越多,人们沟通的障碍就越小,当一方表达某种含义时,另一方便能够准确的理解并使用对方所传达的信息。

模型之间互操作的基础也是如此,必须对所交互的信息具有相同的背景知识,即具有相同的语义理解。模型之间的语义理解至少需要满足以下条件:

(1)对模型间交互信息的含义具有一致的解释;

(2)对交互信息使用的符号以及量纲等语法具有一致的定义;

(3)对交互信息的组成结构具有一致的约定;

(4)对交互信息的适用条件具有一致的限定。

只有当模型之间具有相同的语义理解,才可能实现模型间的互操作。

2. 互操作途径

在模型之间语义理解的基础上,模型之间要实现互操作,还应具备信息传输的有效途径,即数据的传输途径。目前常用的数据传输技术有:

(1)消息传递。消息传递本是一种计算机上不同进程、线程之间进行异步通信的方式,我们也可用于仿真模型之间的互操作,即不同的模型应用通过发送和接收消息实现互操作。常用的机制是使用本地消息队列,提供给模型放置和检索消息,由消息系统负责将放入队列的消息发送给远程(或本地)其他进程中的模型上适当的队列,而后远程(或本地其他进程中)的模型就可以处理这些消息了。这种机制与协议无关,并且可以使用持久队列防止因失败而导致消息被破坏。消息系统一般通过 API 函数为应用提供各种消息服务,比较适合连接分布式应用。

(2)共享内存技术。共享内存技术在计算机系统内广泛应用,如在 PC 机、工作站、服务器里都有共享内存技术的应用。共享内存技术是指两个或多个设备共享同一块物理内存空间,对该内存空间的操作就像设备对本地内存空间的操作一样。在 CPCI(CompactPCI)系统中,多个处理器模块能够通过 CPCI 总线实现共享内存。

当所使用的模型是在单机上执行时,共享内存是理想的互操作途径。共享内存是通过直接操作内存映射文件来进行的,它是进行单机数据共享的最底层机制,在进程间大数据量、频繁、快速交换方面有优势,以较小的开销获取较高性能。

(3)CORBA 技术。CORBA 技术是对象管理组织(OMG)提出的分布式对象计算的规范,可以用于实现异构平台上的分布式模型开发。基于 CORBA 规范开发的模型之间通过对象请求代理机制实现对象的通信。分布的模型构件被封装在不同的 CORBA 对象中,通过接口定义语言(IDL)定义与外界进行交互的接口,由编译器实现到不同实现语言的映射。ORB 负责将客户对象的请求发送给服务对象,返回相应的结果。而且,CORBA 的使用可以充分体现面向对象的特性,如模型的开放性、可重复性、与原有模型的无缝集成和新功能的快速开发等。

(4)Internet 和 Web 技术。Internet 和 Web 技术的迅速发展为人们提供了一个非常理想的协作环境及分布式应用平台,而 Java 技术的成熟更为在 Web 上开发模型提供了理想的工具。Web 是 Internet 的一个主要应用,用户通过 Web 浏览器可以方便地访问各种信息。Web 技术不仅能够提供静态信息,而且可以实现与后台数据库的集成,它已经发展成一种有力的分布式交互方式。

(5)Java/J2EE 技术。Java 语言集面向对象、平台无关性、健壮性、安全性、多线程等特性于一身,通过字节码在 Java 虚拟机上的运行有可以实现"一次编码,到处运行"的跨平台特性。同时,在网络应用方面,Java 可与 Web 紧密集成,丰富网页的交互能力。这些特征使其成为异构平台上分布式模型开发的又一种可选方案,特别是 J2EE 的出台,使开发分布式系统变得相当容易。

2.3.3.4　互操作信息框架

发展的网络技术可将全世界各个模型联系起来,提供它们之间相互合作的通信基础。但是模型的实现机制、体系结构、应用语言、运行平台等复杂多样,影响了模型之间的互操作。要实现模型之间能够相互交换使用模型资源,需要构建通用合理的模型交互中间层,即互操作信息框架,涉及到模型交互、模型查找、模型定位和模型扩展四个核心方面。

2.3.4　模型可信性理论

2.3.4.1　模型可信性的概念

模型可信性是指模型作为原型系统的相似替代品,在特定的建模与仿真的目的和意义下,在复现原型系统的结构、过程、现象和结果令人接受的程度。它由客观上是由模型与原型系统之间的相似性决定的,但与建模目的和应用需求紧密相关,因此具有目的相关性、客观性、综合性和层次性特点。

模型可信性主要通过对模型进行 VV&A 来进行保证。

模型的校核(Verification)是检查和认可仿真模型(包括概念模型、数学模型、计算机模型)是否准确地表达了仿真需求和开发者的描述和设计。详细地说,校核关心的是设计人员是否将问题转化为模型,是否按照仿真系统应用目标和功能需求正确地设计出仿真系统的模型,直至仿真软件开发人员是否依仿真需求模型正确地实现了模型。

模型的验证(Validation)是根据仿真需求,考察模型是否准确地代表了实际系统。验证是从仿真系统应用目的出发,关心的是仿真模型在具体的应用中,多大程度上反映了真实世界的情况。

模型的确认(Accreditation)是指由权威机构或决策部门对建模过程进行综合性评估,从而认定所建模型相对于仿真的研究目的来说是否可以接受。确认同研究目的、仿真目标、认可标准、用户要求、输入/输出数据质量等因素有关。

简单的说,校核是建模者检查仿真模型是否和自己想象的一样。验证是专家检查仿真模型是否与真实世界相似。确认是权威机构或用户检查仿真模型是否满足需求。

2.3.4.2　模型 VV&A 的基本原则

在过去的 VV&A 实践中,人们总结了关于 VV&A 的一些基本原则和基本观点。深刻理解这些原则和观点,将有助于人们合理制定模型的 VV&A 计划,指导模型 VV&A 工作的进行,提高工作效率。一般来讲,有以下几点:

原则1:仿真模型只能是原型系统的一种近似。

原则2:模型的 VV&A 应贯穿于建模的整个过程。

原则3:模型可信度的高低与建模目的和应用需求紧密相关。

原则4:子模型的 V&V 并不意味着整个模型的可信度。

原则5:模型的 VV&A 必须进行计划和存档。

原则6:模型的 VV&A 的进行需要一定程度的独立性。

2.3.4.3 模型 VV&A 的一般工作过程

模型 VV&A 的一般工作过程可分为以下 7 个阶段:

(1)确定 VV&A 需求。内容包括:VV&A 工作所要进行的程度和范围、各阶段所要选用的 V&V 技术、确定 V&V 代理、准备 VV&A 工作所需的硬件和软件、确定所需的期限和费用等。

(2)制定 VV&A 计划。内容包括:V&V 工作步骤及时间安排、主要的 V&V 对象以及所使用的技术方法、V&V 代理的具体分工、数据的 VV&C 计划等。

(3)概念模型的 V&V。对概念模型的 V&V 应当进行记录。在记录文档中应说明建模中的假定、算法、所期望的数据的有效性、概念模型结构等是否满足预期应用需求及其原因。

(4)数学模型的 V&V。对数学模型进行 V&V 的目的是,确保数学模型与概念模型相一致,能够满足建模要求。

(5)计算机模型的 V&V。核心内容是,在同等输入条件下,比较计算机模型的响应与原型系统的响应之间有何差异,分析这种差异对预期应用需求的影响有多大。

(6)可接受性评估。所谓可接受性评估,就是根据可接受性判据,评估模型的性能和局限对于预期应用是否可接受。在可接受性评估完成后,应提交可接受性评估报告,对评估情况进行总结,并对建模是否进行确认提出建议。

(7)确认。在可接受性评估结束后,由确认部门和模型用户对所提交的可接受性评估报告进行复审,并综合考虑 V&V 结果、模型的开发和使用记录、模型运行环境要求、文档情况以及模型中已知存在的局限和不足之处,最终做出对模型是否可用的结论,向用户提交确认报告。

2.4　模型构建理论

模型构建理论主要围绕如何建立仿真模型,研究建立仿真模型的基本规律,包括概念、内涵、步骤、原则和特点。模型构建理论包括一般系统建模理论、变结构建模理论、混合异构层次化建模理论、多范式建模理论、柔性仿真建模理论以及综合性建模理论。

2.4.1　一般系统建模理论

一般系统建模理论由美国的 B. P. Zeigler 教授在研究一般系统论的基础上,于 20 世纪 70 年代创建的,它是目前仿真界影响范围最广的建模理论。

一般系统建模理论把每个子系统都看作是一个具有独立内部结构和明确 I/O 接口的模块,若干个模块可以通过一定的连接关系组成组合模型,组合模型可以作为更大的组合模型的元素使用,从而形成对模型的层次、模块化描述,称为离散事件系统描述(DESS)。与 DESS 模型对应的是 DESS – Simulator,即抽象仿真器。抽象仿真器是一种算法描述,用以说明怎样将执行指令隐含地传送给 DESS 模型,从而产生模型的行为。抽象仿真器与模型之间存在一一对应的关系。每个模块或组合模型都有一个与之对应的抽象仿真器,它负责收发消息、调用模块的转移函数、修改本地的仿真时钟等。

DESS 是一种以数学符号系统描述模型的方法,能够用集合论语言进行严格的数学证明,为模型和模型体系的形式化描述提供了较好的理论基础。一些其他的建模形式和建模方法也可以利用 DEVS 进行描述,例如常微分方程、时间自动机、网格自动机、Petri 网、波特图,以及所有基于框图的模型等都可以用较规范的 DEVS 形式化描述,具有一定的普适性。目前,万维网联盟已经成立了 DEVS 标准小组,对 DEVS 进行完善,希望成为仿真模型描述的一种标准规范。

DESS 的优点在于:规范的离散事件描述,把仿真引擎与模型完全分开,模型之间的交互完全通过输入/输出接口连接起来;可相互替换的组合模型或原子模型,为模型的重用和组合提供了强力支持。

DESS 按照系统的输入输出、状态、行为和结构等方面逐层对系统进行抽象,提出系统的不同抽象形态。这一理论主要从模型的组成要素出发,从简单到复杂建立模型的形式化规范,为模型的理论研究提供基础,不便于通过实际应用的建模方法进行实际操作。

2.4.2　变结构建模理论

变结构系统建模理论最早源自于研究生态学的需要,在建模与仿真时需要考虑系统结构的动态变化特性。随着仿真应用发展,许多领域的应用问题都需要建模仿真方法能够支持系统模型在仿真过程中动态改变自身的行为模式、改变组成结构关系、改变交互关系等,或者能够根据环境的变化自适应地调整系统结构等,这种需求也推动了变结构建模仿真理论的发展。

变结构建模理论的产生和发展为仿真模型在仿真过程中动态改变自身的行为模式、改变组成结构关系、改变交互关系等,或者能够根据环境的变化自适应的调整系统结构等,提供了支持,例如,基于 Agent 的生态或社会建模中,其模型的结构就是需要适应环境的变化。变结构系统建模理论考虑了系统结构的动态变化特性,在 DESS 模型描述框架的基础上给出了变结构模型的形式描述和仿真算法。

2.4.3　混合异构层次化建模理论

混合异构层次化建模理论(H^3M)由美国佛罗里达大学 CISE 仿真中心的 P. A. Fishwick 教授在 20 世纪 90 年代提出。H^3M 对于建模的阶段划分和建模过程进行了规定,强调在进行仿真研究时,应严格按照面向对象的思想,首先建立系统的概念模型,确定系统的研究目标、研究范围、系统对象及对象间的关系;然后,根据系统的概念模型,选择不同的建模方法对系统对象进行层次化抽象和细化,建立系统的动态模型。按照系统模型描述方法内在的一致性,将系统模型分为概念模型、描述模型、功能模型、约束模型、空间模型和复合模型来描述处于不同层次、不同部分的子系统及其行为,从而形成一个具有混合异构特征的多层次组合模型。混合异构层次化建模理论中的概念模型、描述模型、功能模型、约束模型、空间模型和复合模型的涵义分别如下:

(1)概念模型(Concept Model)是指尚未按系统理论分类方法划分出状态、事件和函数等成分的模型。概念模型通过语言、图示或语义图等方式对系统的特性、组成及关系进行一般性的描述。对系统进行仿真研究时,首先需要应用系统理论对系统进行分析,即根据研究目的确定系统的边界和所涉及的实体,确定系统所包含的实体之间的关系,从概念上对系统进行初步描述。

(2)描述模型(Descriptive Model)主要根据状态、事件以及二者之间的转移关系描述系统的行为,并通过状态变化序列来考察系统的行为。常用的描述模型包括有限状态机(Finite State Automata)、Markov 过程、有限事件机(Finite

Event Automata）、Petri 网等模型。

（3）功能模型（Function Model）主要描述系统动态变化规律,常见的有电流图、数字逻辑电路、Finer 网、随机排队服务和系统动力学模型等。框图模型是最典型的功能模型,它通过功能模块之间的输入输出关系描述系统的动态行为。

（4）约束模型（Constraint Model）用于描述符合某种规律,可以用代数方程、微分方程进行定量化描述的物理、经济、社会、军事等现象。

（5）空间模型（Space Model）根据空间分布关系对系统进行分解,并通过子空间的行为、规则和相互关系描述系统的整体行为。目前主要采用相格空间法建立系统的空间模型。

（6）复合模型（Composite Model）主要描述以上各类模型之间的关系。

Florida 大学 CISE 仿真中心开发的面向多对象的仿真环境（MOOSE）、Berkeley 大学 EECS 研究中心开发的 Ptolemy 系统是在该理论指导下设计的。MOOSE 是一个面向对象的多方法建模仿真应用框架,建模人员必须首先建立系统的概念模型,明确系统的对象和对象之间的关系。然后,定义对象的属性和方法。对象的方法可以指定不同的动态模型来实现,已经实现了有限状态机、基于功能的模型、微分方程、系统动力学模型、基于规则的模型。最后,将系统的多模型生成可执行的仿真模型并运行。Ptolemy 项目是 DARPA 资助的一个面向嵌入式系统的异构并行建模与设计项目。该项目投入较大,已经用于产品设计,是一个比较成熟的开源项目。目前,Ptolemy 已经实现了连续时间模型、离散事件模型、有限状态机模型、过程网络等模型,同时可以非常方便快捷地设计系统的物理过程,而且通过仿真验证后,能够生成程序代码,用于嵌入式系统软件设计和开发。

2.4.4　多范式建模理论

多范式建模理论（MPM）来自多学科设计领域。多年来,各学科都发展了本学科领域模型的描述方法,但是这些方法的提出只是为了更好地解决本学科领域的问题,不会去考虑一体化设计对模型集成的要求。因此,在多学科设计领域,需要开展多范式建模理论研究,以支持多领域模型描述方法、规范和工具的开发,并采用公共元建模语言,通过合并、分层、多重视图、异构转化等方法,实现多学科模型的集成。

多范式建模有关研究活动可以分成两类:一类是共性的静态建模方法研究,主要是利用各种异构模型共有的模型特征,解决组合模型描述的符号、语法和静态语义问题;另一类是特性的动态建模方法研究,主要是利用各种异构模型特有的动态语义,解决连续和离散混合的组合模型分析和行为生成问题。

多范式建模理论的代表人物是加拿大 McGill 大学建模仿真和设计实验室(MSDL)的 Pieter J. Mosterman 和 Hans Uangheluwe。他们研究的主要问题是:多抽象建模方法,主要研究处于不同抽象层次的模型之间的关系;多形式建模方法(Multi – Formalism Modeling),主要研究采用不同描述形式的模型之间的联结和转换;元建模方法(Meta – Modeling),主要研究仿真模型表示方法和领域模型描述方式的实现问题。应用所提出的理论,MSDL 开发了一种适应多种描述形式的元建模支持工具 AToM。

2.4.5 柔性仿真建模理论

柔性仿真建模是关于多方法混合、多模型组合、多系统联合的仿真理论方法,重在解决仿真的方法、模型和系统的综合集成问题。它以复杂大系统的建模仿真问题为对象,在系统综合集成方法论的指导下,从多方法集成、多模型组装、多系统互连的角度,对多方法混合建模、多模型组合框架、多系统联合体系进行系统的、规范的研究,以形成对各领域仿真应用具有普遍指导意义的理论。

2.4.5.1 主要内容及特性

仿真的柔性首先取决于模型框架的柔性,而模型框架又与模型的描述方法密切相关,因此对柔性仿真理论的研究要从建模方法入手,研究建立具有可按需构造、动态联接的模型框架,具有可选择的建模单元、可扩展可重用的模型组件和可适配的应用部件,容易进行更大规模集成的建模仿真环境。柔性仿真主要研究以下问题:

(1)多面向的建模方法。采用多种方法建模,以较广泛地适应多种仿真用途的需要。

系统仿真经过五十多年的发展,面向各种应用领域形成了大量的建模、仿真方法和系统,并具有各自的特点和能力。一般来说,采用一种针对特定领域、特定系统类型的建模和仿真方法更能抓住系统行为的本质。但是,各种建模仿真方法好像不同颜色的透镜,采用多面透镜才能全面地了解和分析复杂的世界。柔性仿真理论研究的出发点就是根据仿真应用的需求变化,综合集成多种建模方法来解决复杂系统的求解问题。

多方法混合建模研究基于统一建模方法论的多层次混合异构模型描述及

设计方法。仿真的柔性首先取决于模型框架的柔性,而模型框架又与模型的描述方法密切相关,因此对柔性仿真理论的研究要从建模方法入手。复杂大系统无法用某种单一类型的模型来描述,需要对系统分层划块,集成各类模型从多个方面进行描述。柔性仿真采用多方法混合建模理论,采用多种建模方法将系统自顶向下抽象成若干个分辨率由低到高、逐渐细化的层次模型(或自底向上,分辨率由高到低),并允许采用多种建模方法描述处于同一层次上的各个子系统,最终在统一的模型框架下将各类模型集成为一个层次化的混合异构模型。进一步地讲,柔性仿真系统模型是允许分层描述的,例如,概念模型可以从最高的抽象层次上把握系统的概念特征;描述模型可以描述系统动态地从一种状态到另一种状态、从一个事件到另一个事件进行转换的过程;功能模型描述系统模型能完成的功能,通过模型接口以消息或信号的方式与外界进行通信;约束模型描述系统内部的约束关系,或是通过方程约束的形式来表示,或是通过一种因果关系图来描述;空间模型则表明系统的状态变换不仅与时间有关,而且与空间有关。不同层次上的模型可以具有紧密的组合或松散的连接关系,前者通常体现为模型间的直接调用,后者通常体现为模型间的数据传递。其次,柔性仿真系统模型是允许在同一层次上进行分类描述的,而且,同层不同类的模型可以有机地组合在一起,作为统一的层次模型。

(2) 可扩展的模型框架。所建立的模型可以分层组合使用,新建模型可以作为一种构件插入到已有的模型框架中去。

多模型组合框架研究基于多方法混合建模理论的多层次组合模型的框架描述及设计方法。模型框架是对模型的构成及其相互关系的规范化、一致性描述,一般包括对模型组分、结构和接口的描述。在多模型组合框架中,模型可以分为基本模型和组合模型两大类。基本模型是用某一种建模方法建立的模型,它是组成系统模型的基本单元。组合模型由若干个基本模型或已有的组合模型组成,可以具有不同的层次。模型可以采用面向对象等方法来描述,模型框架则可以采用某种形式化语言来描述。

采用不同方法建立的模型可能具有不同的描述方法和仿真算法,其组合模型具有层次性、组合性和异构性等特征。模型的层次性有助于更好地组织模型,以便按不同的抽象层次分析复杂系统,并从不同的层次上理解系统。模型的组合性可以保证采用不同模型描述方法建立的模型能有机地组合成相应的系统模型,使这些异构模型更好地从总体上反映系统的行为和本质特征,便于系统模型的开发。模型的异构性则可以保证模型在方法上的独立性,使模型具有更好的可维护性、可重用性和可理解性。为使这些层次化的异构模型具有互操作性、可重用性、可扩展性以及良好的适应性,必须建立柔性的模型框架。

（3）易集成的仿真体系。支持多种类、多层次仿真系统的互连以及模型和仿真系统的互操作和重用。

多系统联合体系研究基于多模型组合框架的仿真高层体系结构描述及设计方法。研究的基本思路是,将单个仿真系统看做是具有特定仿真功能的成员,在多系统联合体系的支持下,多个仿真成员可以组成统一功能的仿真联合体。多系统联合体系规定了成员对象的描述规范,包括其外部行为和内部处理能力;规定了成员之间的信息交互规范,用于支持成员之间的公共数据交互交换;规定了成员管理、联合体管理和仿真运行管理的规范,用于支持仿真运行控制和状态查询;另外,还规定了对象模型的具体实现形式。

目前柔性建模,寻求多种适合描述系统某一层次或方面的方法,在保持各种方法本来特性的基础上,通过统一的建模方法论框架将这些方法"无缝"地集成在一起。采用不同建模方法建立的模型,具有混合、异构和层次化的特点,因此,在这种思想指导下形成的建模方法称为混合异构层次化建模,也称为多方法混合建模(Multi – modeling)。模型的混合性为多种建模方法的选择和组合使用提供了基本条件,使系统模型能更好地从总体上反映系统的行为和本质特征。模型的异构性保证了不同建模方法的独立性,使模型具有更好的可维护性、可重用性和可理解性。模型的层次性有利于模型的组织,从而可以按不同的层次对系统的性质进行抽象和分析,并从不同的层次上理解系统的行为。在柔性建模支持下开发的柔性仿真系统的基本功能特征可以概括为多面性、扩展性和集成性。这里,多面性是指仿真系统不局限于某一类特殊模型描述方法,而能广泛地适应多种建模方法和仿真用途的需要。扩展性是指采用各种建模方法所开发的模型可以重用,并作为组件插入到模型框架中,组合成更大或更高层次的模型。集成性是指柔性仿真系统可以与其他仿真系统之间实现互操作和重用,从而形成规模更大、更复杂的仿真系统。柔性仿真方法最强调的特性是模型的重用和仿真系统的互操作。柔性仿真系统的上述功能特征都是为实现这一最本质特性服务的。

2.4.5.2　多方法混合建模思想

柔性仿真支持建模人员采用多种方法对系统进行多面向、多层次的建模。不同类型的建模方法具有不同的特点和抽象能力,因而具有从不同方面和不同层次描述系统行为的优势。如何根据多方法建模的需要对各种建模方法进行合理的分类和开发,并且将不同建模方法建立的模型按照抽象的层次有机地组织起来,这就需要研究系统的多层次抽象方法和混合异构模型的统一描述规范;另外,还要研究如何使系统的行为特征能够在层次化抽象的过程中得以保持,即系统同态问题。H^3M 为柔性仿真的多方法建模提供了基本的理论框架。

多方法混合建模首先要解决分类问题。在仿真及其相关领域的长期发展和应用过程中,形成了大量的建模方法,可以根据不同的原则对其分类。分类原则的选取与仿真建模的思想及仿真应用目的有关,在一定程度上可以反映仿真研究的能力和开发水平。传统分类方法的基础是时间与状态变化的关系。根据对系统连续和离散事件性质的划分,将系统模型划分为连续系统模型、离散事件系统模型,以及连续—离散事件混合系统模型等 3 种基本类型;根据仿真时间的推进以及事件处理的方式,将连续系统模型划分为连续和离散(时间)两类,将离散事件系统模型划分为事件调度、进程交互和活动扫描等 3 种基本类型。这样的分类方法主要出于便于算法实现的考虑,而不是从模型框架的合理性和模型描述方法的一致性出发的,因而不是一种面向应用的分类方法。它容易使仿真人员在模型开发伊始就过早地进入某一模型和算法的具体细节,而不是首先从研究的全局出发,根据研究的目的和边界系统地考察整个系统的特性和行为,因此不符合系统科学思想,也不利于模型的分层抽象和组合。柔性仿真遵循面向应用的模型分类方法,它基于多方法混合建模的思想,以便于模型框架的建立,便于从模型的层次化组合为基本出发点,按照系统模型描述方法内在的一致性,将系统模型分为概念模型、描述模型、功能模型、约束模型和空间模型。

建立系统的仿真模型有多种方法,这往往使仿真人员感到无从下手。怎样对系统进行抽象,采用哪一种建模方法,怎样使用这些方法建立系统模型,以及如何把系统模型变换为相应的仿真软件等,是仿真研究人员进行模型开发时经常遇到的问题。要从根本上解决这些问题,就要实现模型的工程化开发。

模型工程化的含义是,依据实践中形成和提炼的范例和已有的规范,对模型开发活动进行科学、规范的描述。模型工程化的任务是定义模型开发中规范化的科学知识,提出模型开发的原则和方法。模型工程化重在模型的设计过程,即采用某种设计方法论框架(如面向对象)建立实际仿真系统的静态模型和动态模型的过程。仿真系统的模型工程化开发应至少包括 3 个阶段的工作,即领域知识开发、仿真模型开发和软件工具开发。

2.4.5.3　模型的组合与分解

柔性仿真模型开发基于多方法混合建模的一般过程,主要包括概念建模、实体建模和软件开发 3 个阶段。其中,概念建模的主要任务是对实际系统进行抽象,并确定模型的类和关系以及属性和方法;实体建模确定系统的静态模型和动态模型;软件开发则主要完成从系统模型到仿真模型的转换。在进行仿真研究时,首先应建立系统的概念模型,确定系统的研究目标、研究范围、系统边界和涉及的对象。然后,根据系统的概念模型,选择不同的建模方法对系统进行层次化的抽象。根据系统的行为特点和抽象层次,可以选择描述模型、功能模型、约束模型、空间模型来描述处于不同层次、不同部分的子系统的行为,从而形成一个具有混合异构特征的完整的多层次组合模型。不同的模型层次代表着对系统性质的特定的抽象层次。因此,柔性仿真模型开发的一项重要任务是模型的组合和分解。

在各种应用中经常采用分解和组合的方法。通过分解可以将高层的模型构件分解成低层构件,通过组合可以集成不同的低层构件。在不同的建模方法中,有一些方法适于采用组合和分解的方法进行建模,如框图模型,可以将不同的功能块在更低的层次进行构件的合成和细化。而且,采用组合和分解可以将大规模的模型通过不同的层次进行简化,使低层模型具有更强的独立性和可重用性,降低建模过程的复杂性。在组合的层次中,高层模型在完整的定义和功能语义上依赖于低层模型。虽然高层模型在语义和功能上具有不完整性,但它们能更好的表示系统,并具有更好的可识别性和可抽象性。采用组合方法建立的层次化模型一般具有以下特点:

（1）分解的最底层包含所有的功能细节;

（2）其他层次至少包含一个黑箱构件,隐藏了构件的功能细节,这些功能细节由更低层次的模型实现;

（3）采用组合和分解可以在高层上用更少的构件建立模型。

一般来说,可以采用不同的组合方法建立层次化组合模型。根据底层模型的类型和模型组合的方式,可以将组合模型分为 4 类:简单组合、简单异构组合、异构层次化组合及混合异构层次化组合,见表 2 - 1。

表 2 - 1　组合模型分类

分类	描　　述
简单组合	指采用相同的方式将同一类型的底层模型组合成更高层次的模型
简单异构组合	指采用相同的方式将不同类型的底层模型组合成更高层次的模型
异构层次化组合	采用不同的方式将用一类型的底层模型组合成更高层次的模型
混合异构层次化组合	指采用不同的方式将不同类型的底层模型组合成更高层次的模型

混合异构的层次化组合主要基于不同的抽象方法研究系统,遵循自顶向下的建模思想,根据不同的抽象方法采用不同的组合方式细化模型的描述。模型之间的关系也不严格遵循模型组合的常规,由组合模型的描述方法决定。采用

混合异构层次化组合,可以使模型设计遵循自顶向下、逐步抽象的原则进行模型开发,提高模型原型化开发的能力,而且便于不同层次人员的交流,为模型的工程化开发提供支持。

2.4.6 综合性建模理论

研究某一具体领域仿真应用中的建模规律,需要研究从建模对象到仿真计算机模型之间逐步抽象、映射和转化的全过程,为同以往只侧重于某一方面的仿真建模理论,把这种研究仿真建模全过程的建模理论称为综合性建模理论。综合性建模理论解决从一般的装备对抗建模到体系对抗建模的问题,提供从装备系统如何形成装备体系模型必须遵循的原理和必须采用的方法,属于模型构建理论中的一种。

由于综合性建模理论研究问题的复杂性,对于建模对象不能仅仅用还原论来分解,但为了构造与建模对象相似的仿真模型,又必须从建模对象的组成元素入手,因此综合性建模理论以系统论为指导,对建模对象按功能进行分解,并在局部模型中保留其原有的自适应性和不确定性,建立以体现局部模型之间的非线性交互关系,使整体模型能够有序的、自动的演化。

综合性建模理论的重点是要抓住体系的关键特征,保留现实世界最本质的和符合研究需求的部分信息,在保证模型与现实世界一致性的基础上,通过抽象和描述对复杂体系进行分解、提炼和简化,使各个组成部分可建模、可实现,而且建模工作量要大大减少;同时要使各个组成部分的模型能互联、互通、互操作,能通过一定方式下的综合集成,构造出具有一定复杂现象的体系对抗模型。由于装备体系对抗的复杂性主要由对抗主体的智能行为和非线性的交互关系引起,因此需要借鉴人工智能的方法,引入基于决策知识的智能行为仿真,以描述与对抗有关的知识或表达与决策有关的推理过程,建立自适应和自演化的对抗过程模型。

为了使仿真模型能够好用、能够共享和重用,综合性建模理论还需要继承模型重用理论、模型互操作理论、混合异构层次建模理论和柔性仿真建模理论的研究成果。

还有一些仿真建模思想和仿真建模理念虽然没有形成理论,但对于仿真建模非常有价值,现介绍以下两种:

1. 一体化建模思想

一体化建模现在还只是体现在建模思想和某一领域的建模方法上,还没有成型的理论。国防科技大学提出了一体化的作战仿真方法,通过建模工具,把问题描述、模型表示和技术实现有机地联系一体,其最突出的一点是把军事概念建模划分为面向军事人员的格式化描述和面向技术人员的形式化描述,给出了相应的描述方法。在文献[36]中曹裕华用面向实体的建模方法把作战建模的各个阶段用面向实体建模统一起来。

2. MDA

近年来,在软件开发领域提出了基于模型驱动的软件开发的思想——MDA,强调使用可以被机器处理的形式化的模型进行软件系统的设计,建立平台无关的软件设计模型(PIM),再利用一系列的标准技术,将软件的 PIM 设计模型映射到平台相关模型(PSM),再映射到代码框架,或直接由 PIM 映射到代码框架等。MDA 的软件开发思想同样可以为建模仿真领域所借鉴,国内外很多论文对 MDA 同仿真的结合进行了研究。文献[37]对基于 MDA 的仿真建模问题进行了阐述和实例研究。

参 考 文 献

[1] 周美立. 相似系统工程[J]. 系统工程理论与实践,1997,(9),36 - 42.
[2] 中国社会科学院语言研究所词典编辑室. 现代汉语词典[M]. 北京:商务印书馆, 1982:1042.
[3] 许国志. 系统科学[M]. 上海:上海科技教育出版社,2000:17 - 36,249 - 257,297 - 318.
[4] 周美立. 相似系统论[M]. 北京:科学技术文献出版社,1994:21 - 44.
[5] 周美立. 相似系统的分析与度量[J]. 系统工程. 1996,(7):4 - 6.
[6] 王精业,等. 仿真科学与技术的学科发展现状与学科理论体系. 科技导报(北京),2007, (12):5 - 11.
[7] 王精业,杨学会. 仿真科学与技术的发展及其理论体系[J]. 计算机仿真,2006,(1): 1 - 4.
[8] 文传源. 相似理论的探索[J]. 系统仿真学报. 1989,(1):2 - 4.
[9] 齐欢,王小平. 系统建模与仿真[M]. 北京:清华大学出版社,2004.
[10] 徐荫浓. 武器装备仿真概论[M]. 南京:解放军理工大学,2003.
[11] 郭齐胜,李光辉,张伟. 计算机仿真原理[M]. 北京:经济科学出版社,2002.
[12] 康凤举,杨惠珍,高立娥,等. 现代仿真技术与应用(第二版)[M]. 北京:国防工业出版社,2006.
[13] 周美立. 相似性科学[M]. 北京:科学出版社,2004 .
[14] 徐挺. 相似方法及其应用[M]. 北京:机械工业出版社,1995.
[15] 张光鉴. 相似论[M]. 南京:江苏科学技术出版社,1992.
[16] 梁义芝,等. 仿真模型重用方法综述[J]. 计算机仿真,2008.

［17］何克清，等. 本体元建模理论与方法及其应用［M］. 北京:科学出版社，2008.

［18］刘宝宏. 多分辨率仿真中一致性问题研究［J］. 计算机研究与发展，2002，12.

［19］刘江霞. 工作流互操作模型方案的研究［D］. 曲阜师范大学硕士学位论文，2006.

［20］DMSO. DoD Modeling and Simulation （M&S） Master Plan （5000. 59）［R］. October 1995.

［21］李兆雷，吴晓燕. 建模与仿真中数据 VV&C 的研究［J］计算机仿真，2005，1.

［22］邹志强. 基于 CPCI 总线的共享内存技术的实现［J］. 计算机工程，2006，16.

［23］刘宝宏. 多分辨率模型系中的一致性问题研究［J］. 系统仿真学报，2005，8.

［24］DMSO. M&S Data Engineering Technical Framework，download at http://www. mso. mil.

［25］王国霞. 复杂系统的多分辨率建模与模型的聚合方法及其应用. 北京工业大学硕士学位论文，2003.

［26］王寿云. 开放复杂巨系统［M］. 杭州:浙江科学技术出版社，1996.

［27］钱学森. 创建系统学［M］. 太原:山西科学技术出版社，2001.

［28］许国志. 系统科学与工程研究,系统科学是关于整体涌现性的科学［M］. 上海:上海科技教育出版社，2000.

［29］苗东升. 系统科学精要［M］. 北京:中国人民大学出版社，1998.

［30］于景元，刘毅. 关于复杂性研究［J］. 系统仿真学报，2002，11.

［31］戴汝为. 系统科学及系统复杂性研究［J］. 系统仿真学报，2002，11.

［32］张济忠. 分形［M］. 北京:清华大学出版社，1995.

［33］刘晨. 基于 SEB 组合框架的导弹体系对抗仿真方法研究［D］. 国防科学技术大学博士学位论文，2005，10.

［34］王维平，李群，朱一凡，杨峰. 柔性仿真原理及应用［M］. 长沙:国防科学技术大学出版社，2003.

［35］徐豪华. 面向装备体系对抗的仿真建模理论与方法研究［D］. 装甲兵工程学院，2009，3.

［36］曹裕华. 面向实体的作战建模方法研究［D］. 军事科学院博士学位论文，2004，5.

［37］衡祥安. 基于 MDA 的建模与仿真方法研究［D］. 国防科学技术大学硕士学位论文，2005，11.

［38］李静燕. 基于 MDA 的构件开发方法的研究［D］. 河海大学硕士学位论文，2004，6.

第 **3** 章

仿真建模方法

选择仿真建模方法是仿真必不可少的重要步骤,也是决定仿真可信度高低的关键环节。仿真建模方法多种多样,每种仿真建模方法有其特性和适用范围。本章重点介绍了根据仿真建模步骤归纳的建模方法体系,详细阐述了每个建模阶段采用的建模方法的作用、基本步骤和特点。

3.1　仿真建模方法体系

现有的仿真建模方法是多种多样的,对于仿真建模初学者在选择仿真建模方法时会感到困惑:该采用何种方法? 应该根据什么样的原则来选择仿真建模方法? ⋯⋯本书通过对现有仿真建模方法的归纳整理,按照仿真建模方法的作用和特性,形成了仿真建模方法体系,能够清晰地看到每种仿真建模方法特性和适用范围,从而便于仿真建模方法的选择。

3.1.1　仿真建模方法体系框架

仿真建模方法是仿真建模活动所采取的途径、技术和工具。一般而言,仿真建模方法大都由相互适配、相互支持的 3 个有机组成部分组成。这 3 个有机部分是:

(1)正确的方法论。它足以指导仿真建模工作达到设定目标可引导整个仿真建模方法发展起来,扩大应用人群和应用领域,降低学习门槛,缩短学习周期。

（2）可行的工程化仿真建模路线或建模过程。

（3）有效的工具支持方式。仿真建模大都面向计算机中的编程应用,计算机是仿真建模方法的有效支持工具。

本章将现有仿真建模方法按照仿真模型构建过程中的抽象、映射和转化关系归纳为观察分析、概念模型抽象表述、数学模型形式化描述、计算机模型设计实现和模型 VV&A 5 个阶段的方法,形成仿真建模方法体系框架,如图 3 - 1 所示。

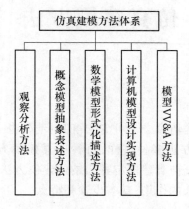

图 3 - 1　仿真建模方法体系框架

3.1.2　仿真建模方法归类

依据仿真建模方法体系框架将现有仿真建模方法归类见表 3 - 1。

表 3 - 1　仿真建模方法体系

按建模阶段构成建模方法体系		备注
观察分析方法	理论建模法:白箱建模、机理分析法、模糊集论法	这是从获取建模信息进行分析的角度对建模方法进行分类,比较完备
	实验建模法:黑箱建模、概率统计法、系统辨识法	
	混合建模法:灰箱建模、直接相似法、"隔舱"系统法、图论法、多分模面法、量纲分析法、层次分析法以及组合建模法	
概念模型抽象表述方法	面向过程建模:离散时间、连续时间、离散事件	这是从系统的组成关系和变化关系的特征概念描述进行分类,面向过程、面向结构、面向整体往往结合使用
	面向结构建模:面向对象建模,面向实体建模,基于 A-gent 建模,人工生命建模方法,相格建模方法	
	面向整体建模:系统动力学建模,功能建模,面向问题	

按建模阶段构成建模方法体系		备注
数学模型形式化描述方法	变量形式化描述：离散事件描述法、离散变量描述法、连续变量描述法、状态空间描述法、蒙特卡罗法及其相应的仿真算法	为描述系统的组成、状态、行为（包括智能行为）这三种方法需要综合使用
	关系形式化描述：基于 Ontology、基于 UML、基于 Petri 网、基于 Euler 网、基于神经网络等描述方法	
	逻辑形式化描述方法：基于规则、基于框架、基于语义网络、基于案例、基于模糊集等知识推理描述方法	
计算机模型设计实现方法	模块、类、构件、组元及其集成方法	有时需要物理效应设备（实物模型）配合，如模拟器、虚拟现实的模型等
模型 VV&A 方法	模型校核的方法：静态检测方法、动态调试方法、标准实例测试方法等；模型验证的方法：可信性验证、一致性验证法、定性分析方法以及定量分析方法等	

1. 观察分析方法

观察分析方法主要解决如何根据研究目的对研究对象进行观察分析的问题。认知研究对象是建模的基础，既需要理论方法又需要经验知识，通常有3种形式：理论分析、实验观测以及二者的结合，据此可从建模认知的角度分为理论建模、实验建模和混合建模。

（1）理论建模是指根据仿真需求，依据各行业的专业理论和自然基础理论，通过逻辑推导和演绎推理，从理论上建立符合仿真应用要求的仿真模型，形式可以是表达式、结构化语言的描述等，一般对应的是定性建模，具体有机理分析法、模糊集论法等。

（2）实验建模是指根据实验结果，建立与实验结果相符合的模型，这是一个回归过程，也是一个从特殊到一般的过程。这种方法受具体实验条件的限制，并会受到建模人员知识水平等主观因素的影响，一般对应的是定量建模，具体有系统辨识法、概率统计法等。

（3）混合建模是指综合多学科的知识，对建模对象的综合采用理论建模和实验建模的方法，充分利用现有信息资源，使模型与建模对象充分相似，具体有直接相似法、"隔舱"系统法、图论法、多分面法以及上述各种方法的组合。

2. 概念模型抽象表述方法

抽象表述是以某种成熟的概念模式把建模分析的结果表述出来。

（1）模糊逻辑建模法。是一种定性建模法，以模糊集来表示系统的组成部分,以模糊集的逻辑式展现元素及其变化之间的关系。

（2）整体建模法。从整体视角看待研究对象,把研究对象看作一个整体描述其状态和行为,实验建模中通常会用整体建模法表述实验建模的结果,例如系统动力学建模法。

当研究对象比较复杂,需要进行分解建模时,主要采用以下的方法:

（3）面向对象建模。面向对象是从组成结构模拟客观世界的一种方法,基于本体论的认识将研究对象视为许多局部(对象)组成,每个对象都有自己的内部状态和运行规律,不同对象间的相互联系和相互作用构成了原对象系统。包括面向对象的分析和设计,以类表示概念,以继承、多态、组合等逻辑方式表示概念之间的关系。面向对象的程序实现是面向对象的模型必然表达方式,但面向对象的程序不仅用于面向对象的建模。

（4）面向实体建模。面向实体是在面向对象的基础上发展而来,把系统中对象进行了区分,用实体来指代关注范围内的主动对象。

（5）面向 Agent 建模。面向 Agent 建模是基于复杂系统的理论,把系统组成元素视为 Agent,利用 Agent 的结构和方法描述系统元素的特性及其行为关系。

（6）面向过程建模。从事物变化的角度看待研究对象,用成熟的过程描述方式分析研究对象的变化过程。主要有时间变化的过程,因果关系的变化过程和逻辑推理过程。

3. 数学模型形式化描述方法

模型为便于理解和交流,要以一定的规范形式描述出来。现已形成的描述方法主要有四大类:

（1）基于形式化语言的描述。基于形式化语言的描述方法主要有基于本体论 Ontology 的形式化描述方法和基于统一建模语言(UML)的描述方法。

（2）基于图元的形式化描述。基于图元的形式描述方法有基于 Petri 网的描述方法、基于 Euler 网的描述方法、基于神经网络的描述方法等。

（3）基于数学语言的形式化描述。基于数学语言的形式化描述可分为:离散事件形式化描述,主要以离散事件表描述;离散变量形式化描述,主要以差分方程描述;连续变量形式化描述,主要以微分方程描述;状态空间形式化描述,以集合的方式描述状态空间的转换关系。

（4）基于逻辑规则的形式化描述。基于逻辑规则的形式化描述用于描述推理过程中知识表示形式,主要有:基于规则的表示、基于框架的表示、基于语义网络的表示、基于案例、基于模糊集的表示等方法。

4. 计算机模型的设计实现方法

计算机模型根据模型描述的软件形式可分为模块、构件、组件和类（面向对象程序实现的结果），如果这些软件只是反映模型中的局部时，软件中还包括计算机模型集成的方法。通用的计算机模型集成方法有基于 BOM 的集成方法、基于仿真中间件的集成方法、基于标准软件接口的集成方法。

5. 模型 VV&A 方法

模型 VV&A 主要有两种分类方式。一种分类方式是从运行上分为静态、动态两类：

（1）静态 VV 技术用于评估静态模型设计和源代码的正确性，包括因果关系图、控制分析、数据分析、错误/失效分析、接口分析、语义分析、结构化分析、语法分析、可追溯性评估。

（2）动态 VV 技术需要运行仿真系统，根据运行的表现来评定它是否可信。它包含可接受性测试、一致性测试、阿尔法测试、贝塔测试、自下而上测试等 18 种方法和技术。

另一种分类方式从形式上分为规范和非规范两类：

（3）形式规范的 VV 技术是指基于数学推理、运算来证实 M&S 正确性的技术，包括归纳、推理、Lambck 积分、逻辑演绎等 8 种技术。

（4）形式非规范 VV 技术也是在 VV&A 工作过程中经常使用的技术，包括审核技术、表面验证技术、走查技术、图灵测试技术。

模型的校验方法在本章只做概略叙述，具体方法将在第 6 章中展开论述。

3.2　观察分析建模方法

对建模对象认知方法的不同，观察分析建模方法主要分为理论建模、实验建模和混合建模三大类。

3.2.1　理论建模方法

理论建模方法是指根据仿真需求，依据各领域、各学科的专业理论和自然科学基础理论，通过逻辑推导和演绎推理，以理论为基础建立符合仿真应用要求的建立模型的方法，此类方法典型的有白箱建模法和机理分析法。

3.2.1.1　白箱建模法

白箱、灰箱、黑箱是以研究对象的理论是否清楚、规律是否已经掌握的一种俗称。白箱主要包括用力学、热学、电学等一些机理相当清楚的学科描述的现象以及相应的问题,这方面的理论已经成熟,因而模型大多已经基本确定。黑箱则主要指生命科学和社会科学等领域中一些机理很不清楚的现象,建立模型难度较大,灰箱介于白箱和黑箱之间,主要指生态、气象、经济、交通等领域中机理尚不十分清楚的现象。虽然有些问题主要基于物理、化学等自然科学的原理,但由于因素众多、关系复杂和观测困难等原因也常作为灰箱或黑箱模型处理。

对于白箱,其概念模型是清晰的,数学模型是明确的,计算机模型是可行的,所以仿真中白箱建模是目前应用最广的部分,也是建立模型的基本方法。

白色建模的一般过程是:

(1)全面掌握欲解决问题的实际背景,明确建模目的,收集掌握必要学科知识、理论体系及相关的数据资料。这一步骤是建模准备,没有对研究对象深入的了解,就无从下手建模。为了对研究对象及问题有所了解,有时还要求建模者对研究对象作深入细微的调查研究,搜集掌握第一手资料。

(2)通过对研究对象的领域学科及欲解决问题的分析,抽象出欲解决问题起主要作用的因素,充分运用该领域学科的理论成果,经必要的精炼、简化,提出满足仿真用的科学的假设,并将上述结果以自然语言或形式化语言建立概念模型,这一步是建模的关键,因为其后的工作和结果都是建立在概念模型的基础之上,也就是说,建模揭示的并非绝对真理,它揭示的只是:假如提出的概念模型是正确的,那么之后的建模、仿真的正确性才有基本的保证。

(3)在概念模型的约束下,利用适当的数学工具去分析待仿真事物内部、外部的关系,建立相应的数学结构——建立数学模型。采用什么数学结构、运用哪种数学工具要看实际问题的特征。事实上,数学的任一分支在建模中都有可能被用到,一个仿真系统可能要用到各种数学方法,而同一仿真问题也可以用不同的数学方法建立起不同的模型。通常,在能够达到预期目的的前提下,所用的数学工具越简单越好,以提高仿真的可信度和效率。

(4)模型求解。为了得到结果,通过建立计算机模型,借助于计算机求解数值解。

(5)模型的 VV&A。模型的检验也应当是建模的重要步骤之一。如果检验结果与事实不符,只要不是在求解中存在推导或计算上的错误,那就应当分析检查假设中是否存在不合理或错误之处,修改假设重新建模,直到结果满足要求为止。

白箱建模的优点在于:它的理论清晰,过程直观,可以得到满意的解。缺点是:只能应用到比较成熟的领域,当探索性仿真时,白箱建模常常无理论、工具可依据,受到学科老理论的制约。

3.2.1.2　机理分析法

机理分析法就是根据人们对研究对象的了解和已有的知识、经验等,分析研究对象中各变量(因素)之间的因果关系,找出反映其内部机理规律的一类方法。建立的模型常有明确的物理或现实意义。使用这种方法的前提是我们对研究对象的机理应有一定的了解,模型也要求具有反映内在特征的物理意义。机理分析要针对具体问题来做,因而没有统一的方法。

机理分析法与白箱建模法的区别在于:白箱建模法侧重于利用工程技术领域已有的模型,来确定优化设计和控制问题,白箱建模法通常应用在用力学、热学、电学等一些机理相当清楚的学科描述的现象以及相应的工程技术问题,对于其他领域中尚没有模型的问题,可以通过从研究对象中各变量之间的因果关系出发,寻找能够反映其内部机理和相关规律。这也正是机理分析法的由来。

在将机理分析法具体运用于建模时常常还要借助于一些带有规律性的方法与原理:

(1) 比例分析法。建立变量之间函数关系的最基本最常用的方法。

(2) 代数方法。求解离散问题(离散的数据、符号、图形)的主要方法。

(3) 逻辑方法。是数学理论研究的重要方法,对社会学和经济学等领域的实际问题,在决策、对策等学科中得到广泛应用。

(4) 常微分方程。解决两个变量之间的变化规律,关键是建立“瞬时变化率”的表达式。

(5) 偏微分方程。解决因变量与两个以上自变量之间的变化规律。

(6) 利用各种定律建模。如物理定律、化学定律、经济学定律、医学定律、数学本身的各种定律等。

(7) 利用平衡原理建模。所谓平衡原理是指自然界的任何物质在其变化的过程中一定受到某种平衡关系的支配。注意发掘实际问题中的平衡原理是从物质运动机理的角度组建数学模型的一个关键问题。

(8) 利用类比方法建模。类比法是建立数学模型的一个常见而有力的方法。它是把问题归结或转化为我们熟知的模型上去给以类似的解决。实际上,许多来自不同领域的问题在数学模型上看确实具有相类似的甚至相同的结构。

(9) 利用几何图示法建模。有不少实际问题的解决只要从几何上给予解释和说明就足以了,这时,我们只需建立其图模型即可。这种方法既简单又直观,且其应用面很宽。

值得说明的是,这些方法或原理在应用中也没有严格界限,往往是交织在一起使用。

3.2.2　实验建模方法

实验建模方法是指根据科学实验结果,建立与实验结果相符合的模型。在对研究对象本身的知识、规律无法准确掌握的情况下,经常采用实验建模的方法来构建研究对象的模型,这种方法会受实验条件和建模人员主观因素的影响。主要包括有实验统计法和实验辨识法。

3.2.2.1　实验统计法

实际系统中,许多系统或过程包含着随机因素和随机事件,当随机过程的性质、系数不可能理论推导时,运用大样本的科学实验,对实验数据进行统计分析,找到仿真所需要的规律。由于有的实验耗费巨大,只可能有小子样,所以也有从仅有少量子样中建立模型的统计方法。

利用实验统计法进行建模的过程:

(1)首先根据建立研究对象欲解决的问题的概念模型,明确实验的重点。

(2)设计实验,或利用已有实验,采集实验观测数据,尽可能有较多的样本数,并检验所选概率分布的正确性。

(3)从观测数据中进行统计分析,检验形成实验模型。

3.2.2.2　实验辨识法

辨识是按照一个准则在一模型类中选择一个与数据拟合得最好的模型。它是在输入和输出数据的基础上,从一组给定的模型类中,确定一个与所测系统等价的模型,包括三大要素:输入和输出数据、模型类和等价准则。其中数据是辨识的基础,模型类是寻找模型的范围,准则是辨识的优化目标。

实验辨识法是一种借助系统实验输入—输出观测数据对和系统辨识理论与技术建立系统数学模型的方法。

实验辨识的基本过程大致分为以下几个步骤:

(1)明确辨识目的。在不同的场合,辨识目的是不同的。例如辨识所得到的模型可用于研究分析系统的性质;对系统运行状况的调查和预测;为了设计出控制的策略以实施最优控制或自适应控制。由于目的不同,辨识的精度要求以及模型形式也不同。表3-2列举了一些例子。

表 3 - 2　建模的目的对建模的要求

建模目的	建模类型	模型精度要求	实时性要求
自适应数字控制	线性参数离散模型	中等(对输入输出特性而言)	有
数字控制算法的 CAD	线性参数离散模型	中等(对输入输出特性而言)	无
校正控制参数	线怄、非参数、连续模型	中等(对输入输出特性而言)	有
监视过程参数故障诊断	线性、非线性、参数模型	较高(对系统参数而言)	无
验证理论模型	线性、连续、非参数、参数模型	中等/较高	无
预报	线性、非线性、参数模型	较高	无

（2）实验设计。安排实验的目的是为了获得输入和输出数据。设计包括：参量的选择；采用何种输入信号（包括信号大小等）；采用正常运行信号还是附加实验信号；采样速率（时间间隔大小）；辨识允许时间及测量仪器装置等。

（3）模型结构的确定。模型的结构主要是依靠先验知识来决定的。

（4）参数估计。参数估计或参数辨识是指在系统模型结构已知的情况下，用实验数据来确定模型中的参数数值。参数估计是系统辨识中的最主要部分。应注意"参数"与"信号"是两个不同的概念。参数是与输入信号（自变量）无关的，用以表达信号之间关系的物理量，如微分方程的系数等。

（5）模型校验。模型求出后进行校验。任何数学模型的有效性及准确性只能通过实验来回答。如果可能，应该将求得模型所代表的系统性能与真实系统实验结果比较，若相差过大，则必须修正模型。

实验辨识法的分类如图 3 - 2 所示。

3.2.3　混合建模方法

混合建模方法是指对仿真对象的建模采用唯一的理论建模和实验建模的方法，都不可能解决问题，需要两者结合，才能建立仿真模型，它是理论建模和实验建模的结合方法。此类方法主要包括灰箱建模法、分析—统计法和量纲分析法。

3.2.3.1　灰箱建模法

1. 方法原理

信息不完全的系统称为灰色系统。"信息不完全"是"灰"的基本含义。从不同场合、不同角度看，还可以将"灰"的含义加以引申，见表 3 - 3。

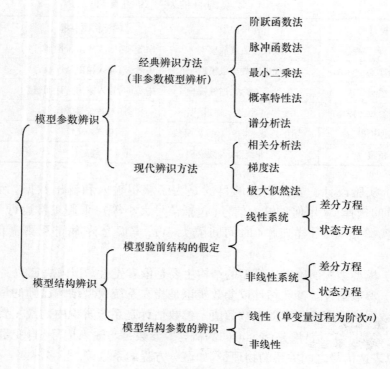

图 3 - 2　系统辨识法分类

表 3 - 3　"灰"概念引申

概念 场合	黑	灰	白
从信息上看	未知	不完全	完全
从表现上看	暗	若明若暗	明朗
在性质上	混沌	多种成分	纯
在方法上	否定	扬弃	肯定
在结果上	无解	非唯一解	唯一解

　　灰箱建模法也称为灰色系统建模方法。该方法以灰色系统理论为基础,通过对原始小样本、贫数据做适当技术处理(如光滑处理、序列数据生成、数据序列关联度分析等),改善其数据的建模条件,并在模型中引入能够反映不确定性因素的变量,使得建立的模型更接近实际。在通常采用序列生成数据建立灰色模型后,模型精度可借助灰数的不同生成方式、数据取舍、序列调整、修正及不

同级别的残差 $G_M(m,N)$ 模型补充得到提高。

在此,我们把只知道大概范围而不知其确定值的数(据)称为灰数,用记号 $\otimes$ 表示。$C_M(m,N)$ 模型是一灰色模型的简称。其中,m 为模型阶数,N 为变量数目。

通常,灰色系统模型的基本形式为

$$f = f(\otimes,x) \tag{3-1}$$

式中 $\otimes$——不确定因素;

    x——已知因素。

2. 灰色系统建模的基本思路

灰色系统建模方法是通过处理灰信息来揭示系统内部的运动规律,它利用系统信息,使抽象概念量化、量化概念模型化,最后进行模型优化。它不但考虑通过输出信息去同构系统模型,同时十分重视关联分析,从而充分利用系统信息,使杂乱无章的无序数据转化为适于微分方程建模的有序数列。灰色系统建模方法采用以区间及区间运算为代表的灰数处理,是一种简便实用的方法。

灰色系统建模的基本思路可以概括为以下几点:

(1)定性分析是建模的前提。

(2)定量模型是定性分析的具体化。

(3)定性与定量紧密结合,相互补充。

(4)明确系统因素,弄清因素间关系及因素与系统的关系是系统研究的核心。

(5)因素分析不应停留在一种状态上,而应考虑到时间推移、状态变化,即系统行为的研究要动态化。

(6)要通过模型了解系统的基本性能,如是否可控、变化过程是否可观测等。

(7)建立模型常用的数据有科学实验数据和经验数据。

(8)序列生成数据是建立灰色模型的基础数据。

(9)灰色系统理论采用 3 种方法检验、判断模型的精度:残差大小检验,对模型值和实际值的误差进行逐点检验;关联度检验,通过考察模型值曲线与建模序列曲线的相似程度进行检验;后验差检验,对残差分布的统计特性进行检验。

3.2.3.2 分析—统计法

这是一种采用机理分析、专家经验同系统辨识相结合的混合建模方法。建模中,先通过机理分析或专家经验确定出模型类和模型结构,然后再利用系统辨识方法辨识出模型的维数、阶次、参数等。分析—统计法具有以下技术特点:

(1)方法灵活,适用面广。可根据各种具体仿真系统,灵活地采用相适应的混合方式(包括单一建模方法的种类和混合数目)。

(2)系统辨识法是分析—统计法的重要基础。从本质上讲,分析—统计法是一种基于系统辨识法的机理分析建模方法。

(3)可以证明,这种建模方法与单一的机理分析法或系统辨识法相比,一是提高了建模精度;二是可使数学建模所需信息量减少;三是显著提高了建模效率。

3.2.3.3 量纲分析法

量纲分析(Dimensional Analysis)是20世纪初提出的在物理领域建立数学模型的一种方法。它是在经验和实验的基础上利用物理量纲齐次原则,确定各物理量之间的关系。应用这种方法可以建立无量纲简化模型。

基于物理量都有量纲且物理定律(物理公式)不会因量纲的基本单位变化而变化的事实,被建模系统或现象可以用变量之间的量纲正确的方程来描述,这就是量纲分析法建模的基本原理。

量纲分析是一种常用的定性分析工程方法,在数学建模中有如下重要作用:提供补充信息,有助于确定变量之间的关系;在通常确定一个或多个子模型时,可帮助人们在各种子模型之间进行合理选择;大幅度地降低建模必备实验数据的总量,减少预测性能所需要的实验次数。

进行量纲分析所必须具备的两个条件:给出参与物理过程的物理量;已知各物理量的量纲。物理量 Q 的量纲式的一般形式为

$$\dim Q = L^{\alpha} M \beta T^{\gamma} \tag{3-2}$$

式中 α、β、γ——量纲指数,具体为常数,可以是正的、负的或零;

L、M、T——选定的3个基本量(长度,质量,时间)的量纲。

如果上述量纲式中的 α、β 和 γ 都等于零时,量纲将简化成 $L^0 M^0 T^0$,这时称物理量 Q 或乘积是无量纲的。

一般,如果方程在任何度量单位制下都是成立的,则称为量纲齐性,该方程叫齐性方程。由此出发,量纲分析法建模的实质是通过寻求一个适当的量纲齐性方程来确定待定方程的形式,并求解出因变量的。也就是利用完备无量纲乘积组来寻找出所有的量纲齐性方程,最终确定出被建模对象(物理系统)的因变量。而从完备无量纲乘积组构造所有量纲齐性方程是建立在著名的 Buckingham π 定理基础上的。

Buckingham π 定理:一个方程是量纲齐性的,当且仅当它可以表示为下面的形式:

$$f(\prod_1, \prod_2, \cdots, \prod_n) = 0 \tag{3-3}$$

式中,f 是 n 的自变量函数,而 $\{\prod_1, \prod_2, \cdots, \prod_n\}$ 是一个完备(包含变量和函数)无量纲乘积组。

量纲分析法建模的方法与步骤如下:

- 决定的建模对象(系指物理系统)包含的各个物理变量。
- 在保证因变量仅出现在一个无量纲乘积中的前提下,确定变量中的一个完备无量纲乘积组 $\{\prod_1, \prod_2, \cdots, \prod_n\}$。
- 进一步核实上述各乘积是无量纲的和无关联的。
- 借助 Buckingham π 定理在变量中生成所有可能的量纲齐性方程,其形式为式 $f(\prod_1, \prod_2, \cdots, \prod_n) = 0$。
- 对因变量求解量纲齐性方程。
- 进行必要实验和结果分析,获取系统的数学模型。
- 验模。

3.3 概念模型抽象表述方法

模型的抽象性是模型的基本特点之一,虽然模型与建模对象之间具有相似性,但它不是对建模对象的镜像式反映,而是按照建模的目标对建模对象的信息进行了简化和综合,是一种超越直观映射的信息加工。概念模型抽象表述是以某种成熟的概念体系把建模分析的结果表述出来,根据建模时对建模对象的结构、组成、运动特性等关注侧重点不同,抽象表述方法可以分为面向过程、面向结构、面向整体 3 类表述方法。

3.3.1 面向过程的抽象表述方法

面向过程建模是从事物变化的角度来看待研究对象,用过程描述方式分析研究对象的变化过程。事物变化主要是随时间推进发生的,因此,面向过程建模主要是指按照时间推进对真实系统进行抽象的建模活动。与经典的、按照系统时间特性建模的分类一致,面向过程建模综合考虑系统固有的时间特性和建模目的,将对真实系统的抽象建模分为两类:连续系统建模和离散事件系统建模。

3.3.1.1　连续系统抽象表述方法

连续系统指的是系统的状态变量随时间连续变化的系统,通常将其认为是白箱,它的结构、功能和特性可以通过常微分方程或者偏微分方程等来描述。

常微分方程描述的系统通常称为集中参数系统,它的数学模型常常是一组常微分方程,这类系统一般包括各种电路、动力学以及种群生态系统;偏微分方程描述的系统通常称为分布参数系统,它的数学模型常常是组偏微分方程,这类系统包括工程领域内的对流扩散系统、物理领域内的流体系统等。

3.3.1.2　离散事件抽象表述方法

离散事件系统是系统的状态仅在离散的时间点上发生变化的系统,而且这些离散时间点一般是不确定的。这类系统中引起状态变化的原因是事件,通常状态变化与事件的发生是一一对应的,事件的发生没有持续性,在一个时间点瞬间完成,事件发生的时间点是离散的,因而这类系统称为离散事件系统。

我们生活的世界的时空环境是连续的,连续系统能够反映现实世界,离散系统是连续系统中的突变,是以突变来抽象世界的方法。在社会、经济、军事、生物与工程各个领域中,存在大量这样的系统,例如交通管理、人口控制、市场贸易、库存管理、设备维修、加工制造、计算机和车间调度等系统。在这类系统的分析、设计、管理与控制中,人们常常需要知道系统的突变行为以及影响这些行为的因素。对少数相对简单的系统,其行为可通过解析法来获得。但对复杂的大系统,目前只能求助于计算机仿真技术,因此针对离散事件系统的建模活动是对其进行计算机仿真的重要前导性工作。

虽然离散事件系统的类型众多,但可以抽象出一些公共的概念来描述其结构模型。目前成熟且通用的基本概念包括实体、属性、状态、事件、活动、进程等。

(1) 实体(Entity)。构成系统的各种成分称为实体。用系统论的术语,它是系统边界内的对象。实体可分为临时实体与永久实体两大类。在系统中只存在一段时间的实体叫临时实体,这类实体是系统中的成分,在系统中涌现、诞生,经过一段时间后消亡,也可以由系统外部到达系统,通过系统,最后离开系统。永久驻留在系统中的实体则叫永久实体,只要系统处于活动状态,这些实体就存在。

(2) 属性(Attribute)。实体由它的属性来描述,属性用来反映实体的某些性质,表达了实体的某一部分性质、特质以及与其他实体的关系,表现了实体所包含的信息。对一个仿真中的实体,其属性很多,在建模中,只需要用到与研究目的有关的一部分,也只需对这一部分进行描述,其他不影响研究的属性可以略去。

(3) 状态(State)。在任意给定时刻,系统中实体、属性以及活动的信息总和称为系统在该时刻的状态,用于表示系统状态的变量称为状态变量。由于组成系统的实体之间相互作用而引起实体属性的变化,使得在不同的时刻,系统中的实体和实体属性都可能会有所不同。状态用来区分这种不同。在仿真开始时刻,必须要对一些状态变量赋初值,这些变量称为仿真初始条件,也叫做边界条件,它们是驱动仿真运算进行下去的必要起算点。随着仿真时钟的推移,这些状态变量的值可能会发生变化,这些变化刻画了在已经过去的一段时间内实体属性的变迁,从而也反映了在整个系统中该实体的发展趋势。

(4) 事件(Event)。事件是某一实体引起系统状态发生变化的行为,它是在某一时间点上的瞬间行为。离散事件系统可以看做是由事件驱动的,因为各种事件是造成系统中实体发生突变的原因。事件的相互影响是指当多个事件都能促使某一实体状态发生变化时,最终实体状态发生的变化并不是这些事件所导致结果的简单叠加,而是由各种事件彼此消长、影响的总和来决定对某一实体的综合影响。比如事件 A 促使实体状态 S1 变化到 S2,事件 B 促使实体状态 S1 变化到 S3,当两个事件同时发生并相互影响时,实体状态的变化并非由 S1 变化到 S2 + S3,而是由事件 C(C 是 A 与 B 相互影响而产生的新事件)决定实体状态由 S1 变化到何种其他状态。

(5) 活动(Activity)。实体在两个事件之间保持某一状态的持续过程称为活动。活动的开始与结束都是由事件引起的。

(6) 进程(Process)。进程由与某个实体相关的事件及若干活动组成。一个进程描述了它所包括的事件及活动间的相互逻辑关系和时序关系。

离散事件系统的结构模型着重于描述构成系统的实体及实体间的交互,侧重于面向用户的视角。采用上述概念将一个真实系统抽象成为离散事件系统后,各种要素都以规范化的名称和流程进行描述,对下一步建立计算机模型打下基础。

3.3.2　面向结构的抽象表述方法

面向结构的抽象描述是相对于面向整体的抽象描述而言的,在对系统进行分析时关注那些组成系统的元素的个体特征和行为,注重系统的组分分析和结构分析,在描述时将各种元素看成具有相似功能和行为的个体。面向结构的抽象描述主要有面向对象和基于 Agent 的抽象表述。

3.3.2.1 面向对象的抽象表述方法

对象是某一类具有相似属性的实体。面向对象是从结构组织模拟客观世界的一种方法,基于本体论的认识将研究对象视为许多局部(对象)组成的,每个对象都有自己的内部状态和运动规律,不同对象间的相互联系和相互作用构成了原对象系统。面向对象建模方法包括面向对象的分析和设计,在计算机模型中以类表示概念,用继承、多态、组合等方式表示概念之间的关系。面向对象的程序实现是面向对象的模型的必然表达方式。

面向对象的抽象表述在理论上突破了传统建模方法的概念,根据组成系统的对象及其相互作用关系构造模型,从而拉近了模型与实际系统之间的距离,使建模的思想方法与人们认识客观世界的自然思维方式相一致。

对象建模技术(OMT)是指对应用域的建模和在系统设计阶段对模型增加实现的一种方法。其步骤如下:

(1)系统分析。建立系统的抽象描述。从问题陈述入手,提炼那些重要的系统性质,并根据系统特性将这些性质按照逻辑或数学关系组织起来,构成整个目标系统的概念模型,该概念模型必须简洁、明确地对目标系统进行抽象。

(2)建模设计。建立各基础类原型。在建模设计阶段中,应当根据概念模型将目标系细分为各个子系统。每个子系统能够独立完成某一类功能,各个子系统之间通过接口相互影响。此时,每个子系统可以作为一个基础类的原型,系统分析者提取这些子系统的重要属性和状态,同时选择问题处理的策略并初步配置资源。

(3)对象设计。建立各种对象的细化模型。在系统分析和建模设计的基础上,对象设计主要是将每个子系统设计成基类,然后根据基类进一步设计其所包含的子类,同时应当在对象设计时加入一些实现上的考虑,将一些系统设计中建立策略的实现细节加入到设计模型中。对象设计强调数据结构及实现类所需要的算法。

(4)实现。对象设计中的对象和关联最终要由具体的程序设计语言、数据库或硬件来实现。为了使系统具有好的灵活性和扩充性,必须制定和遵循一套良好的设计准则。

OMT 方法使用了对象模型、动态模型和功能模型三种模型来描述系统。

对象是划分客观实物的一个单位,是模型的分子。对象模型描述的是系统中的对象的静态结构,即对象的唯一标识、与其他对象的关系、对象的属性和操作,通常用含有对象类的对象图来表示。

动态模型描述了系统中与时间和操作次序有关的系统属性,如触发事件、事件序列、事件状态、事件与状态的组织等。动态模型用状态图来表示,一张状态图表示一个类中所有对象的状态和事件的正确次序。

功能模型描述了系统内与值的变化有关的系统属性,如功能、映射、约束及功能依赖条件等。功能模型只考虑系统干什么,而不关心系统何时干或如何干。功能模型的描述工具是数据流图。

上述三种模型描述的是系统的不同方面,但又相互联系。对象模型描述了动态模型和功能模型中操作的数据结构,对象模型中的操作对应于动态模型中的事件及功能模型中的功能;动态模型描述对象的控制结构,它表示了依赖于对象值的方法和引起改变对象值的行为及唤醒功能;功能模型对对象模型中指明的数据值进行操作。其中,对象模型是最基本的,对象模型为动态模型和功能模型提供了实质的框架。

1. 面向对象分析(OOA)

系统分析是对问题空间进行研究而获得对问题一致的和所需要的描述。系统分析的目的是理解问题空间,其实质是人的一种思维过程:输入系统的问题空间,输出经过抽象和理解之后的系统需求规范。面向对象的思想应用到分析中,即形成了面向对象分析(OOA)方法。OOA 通常包括以下一些步骤。

1)识别对象

识别对象的主要工作是辨别问题空间包含哪些客观对象,并按研究目的将其抽象和表示出来。识别对象的主要目的:一是使问题空间的表示尽可能接近人们认识中的现实世界;二是建立一个考察问题空间和了解需求的稳定框架;三是希望在从系统分析向系统设计过渡时不要改变所采用的表示法。

人们已经使用了许多方法来识别对象,其中 Booch 在 1983 年首先提出了一种基于词法分析的方法。这种方法建议分析人员从目标系统的一个平凡描述开始,找出其中的名词作为候选对象,找出其中的动词来识别方法(操作),由此得到一个由对象(名词)和方法(动词)构成的表,作为分析的结果。这种简单而实用的方法为 OOA 中的对象识别方法奠定了基础,但对于实际的复杂系统中的对象认定,要考虑的问题比找名词和动词复杂得多。

对一个复杂系统中的对象的识别,很大程度上依赖于具体的问题空间和分析人员的经验,还没有普遍适用的规则,通常要考虑以下几个问题:

(1)到哪里去找对象。寻找的范围主要有用户的需要、领域人员的知识和文本资料等。

(2)哪些可能作为候选对象。可能成为对象的有结构(如分类结构与组装结构),要进行交互的外部系统和设备,需要观察与记录的事件、人员及组织等。

(3)对候选对象考察什么。一个候选对象是否需确定为一个对象,要考察该候选对象是否有实例出现在问题空间,是否有必要对其行为进行分工,是否多于一个属性(如只有一个属性则可归之为其他对象的属性,该候选对象不必作独立的对象),是否其所有实例具有共同的属性和服务等。

(4)怎样为对象命名。应该使用用户熟悉的、易读的和准确的词汇。

2)识别结构

结构指的是多种对象的组织方式,用来反映问题空间中的复杂事物和复杂关系。对象结构主要有两种:分类结构和部分整体结构。分类结构用于描述事物类别之间的继承关系;部分整体结构用于描述事物的部分与整体之间的组合关系。

识别分类结构通常是从将对象视为一般对象开始,再逐步具体化。比如,要识别与汽车对象相关的分类结构,则从汽车着手,根据用途可将其具体化为载人与载货汽车,载人汽车又可具体化为大客车与中巴车等。然后,视该对象为具体对象,抽取它与其他对象共同的特性,构成一般化的对象,如从汽车与飞机两个对象可形成交通工具这种更一般化的对象。如此得出对象所属的分类结构。

类似地,识别部分整体结构的原则是先从整体向部分考虑,再从部分向整体考虑,即首先认为一个对象是整体,看它含有哪些部分;然后视对象为一个部分,看它是否可能为系统中另一对象的部分。

3)识别主题

主题是一种关于模型的抽象机制,它给出了系统分析结果的概貌。由于系统分析中,通过识别认定的对象和结构的数目通常远远超过人同时记忆与处理问题的个数,因此,要对几十种乃至几百种对象和结构进行进一步的抽象,以利于分析结果的人理解对象和结构之间的关联关系。

直观地看,主题是一个名词或名词短语,认定的方法如下:

(1)为每个结构追加一个主题;

(2)为每种对象追加一个主题;

(3)如果当前主题的数目超过7个,则将已有的主题进行归并。归并的原则是,如两个主题对应的服务和属性有着较密切的关联,就将它们归并成一个主题。

4)定义属性

属性是数据元素,记录对象的状态信息,为对象及结构提供更多的细节。属性的值将由对象的方法来处理。定义属性分以下几个步骤:

（1）识别属性。指识别一个对象应用哪些属性来描述。作为一个对象的属性,它应对该对象的每个实例均适用且不依赖于并列的其他属性就可以被理解。

（2）定位属性。即确定属性在分类结构中的位置。低层对象的共有属性应在上层对象中定义。

（3）认定和定义实例关联。实例关联描述了某个对象对其他对象的需求。例如,对于飞机与飞行计划两个对象,一个飞行计划只能有一个实例连接到某架飞机,而一架飞机可以有若干个飞行计划。根据以上结果,重新修改对对象的认定。例如,在认定属性和确定属性关联以后,有的对象可能只剩下一个属性,这时,可考虑将这个属性移至有实例关联关系的对象中,原对象即可取消。

（4）对属性及实例关联进行规范说明。

5）定义方法

首先应定义每一种对象和分类结构应有的行为,其次应定义对象的实例之间必要的通信,即定义实例间的消息关联。这一过程可以分成4步来完成:

（1）认定基础方法。基础方法包括3类,即存在、计算和监控。存在方法指实例的增加、变动、删除和选择;计算方法根据一个对象的属性值计算一个结果;监控方法用于监视一个外部系统和装置。

（2）认定辅助方法。辅助方法有两类:一类是对象的生命史,即对象的存在类方法之间的顺序关系;另一类是有关对象的状态、事件和响应,要定义主要的对象状态,列出外部事件及其需要的响应,扩充必要的方法和消息关联。

（3）识别消息关联。消息关联描述一个对象向另一个发送消息,使得某些处理功能得以实现。识别的方法是首先在已经用实例关联联系起来的实例间增加消息关联,然后检查那些需要其他实例负责进行的加工,考虑增加其他必要的消息关联。

（4）对方法进行规范说明。

2. 面向对象设计（OOD）

从面向对象分析到面向对象设计是一个逐渐扩充模型的过程。面向对象分析主要描述问题域和系统任务,而面向对象设计是面向对象分析的扩充,主要是增加各种实现软件系统所必需的组成成分。

分析的结果必须映射到设计。在面向对象开发方法中,分析和设计虽然是不同的活动,但两者密切相关。两者相互配合来建立一个问题模型,并用一组对象及其关系来描述问题域。在分析阶段开发所获得的信息,不仅是设计阶段的输入要,同时也是设计阶段的一个完整的部分。分析是为了得到对象及其相互间的关系,而设计则是解决这些对象及其相互关系的实现问题。

设计阶段分为两个步骤:概要设计和详细设计。概要设计的主要任务是定义系统是如何工作的,因此,对于工作平台、计算能力和存储容量等不加限制;在详细设计阶段,要考虑这些问题,并进一步细化概要设计的结果 。

概要设计的主要工作如下:

(1) 对象行为和对象间交互作用的进一步细化,加入必要的新对象。由于系统的行为很大程度上体现为对象间交互作用,因此给出交互作用的明确且完全的定义是这个阶段的重要工作。

(2) 类的认定。在分析阶段已经把对象组织成一定的结构形式(层次结构),在此基础上对类加以认定,以得到解空间的结构形式,为实现提供支持。在分布处理系统中,由于继承不易实现,常常只使用对象,对类不一定加以定义。

(3) 对重用的支持。类认定以后,组成类库用以支持重用。方法要尽可能放在类库的高层次中,这样,能够共享这些方法的子类就越多,重用也就得到更好的支持。在应用时,在类库中选择所需要的类,实例化以后得到对象。

针对某一种应用,把若干个对象或类及其之间的关系组成一个子类库,以形成一个构架,这是重用的实际基础。在特定的范围内,当应用和某一构架的特征相匹配时,是整个构架而不是其中的个别或部分内容被重用,所以,构架是面向对象设计最理想的设计目标。

在类库中,类是以继承关系联系起来的,但构架中的类除了继承关系外,还有其他关系,这些关系和应用密切相关,这是类库和构架的区别。因此,在面向对象设计中,既要设计类库,还要设计构架,而不是从类库中简单地分出来一部分就可作为构架。

详细设计是紧接着概要设计进行的,其目的是为实现做好准备。编程所需要的主要是有关对象的描述,因此,给出对象描述是这个阶段的主要工作。例如,一个对象中的方法,哪些是公用的,哪些是私有的,内部的处理如何进行,需要哪些系统调用等,都要详细加以确定。在互相通信的对象中,对象属性的类型要取得一致。由于对对象的更加详细的定义和某些变动,相应地将引起有的类的变动。

硬件和软件平台要在详细设计阶段予以确定,有时候,在详细设计阶段结束时还要求给出伪代码。

3.3.2.2 基于 Agent 的抽象表述方法

Agent 的原意是"代理",即一个人代表另一个人或另一个组织去完成某些事情。在计算机领域,Agent 可以被认为是授权的"个人软件助理(personal software assistants)",是一种在分布式系统或协作系统中可以持续自主发挥作用的计算机实体,又称为智能体。面向 Agent 建模是基于复杂系统的理论,把系统组成元素视为 Agent,利用 Agent 的结构和方法描述复杂系统元素的特性及其行为关系,便于实现复杂系统的模型和仿真。

1. Agent 的概念

Agent 的概念出现于 20 世纪 70 年代的人工智能(AI)中。目前 Agent 已经渗透到计算机科学技术的许多领域,要给出一个普适的 Agent 的定义十分困难。因此,到目前为止,还没有一个统一的明确的关于 Agent 的定义。但是,一般认为一个 Agent 应该具有以下特征:

(1)Agent 是一个具有明确边界和界面的问题求解实体。

(2)Agent 处于特定环境中,它通过感知器来观测环境,通过效应器来作用于环境。

(3)自主性。这是 Agent 的一个最本质的特征,它表现为 Agent 具有属于其自身的计算资源和局部于自身行为控制的机制,能在无外界直接操作的情况下,根据其内部状态和感知到的外部环境信息,决定和控制自身的行为。

(4)社会性。在一个系统里面,单个 Agent 的行为必须遵循和符合 Agent 社会的社会规则并能通过某种 Agent 交互语言,以某种合适的方式与其他 Agent 进行灵活的交互,并与其他 Agent 进行有效的合作。

(5)反应性。能够感知所处的环境,并对相应事件做出适当的反应。

(6)主动性。能遵循承诺采取主动行动,表现出行为的部分目的性。

一些学者,特别是人工智能领域的研究人员认为,还应该赋予 Agent 一些更高级的特性,使其更符合所研究对象的特征。因此,在某些情况下,Agent 还可能具有以下善意:

(1)理性。Agent 没有相互冲突的目标,它的行为总是为了实现它的目标,而且其行为不会故意阻止其目标的实现。

(2)真实性。假设 Agent 不传播虚假的消息。

(3)友好性。假设 Agent 没有冲突的目标,总是尽可能的完成其他 Agent 的请求。

(4)移动性。Agent 可以在信息网络上移动。

当然,在需要时,Agent 也可以给出各种恶意的指标。其中拥有前面 6 个特征的被称为弱定义,它是由 Wooldrige 给出的;如果全部拥有了以上的特征,则称之为 Agent 的强定义。在实际工作中,不同的研究领域对 Agent 的特征常常有不同的理解,但是都认为自主性是 Agent 的概念的核心。在实际应用中 Agent 常被分为 3 种类型:

(1)类型 Agent:描述特定实体或某一类实体。

（2）集中服务 Agent：为多个 Agent 提供特定的服务或一组服务。

（3）移动 Agent：在不同的实体之间进行移动。

概括起来，可以这样定义 Agent 的概念：Agent 是实际系统的某种抽象（一般是系统物理实体的抽象，但根据需要也可能是系统功能的抽象），它能够在一定的环境中为了满足其设计目标，而采取一定的自主行为；Agent 总能感知其所在的环境（真实世界中的 Agent 通过物理传感器进行，软件 Agent 通过软件传感器进行），并且具有可以影响环境的多个行为能力，能够适应环境的变化。

在现实中，由于组成实际系统的个体的形式和内容是多样的，对某些不具备显著 Agent 特征的个体，有时为了方便，也可将其称为 Agent。在社会科学领域中讨论的 Agent，更多的时候被认为是对象扩展。在讨论建模时，为了使模型具有一致性，也采用这种广义的概念。

2. Agent 建模的基本方法

Agent 建模思想中最基本的内容就是：Agent、智能和交互。具体说来就是在用 Agent 思想进行建模时，要将 Agent 作为系统的基本抽象单元，在必要的时候赋予 Agent 一定的智能，然后在多个 Agent 之间设置具体的交互方式，最终得到相应的系统模型，下面进行详细的说明。

（1）Agent 智能。这里说的智能，是指 Agent 在变化的环境中灵活而有理性的运行，具有感知和反馈效应的能力，与纯粹的人工智能有一定的区别。

（2）Agent 之间交互。多个 Agent 通过交互，以团队的方式一起完成系统的目标，如果出现了冲突，Agent 之间则通过交流来解决冲突，从而实现系统的目标。

基于 Agent 的建模是一种自底向上的建模方法，Agent 是整个系统的基本抽象单位，采用相关的 Agent 技术，首先建立组成系统的每个个体的 Agent 模型，然后通过合适的多 Agent 体系结构组装这些 Agent 个体，最终建立起整个系统的系统模型。而且，最终的模型就是该系统的程序模型（Agent 本身就是一个计算实体），从而方便了开发人员对系统进行分析和应用开发。

3. 面向 Agent 的系统分析

一般情况下，系统模型是由一群 Agent 组成的多 Agent 体系，它包括 3 个层次（如图 3-3 所示）：

（1）Agent 层。系统中所有反映问题和承担系统责任的 Agent。

（2）特征模型层。描述了 Agent 的结构与特征，例如数据、变量、函数和方法等。

（3）多 Agent 层。描述了系统的 Agent 群体采用的体系结构，解决 Agent 之间的通信和协调问题。

图 3 - 3　基于 Agent 的系统模型的层次

4. 基于 Agent 的建模过程

基于 Agent 系统模型建立的过程是：

1）对系统进行 Agent 抽象

从系统的物理结构出发，围绕系统的目标对系统进行抽象，这是对系统进行 Agent 抽象的基本原则。一般可以以物理结构作为抽象的基点，然后根据物理世界的实际构成来划分 Agent。进行这项工作的一般原则是将组成系统的每个实体都抽象为一个 Agent 实体。这里有两个问题需要注意：

（1）对异质 Agent 和同质 Agent 的处理方式。一个系统通常是由多个实体构成的，实体之间的本质可能是相异的，例如社会系统中的个人、企业、机关等，此类 Agent 叫做异质 Agent；也可能是相同的，例如一个种群系统中的生物个体，此类 Agent 叫做同质 Agent。一般的处理方法是将异质的 Agent 分别形成相应的 Agent 类，将同质的 Agent 抽象归结成一个 Agent 类。

（2）确定抽象的分辨率。在对系统进行抽象的时候要根据研究的需要，对系统的属性进行必要的取舍。例如在对两个部门之间的关系进行研究的时候，可以把这两个部门看成两个 Agent，对这两个部门内部的组织结构则可以不予考虑；当要对某一个部门的工作流程进行研究时，就要把这个部门内部的各个机构都当成相应的 Agent 对象来研究。

有时为了实现系统的功能，还要设计一些辅助的 Agent，用来对实体 Agent 提供服务，我们称这类 Agent 为集中服务 Agent。这种辅助 Agent 主要是为了满足系统的灵活性、功能和处理问题的方便性的要求而出现的。一般可以对 A-gent 群体中的多个 Agent 根据相同的状态和行为特点进行分类，然后抽象出这一类 Agent 的共同特征，形成一个为这类 Agent 提供服务的 Agent，或者利用这个 Agent 为研究人员提供这类 Agent 群体的相关信息。例如在一个教学系统中，所有的学校 Agent 都可以共享一个排课 Agent 提供的排课服务。在分布式系统，例如分布式仿真中为了专输信息和执行特定的功能，往往还要引进一些移动 Agent。

经过以上所述过程基本上可以确定组成系统的所有的 Agent 了，然后就可以画出系统的 Agent 类图，最后在分析和建模的过程中，可以根据需要对 Agent 进行修改。

2）对 Agent 个体的建模

在建立每个 Agent 的模型的工作中，主要是注意下面两个问题：

（1）每个 Agent 都必须建立世界模型。一些 Agent 能够清晰地建立自己的世界模型，从而可以比较容易的对相关的模型进行推理。而对另外一些 Agent 而言，它们的模型与硬件相关并且分布于整个 Agent 的体系结构中，从而使得它们的世界模型不是那么容易的建立起来。除了上面的区别外，Agent 在它们建立的模型的范围以及它们建立的模型与现实世界的异同这些方面也存在不同。

（2）一个系统中的不同的 Agent 实体可能是同质、异质或者是共享某些共同的模块。

在系统的生命周期中，某些 Agent 实体的代码可能会发生改变，那么在这种情况下如何去构建 Agent 的内部结构？目前有 3 种 Agent 模型结构可以用来解决这个问题：一是基于逻辑的 Agent 模型，该模型类似于专家系统，Agent 的决策制定过程是通过逻辑演绎的方式来实现；二是反应式 Agent 模型，该模型的决策是通过环境与行为的直接映射来实现的；三是"信念－愿望－意图"Agent 模型，该模型更接近于人类的思维方式，它的决策过程依赖于表达 Agent 的信念、愿望和意图的数据结构之间的操作。

上述 3 种模型各有优势，但不论采用哪种模型，都可以认为 Agent 由以下 3 个部分组成：一是每个 Agent 自己的状态；二是每个 Agent 都拥有一个感知器来感知周围的环境；三是每个 Agent 都有一个效应器作用于环境，也就是改变环境状态的方法。

建立每个实体的 Agent 特征模型的基本处理原则是以实用且具有操作性为目标，尽量简单化，不必过分追求方法的复杂和雅致。其方法就是结合系统的 Agent 类图，逐个分析每个 Agent 的内部状态、感知器和效应器中的方法，根据需要来采用相应的处理手段，最终建立起每个实体的 Agent 特征模型。Agent 的通用模型如图 3－4 所示。

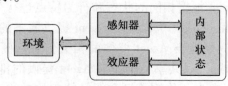

图 3－4　Agent 的通用模型

3）对多 Agent 的体系结构进行建模

在描述复杂系统时,单个 Agent 模型往往不能满足系统建模的需求,必须建立多 Agent 体系。在建立多 Agent 系统的体系结构时要注意下面 4 个问题:

(1) 如何确定 Agent 的数目。根据系统的目标要求,确定各种单个 Agent 的总数以及系统运行时 Agent 的数目是否可变,也就确定了系统应该有多少个 Agent。

(2) 如何确定 Agent 之间的通信方式。通信方式决定了 Agent 之间是如何交流的,有的 Agent 只是简单地将命令传给其他的 Agent,而有的 Agent 之间要根据语法理论进行表决、谈判甚至更复杂的对话。常用的通信方式有共享全局存储器、消息传递机制或者是两者之间的结合。

(3) 如何建立 Agent 与其相关的其他 Agent 之间的结构。Agent 群体的结构描述了 Agent 的直接相关 Agent 以及它们之间由于信息和物资流动等原因而产生的拓扑结构,这个拓扑结构可以由设计者预先设计好,在运行期间不会发生改变,也可以是在系统运行时 Agent 根据新的关系而进行自我重组的。比较常见的拓扑结构有分层嵌套结构、网络结构等。

(4) 如何协调 Agent 之间的行动。在一个实用的系统中,Agent 虽然是自治的,不需要外界的刺激就可以运行,但它们之间是相互协调的,并不是处于无序的状态。在分层协调中,命令流从高层流向下层,状态信息从下层向高层反馈。在平等协调中,通过耗散或约束的传递机制来实现相互间的协调。

要解决好上面这 4 个问题,首先要对物理系统进行深入的了解,对系统要实现的目标有准确的把握;其次要对相关的技术进行详细的了解,并根据需要返回前两个阶段进行再分析。如此就建立了一个完整的多 Agent 系统模型。

3.3.3　面向整体的抽象表述方法

从整体视角看待研究对象,把研究对象看作一个整体描述其状态和行为,实验建模中通常会用整体建模法表述实验建模的结果。比较典型的有系统动力学方法。

3.3.3.1　系统动力学基本概念

系统动力学方法是一种以反馈控制理论为基础,以计算机仿真技术为手段,通常用以研究复杂的社会、经济系统的定性研究方法(也有观点认为它是一种定性与定量相结合的方法)。自 20 世纪 50 年代中期创立以来,已成功应用于企业、城市、地区、国家甚至世界规模的许多战略与决策等分析中,被誉为"战略与决策实验室"。系统动力学方法主要关注系统中要素的因果关联及其形成的反馈环研究。事物之间的逻辑关系可以总结为"如果"—"那么"关系和"越来越"关系两类。这样便可以通过因果关联来确定模型的框架结构。但由于因果关联是交叉的,因此从许多交叉的回路中可以找到影响系统行为的主导路线,为处理非线性系统的有关问题提供了较好的途径。

（1）因果反馈。如果事件 A（原因）引起事件 B（结果）,AB 间便形成因果关系。若 A 增加引起 B 增加,称 AB 构成正因果关系;若 A 增加引起 B 减少,则负因果关系。两个以上因果关系链首尾相连构成反馈回路,亦分正、负反馈回路。

（2）积累。系统动力学方法认为社会经济状态变化为由许多参变量组成的一种流,通过对流的研究来掌握系统性质和运动规律。存在于系统内部流的堆积便是积累,用以描述系统状态,系统输入输出流量之差为积累增量。流率表述流的活动状态,亦称决策函数,积累则是流的结果。任何决策过程均可用流的反馈回路描述。

（3）流图。流图由积累、流率、物质流、信息流等符号构成,直观形象地反映系统结构和动态特征。

（4）延迟。任何决策实施均需一定时间,此现象即为延迟。图上不易表述,通常用计算机程序中延迟指令来实现。

（5）变量。系统动力学中最主要的变量类型有 4 种:

① 状态变量（Level）:它是系统内部流的积累,是表征系统状态的变量。

② 速率变量（Rate）:它表示单位时间内 Level 与 Level 之间流过的流,即状态的变化率。

③ 辅助变量（Auxiliary）:它是设置在 Level 与 Rate 之间的信息通道中的变量。当 Rate 的表达式很复杂时,可用辅助变量来描述其中的一部分,使 Rate 的表达式得以简化。

④ 常量（Const）:在仿真运行期间,某个参数的值始终保持不变的称为常量或常数。

（6）方程。系统动力学有以下几种常用方程:

① 状态变量方程:凡是能对输入和输出变量（或其中之一）进行积累的变量称为状态变量。

② 速率方程:在状态变量方程中代表输入与输出的变量称为速率,它由速率方程求出。

③ 辅助方程:在反馈系统中描述信息的运算式。

④ 表函数:若所需非线性函数能以图形给出,那么就能简单地以表函数

表示。

⑤ N方程:为状态变量方程赋予初始值。

3.3.3.2　系统动力学建模思想

系统动力学方法本质上是基于系统思维的一种建立计算机模型的方法。系统思维方法着重于研究这样的问题:研究对象作为系统一个组成部分,如何与系统的其他组成部分相互作用,从而影响系统整体的行为和演化。这种方法在某些时候会导致与基于还原论的分析方法截然不同的结论,特别是当研究对象具有动态复杂性,或者与内部和外部有许多反馈的时候。

系统动力学定义复杂系统为高阶次、多回路和非线性的反馈结构。一个系统由单元、单元的运动和信息组成。单元是指系统存在的现实基础,而信息在系统中发挥着关键的作用,依赖信息,系统的单元才能形成结构,单元的运动才能形成系统的行为与功能。复杂系统中的反馈回路(feedback loop)形成相互联系、相互制约的结构,反馈回路耕结了关键变量与其周围其他变量的关系。决策导致行动,行动改变系统周围的状态,产生新的信息——未来新决策的依据,如此循环作用形成反馈回路。因此,反馈系统当前状态会受到系统过去行动的影响。

系统动力学把世界上一切系统的运动假想成流体的运动,使用因果关系图(causal loop diagram)和系统流图(stock and flow diagram)来表示系统的结构。简单说来,系统结构是指系统要素是如何关联的,这个要素可以是系统变量,也可以是反馈回路或子系统。图3−5给出了描述军备竞赛导致崩溃性结局的因果关系图。因果关系图能清晰地表达系统内部的非线性的因果关系,因果关系图以反馈回路为其组成要素,反馈回路为一系列原因和结果的闭合路径,反馈回路的多少是系统复杂程度的标志。两个系统变量从因果关系看可以是正关系、负关系、无关系或复杂关系,所谓正关系是指一个量增加会引起相关联的另一个量增加,反之则称为负关系,复杂关系指两个变量之间的因果关系时正时负。正负关系在因果关系图中分别用带"+"、"−"号的箭头表示。当这种关系从某一变量出发经过一个闭合回路的传递,最后导致该变量本身的增加,这样的回路称为正反馈回路,反之则称为负反馈回路。对图3−6所示的这样一个不加控制的正反馈环的评估结论就是:军备竞赛的"滚雪球"效应最终导致竞赛双方遭受毁灭性打击,系统崩溃。

系统流图由3类元素组成:流位变量、流率变量和信息。系统流图是系统动力学建模的基础,与因果关系图不同的是系统流图中区分了流位(level/stock)、流率变量(rate/ stock)。图3−6给出了装备保障模型的流图的系统流图,装备维修(流入)使得装备保有量(库存)增加,而装备战损(流出)又造成装备保有量的下降。如果流出持续大于流入,那么应当发出维修力量不足的警报。

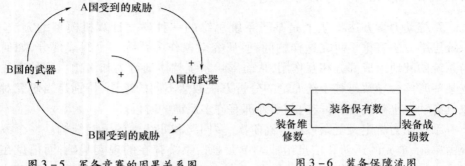

图 3-5　军备竞赛的因果关系图　　　　图 3-6　装备保障流图

　　系统流图可以清楚地表示系统中的反馈关系,其中各个变量之间的关系用数学表达式来定义。如等式(3-4)所示,系统流图的每一流位都需要一个微分方程,流入或流出的量的表达式构成等式(3-4)的右边,其中 x 是流位向量,p 是一组参数,f 是非线性的向量函数。该公式是含时滞的方程,因为其中向量 x 及其他参数是其前一时刻值的函数。

$$\frac{\mathrm{d}}{\mathrm{d}x}x(t) = f(x,p) \tag{3-4}$$

其中,x 为流位向量;p 为一组参数;f 为非线性的向量函数。

3.3.3.3　系统动力学方法特点

　　与其他方法相比,系统动力学方法具有下列特点:

　　(1)适用于对数据不足的问题进行研究。建模中常常遇到数据不足或某些数据难以量化的问题,系统动力学利用各要素间的因果关系、有限的数据及一定的结构仍可进行推算分析。

　　(2)适用于处理精度要求不太高的复杂问题。因很多系统的描述方程是高阶非线性动态的,应用一般数学方法很难求解。而系统动力学则能够借助于计算机及仿真技术获得主要的结果信息。

　　(3)强调有条件预测。本方法强调产生结果的条件,采用"如果……则"的形式,对预测未来提供了新的手段。

　　(4)适用于研究带有时滞特性的系统。如果系统随着时间的演变比较明显,且整体行为在个体行为发生变化一段时间之后再发生变化,这样的系统适合于用系统动力学方法来分析和建模。

系统动力学模型伸缩性比较强，可以是一个非常简练的模型，也可以容纳大量的变量，甚至达到数千个以上。它是一种结构模型，通过它可以充分认识系统结构，并以此来把握系统的行为，而不只是依赖数据来研究系统行为，它是实际系统的实验室。

3.4 数学模型形式化描述方法

数学模型主要描述建模对象的数量关系、逻辑关系和时序关系等，根据建模对象的数量特征、逻辑关系和时序关系的不同，可将数学模型描述方法分为基于数学变量的描述法、基于离散事件的描述法、图形化描述法、逻辑化描述法、定性化描述法和模糊化描述法。

3.4.1 基于数学变量的描述方法

基于数学变量的描述法主要用于量化描述系统的状态变化特征。根据状态变量化的连续性，分为连续系统和离散系统。

连续系统是指系统的状态变量随时间连续变化的系统，一般地认为连续时间系统是白色系统，其内部运动规律等都已认识清楚，因此往往可跨过抽象表述，直接进行变量形式化描述，即建立数学模型。连续系统数学模型主要使用微分方程、传递函数、状态空间表达式等方式来描述。

与连续系统不同，离散系统的内部状态只在离散的时间点上发生变化，且状态在一段时间内保持不变。所以，在建立离散模型时，只要考虑系统内部状态发生变化的时间点和发生这些变化的原因，而不用描述系统其他时间段发生的变化。离散系统的数学模型通常采用差分方程、脉冲传递函数、离散状态空间表达式等来描述。

应当注意一点，一个实际系统是离散的还是连续的（或者是离散连续混合的），实质是描述该系统的模型是离散的还是连续的。根据研究目的的不同，同一个现实系统可以在一种场合下用离散模型描述，而在另一种场合用连续模型描述。例如一个电机控制系统，如果关注的是电机的开关动作和转速、力矩的临界状态，则认为系统是离散的；而如果细入分析电机的转速、力矩与控制电压的关系，则认为系统是连续的；如果综合考察该系统的连续和离散状态变化过程，则认为系统是混合的。离散变量描述法可以看做是将连续变量离散化后的描述方法，其本质上也是用于描述连续时间系统的。

3.4.1.1 微分方程法

在自然界里,不管是机械的、电气的、液压的、气动的,还是热力的等许多系统,它们的状态变化,都可以通过反映其内在运动规律的物理学定理,来获得微分方程形式的描述。

微分方程法的一般建模步骤如下:

(1)将系统划分为若干环节,确定每一环节的输入及输出信号,此时应注意前一环节的输出信号是后一环节的输入信号。

(2)根据物理学基本定律,例如机械系统的牛顿定理、能量守恒定律,电学系统中的欧姆定理、基尔霍夫定律,流体方面的 $N-S$ 方程及其他一些物理学基本定律等,写出每一环节输出量与输入量间的数学关系式,即环节的原始方程。

(3)对每一环节的原始方程进行一定的简化(如非线性因素的线性化处理)及数学处理。

(4)消去中间变量,最后得到只包含系统输入量和输出量的方程,这就是系统的微分方程。

下面以机械平移系统为例介绍建立微分方程模型的过程。

设有一个弹簧—质量—阻尼器系统,如图 3-7 所示。阻尼器是一种产生黏性摩擦或阻尼的装置。它由活塞和充满油液的缸体组成,活塞杆与缸体之间的任何相对运动都将受到油液的阻滞,因为这时油液必须从活塞的一端经过活塞周围的间隙(或通过活塞上的专用小孔)而流到活塞的另一端。阻尼器主要用来吸收系统的能量,被阻尼器吸收的能量转变为热量而散失掉,而阻尼器本身不储藏任何动能或热能。

记系统的输入量为外力 x,输出量为质量 m 的位移 y。我们的目标是求系统输出量 y 与输入量 x 之间所满足的关系式,即系统的微分方程。

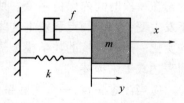

图 3-7 机械平移系统

取质量 m 为分离体,根据牛顿第二定律有:

$$m\frac{\mathrm{d}^2 y}{\mathrm{d}t^2} = x - x_1 - x_2 \qquad (3-5)$$

式中　x_1——阻尼器的阻尼力;

　　　x_2——弹性力。

x_1 和 x_2 为中间变量,必须找出它们与系统有关参数之间的关系,这样才能

消去它们。设阻尼器的阻尼系数为 f, 弹簧为线性弹簧, 其弹性系数为 k, 则有

$$x_1 = f\frac{\mathrm{d}y}{\mathrm{d}t}$$

$$x_2 = ky$$

将以上二式代入式 (3 − 5) 整理后得出系统的微分方程:

$$m\frac{\mathrm{d}^2y}{\mathrm{d}t^2} + f\frac{\mathrm{d}y}{\mathrm{d}t} + ky = x \qquad (3-6)$$

这是一个线性常系数二阶微分方程。

当系统输入为多变量且满足多个微分方程时, 则可以将多个微分方程联立构成的微分方程组作为对真实系统的抽象。

由微分方程可以导出系统的传递函数、差分方程和状态方程等多种数学模型。

3.4.1.2 传递函数法

假设系统时间为 t, 系统输入为 $u(t)$, 系统输出为 $y(t)$, 系统输入与输出之间满足系统的微分方程为

$$\frac{\mathrm{d}^n y(t)}{\mathrm{d}t^n} + \alpha_{n-1}\frac{\mathrm{d}^{n-1}y(t)}{\mathrm{d}t^{n-1}} + \cdots + \alpha_1\frac{\mathrm{d}y(t)}{\mathrm{d}t} + \alpha_0 y(t)$$

$$= \beta_m\frac{\mathrm{d}^m u(t)}{\mathrm{d}t^m} + \beta_{m-1}\frac{\mathrm{d}^{n-1}u(t)}{\mathrm{d}t^{m-1}} + \cdots + \beta_1\frac{\mathrm{d}u(t)}{\mathrm{d}t} + \beta_0 u(t) \qquad (3-7)$$

式中, $\alpha_i(i = 0, 1, \cdots, n)$, $\beta_j(j = 0, 1, \cdots, m)$ 为常系数。

引入微分算子 $\varphi = \dfrac{\mathrm{d}}{\mathrm{d}t}$, 则有

$$\sum_{i=0}^{n} \alpha_i \varphi^i y(t) = \sum_{j=0}^{m} \beta_j \varphi^j u(t) \qquad (3-8)$$

式中, $\alpha_n = 1$。

定义

$$N(\varphi) = \sum_{i=0}^{n} \alpha_i \varphi^i, \quad M(\varphi) = \sum_{j=1}^{m} \beta_j \varphi^j$$

则可得

$$\frac{y(t)}{u(t)} = \frac{M(\varphi)}{N(\varphi)} \qquad (3-9)$$

对式 (3 − 8) 两边取拉普拉斯变换, 并且假设系统输入 $u(t)$ 与系统输出 $y(t)$

及其各阶导数的初值均为零,则可以得

$$s^n Y(s) + \alpha_{n-1} s^{n-1} Y(s) + \cdots + \alpha_1 s Y(s) + \alpha_0 Y(s)$$

$$= \beta_m s^m U(s) + \beta_{m-1} s^{m-1} U(s) + \cdots + \beta_1 s U(s) + \beta_0 U(s) \qquad (3-10)$$

设系统的传递函数为

$$G(s) = \frac{Y(s)}{U(s)}$$

则有

$$G(s) = \frac{\beta_m s^m + \beta_{m-1} s^{m-1} + \cdots + \beta_1 s + \beta_0^n}{s^n + \alpha_{n-1} s^{n-1} + \cdots + \alpha_1 s + \alpha_0} \qquad (3-11)$$

由传递函数也可以确定其对应的状态空间模型。

3.4.1.3　状态空间法

对于一个连续系统,系统输入与系统输出变量之间的关系,仅仅描述了它们的外部特性。为了描述系统的内部特性,还需要引入系统的内部变量——状态变量。一个系统的状态是指能够完全描述系统行为的最小的一组变量。状态空间可以用状态方程与输出方程表示为

$$\left. \begin{array}{l} \dot{X} = AX + Bu \\ y = CX + Du \end{array} \right\} \qquad (3-12)$$

式中　$X = [\, x_1 \quad x_2 \quad \cdots \quad x_n \,]^{\mathrm{T}}$——$n$ 维状态变量;

　　　　u——输入向量;

　　　　y——输出向量;

　　　　A——系统矩阵;

　　　　B——输入矩阵;

　　　　C——输出矩阵;

　　　　D——直传矩阵。

建立系统状态空间模型有 3 种途径:一是根据物理定律直接建立状态空间模型;二是由微分方程建立由各阶导数组成的相变量状态空间模型;三是先将传递函数用状态变量图描述,然后根据状态变量图中积分器的输出确定系统状态变量及状态方程。下面简要介绍第一种建立状态空间模型的途径。

基于物理学定律的系统状态空间模型的建模步骤如下:

(1)确定状态变量,并写出第一组状态变量方程式;写出状态方程时,只需根据物理定义直接写出相应表达式,例如 $\dot{x} = v$(机械平移系统),$\dot{e} = w$(机械转

动系统）,$\dot{q} = i$（电磁系统）等;

（2）写出用微分形式描述的系统物理方程;

（3）将上述方程式处理成状态变量表示的状态方程式;

（4）如有必要,再写出输出方程。

以图 3-8 所示的机械系统建立状态空间模型的过程。

（1）选择 x_1, v_1, x_2, v_2 为状态变量（这 4 个变量是相互独立的）。按定义写出 4 个状态方程中的头 2 个:

$$\dot{x}_1 = v_1$$
$$\dot{x}_2 = v_2$$

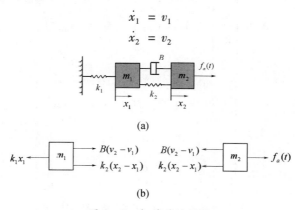

(a)

(b)

图 3-8　机械系统附图

(a) 系统结构图；(b) 脱离体图。

（2）对质量 m_1, m_2 的分离体（图 3-9(b)）进行受力分析,并应用牛顿第二定律得到两个微分方程式:

$$m_1 \dot{v}_1 + k_1 x_1 - k_2 (x_2 - x_1) - B(v_2 - v_1) = 0$$
$$m_2 \dot{v}_2 + k_2 (x_2 - x_1) + B(v_2 - v_1) = f_a(t)$$

由以上两式可以得到另外两个状态方程,故系统的状态方程为

$$\dot{x}_1 = v_1$$

$$\dot{v}_1 = \frac{1}{m_1} \left[B(v_2 - v_1) - (k_1 + k_2) x_1 + k_2 x_2 \right]$$

$$\dot{x}_2 = v_2$$

$$\dot{v}_2 = \frac{1}{m_2} \left[B(v_1 - v_2) - k_2 (x_2 - x_1) + f_a(t) \right]$$

若取 x_1, v_1, x_2 为输出,则有输出方程:

$$y_1 = x_1$$
$$y_2 = v_1$$

$$y_3 = x_2$$

系统状态空间模型的矩阵形式为

$$\dot{X} = AX + BU$$
$$Y = CX$$

式中

$$X = \begin{bmatrix} x_1 \\ v_1 \\ x_2 \\ v_2 \end{bmatrix}, \quad Y = \begin{bmatrix} x_1 \\ v_1 \\ x_2 \end{bmatrix}, \quad U = \begin{bmatrix} f_a(t) \end{bmatrix}$$

$$A = \begin{bmatrix} 0 & 1 & 0 & 0 \\ -\dfrac{k_1 + k_2}{m_1} & -\dfrac{B}{m_1} & \dfrac{k_2}{m_1} & \dfrac{B}{m_1} \\ 0 & 0 & 0 & 1 \\ \dfrac{k_2}{m_2} & \dfrac{B}{m_2} & -\dfrac{k_2}{m_2} & -\dfrac{B}{m_2} \end{bmatrix}$$

$$B = \begin{bmatrix} 0 \\ 0 \\ 0 \\ 1 \end{bmatrix}, \quad C = \begin{bmatrix} 1 & 0 & 0 & 0 \\ 0 & 1 & 0 & 0 \\ 0 & 0 & 1 & 0 \end{bmatrix}$$

若选另一组状态变量为 $x_1, v_1, \Delta x, \Delta v$,其中,$\Delta x = x_2 - x_1$,$\Delta v = v_2 - v_1$,$\Delta x$ 与 Δv 分别表示弹簧的伸缩量以及与阻尼相关的速度差,则系统的状态方程为

$$\dot{x}_1 = v_1$$

$$\dot{v}_1 = \frac{1}{m_1}(-k_1 x_1 + k_2 \Delta x + B \Delta v)$$

$$\Delta \dot{x} = \Delta v$$

$$\Delta \dot{v} = \frac{k_1}{m_1} x_1 - \frac{m_1 + m_2}{m_1 m_2} k_2 \Delta x - \frac{m_1 + m_2}{m_1 m_2} B \Delta v + \frac{1}{m_2} f_a(t)$$

上述两种状态方程中均已设弹簧与阻尼器是线性元件。若弹簧 k_1 与阻尼器 B 是非线性元件,则弹簧 k_1 的恢复力是弹簧位移的函数,设为 $f_{k1}(x_1)$;阻尼器的阻尼是相对速度 Δv 的函数,记为 $f_B(\Delta v)$。于是上述第二种状态方程可以表示为

$$\dot{x}_1 = v_1$$

$$\dot{v}_2 = \frac{1}{m_1}\big[-f_{k1}(x_1) + k_2\Delta x + f_B(\Delta v)\big]$$

$$\Delta\dot{x} = \Delta v$$

$$\Delta\dot{v} = \frac{1}{m_1}f_{k1}(x_1) - \frac{m_1 + m_2}{m_1 m_2}k_2\Delta x - \frac{m_1 + m_2}{m_1 m_2}f_B(\Delta v) + \frac{1}{m_2}f_a(t)$$

由本例可知,系统的状态空间模型并不是唯一的。

3.4.1.4 连续系统仿真算法

为了实现连续系统的计算机仿真,通常需要将其连续变量模型进行离散化。连续系统常微分方程所描述的动态仿真数值解法主要有 3 类:

(1)解析算法,目前比较成熟的只有数字拉氏变换法。比较精确的一种是以数字方法依照人工拉氏变换的步骤计算,得到解析解表达式。解析解的优点是能够对动态模型的瞬态响应及模型解的全部规律进行精确数学描述,便于分析研究。缺点是程序繁琐,计算费时,不能求解非线性问题。

(2)数值积分算法,这类方法应用最广,种类繁多,发展较快。数值积分算法基于状态方程,也可以看做一阶微分方程组。解算思路可归结为,将仿真时间离散为一系列时间间隔,已知前一时刻的状态向量值,估算下一时刻的状态向量值。最经典的方法是欧拉法、四阶龙格—库塔法,其中四阶龙格—库塔法应用很广。

(3)离散时间状态方程解法,又称状态转移矩阵或离散相似法,在系统仿真程序中应用较多。另外,还有许多实时、快速仿真算法,如时域矩阵法、增广矩阵法、替换法、根匹配法、可调参数积分法等。

到目前为止,还没有找到一种理想的、可以适用各种要求的数值积分算法,所以许多仿真软件备有几种平等算法供选择。几种常用数值积分解法及比较见表 3 – 4,从表中所列的常用解法可以看出,速度快的、简单的算法精度及稳定性较差,精度及稳定性好的方法计算量都较大,程序也比较复杂。选用时应当因问题而论。大量的一般性问题多采用定步长四阶龙格—库塔法,因为这种方法简单、精度较高、稳定性较好,步长足够小时也可能适应刚性方程。如果精度要求不高、方程阶次很高,又要快速仿真,也还有用欧拉法和二阶龙格—库塔法的。非线性刚性方程用吉尔法较好。大规模集成电路瞬态分析,几乎包括了对数值积分分解法的各种特殊要求,即刚性、非线性、超高阶、高精度、混合方程等。据报道,采用改进隐式吉尔法,配合大型稀有疏阵技术可以解决这类问题。

表 3 - 4　几种常用数值积分解法及比较

方法名称	优点	缺点	使用范围
欧拉法	程序简单、快速	精度低,稳定性差	高阶,低精度,实时仿真
二阶龙格—库塔法	程序简单、快速	精度低,稳定性差	高阶,低精度,实时仿真
定步长四阶龙格—库塔法	程序简单,精度较高,小步长可解刚性方程	高阶时较费时	非刚性,弱非线性,中等精度的普通方程
变步长四阶龙格—库塔法	可以保证满足指定精度	高阶时较费时	同上,仿真的实时性可能好一些
拉姆伯特五阶方法	高精度	计算量大,高阶费时,不能解刚性方程	高精度计算较验用
默森单步法	精度高	计算量大,高阶费时,不能解刚性方程	高精度计算较验用
外插法	精度高	稳定性不高	高精度计算较验用
阿当姆斯预报—校正法	可以估计误差,稳定性较好	不能解刚性方程	高阶光滑非刚方程
小参数法	简单,变步长,速度快,可解刚性方程	精度中等	高阶刚性方程实时仿真
特雷纳法	可解刚性方程	只适于特殊情况	特殊刚性方程
吉尔法	变阶,变步长,适于非线性刚性方程	占用容量大,高阶问题困难	非线性刚性方程
改进吉尔法	变阶,变步长,适于非线性刚性方程及混合方程	程序复杂,须解非线性代数方程组	高阶非线性刚性混合方程

3.4.1.5　差分方程法

线性离散时间系统的输入量及输出量分别表示为 $y(k)$ 和 $u(k)$,k 为第 k 次采样时刻,则输入变量和输出变量可以用线性差分方程描述为

$$y(k) + \sum_{i=1}^{n} a_i y(k-i) = \sum_{i=0}^{n} b_i u(k-i) \qquad (3-13)$$

该差分方程的阶次是输出量 y 的最高的自变量序号 (k) 与最低的自变量序号 $(k-n)$ 之差 (n),即为 n 阶差分方程。系数 $a_i(i=1\sim n)$ 和 $b_i(i=0\sim n)$ 是表征系统动态行为的参数。如果这些参数是常数,则系统就是时不变系统,否则(即参数取决于离散时间参数 k),系统是时变系统。如果系统具有纯时间滞后 d,

则在模型中应以$(k-d)$代替式中所有控制变量$u(k),u(k-1),\cdots$中的k。由于这种取代并不影响问题的一般性，故以后仍采用式$(3-13)$。

如果在上述差分方程中引入向后时移算子q^{-1},q^{-1}被定义为

$$q^{-1}y(k) = y(k-1)$$

令多项式

$$
\left.
\begin{aligned}
A(q^{-1}) &= \sum_{i=0}^{n} a_i q^{-i}(a_0 = 1) \\
B(q^{-1}) &= \sum_{i=0}^{n} b_i q^{-i}
\end{aligned}
\right\}
\qquad (3-14)
$$

则差分方程(式(3.3.12))可写成下列形式

$$A(q^{-1})y(k) = B(q^{-1})u(k) \qquad (3-15)$$

这种形式的差分方程在系统辨识中常用。

3.4.1.6 脉冲传递函数法

线性离散系统的脉冲传递函数定义为：当起始条件为零时，系统输出响应的z变换与输入信号的z变换之比。设线性离散系统的差分方程为式$(3-13)$。当起始条件为零$[y(k)=u(k)=0,\quad k<0]$，对式$(3-13)$两边取z变换(z是复变量)，就可以得到系统的脉冲传递函数：

$$H(z) = \frac{Y(z)}{U(z)} = \frac{b_0 + b_1 z^{-1} + \cdots + b_n z^{-n}}{1 + a_1 z^{-1} + \cdots + a_n z^{-n}} \qquad (3-16)$$

利用式$(3-15)$，上式又可写成

$$H(z) = \frac{B(z^{-1})}{A(z^{-1})} \qquad (3-17)$$

这里，$Y(z)$和$U(z)$分别为$y(k)$和$u(k)$的z变换。正如连续系统传递函数与微分方程直接联系在一起一样，离散系统的脉冲传递函数与差分方程也直接联系在一起，可以通过建立差分方程进行变换来建立脉冲传递函数模型。

3.4.1.7 离散状态空间表达式法

类似地，差分方程和脉冲传递函数仅仅描述了离散时间系统的外部特性，为描述系统的内部特性，引入状态变量序列$\{x(kT)\}$。对离散时间系统，状态变量$x(k)$取决于系统的起始状态向量$x(0)$和输入向量$\{u(0),u(1),\cdots,u(k-1)\}$。如果状态向量$x(k)$已知，则$x(k+1)$完全由输入向量$u(k)$所决定，即

$$x(k+1) = f\{x(k),u(k),k\} \qquad (3-18)$$

同理,输出向量为

$$y(k+1) = m\{x(k),u(k),k\} \qquad (3-19)$$

这里认为离散时间间隔相等,即对任意整数 k,有

$$t_k - t_{k-1} = T_0 = 常数$$

在向量函数为线性的情况下,系统的状态空间模型为

$$\boldsymbol{X}(k+1) = \boldsymbol{A}(k)\boldsymbol{X}(k) + \boldsymbol{B}(k)\boldsymbol{U}(k) \qquad (3-20)$$

$$\boldsymbol{Y}(k) = \boldsymbol{C}(k)\boldsymbol{X}(k) + \boldsymbol{D}(k)\boldsymbol{U}(k) \qquad (3-21)$$

其中,$\boldsymbol{X}$ 为 n 维状态向量;$\boldsymbol{U}$ 为 m 维输入向量;$\boldsymbol{Y}$ 为 p 维输出向量。

离散系统的状态空间模型中各系数矩阵完整地描述了系统的特性。如果这些系数矩阵与时间无关,则方程式(3-20)和方程式(3-21)可进一步简化为

$$\boldsymbol{X}(k+1) = \boldsymbol{A}\boldsymbol{X}(k) + \boldsymbol{B}\boldsymbol{U}(k) \qquad (3-22)$$

$$\boldsymbol{Y}(k) = \boldsymbol{C}\boldsymbol{X}(k) + \boldsymbol{D}\boldsymbol{U}(k) \qquad (3-23)$$

这就是线性时不变离散系统的状态空间模型。

3.4.2 基于离散事件的描述方法

有些离散系统,其内部的状态变化是随机的,同一内部状态可以向多种状态转变,很难用函数来描述系统内部状态的变化,例如超市、理发店、修理站等系统其服务的过程很难用函数来描述。对于比较简单的离散事件系统可以采用排队论建立数学模型,而对于比较复杂的大型离散事件系统,则需要把系统分成若干个相对独立又相互作用的实体,首先建立这些实体的局部模型,然后按实体间的相互联系,连接局部模型来组成总体模型,则容易实现。为了描述各个局部的事件、状态以及条件的动态变化关系和各个局部相互间的关系,大都采用图形化的方式来描述,例如:实体流图法(EFC)和活动周期图法(ACD)。

3.4.2.1 实体流图法

实体流图采用与计算机程序流程图相类似的图示符号和原理,建立表示临时实体产生、在系统中流动、接受永久实体"服务"以及消失等过程的流程图。借助实体流图,可以表示事件、状态变化及实体间相互作用的逻辑关系。其建模思路为:

(1) 辨识系统的实体(含队列)及属性;

(2) 分析实体的状态和运动,队列的状态;

（3）确定系统事件，合并条件事件；

（4）分析事件发生时实体状态的变化；

（5）在一定的服务流程下，分析与队列有关的特殊操作（如换队等）；

（6）以临时实体的活动为主线，画出系统的实体流图；

（7）给出模型参数的取值；

（8）给出排队规则、服务规则、优先级、换队规则。

下面通过售票窗口服务系统进一步介绍实体流图的建模方法。

剧院雇佣一名售票员同时负责剧票的窗口销售和对电话问询者的咨询服务。窗口服务比电话服务有更高的优先级。问询者打来的电话由电话系统存储后按先来先服务的原则一一予以答复。建模的目的是研究售票员的忙闲率。

对该系统建模过程如下：

（1）分析实体构成。

永久实体：售票员；

临时实体：购票者、电话问询者；

特殊实体：购票队列、问询队列。

（2）分析实体的状态和活动。

① 实体状态。

售票员：空闲、售票、接电话；

购票者：等待、服务；

问询者：等待、服务；

队列：队长。

② 实体活动。

售票员：窗口售票、电话服务；

购票者：排队、服务；

问询者：排队、服务。

（3）确定系统事件。

购票者：到达、结束排队（开始服务）、服务完毕离去；

问询者：到达、结束排队（开始服务）、服务完毕离去。

（4）分析事件发生对永久实体的状态。

（5）确定排队、服务规则。

模型属性变量有"购票者到达时间"、"电话问询者到达时间"、"售票服务时间"和"电话服务时间"，它们均为随机变量。排队规则为 FIFO，服务规则是"窗口购票者和电话问询者分别排队，优先进行售票服务"。

（6）以临时实体为主线，画实体流图（图3-9）。

（7）给出模型参数的取值、参变量的计算方法及属性描述变量的取值方法（随机变量的分布模型）。

本例同时存在两个队列，但顾客不可能换队。注意，图3－9中有两处是与服务规则有关的判断和特殊操作。当"电话问询者"和"窗口购票者"同时到达而售票员处于"闲"状态时，前者加入电话问询者队列，后者接受服务；当服务完毕而购票队列和电话队列均不为空时，先为购票者服务。

由于本例中有两类临时实体同时流动，因此可能出现资源冲突。对这类问题的描述，活动周期图有其独到之处。

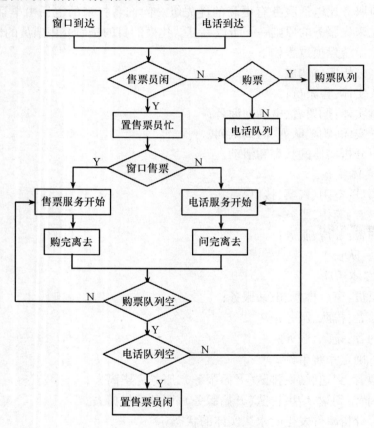

图3－9　售票窗口服务系统流程图

3.4.2.2　活动周期图法

活动周期图建模方法将实体的状态分为静寂（Dead）和激活（Active）两种，

并分别用不同的符号予以表示,如图 3 – 10 所示。状态之间用箭头线相连,不同的实体用不同的线型,表示各种实体的状态变化历程。激活状态通常是实体的活动,模型中活动的忙期可采用随机抽样等方法事先加以确定。相反,静寂状态通常表示无活动发生,是实体等待参加某一活动时的状态,其持续时间在模型中无法事先确定,取决于有关活动的发生时刻和忙期。每一类实体的生命周期都由一系列状态组成。随着时间的推移和实体间的相互作用,各个实体从一个状态变化到另一个状态,形成一个动态变化过程。

(a)   (b)

图 3 – 10   ACD 基本图符

(a) 静寂;(b) 激活。

活动周期图建模过程如下:

1. 辨识组成系统的实体及属性

辨识组成系统的永久实体和临时实体,队列不作为实体考虑。

2. 分别画出各实体的活动周期图

实体活动周期图的绘制要以实际过程为依据。队列作为排队等待状态来处理。实体流图法中作为事件看待的某些操作或行为,要拓展为活动来处理。活动周期图服从以下两项原则:

(1) 交替原则。静寂状态和激活状态必须交替出现。如果实际系统中某一活动完成后其后续活动就立即开始,则后续活动称为直联活动。为了使直联活动与其前置活动的连接仍符合交替原则,规定这两个活动之间存在一个虚拟的队列。

(2) 闭合原则。每类实体的活动周期图都必须是闭合的,其中临时实体的活动周期图表示一个或几个实体从产生到消失的循环过程,而永久实体的活动周期图则表示一个或几个实体被占用和释放的循环往复过程。

3. 将各实体的活动周期图联接成系统活动周期图

以各实体之间的协同活动为纽带,将各种实体的活动周期图合并在一起。

4. 增添必要的虚拟实体

在活动周期图中,当一个活动的所有前置静寂状态均取非零值(队列不空)时,该活动才有可能发生。利用这一特性,可以增添某些必要的虚拟实体,并假定它们与另外的实体协同完成某项活动。用这种办法可以为实体活动的发生加上某种附加条件,从而实现"隔时发生"的建模效果。

5. 标明活动发生的约束条件和占用资源的数量

包括：①活动是否可以发生的判断条件，这些条件应是用 ACD 图示符号无法或不便表达的；②永久实体在参加一次协同活动时被占用和活动完成时释放的数量。活动发生的条件一般为某种表达式，标在活动框的旁边。协同活动发生时占用/释放永久实体（资源）的数量标在相应箭头线的旁边（带有 +/ - 符号），数量为 1 时不标。

6. 给出模型参数的取值、参变量的计算方法及属性描述变量的取值方法，并给出排队规则和服务规则

还是以售票窗口服务系统为例说明活动周期图建模法。

如上一小节所述，本系统有 3 类实体：售票员、窗口购票者、电话问询者。

（1）售票员。有两种激活状态：窗口售票和电话服务。当售票员不处于以上两种状态时，便处于一种静寂状态——空闲。因此，售票员的活动周期图如图 3–11 所示。有时，空闲状态的持续时间很短。

（2）窗口购票者。参考上小节中对顾客实体的描述。显然购票者早有一个激活状态"窗口服务"（与售票员协同完成）和一个静寂状态"排队等待"。购票者离去的事件已隐含在"窗口服务"活动中即购票者接受售票员的服务后即从系统中消失，我们假想他进入了系统的外部，即进入"外部"状态。根据交替原则，该状态是静寂状态。新的购票者是从系统"外部"到达窗口排队并接受服务的。根据交替原则和封闭原则，"外部"与"排队等待"状态之间应存在一个激活状态，称之为"到达"，则购票者的活动周期模型见图 3–12。注意"到达"活动上方的约束条件 CUSTOMER = 0，这表明前一顾客"到达"活动完成后，下一顾客才能开始"到达"。它将到达看成是一种由顾客单独完成的活动，其忙期是表征顾客到达时间间隔的随机变量（或时间表）。还有一种经常使用的方法，用它来处理到达活动也许比上面的方法更直观易解，这就是引入一个虚拟实体"门"（图 3–13）来代替给活动施加的约束（CUSTOMER = 0）。这样，到达活动就变成了由"顾客"和"门"协同完成的一种活动，只有当门处于"打开"状态时，"外部"的顾客才能进行"到达"活动。"计时"活动的忙期取顾客到达的时间间隔。

（3）电话问询者。电话问询者的 ACD 与窗口购票者的相似（图 3–14）。他有两个激活状态"电话服务"（与售票员协同完成)和"打电话"，分别与"窗口服务"和"到达"相对应。静寂状态有"等回话"和"局外"，分别与"排队等待"和"外部"相对应。"局外"和"外部"一样，均表示系统的环境，称为源状态。

通过"窗口服务"和"电话服务"两个协同活动，将图 3–11、图 3–12 和图 3–14合并在一起，形成售票窗口服务系统的活动周期图模型，如图 3–15 所示。

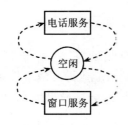

图 3 – 11　售票员的活动周期图

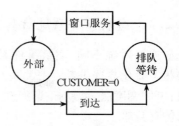

图 3 – 12　购票者的活动周期图

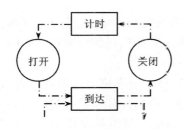

图 3 – 13　引入虚拟实体后的到达活动

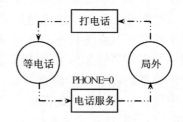

图 3 – 14　电话问询者的活动周期图

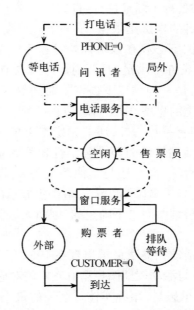

图 3 – 15　售票窗口服务系统的活动周期图

　　将此图与售票窗口服务系统实体流图加以比较,可见活动周期图在描述两类以上临时实体资源竞争问题时有简练、清晰的特点。

3.4.2.3 离散事件系统仿真策略

与连续系统不同,离散事件系统中的重要概念是事件、活动、进程,离散系统的状态变化与这3者紧密关联。这3个概念分别对应3种离散事件系统仿真策略:事件调度法、活动扫描法、进程交互法,这3种方法是最早出现、也是最基础的仿真策略。

(1)事件调度法。事件调度法最早出现在1963年兰德公司的Markowitz等人推出的SimScript语言的早期版本中。

事件调度法的基本思想是以事件为分析系统的基本单元,通过定义事件及每个事件发生对系统状态的变化,按时间顺序确定并执行每个事件发生时有关的逻辑关系并策划新的事件来驱动模型的运行。

按事件调度法作为仿真策略建立仿真模型时,所有事件均放在事件表中。模型中设有一个时间控制模块,该模块从事件表中选择具有最早发生时间的事件,并将仿真时钟置为该事件发生的时间,再调用与该事件对应的事件处理模块,更新系统状态,策划未来将要发生的事件,该事件处理完后返回时间控制模块。这样,事件的选择与处理不断地进行,直到仿真终止的条件产生为止。

事件调度法仿真时钟的推进是依据"下一个最早发生事件"的准则。该事件发生的任何条件的测试则必须在该事件处理程序内部去处理。如果条件满足,该事件发生,而如果条件不满足的话,则推迟或取消该事件发生。因此,从本质上来说,事件调度法是一种预定事件发生时间的策略。这样,仿真模型中必须预定系统中最先发生的事件,以便启动仿真进程。在每一类事件处理子程序中,除了要修改系统的有关状态外,还要预定本类事件的下一事件将要发生的时间。这种策略对于活动持续时间的确定性较强的系统是比较方便的。当事件的发生不仅与时间有关,而且还与其他条件有关,即事件只有满足某些条件时才会发生的情况下,采用事件调度法策略将会显示出这种策略的弱点。原因在于这类系统的活动持续时间是不确定的,因而无法预定活动的开始或终止时间。

(2)活动扫描法。活动扫描法最早出现在1962年Buxton和Laski发布的CSL语言中,活动扫描法与活动周期图模型有较好的对应关系。

活动扫描法的基本思想是:用各实体时间元的最小值推进仿真时钟;将仿真时钟推进到一个新的时刻点,按优先次序执行可激活实体的活动处理,使测试通过的事件得以发生,并改变系统的状态和安排相关确定事件的发生时间。因此,与事件调度法中的事件处理模块相当,活动处理是活动扫描法的基本处理单元。

活动扫描法以活动为分析系统的基本单元,认为仿真系统在运行的每一个时刻都由若干活动构成。每一活动对应一个活动处理模块,处理与活动相关的事件。活动与实体有关,主动实体可以主动产生活动,如排队服务系统中的顾客,它的到达产生排队活动或服务活动;被动实体本身不能产生活动,只有在主动实体的作用下才产生状态变化,如排队服务系统中的服务员。活动的激发与终止都是由事件引起的,活动周期图中的任一活动都可以由开始和结束两个事件表示,每一事件都有相应的活动处理。处理中的操作能否进行取决于一定的测试条件,该条件一般与时间和系统的状态有关,而且时间条件须优先考虑。确定事件的发生时间事先可以确定,因此其活动处理的测试条件只与时间有关;条件事件的处理测试条件与系统状态有关。一个实体可以有几个活动处理;协同活动的活动处理只归属于参与的一个实体(一般为永久实体)。在活动扫描法中,除了设计系统仿真全局时钟外,每一个实体都带有标志自身时钟值的时间元。时间元的取值由所属实体的下一确定时间刷新。每一个进入系统的主动实体都处于某种活动的状态。活动扫描法在每个事件发生时,扫描系统,检验哪些活动可以激发,哪些活动继续保持,哪些活动可以终止。活动的激发与终止都会策划新的事件。活动的发生必须满足一定的条件,其中活动发生的时间是优先级最高的条件,即首先应判断该活动的发生时间是否满足,然后再判断其他条件。

与面向事件仿真模型不同,面向活动仿真模型中在进行时间扫描时虽然也可采用表的方法,但表处理的结果仅仅是求出最小的时间值,而勿需确定当前要发生的事件。因此,时间元表中只要存放时间值即可,与事件表相比,其结构及处理过程要简单很多。

(3)进程交互法。事件调度法和活动扫描法的基本模型单元是事件处理和活动处理,这些处理都是针对事件而建立的,而且在事件调度法和活动扫描法策略中,各个处理都是独立存在的。

进程交互法的基本模型单元是进程,进程与处理的概念有着本质的区别,它是针对某类实体的生命周期而建立的,因此一个进程中要处理实体流动中发生的所有事件(包括确定事件和条件事件)。进程交互法的设计特点是为每一个实体建立一个进程,该进程反映某一个动态实体。

进程交互法的基本思想是,通过所有进程中时间元最小的无条件延迟复活点来推进仿真时钟;当时钟推进到一个新的时刻点后,如果某一实体在进程中解锁,就将该实体从当前复活点一直推进到下一次延迟发生为止,进程交互法兼有事件调度法和活动扫描法的特点,但其算法比两者更为复杂。根据进程交互法建立的仿真模型称为面向进程的仿真模型。面向进程仿真模型总控程序设计的最简单方法是采用两个事件表:未来事件表和当前事件表。

不论是事件调度法、活动扫描法还是进程交互法,系统状态发生变化的时间都是事件发生的时间。事件调度法中要搜索下一最早发生的事件的时间;活动扫描法中实体的时间元也指向该实体下一事件发生的时间;进程交互法的复活点也对应于事件发生的时间。

3.4.2.4 离散事件系统仿真模型

不论采用哪种仿真策略,大多数离散事件仿真模型,都具有下列部件:

(1)系统状态。由一组系统状态变量构成,用来描述系统在不同时刻的状态。

(2)仿真时钟。用来提供仿真时间的当前时刻的变量,它描述了系统内部的时间变化。

(3)事件表。在仿真过程中按时间顺序所发生的事件类型和时间对应关系的一张表。

(4)统计计数器。用于控制与储存关于仿真过程中的结果的统计信息。在计算机仿真中经常设计一些工作单元来进行统计中的计数用,这些工作单元就叫统计计数器。

(5)定时子程序。根据时间表来确定下一事件,并将仿真时钟推进到下一事件的发生时间。

(6)初始化子程序。在仿真开始时对系统进行初始化工作。

(7)事件子程序。一个事件子程序对应于一种类型的事件。某事件发生时,就转入该事件的处理子程序,并更新系统状态。

(8)仿真报告子程序。在仿真结束后,用来计算和打印仿真结果。

(9)主程序。调用定时子程序,控制整个系统的仿真过程,并确定下一事件,传递控制给各事件子程序以更新系统状态。

仿真在零时间开始,采用主程序调用初始化程序的方法。此时仿真时钟设置成零,系统状态、统计计数器和事件表也进行初始化。控制返回到主程序后,主程序调用定时子程序以确定哪一个事件最先发生。如果下一事件是第 i 个事件,则仿真时钟推进到第 i 事件将要发生的时间,而控制返回到主程序,而后主程序调用事件程序 i。在这个过程中有 3 类典型活动发生:

(1)修改系统状态以记下第 i 类事件已经发生过这一事实;

(2)修改统计计数器以收集系统性能的信息;

(3)生成将来事件发生的时间并将该信息加到事件表中。

在这些过程完成以后,进行检查工作,以便确定现在是否应该终止仿真。

如果到了仿真终止时间,主程序调用报告生成程序,计算各种系统要求的数据并打印报告。如果没有到终止时间,控制返回主程序,从而进行"主程序→计时程序→主程序→事件程序→终止检查"的不断循环,直到最后满足停止条件。

3.4.3 基于图元符号体系的建模方法

基于图元符号体系的描述方法主要通过定义具有特定含义的图元符号体系,利用图元来描述系统的结构和状态变化过程,通常有实体流图法、活动周期图法、Petri 网法、随机网络法、复杂网络法和基于 UML 的描述法。前两种上节已讲,这里重点介绍后 4 种方法。

3.4.3.1 基于 UML 的建模方法

1997 年,美国 Rational 软件公司的 G. Booch. J. Rumbaugh 和 L. Jacobson 吸收了许多其他面向对象的方法,推出了 UML1.1 并提交到 OMG,同年 11 月被 OMG 采纳。

UML 是一种通用的可视化建模语言,定义了用于建模的各种元素,以及由这些元素所构成的各种图的构成规则,主要用于对系统的概念模型进行形式化描述。UML 采用面向对象的建模思想,用可视化的方法规范地描述系统的结构、功能关系等,能够将概念模型进行规范的形式化表达,且与高级开发语言紧密关联,使得概念模型能够快速转换为计算机模型,大大缩短了建模时间。

基于 UML 建模主要通过事物、关系和图来描述模型。

1. 事物

事物是对模型中最有代表性的成分的抽象;关系把事物结合在一起;图聚集了相关的事物。在 UML 中的事物有 4 种:结构事物(structural thing)、行为事物(behavioral thing)、分组事物(grouping thing)和注释事物(annotational thing)。

(1)结构事物通常是模型的静态部分,描述概念或物理元素。包括类、接口、协作、用况、主动类、构件和节点这 7 种元素。

(2)行为事物是 UML 模型的动态部分,描述了跨越时间和空间的行为,共有 2 类行为事物:交互和状态机。前者由在特定语境中共同完成一定任务的一组对象之间交换的消息组成,后者描述了一个对象或一个交互在生命周期内响应事件所经历的状态序列。

(3)分组事物是 UML 模型的组织部分,是一些由模型分解成的"盒子",最主要的分组事物是包。

(4)注释事物是 UML 模型的解释部分,这些注释事物用来描述、说明和标注模型的任何元素。

2. 关系

UML 中有 4 种关系:依赖(dependency)、关联(association)、泛化(generaliza-tion)和实现(realization)。

(1) 依赖是两个事物间的语义关系,其中一个事物(独立事物)发生变化会影响另一个事物(依赖事物)的语义;

(2) 关联是一种结构关系,描述对象之间的连接;

(3) 泛化是一种特殊/一般关系,特殊元素(子元素)的对象可替代一般元素(父元素)的对象;

(4) 实现是类之间的语义关系,其中的一个类指定了由另一个类保证执行的契约,实现关系主要用在:接口和实现它们的类或构件之间;用例和实现它们的协作之间。

3. 图

UML 最常用的 9 种图:类图、对象图、用例图、顺序图、合作图、状态图、活动图、构件图、实施图。

(1) 类图(class diagram)。类图描述系统中类的静态结构。不仅定义系统中的类,表示类之间的联系如关联、依赖、聚合等,也包括类的内部结构(类的属性和操作)。类图描述的是一种静态关系,在系统的整个生命周期都是有效的。

(2) 对象图(object diagram)。对象图是类图的实例,几乎使用与类图完全相同的标识。它们的不同点在于对象图显示类的多个对象实例,而不是实际的类。一个对象图是类图的一个实例。由于对象存在生命周期,因此对象图只能在系统某一时间段存在。

(3) 用例图(Use Case diagram)。它显示用况与角色及其相互关系,从用户角度描述系统功能,并指出各功能的操作者。

(4) 顺序图(sequence diagram)。顺序图显示对象之间的动态合作关系,它强调对象之间消息发送的顺序,同时显示对象之间的交互。

(5) 合作图(collaboration diagram)。合作图和顺序图相似,显示对象间的动态关系。除显示信息交换外,合作图还显示对象以及它们之间的关系。如果强调时间和顺序,则使用顺序图;如果强调上下级关系,则选择合作图。

(6) 状态图(statechart diagram)。状态图在 UML 中也称状态机。它表现一个对象或一个交互在整个生存周期内接受刺激时的状态序列以及它的反应与活动,附属于一个类或一个方法。状态图描述类的对象所有可能的状态以及事件发生时状态的转移条件。通常,状态图是对类图的补充,在实际效用上并不需要为所有的类画状态图,仅为那些有多个状态、其行为受外界环境的影响并且发生改变的类画状态图。

（7）活动图（activity diagram）。活动图描述满足用户要求所要进行的活动以及活动间的约束关系，有利于识别并行活动。

（8）构件图（compcnent diagram）。构件图描述代码构件的物理结构及各构件之间的依赖关系。一个构件可能是一个资源代码构件、一个二进制构件或一个可执行构件。它包括逻辑类或实现类的有关信息，有助于分析和理解构件之间的相互影响程度。

（9）实施图（deploymert diagram）。实施图定义了系统中软硬件的物理体系结构。它可以显示实际的计算面和设备（用节点表示）以及它们之间的连接关系，可显示连接的类型及构件之间的依赖性。在节点内部，放置可执行构件和对象以显示节点跟可执行软件单元的对应关系。

3.4.3.2 基于 Petri 网的建模方法

Petri 网是由德国学者 Carl A. Petri 于 1962 年在其博士论文中提出的一种用于描述事件和条件关系的网络，它是一种用简单图形表示的组合模型，具有直观、易懂和易用的优点，能够较好的描述系统的结构，表示系统中的并行、同步、冲突和因果依赖等关系，并以网图的形式，简洁、直观的模拟离散事件系统，分析系统的动态性质。Petri 网有严格而准确定义的数学对象，可以借助数学工具，得到 Petri 网的分析方法和技术，并可以对 Petri 网系统进行静态的结构分析和动态的行为分析，是离散事件系统的主要建模工具。

1. 基本术语

（1）资源。资源指的是与系统状态发生变化有关的因素。例如原料、零构件、产品、工具、设备、数据以及信息等。

（2）状态元素。资源按照在系统中的作用分类，每一类放在一起，则这一类抽象为一个相应的状态元素。

（3）库所。状态元素就称为库所。它表示一个场所，而且在该场所存放了一定的资源。

（4）变迁。变迁指的是资源的消耗、使用以及对应状态元素的变化。

（5）条件。如果一个库所只有两种状态：有标记和无标记，则该库所称为条件。

（6）事件。涉及条件的变迁称为事件。

（7）容量。库所能够存储资源的最大数量称为库所的容量。

2. Petri 网的数学定义

Petri 网是由节点和有向弧组成的一种有向图。用圆圈"○"表示库所，用短竖线"|"或矩形框"□"表示变迁，用有向弧表示从库所到变迁的序偶 (p, t) 或

从变迁到库所的序偶。

定义 1 一个 Petri 网是一个三元组 $N = (P,T,F)$，其中：P 和 T 分别是库所和变迁的有限集；F 是由一个 P 元素和一个 T 元素组成的有序偶的集合，叫做流关系。

定义 2 设 $p \in P$ 和 $t \in T$，令 $\circ t = \{p \mid (p,t) \in F\}$ 为变迁 t 的输入库所集，$t \circ = \{p \mid (t,p) \in F\}$ 为变迁 t 的输出库所集。

定义 3 设 $N = (P,T,F)$ 为有向图，记 K 为 N 上的容量函数，它是库所到正整数集的映射 $M:P \rightarrow \{0,1,2,\cdots\}$；记 M 为 N 的一个标识，它是一个从库所到非负整数集的映射 $M:P \rightarrow \{0,1,2,\cdots\}$，且满足 $\forall p \in P, M(p) \leqslant K(p)$；映射 $W:F \rightarrow \{0,1,2,\cdots\}$ 称为 N 的权函数，它对各弧线赋权，用 $w(p,t)$ 或 $w(t,p)$ 表示由 p 指向 t 或 t 指向 p 的有向弧的权重。弧线都用其权重来标注，如果弧线的权重等于 1，则标注可以省略。

图 3 – 16 是一个具有 w 的 Petri 网图。其中，

$$w(t_2,p_1) = w(t_5,p_6) = w(t_6,p_1) = 2$$
$$w(t_3,p_3) = 5 \quad w(t_4,p_5) = 3$$
$$w(p_1,t_3) = w(p_3,t_4) = w(p_5,t_6) = w(p_6,t_6) = w(p_4,t_5)$$
$$= w(p_2,t_2) = w(t_3,p_4) = w(t_1,p_2) = 1 \qquad (3-24)$$

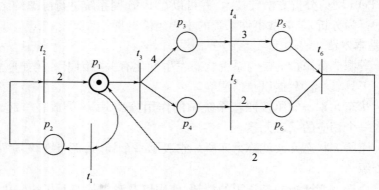

图 3 – 16 一个具有权重 W 的 Petri 网图

3. 用 Petri 网描述事件的逻辑关系

利用 Petri 网图可以有效地模拟离散事件系统在某一状态下事件间的逻辑关系。图 3 – 17 列举了主要的 5 种关系。其中，(a) 表示事件 t_1 和 t_2 为先后关系；(b) 表示 t_2 和 t_3 为并发关系；(c) 表示 t_1 和 t_2 为冲突关系；(d) 表示 t_1、t_2、t_3 为迷惑关系，取决于它们的发生次序；(e) 表示 t_1 和 t_2 为死锁关系，事件不可能发生。

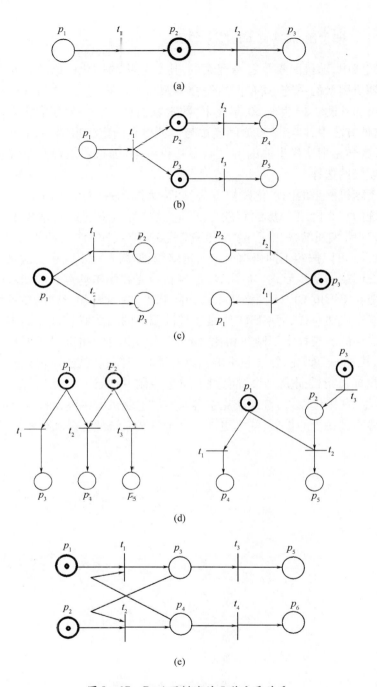

图 3-1⁷ Petri 网描述的 5 种主要关系

3.4.3.3 基于随机网络的建模方法

在实践中,随机因素是普遍存在的,比如生物的进化网络等。对于这种具有复杂随机因素的系统,只有作出符合客观实际的描述,才能对其作出精确的定量分析和预测。20 世纪 50 年代末,数学家们想出了一种新的构造网络的方法,在这种方法中,两个节点之间连边与否不再是确定的事情,而是根据一个概率决定,数学家把这样生成的网络叫做随机网络,随机网络模型是描述真实随机系统较好的选择。

基于随机网络的图形化建模方法,亦称为图示评审法(GERT)。它是研究随机系统的广义网络分析的有效方法,它是在肯定型网络的基础上发展起来的。1962 年,埃斯纳提出了带"决策盒"(决策节点)的广义网络技术,在这些"决策盒"上可以按照不同概率决定行进路线,如图 3 – 18 所示。这是一种具有概率分支网络的初步形式。后来,经过普利茨克和埃尔玛等人的初步改进和完善,于 1966 年形成 GERT 网络技术。如同 PERT 在北极星导弹潜艇计划中首次采用并获得成功一样,而 GERT 则是在举世瞩目的阿波罗登月计划中首次采用并获得成功的。与肯定型网络相比,GERT 的构模功能和应用范围有了显著的扩展,尤其适用于研究、开发和军事领域的计划与控制问题,还可以广泛地应用于工程投标可行性研究、可靠性分析、质量控制、排队论、存储论等问题。特别是 20 世纪 70 年代以来,普列茨克尔等人发展了随机网络模拟技术,使得 GERT 的功能得到进一步的扩展,使之更加适合于复杂系统的处理和分析。

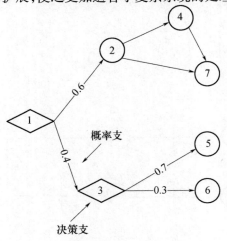

图 3 – 18 带"决策盒"的广义网络模型

GERT 随机网络是一个技术群,内容极为丰富,本节只介绍有关随机网络的基本概念和基本方法。

1. 基本概念

GERT 网络模型是由节点和箭线所组成的,表达了网络中节点之间的相互关系。

1) 节点

在随机网络中的节点也都是由输入侧和输出侧合成的。但不同的是,节点的输入侧有 3 种逻辑关系,输出侧有 2 种逻辑关系。因此,可以组合出 6 种具有不同逻辑功能的节点,如图 3-19 所示。

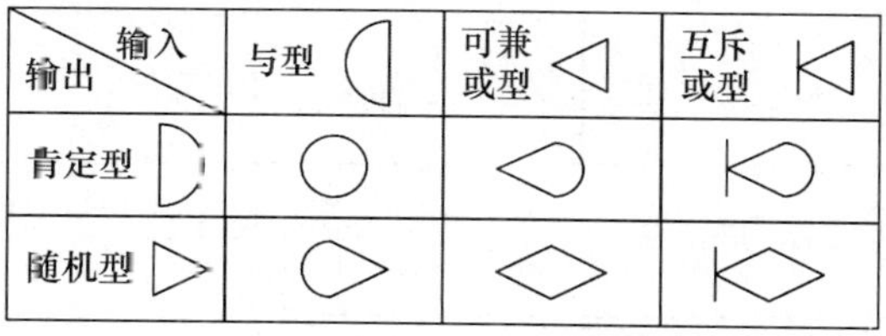

输出＼输入	与型	可兼或型	互斥或型
肯定型			
随机型			

图 3-19 随机网络中的节点

节点的输入、输出侧的含义说明如下:

与型输入——当输入该节点的工作都完成时,该节点才能实现。节点的实现时间取决于所有输入工作中的最迟完成时刻。

可兼或型输入——当输入该节点的任何一件或一组工作完成时,该节点就可以实现。节点的实现时间取决于所有输入工作中的最早完成时刻。

互斥或型输入——当输入该节点的所有工作中,只要有一件工作,且仅一件工作完成时,该节点即可实现。

肯定型输出——从该节点输出的工作迟早都要完成,即输出工作的实现概率均为 1。

随机型输出——从该节点输出的工作中,只有一件按一定的概率得以完成。节点输出工作的实现概率之和为 1。

2) 箭线(工作)

在随机网络中,联系节点之间的箭线可视为状态之间的传递关系。这个传递关系可以是一件实在的工作,也可以是虚工作——即仅表示逻辑联系,还可以是一个纯粹的时间过程,在这里也统称为工作。工作箭线的方向除习惯上由左向右展开外,根据需要还可以组成逻辑回路。

每件工作通常有两个基本参数:概率参数——即假定在前导工作一定实现的条件下,该工作被执行的可能性;时间参数——即该工作如果被执行完成,所需要的持续时间。

在随机网络中,工作的时间参数可以是常量,也可以是服从一定概率分布的随机变量,如正态分布、均匀分布、指数分布、贝塔分布等。另外,工作参数同样也可以表现为某些资源的消耗,如费用等。

3)相互关系

随机网络的基本功能是为了反映和处理工作之间的相互关系,不过它所反映和处理的相互关系比肯定型丰富得多。这里根据 6 种不同功能的节点输入和输出关系,进一步说明随机网络中工作之间的相互关系,参见图 3-20。

网络	相互关系
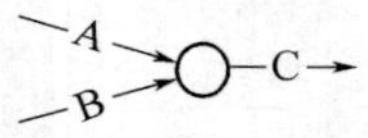 A B C→	A B完成后,C即可开始
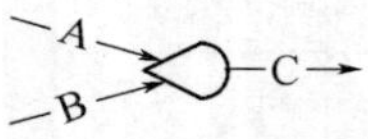 A B C→	A B均可展开,但其中一件工作完成后,C即可开始
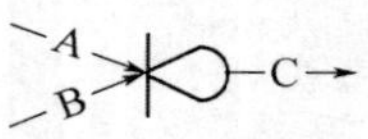 A B C→	A B只展开其中的一件工作,这一件工作完成后,C即可开始
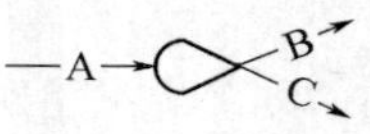 A B C	A完成后,B C中只有一件工作按一定的概率开始
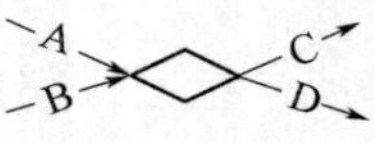 A B C D	A B的一件工作完成后,C D中只有一件工作按一定的概率开始
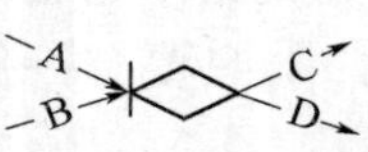 A B C D	A B只能展开其中一件工作,这件工作完成后,C D中只有一件工作按一定的概率开始

图 3-20 随机网络工作之间的相互关系

从上述基本概念可以看出,在随机网络中,并不排斥肯定型的情况。不难理解,随机网络中"与—肯定"节点,就是肯定型网络中的节点。因此,当网络中的所有节点均为"与—肯定"节点时,这种网络就是 CPM 肯定型网络。

此时,若网络中工作的时间参数只有一个,且服从于贝塔分布时,该网络就属于 PERT 肯定型网络。可见,肯定型网络只是 GERT 随机网络的一个特例,而随机网络的内容要比肯定型网络丰富得多。

2. 随机网络中的规则问题

无论是肯定型网络还是随机型网络,其实质都是反映客观系统的。因此,肯定型网络中的一些规则如连通性、非回路性、识别性同样适用于随机网络。

1）连通性

任何客观系统的运行，从它的开始到完成都可以归结为一个过程。可以想象，若逆时间方向追溯，必然也只能找到一个"开始点"；若顺时间方向跟踪，必然也只能找到一个"完成点"。系统的这种特性，必然会反映到网络中来。

因此，从理论上讲，网络模型只允许存在唯一的最初节点和唯一的最终节点。这样一个网络无论从最初节点顺箭线方向走到最终节点，还是从最终节点逆箭线方向走到最初节点，都不会遇到中断现象。这就是网络的连通性。

2）非回路性

谁都知道，时间是不可逆的。因此，工作也具有时间上的不可逆性。进一步说，工作的结束不能早于它的开始。这一性质反映在网络中，就不该出现闭合回路。这便是网络的非回路性。

3）识别性

在实践中，人们常会遇到同时开始和同时结束的平行工作。但是，前面已经规定，一件工作可以用它关联的两个节点号码来说明。因此，网络模型通常还应满足任何两个相邻节点之间仅连接一件工作的要求，这就是识别性规则。

从随机网络的特征看，似乎与肯定型网络中的"连通性""非回路性"和"识别性"规则是矛盾的，其实不然。就"连通性"而言，因为在肯定型网络中是不可能存在多种可能结果的，故它不会存在多个最终节点。就"非回路性"而言，在肯定型网络中，它是以时间的不可逆性而提出的，而随机网络中的回路是指一种逻辑反馈特性。它必然是由随机型输出的工作所构成回路的。至于"识别性"规则，实践上同样适用于随机网络，而随机网络中的"两个相邻节点可以由多条流线存在"，是因为这样表达就能满足对网络模型分析的要求了。

此外，在随机网络中，若节点的输入只有一个箭头，此时用与型、用可兼或型或用互斥或型表达，实际上是具有相同的输入关系，在随机网络中可统一用互斥或型输入；同理，节点的输出只有一个箭头，此时或用肯定型或用随机型表达，实际上是具有相同的输出关系。因此，在随机网络中通常可用随机型表达。

应用随机网络模型的基本目的有两个：一是将系统中那些极为丰富的随机因素，用随机网络这种空间形式加以描述。有了这种概括和直观的模型，有助于人们对系统所表现的各种随机因素进行正确地分析和处理，以实现有科学根据的定性决策。二是通过对系统要素的量化及其相互关系的研究，作出定量分析，以便得到有关系统运行的各种动态特性。这样，就有利于人们对系统的深入了解，以实现有科学根据的定量决策。

3.4.3.4　基于复杂网络的建模方法

对于一些实际网络既包括交通网络、电信网络、因特网、万维网、电影资料库里的演员合作网、科学引文目录里的合著,也包括生物和医药系统的网络,如神经网络、基因网络、新陈代谢网和蛋白质网等,它们不仅结构上不规则且随时间动态演化,包含成千上亿个节点,每个网络节点具有大量的属性,对于这样的网络往往需要采用复杂网络建模方法。

复杂网络建模是建立图模型——图中的点代表动态个体(如大脑的神经元或社会中的个人),边代表个体间的相互作用。这意味着将依赖于时间、空间和其他许多因素的两动态个体的相互作用转化为两相应点之间是否存在边的一个简单的二进制数。对复杂网络的描述是从定义新概念和测度来刻画真实网络的拓扑结构开始的。下面介绍用于描述复杂网络的定义和符号,论述用于描述网络拓扑结构的基本量以及实际复杂网络的基本属性。

1. 定义和符号

图论是复杂网络精确数学处理的自然框架,且形式上复杂网络可以用图表示。无向(有向)图 $G=(N,\Phi)$ 由集合 N 和 Φ 组成,且 $N\neq\Phi$,集合 Φ 是由集合 N 中元素的无序(有序)对构成的集合。集合 $N\equiv\{n_1,n_2,\cdots,n_N\}$ 中的元素是图 G 的节点(又称为顶点或点),集合 $\Phi=\{l_1,l_2,\cdots,l_K\}$ 中的元素是图的连接(又称为边或线)。集合 N 和 Φ 中元素的个数分别由 N 和 K 表示。下文中必须强调图中的点和边的数量时,我们将图 3 – 21 表示为 $G(N,K)=(N,\Phi)$,简记为 $G(N,K)$ 或 $G_{N,R}$。

通常按在集合 N 中的次序 i 来提及点。无向图中每条边是由一对点 i 和 j 来定义,表示为 (i,j) 或 l_{ij}。边可以说是关联点 i 和 j 或者说连接这两个点;i 和 j 称作边 (i,j) 的端点。通过边相连的两点称为邻接活邻居。有向图中,两个点的顺序很重要:l_{ij} 表示一条由点 i 指向点 j 的边且 $l_{ij}\neq l_{ji}$。通常是这样描绘图的:画圆点表示点,如果两点之间有连接就在相应的两点之间画一条线,怎样画这些圆点和线都无关紧要,重要的是哪两个点连成边,哪两个点没有。图 3 – 21(a)和(b)分别是无向图和有向图的例子。图中 $N=7$,$K=14$。注意到图形不含有环,即两端点相同的边,也不含有多重边即两点之间不止一条边相连,因为这些都不符合上面给出的图的标准定义。含有环或多重边的图称为多重图。本节重点讨论的不包括多重图,如果不特别说明,图指无向图。

图论的一个重要概念是图中两个不同点的可达性。实际上,即便不相邻的两个点也可以由一个到达另一个。从点 i 到点 j 的路是从 i 开始到 j 的点边交替序列。序列中的边数定义为路的长度。各边相异的路称为迹(trail),各点相

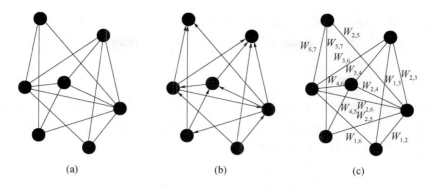

(a)　　　　　　　　　　(b)　　　　　　　　　　(c)

图 3-21　无向图、有向图及加权无向图

（a）无向图；（b）有向图；（c）加权无向图，其中点数 $N=7$，边数 $K=14$。有向图中相邻点
图表示方向的箭头连接，加权图中，w_{ij} 表示边的权重，用边的粗细来体现权重大小。

异的道路称为路径（path）。两点之间长度最短的路称为最短路。环是封闭的
路，至少要有 3 个点并且边不重复。长度 k 为的环通常叫做 k-环，记为 C_k。C_3
是三角形（$C_3 = K_3$），C_4 是四边形，C_5 是五边形等。如果每一对不同的点 i 和 j
都有一条路径，我们就说图是连通的，否则就称不连通的。最大连通导出子图
称为组元，巨组元是阶次与 N 相同的组元。

2. 点的度数、度分布和相关性

点 i 的度数 k_i 是与该点连接的边数。如果是有向图，点的度数包括两部
分：从 i 出发的连接边数 $k_i^{\text{out}} = \sum_{j \in N} a_{ij}$（记为出度），指向 i 的连接边数
$k_i^{\text{in}} = \sum_{j \in N} a_{ij}$（记为入度），$i$ 点的总度数定义为 $k_i = k_i^{\text{out}} + k_i^{\text{in}}$。一个图的点的
度数列表称为度数序列。

度分布 $p(k)$ 定义为随机均匀选择的点具有 k 度的概率或者说图中具有 k
度的点所占的比例，根据 $p(k)$ 可以获得图 G 的最基本的拓扑特征。度分布也
可以记作 p_k，其中 k 取非负整数值。

对于有向网络，需要考虑两种分布，$p(k^{\text{in}})$ 和 $p(k^{\text{out}})$。要得到无向网络的各
点的度数分布信息可以通过绘制 $p(k)$ 图，也可以通过计算分布的矩。一阶矩
$\langle k \rangle$ 是图 G 的平均度数。二阶矩衡量连接分布的波动性，当图的大小无穷大时，
$\langle k^2 \rangle$ 发散，从根本上改变了发生在图上的动力学行为。

度分布完全决定了非关联网络的统计属性。然而许多真实网络是相关联
的，具有 k 度的点与具有 k' 度的点相连的概率取决于 k。在这种情况下，有必要
引进条件概率 $p(k'|k)$，定义为从 k 度的点出发的一条边指向 k' 度的点的概率，

满足归一化条件 $\sum_{k'} p(k' \mid k) = 1$ 和平衡条件 $kp(k' \mid k)p(k) = k'p(k \mid k')p(k')$。对于无关联图，由于 $p(k' \mid k)$ 不依赖于 k，由平衡条件和归一化条件得到 $p(k' \mid k) = \dfrac{k'p(k')}{\langle k \rangle}$。

虽然度相关性形式上由 $p(k' \mid k)$ 刻画，然而对于大多数实际网络来说，N 的大小是有限的，所以直接计算条件概率会得到噪声很大的结果。这个问题可以通过定义点最近邻平均度来解决，即

$$k_{nn,i} = \frac{1}{k_i} \sum_{j \in N_i} k_j = \frac{1}{k_i} \sum_{j \in N_i} a_{ij} k_j \qquad (3-25)$$

这里将所有属于点 i 的第一邻居集合 N_i 的点的度数求和。可以计算具有 k 度的点的最近邻的平均度数，记为 $k_{nn}(k)$，得到隐含的对 k 的依赖关系。事实上，这个量可以用条件概率表示为

$$k_{nn}(k) = \sum_{k'} k' p(k' \mid k) \qquad (3-26)$$

如果不存在度相关性，公式（3-16）写为 $k_{nn}(k) = \dfrac{\langle k^2 \rangle}{\langle k \rangle}$，即 k_{nn} 独立于 k。相关联图分为两类：同类匹配图和非同类匹配图。如果 $k_{nn}(k)$ 是 k 的增函数，则此关联图是同类匹配的；如果 $k_{nn}(k)$ 是 k 的减函数，则此关联图是非同类匹配的。换句话说，在同类匹配网络中点趋于连接和它们相关联的点，而在非同类匹配网络中度数低的点更可能与度数高的点相连。度相关性通常用作为 k 的函数的 $k_{nn}(k)$ 的斜率 v 的值来量化，或者通过计算边的任一顶点的度数的皮埃逊相关系数来量化。

3. 最短路长度、直径和介中性

最短路在刻画图的内部结构方面也起着重要作用。我们可将图 G 的所有最短路长表示成矩阵 D，其元素 d_{ij} 表示点 i 到点 j 的最短路的长度。d_{ij} 的最大值称作图的直径，以下将用 $Diam(G)$ 表示。度量图中两个点间典型间隔由平均最短路长给出，也称作特征路长，定义为所有顶点对之间的最短路长的平均值：

$$L = \frac{1}{N(N-1)} \sum_{i,j \in N, i \neq j} d_{ij} \qquad (3-27)$$

此定义存在一个问题就是当图中有不连通的组元时，L 发散。一种可能避免无穷大就是公式（3-27）只限于对属于最大连通组中顶点对求和。在许多情况下另一种有用的方法是考虑最短路长的调和平均值，定义图 G 的所谓的效率为

$$E = \frac{1}{N(N-1)} \sum_{i,j \in N, i \neq j} \frac{1}{d_{ij}} \qquad (3-28)$$

该量是网络的通行能力的一个指标,并且避免了公式(3-27)可能出现的发散结果,这是由于图中非连通顶点对 $\frac{1}{d_{ij}} = 0$,在公式(3-28)的求和中不起作用。

两个不相邻点 j 和 k 之间的通信,依赖于连接 j 和 k 路径上的其他点。所以度量一个给定点的关联性可以通过计算经过该点的最短路的数量来得到,定义为点的介数。和点的度数、紧密性(定义为从所有点到达该点的平均距离的倒数)一样,介数是点的中心性的标准测度之一,最初应用在社会网络中量化个体的重要性,更准确地说点 i 的介数 b_i,有时也指负载,定义为

$$b_i = \sum_{i,j \in N, j \neq k} \frac{n_{jk}(i)}{n_{jk}} \qquad (3-29)$$

这里 n_{jk} 是连接点 j 和 k 的最短路径的数量,而 $n_{jk}(i)$ 是连接点 j 和 k 且经过点 i 和 k 最短路的数量。介数的概念可以推广到边的介数,定义为通过该边的顶点对的最短路数量。

4. 聚类

聚类也称传递性,是朋友关系网络的典型属性,在这个网中两个人共同的朋友很可能互相认识。对于一般的图 G,传递性意味着存在很多三角形可以用图的传递性 T 来量化,定义为传递三元组的相对数即顶点关联三元组构成三角形的比例:

$$T = \frac{3 \times 图中的三角形数}{图中顶点关联三元组数} \qquad (3-30)$$

分子上乘以3是因为每一个三角形都含有3个以其一个点为中心的顶点关联三元组,确保 $0 \leqslant T \leqslant 1$。对 K_N 图,$T = 1$。

另一个办法是利用 Warts 和 Strogatz 提出的图的聚集系数。首次引入点 i 的局域聚集系数 C_i 来表示点 i 的两个邻居 j 和 m 有多大可能使 $a_{jm} = 1$,c_i 的值可以通过对图 G_i 中的实际边数(记为 e_i)计数而得到。局域聚集系数 c_i 定义为 e_i 与 $\frac{k_i(k_i-1)}{2}$ 的比值,$\frac{k_i(k_i-1)}{2}$ 为 G_i 中可能的最多边数。图的聚集系数是 G 的所有点 c_i 的的平均值。

5. 模体

模体 M 是有向图或无向图 G 中点的相互连接模式,出现频率比在随机图中明显要高。随机化图具有和原图形相同的点数、边数、度分布,但是边的分

布是随机的。作为一种相互连接模式，M 通常意味着 G 的一个含 n 个顶点的连通（有向或无向）的子图。一个所有 3 个点的有向连通图的例子见图 3-22。

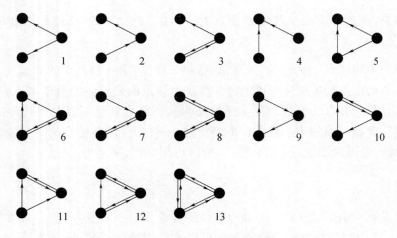

图 3-22　所有含有 3 个点的有向连通子图的 13 类模体

图 G 的有效模体的研究是基于匹配算法，数一下原图和随机化以后图中 n 点子图 M 出现的次数。M 的统计显著性是用 Z 分数来描述的，定义为

$$Z_M = \frac{n_M - \langle n_M^{rand} \rangle}{\sigma_{n_M}^{rand}} \qquad (3-31)$$

其中，n_M 是 G 中子图 M 出现的次数，$< n_M^{rand} >$ 和 $\sigma_{n_M}^{rand}$ 分别是在随机化图中 M 出现次数的平均值和方差。

6. 社团结构

社团的概念及其首次网络形式定义出现于社会科学。给定图 $G = (N, \Phi)$，社团（群或黏着子图）是一个各点紧密相连（黏着）的子图 $G' = (N', \Phi')$。由于 G' 各点之间结构的凝聚可以用不同的方法来量化，因此对社团结构有不同的定义。

条件最强的定义要求所有社团成员对之间都相连，这就引出派系的概念。派系是至少 3 个点的最大完全子图，即图中点的子集满足：子集内的所有点两两相邻且再没有其他点与子集内的所有点相邻，这样的子集就构成一个派系。将条件"相邻"削弱为"可达"此定义可以扩展为 n-派系。n-派系是一个最大子图，其中任何两点之间的最短路长的最大值小于等于 n。当 $n = 1$ 时此定义与原定义相符，2-派系使所有点不必相邻，但是必须通过至多一个中点可达的子图，3-派系要求所有点通过至多 2 个中间点可达，依此类推。然而 n-派系的概念使得允许路径长度的增加，另一种是放松派系的强假设条件的方法是，将每个点必须连接的其他顶点数量减少。k-丛是包含 n 个点的最大子图，其中每个点与子图中的至少 $n-k$ 个点相邻。见图 3-23。

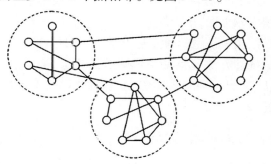

图 3-23　社团结构图

社团定义为点的群，群内部连接紧密而外部稀疏。上图中用虚线圈表示出 3 个社团。

7. 图谱

图谱是图的邻接矩阵 A 的特征值的集合。图 $C_{N,K}$ 有 N 个特征值 $u_i(i=1,2,\cdots,N)$。N 个相应特征向量 $v_i(i=1,2,\cdots,N)$。当 G 是无环且无多重边的无向图时，A 是实对称矩阵，因此图 G 有实特征根，$\mu_1 \leqslant \mu_2 \leqslant \cdots \leqslant \mu_N$，对应于不同特征值的特征向量是正交的。当 G 是有向图时，特征值可能含有虚部，例如有 3 点的遍历图，所以特征值和特征向量的阶和性质就更加复杂。

Perron-Frobenius 定理说明图（可以是有向图）存在一实特征值 μ_N 及其对应的实的非负特征向量，对任意特征值 μ，有 $|\mu| \leqslant \mu_N$。如果图是连通的，μ_N 具有多重 1，对所有不同于 μ_N 的特征值 μ 都有 $|\mu| < \mu_N$。当点和边从图中移走时，μ_N 的值就减小。对一个连通的无向图，这意味着最大特征值是非退化的，相应的特征向量 v_N 中的每个元素都是非负的。所有其他特征向量中的元素同时具有正值和负值，因为它们与 v_N 正交。同一定理说明在连通图中有 $k_{\min} < <k> < \mu_N < k_{\max}$，或者 $k_{\min} = <k> = \mu_N = k_{\max}$。

对大型图，定义谱密度为

$$\rho(\mu) = \frac{1}{N} \sum_{i=1}^{N} \delta(\mu - \mu_i) \qquad (3-32)$$

当 $N \to \infty$ 时，$\rho(\mu)$ 逼近一个连续函数图的特征值及相应的特征向量与其重要的拓扑特征密切相关，如图的直径图中环的数量和图的连通属性等。

3.4.4 基于逻辑符号体系的描述方法

基于逻辑关系的建模方法主要用于支持智能、决策系统的建模，其借鉴人工智能领域的知识表示方法，采用规范化的描述方法对知识之间的逻辑关系进行描述，从而为推理、决策模型的建立打下基础。根据知识表示方法的分类，基于逻辑符号体系的描述方法包括基于规则的描述法、基于框架的描述法、基于语义网络的描述法、基于案例的描述法，本节主要讨论基于规则的描述法和基于语义网络的描述法。

3.4.4.1 基于产生式规则的模型描述方法

基于规则的描述方法容易表述事实、规则以及它们的不确定性度量，该方法建立在因果关系的基础之上。其包含事实表示和规则表示两部分。

事实可以看成是断言一个语言变量的值或是多个语言变量间的关系的陈述句。语言变量的值或语言变量间的关系可以是数字或描述词语。一般地，使用三元组（对象、属性、值）或者（对象1，对象2，关系）来表示事实，其中，对象就是语言变量。比如，"复杂系统具有涌现性"。语言变量是"复杂系统"，值是"涌现性"。再比如，"规模效应和整体效应产生整体涌现性"。语言变量是"规模效应和整体效应"、"整体涌现性"，关系值是"产生"。这种对事实的表示很容易使用关系数据库实现。

规则用于表示事物间的因果关系，以"如果（条件）…那么（行动）…"的单一形式来描述。其中"如果"部分称为前件或模式，而"那么"部分称为动作、后件或者结论。产生式一般形式为：前件⇒后件。前件和后件也可以是由"与"、"或"、"非"等逻辑运算符的组合的表达式。产生式规则的语义含义是：如果前件满足，则可得到后件的结论或者执行后件的相应动作，即后件由前件来触发。一个产生式生产的结论可以作为另一个产生式的前提或语言变量使用，进一步可构成产生式系统。条件部分常是一些事实的合取或析取，而结论常是某一件事实。比如，"山地∨积雪⇒车辆难以通行"，"前方交通管制⇒等待管制结束∨绕行∨返回"等。如果考虑不确定性，需另附可信度度量值。

许多系统存在着大量的因果关系，比如宏观经济系统、生态平衡系统等，这些系统中的因果关系能够方便地抽象成为产生式事实和规则，而与产生式规则表示相匹配的推理方法是容易实现的，且通过设计能够做到知识与推理的分离，使得知识库能够独立进行修改和更新。但产生式知识表示的缺点是难以做到完全精确和完备，难以穷举所有可能发生的情况，因此，必须经过大量归纳、试用才可能建立满足建模需要的知识库。

3.4.4.2　基于语义网络的模型描述方法

语义网络的本质是由节点和有向弧组成的有向图,是一种用实体及其语义关系来表达知识的知识表达方式。从结构上来看,语义网络一般由若干语义基元组成,语义基元是由有向图表示的三元组(节点 n,弧,节点 $n+1$),如图 3-24 所示。

图 3-24　基本语义网络单元结构

在对系统进行逻辑形式化描述时,可将语义网络中的节点看做系统中的各种元素或子系统的属性、状态、事件、动作等;弧是有方向和标注的,方向代表节点的主次关系,如图 3-24 中所示的,节点 n 为主,节点 $n+1$ 为辅;弧线上的标注表示它所连接的两个节点之间的语义联系。当把多个语义基元用相应的语义关联在一起的时候,就形成了语义网络。比如,图 3-25 为命题"水源枯竭严重威胁到麋鹿种群的生存"的语义网络图。

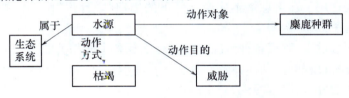

图 3-25　语义网络表示示意图

由语义网络的结构特点可以看出,语义网络不仅可以表示事物的属性、状态、行为等,而且也适合于表示事物之间的关系和联系,这种关系不仅仅限于因果关系,而且也能够表示从属、相似等更为广义的关系,这是语义网络比产生式规则表示适应性更强的特点。基本的语义关系包括:

Is-a 和 Part-of 关系:这类关系使之具有共同属性的不同事物间的分类关系、成员关系或实例关系。它体现的是"具体与抽象"、"个体与集体"、"部分与整体"的概念。Is-a 表示一个事物是另一个事物的实体,表示具体与抽象的关系;Part-of 表示一个事物是另一个事物的一部分,有组织或结构特征的"部分与整体"之间的关系。

属性(类属)关系:属性关系是指事物和其属性之间的关系,有 Have(表示一个节点具有另一个节点所描述的属性)、A-Kind-of(表示一个事物是另一个事物的一种类型或隶属关系)、Can(表示一个节点能做另一个节点的事情)。

其他关系:如时间关系、位置关系、相似关系、施动—受动关系等。

语义网络表示下的推理方法不像逻辑表示方法和产生式表示的推理方法那样明了。研究者提出了多种思路,如采用归结推理、网络分块技术、有限自动机等方法,但总体而言,语义网络作为一种主要的逻辑关系描述方法,相应的推理方法还不完善。

3.4.5 基于定性推理的模型描述法

基于定性推理的描述方法主要通过定性推理逻辑体系来描述系统的变化关系。

3.4.5.1 定性仿真概论

定性仿真在国际上已有近30年的历史,定性仿真的理论与方法研究起源于人工智能领域,近年来已经成为人工智能新的主流研究与应用方向。Forbus对定性推理进行了深入研究。他认为:定性推理包含两方面的内容,其一是建立具有连续特性世界的空间、时间和量值方面的定性表达(即定性模型);其二是将以上表达用于在信息量不完全条件下的推理(定性推理)。定性推理从如下四方面入手:

(1) 调查过程,观察各种情况,确定"什么现象可能相关?";

(2) 分析过程的活动性,确定"什么正在发生?";

(3) 影响分析,确定"什么正在改变?";

(4) 限度分析,确定"什么可能接着发生?"。

3.4.5.2 定性线性代数方程及其求解方法

(1) 定性线性代数方程的表达。定性线性代数方程与定量线性代数方程相同之处是,方程所描述的是表态问题,变量之间的关系是单调线性关系。不同之处是定性线性代数方程变量的取舍是一个离散的"三值"集合,设定性变量为,其定性值定义为

$$x = \begin{cases} + & x > 0 \\ 0 & x = 0 \\ - & x < 0 \end{cases} \tag{3-33}$$

定性线性代数方程的表达式通常与定量线性代数方程相同,仅在求解规则上有区别。为了明确区分定量和定性方程,Forbus采取了用定性算符的方式。

(2) 定性线性代数方程的运算规则。定性线性代数方程变量之间的关系

是单调线性关系,也就是说变量之间的运算只有加"＋"或减"－"两种。必须指出,定性变量之间的关系是单调线性关系而不是确切的量值关系,因此,变量之间的运算关系虽然标记为'＋"或"－",但其含义有所不同,定性加法的运算规则如下:

$$c \leftarrow a + b$$

b ＼ a	＋	0	－
＋	＋	＋	？
0	＋	0	－
－	？	－	－

按照定性加法的规则,当两个都取正值(或负)的变量相加,结果仍为正值(或负值)。但是两个变量中一个取正值,另一个取负值,则结果会出现二义性。如果有可能知道正值的变量的绝对值较大,则结果为正,反之为负。当出现二义性情况时,规则中标以"？"

定性减法的运算规则如下,同样也有二义性的情况出现。

$$c \leftarrow a - b$$

b ＼ a	＋	0	－
＋	？	－	－
0	＋	0	－
－	＋	＋	？

(3) 采用定性线性代数方程动态过程稳态定性趋势。虽然定性代数是描述静态问题的方法,但是,只要将定性变量的取值和运算规则重新定义,定性代数方程可以用来预测过程动态变化的稳态定性趋势。采用定性代数方程预测动态过程的稳态定性变化趋势,需要将定性变量的取值和运算规则重新定义如下:

规则一:定性变量 x 的取舍限定为 3 种。

① $x = +$,表示变量的取值限定为增加。

② $x = 0$,表示变量的变化趋势为恒定。

③ $x = -$,表示变量的变化趋势为减少。

规则二:定性变量之间的影响关系限定为 2 种。

第一种是自变量的变化导致因变量的变化具有相同的趋势,称为正影响,用符号"＋"表示;第二种是自变量的变化导致因变量的变化具有相反的趋势,称为负影响,用符号"－"表示。

规则三:变量的增加或减少变化所导致的扰动在系统中的可能传播路径称为相容通路(或一致性通路)。变量取值为"0"不能导致干扰通过该变量传播。在可能的相容通路中,所有相邻的自变量和因变量的取值必须满足规则二的关系。

规则四:互相关联的相容通路是重构预测或展望"行为树"的基本元素。

规则五:寻找可能的相容通路的过程,是基于相容规则采用深度优先或广度优先方法在所有变量中依据相互影响关系进行推理搜索的过程。

采用定性线性代数方程动态过程的定性趋势,定性方程的表达形式与影响方程的定义完全一致,不需任何改动,不同之处是物理含义不同。此外,变量相互影响已不是变量自身,而是变量的微分,即变化率概念。

3.4.5.3 定性常微分方程及求解方法

1. 定性常微分方程的表达

一个定性常微分方程可以看做是对应的一组大规模定量常微分方程组的某种抽象表达。定性常微分方程模型具有表达大量的不同定性行为的潜能。

在表达形式上定性常微分方程与定量常微分方程相同。定性常微分方程由一系列有约束的变量组成。一个变量表示了一个在实轴上(包括 $\pm\infty$)连续可微的函数。

与定量常微分方程不同的是,在定性常微分方程中,每一个变量的范围表示成量空间,包括独立的时间变量。一个量空间是有限的、完全地排列为界标系列,用来表示在实轴上重要的定性值。每一个量空间包括了 0、$-\infty$ 和 $+\infty$ 界标。一个纯定性模型仅表述在界标中的顺序数。

定性常微分方程的代数及微分运算采用常见的简单公式,又称为二元组或三元组函数,在仿真时体现为约束。所有变量用统一的时间 t 计量,具体表达式如下:

$$(\text{ADD} \quad xyz) \equiv x(t) + y(t) = z(t)$$

$$(\text{MULT} \quad xyz) \equiv x(t)y(t) = z(t)$$

$$(\text{MINUS} \quad xy) \equiv y(t) = -x(t)$$

$$(\text{DERIV} \quad xy) \equiv \frac{\mathrm{d}x(t)}{\mathrm{d}t} = y(t)$$

$$(\text{CONST} \quad x) \equiv \frac{\mathrm{d}x(t)}{\mathrm{d}t} = 0$$

以上约束所表达的都是明确的函数关系,一般而言定性常微分方程都是此种类型。定性常微分方程也可以表达未知函数的约束,但要求必须是单调增函数关系 M^+,或单调减函数关系 M^-。定义见下式:

$$(M^+ \quad xy) \equiv y(t) = f(x(t)), \quad f \in M^+$$

$$(M^- \quad xy) \equiv y(t) = -f(x(t)) \quad f \in M^-$$

2. 定性常微分方程的解法

定性常微分方程的求解即定性仿真。定性仿真求解方法是,对于每一个状态变量,寻找其可能展望,定性方真的结果是得到一个可能的行为树,用于表达模型有多于一种可能解时,其不同解的分支情况。

定性仿真算法:定性仿真首先对每一个变量的所有定性状态用 P 与 I 转移规则进行初步过滤,生成要能的后继状态,然后用定性模型设定的特定约束进行二次过滤,直至没有新的状态出现为止。具体方法是,将初步的状态送入"活动"表,然后重复如下步骤(1)至(5),直到表空为止。

(1)从活动表中选一个状态;

(2)对每一个参数按转换表规则进行初步过滤,找出所有可能的转移;

(3)用定性模型的元组函数约束集合进行二次过滤;

(4)生成新的状态集合,作为当前状态的后继状态;

(5)对新状态作全局过滤,剩下的送活动表。

3.4.6 基于模糊理论的模型描述法

3.4.6.1 模糊理论简介

模糊理论是由美国加州 L. A. Zadeh 教授提出,模糊集合可以被视为传统集合的扩展,它取隶属函数来描述一个集合。作为一种新学科,现已广泛应用于综合评价、聚类分析、模式识别、自动控制、人工智能等各个领域。模糊集合的隶属度也由其隶属度函数唯一确定,该隶属度函数取 0 到 1 之间的实数值。隶属度函数可由公式表示,也可由图线来表示。

3.4.6.2 基于模糊理论建模的一般步骤

与传统的建模过程类似,具体建模过程如下:

(1)了解问题的实际背景,明确建模目的。

(2)明确建模目的,找出起主要作用的因素,提出若干符合客观实际的假设。

(3)利用适当的隶属度函数刻划各变量之间的关系,建立相应的数学模型,并求得各点的隶属度。

(4)模型求解。为了得到结果,在难以得出解析解时,也应当借助计算机求出数值解。

(5)将通过隶属度函数,求得该隶属度下的预期值。

3.4.6.3　模糊辨识建模方法

首先采用模糊理论提出(或建立)系统的模糊模型,再通过系统辨识方法进行结构辨识和参数辨识。在此,T-S模糊模型的辨识是非常典型的,这是非线性复杂系统模糊动态模型建立的有效方法。在 T-S 模糊模型辨识中,T-S 模型由如下三部分组成:

(1)模糊规则。对于一个多输入—单输出非线性系统,T-S 模型的第 k 条模糊规则为

$$R_K : if \ X_1 \ is \ A_{1k}, X_2 \ is \ A_{2k}, \cdots, X_m \ is \ A_{mk};$$
$$then \ v_k = p_{0k} + p_{1k}X_1 + p_{2k}X_2 + \cdots + p_{mk}X_m \qquad (3-34)$$

式中　x_i——第 i 个输入变量($i=1,2,\cdots,m$),m 为输入变量的个数;

　　　A_{ik}——模糊集合,其隶属度函数中的参数就是规则前提部的辨识参数;

　　　y_k——第 k 条模糊规则的输出;

　　　p_{ik}——第 k 条模糊规则结论部的线性多项式函数中的变量 X_i 项的系数;

　　　p_{0k}——常数项。

(2)推理算法。

$$| \ y = y_k \ | = | \ (X_1 \ is \ A_{1k}, \ X_2 \ is \ A_{2k}, \cdots, X_m \ is \ A_{mk}) \ | \ \Lambda \ R_k$$
$$= A_{1k}(X_1^*) \Lambda \cdots \Lambda A_{mk}(X_m^*)R_k \qquad (3-35)$$

式中　Λ——取小运算;

　　　$X_1^* \ is \ A_{1k} = A_{ik}(X_i^*)(i=1,2,\cdots,m)$——$X_i^*$ 的隶属度函数等级;

　　　R_k——相应的模糊蕴涵关系。

(3)模型输出。由所有 k 条规则($k=1,2,\cdots,N$)输出 y_k 的加权和平均值得到。若取权重为 $| \ y = y_k \ |$,则模型输出是

$$y = \frac{\sum_{k=1}^{N} | \ y = y_k \ | \cdot y_k}{\sum_{k=1}^{N} | \ y = y_k \ |} \qquad (3-36)$$

T-S 模型的结构辨识和参数辨识通常分别包括前提部和结论部。参数辨识中,模型性能指标选择为系统输出值 $y(p)$ 与辨识估计值 $y^*(p)$ 误差平方的均

方根值是最小，即

$$J = \min\left\{\frac{1}{N}\sum_{k=1}^{N}\left[y(p) - y^*(p)\right]^2\right\}^{\frac{1}{2}} \qquad (3-37)$$

模糊辨识法具有以下技术特点：

（1）模糊辨识法是模糊建模与辨识建模相结合的混合建模方法。

（2）模糊辨识法是解决具有不确定性复杂系统建模的重要技术途径。

（3）T－S 模型辨识是利用模糊辨识法建立模糊动态模型的新技术，对于非线性复杂系统建模、仿真与控制具有十分重要的意义。

3.5　计算机模型设计实现方法

为了得到可在计算机上执行的仿真模型，需要在数学模型的基础上利用一定的计算机工具和编程语言来设计和编写软件模型。计算机模型的设计与实现方法结合仿真应用的需求，大量采用了软件设计和开发的方法。

3.5.1　计算机模型的概念与集成方法

一般地说，计算机模型是建模者对建模对象为满足仿真应用需求而建立的、以计算机语言给出的描述，是用计算机语言为主表达仿真对象的知识集，是可以在计算机上运行的软件。

通用的计算机模型集成方法基于 BOM 的集成方法、基于仿真中间件的集成方法、基于标准软件接口的集成方法。

3.5.2　源代码级计算机模型的实现

源代码级计算机模型的实现主要是将仿真模型以源代码的形式表现。该层次一般应用于模型比较简单、功能比较单一的计算机仿真模型。

源代码级重用是最低级的模型实现方式，也是最基本的一种方式。使用该种实现方式，为了编写出可用的代码，模型开发人员必须在细节上耗费大量的精力，因此源代码级的计算机模型对编程人员要求较高。

3.5.3　类库级计算机模型的实现

类库级计算机模型的实现可以将仿真模型按照面向对象的思想抽象成为类，模型的运行机制实现为类的函数。在应用的时候，用这些类直接实例化仿真实体对象加入仿真系统运行。该级别的计算机模型在基于标准化模型规范建模中应用较为广泛。

3.5.3.1 类库级计算机模型实现形式

类库级计算机模型是目前仿真模型重用领域应用较为成熟的一种形式,实现的形式大多是动态链接库文件,各个模型采用面向对象的方法包装为类,接口为模型的导出类。仿真模型在使用的时候,将各个导出类实例化,并加入仿真系统运行。

由于实际研究问题的复杂性,单一模型或几个模型很难满足某一研究目标的需要,因此,通常需要多种模型的组合来解决一个实际问题。同时为了提高模型重用的效率,就需要利用模型库技术,促使模型的组织形式由传统的软件包向模型库发展。本节所说的模型库特指以类库形式实现的具有一定关联的模型类的集合,其具体形态可以是动态链接库,也可以是可执行文件,目的是供其他仿真应用程序调用以节约模型开发成本。模型库的形式不同于软件包,软件包虽然也包含多个模型,但各个模型间关系不紧密也没有任何约束,而模型库的模型是按一定组织结构形式存储起来的,这种组织结构形式便于对模型的有效管理和使用,也提高了多模型的组合辅助决策能力。

3.5.3.2 类库级计算机模型标准化规范

类库级计算机模型一般是建立在模型规范化的基础上。模型的规范化为模型的表示规定了统一的内容和结构,为模型的重用提供了实现的基础,模型规范的标准化以及模型表示方法的规范化和标准化则为模型的重用提供了更广阔的空间。

标准化模型规范大致可以分为基于仿真框架的标准化和基于模型的标准化规范两方面,所以标准化模型规范探讨的就是基于模型的标准化实现重用。基于标准化模型规范/模型库的重用方法在大型组织机构内应用比较广泛,例如,基础对象模型(BOM)已经在仿真互操作性标准组织(SISO)内通过了相关标准化程序,欧洲航天局(ESA)已经成功推行的仿真模型可移植性标准 SMP/SMP2,DEVS 联盟的系统实体结构/模型库(SES/MB)也是一种较成功的标准化模型规范重用例子。

标准化模型规范由于规定了模型与仿真框架之间的标准化接口,因而具有较好的可移植性。该方法是在建立对模型的标准化规范的基础上进行建模,其接口和模型运行机制在某些组织机构内部比较认可,模型实现较为方便。开发语言一般比较固定,适合于机构内部应用。

3.5.3.3　类库级计算机模型开发的流程

在类库级计算机仿真模型开发过程中,面向对象思想应用较为广泛。其主要步骤包括仿真模型公有属性提取、模型结构标准化规范建立、仿真模型实现和仿真模型可接受性评估。具体的流程图如图 3-26 所示。

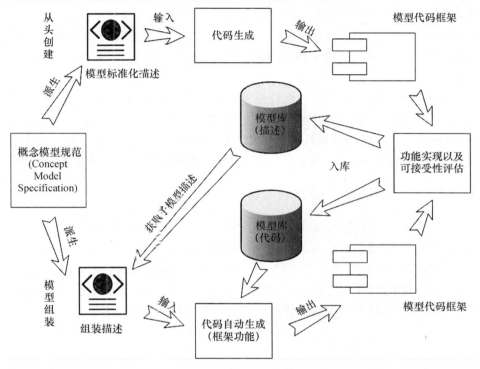

图 3-26　类库级重用模型开发流程

（1）仿真模型公有属性提取。这个阶段主要完成概念模型规范建立和模型描述,其实质工作就是完成仿真对象模型公有属性的提取。例如,装备作战仿真中,平台级仿真模型都是与具体的装备相关联,可以按照装备类型提取平台级装备模型的公有属性,归纳为同一类别。

（2）模型结构标准化规范建立。这是该方法的核心阶段,平台级仿真模型建成后的适用性和可靠性就取决于这个阶段建立的标准化规范的精度和准确度。一个具体的模型应包括两部分内容:模型结构和模型数据。模型结构定义了模型的体系框架,它并不包含模型的具体参数,即模型结构描述了具有相同结构特点的一类模型属性。模型数据指构造某一特定模型时用来实例化的参数。根据已提取的模型公有属性和概念模型规范,在分离模型数据的基础上,就可以使模型的体系结构清晰明了,易于维护,又便于用户使用不同的模型数据来初始化具有不同模型参数的一类模型。

（3）模型实现。模型实现即是选择模型的计算机实现方式。由于类库级重用方式下,开发语言的选择对以后仿真应用系统的开发环境有影响,所以,此阶段的模型具体实现需要着重考虑以后仿真应用环境。模型结果标准化建立后,模型的接口及内部机制较为明确,即可用面向对象的思想对仿真实体建模。模型的代码实现时,可以利用概念模型的形式化描述语言自动生成模型的代码框架。

（4）模型可接受性评估。此阶段就是检查平台级仿真模型的功能实现、模型再现真实世界的准确程度以及模型的确认。从建立的 DLL 文件中导出平台级仿真模型,经过检查满足可接受性要求后即可使用。如果模型可接受性不符合要求,就需要重新实现,甚至返回公有属性提取和模型结构标准化建立步骤。

3.5.4　组件级计算机模型的实现

组件技术是支持软件重用的核心技术,是近几年来迅速发展并受到高度重视的一个学科分支。组件就是将软件划分成模块,每个模块完成各自不同的功能,尽量做到高内聚低耦合,以达到像搭积木式的构造各种各样可重用的部件和模块,这与平台级仿真模型接口明确和独立性极强的特点相吻合。本节也将结合计算机仿真模型具体领域特点重点探讨该领域的组件实现。

3.5.4.1　组件思想介绍

文献给出了关于组件的定义,也从不同方面描述了组件的性质。组件的典型特点是与语言无关,独立于具体实现的软件包;它具有封闭的内部结构和开放的接口,通过接口向外界发布即插即用服务。

组件是被封装成单独的二进制单元且可复用的自描述程序,并可以通过属性、方法和事件进行访问。. NET Framework 使得基于组件开发过程得到了显著的简化,可以利用不同的语言开发组件,根据开发团队的技术混合搭配不同的语言。由于可以将一种开发出来的组件和. NET 中的其他任何语言一起使用,代码的复用率得到了极大的提高。

3.5.4.2　组件模型

目前常用的组件模型有微软公司的 COM 组件模型（包括 Automation 和 ActiveX)、Sun 公司的 Java Bean,基于 CLR 的.NET 组件模型。.NET 环境下的组件模型叫程序集,它克服了 COM 组件模型在类型统一方面的缺点,已逐步取代 COM 组件模型。

ActiveX 是微软公司开发多年的一个产品:首先是"动态数据交换(DDE)",它是 Windows 程序之间传递消息的最原始的协议;接着出台的是"对象链接与嵌入(OLE)",这是对 DDE 的一种扩展,利用 OLE 可在应用系统的各程序间创建可视的链接关系;OLE 之后是"组件对象模型(COM)",它几乎成为使用和设计 OLE 应用程序的工业标准;最后抵达 ActiveX,它是 COM 的修改形式,是 COM 标准的一种升华,它引入了"组件"的概念。所谓 ActiveX 部件是指一些可执行的代码,如.exe、.dll 或.ocx 文件,通过 ActiveX 技术,程序员能把可重用的软部件组装到应用程序中云。

Java Bean 是基于 Java 的组件模型,类似于 ActiveX 控件,它们都能提供常用功能并可重复使用。在该模型中,它可以被修改或与其他组件结合生成新的组件或应用程序。Java Bean 具有完全的 OOP 编程风格,可以针对不同业务建立一套可重用的对象库。与其他模型相比,Java Bean 组件没有大小和复杂性的限制。Java Bean 组件可以是简单的控件(如按钮、菜单),也可以是不可见的应用程序,用来接收事件并完成幕后操作。与 COM 组件模型相比,虽然 Java Bean 只能用 Java 语言开发,COM 可由符合标准对象模型的任何语言(C++、VB 等)开发,但相对而言,Java Bean 比 COM 更容易开发;另外,COM 组件需要在服务器上注册,如果修改了现有组件,服务器需要重新启动才能使用它,而 Java Bean 不需要重新注册;同时 Java Bean 符合结构化对象模型:每个 Bean 由一个不带参数的构造函数控制,可以使用内省(Introspection)来设置其属性。

在.NET 框架中仍然还有 DLL 和可执行代码,不过,它们被称为程序集,而且它们包含的是中间语言代码,而不再是本地代码,.NET 中运行的所有托管代码都必须包含在程序集中。逻辑上讲,程序集可视为一个 EXE 或 DLL 文件,而从物理组成来看,它是由包含代码或资源(如图片、XML 数据)的若干个文件组成的集合。.NET 兼容的编译器将包含源代码的文件转换为 DLL 或 EXE 文件时,就创建了一个程序集.程序集中包含一个清单、元数据,以及编译器生成的中间语言 IL。

3.5.4.3　组件在计算机模型实现方面的优势

基于组件的计算机模型的开发具有其它方法所没有的一些特有优势,如委托和聚集。计算机仿真模型可以利用这两个功能达到最小化模块和最大化重用的目的。在具体实现的过程中,根据各功能模块的依赖关系,选择耦合度最小的部分建立组件模块。

1. 委托

在基于组件的开发中,最重要的结构类型是基于父子关系的结构。父组件控制其子组件的生命周期,以不同的方式封装其子组件的接口,子组件用来拆分并简化其父组件的工作。

委托是组件复合的技术,需要至少两个组件。其思想是:如果组件 A 有一个支持某特性的子组件 B,则 A 也能提供这一特性。如果要求组件 A 来提供这一特性,则 A 可以在内部将此请求传递给 B,由 B 来实现这一请求,而 A 就不用自己支持这一特性了。使用委托时,组件 B 通常是 A 的子组件,在 A 的外部是无法访问的。图 3 - 27 为使用委托的模型。

图 3 - 27   使用委托的组件模型

2. 聚集

如果一个父组件 A,他有一个子组件 B,则如果 A 提供 B 的功能,B 就是 A 的聚集。用另外一种方式表述,聚集就是被其父组件发布的组件。如图 3 - 28 所示。

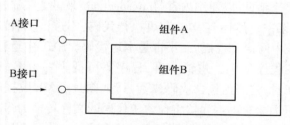

图 3 - 28   使用聚集的组件模型

平台级仿真模型跟装备有关,而装备可以拆分为多个功能模块,也可以继续建立精度更细的模块。在组件使用时,可以选择已有组件模块的功能,将自身的部分功能委托或者聚集给已有组件,这样可以将模块划分到最小的粒度,也提升了模型重用的可能性。委托和聚集方式的选择根据模块间关系,即父组件需要限定子组件的某些特性和利用某些特性来决定。

3.5.4.4 组件级计算机模型开发的流程

基于组件的平台级仿真重用模型开发流程可以分为两条主线,一是根据已有的仿真模型组装改造仿真系统所需模型组件,一是面向重用建模开发新的模型组件。其大致的流程图如图 3-29 所示。下面将对各个阶段进行详细分析。

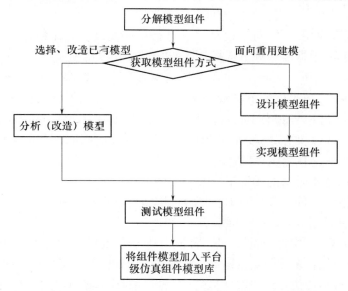

图 3-29 基于组件的平台级仿真模型开发流程

(1)分解模型组件:这个阶段的主要工作是从被仿真系统分解出计算机仿真模型组件。分解时应特别注意根据仿真系统需求和仿真精度分解组件粒度。粒度大的组件节省工作量,但灵活性较差,改变难度大,丧失了基于组件开发仿真模型所带来的好处。粒度小的组件灵活性好,但工作量较大。分解过程中,可以根据组件复合技术,合理选择委托、聚集方式,将大功能模块的部分功能交给已有组件实现。

(2)获取模型组件:这个阶段的主要工作是根据上一阶段分解后的组件功能从已有仿真模型组件库中获得相应的组件。使用现有的组件而不是开发一个新组件,通常是满足一个给定需求最好的方案。在此阶段,需要重点分析组件模型的接口描述和组件的内部实现。

(3)分析(改造)模型:根据已经得到的模型分析,从已有仿真模型组件库中获取相应的组件以及对组件进行评估、适应性修改;同时,也可以通过遗留工程,将具有潜在重用价值的组件提取出来,得到可重用的组件。

（4）设计模型组件：在这一阶段应重点考虑为重用而设计，因为让仿真模型在不同仿真系统中实现重用是我们的目标。在设计时，应该尽量做到高内聚、低耦合，使组件模型模块化，将仿真系统的影响弱化到最小。在设计模型组件时，需要进行详细的需求分析。需求分析是分析用户的需求，了解"做什么"。基于组件的设计是在没有现成组件的情况下深入进行领域分析，确定组件功能，规划对外接口，实现组件的设计。

（5）实现模型组件：对于模型组件进行编码实现。利用组件技术，将模型进行编码实现，根据需求分析选择合适的实现方式以将模型接口和内部运行机制清晰表示及实现。该阶段，可以采用的组件种类比较多。大的分类，可以选择 Java bean 或. NET 框架下的程序集。小的分类，可以根据组件的功能，选择进程内组件、进程外组件还是远程组件，是 ActiveX 控件、Automation Server、COM 组件、Active 文档还是. NET 程序集。还要决定该组件是用编程工具提供的 Wizard 编制、ATL 模板编制，还是从头编制。一旦决定哪个组件应以什么样的方式实现，选择合适的开发工具实现具体的组件就很容易对号入座了。要实现 COM 规范的组件，可以用 VC、VB、Delphi 等；实现 Java bean，既可以用 JDK 手工编制，也可以用 BDK 等工具编制。

（6）测试模型组件：对设计的组件模型进行功能测试。平台级仿真模型重用的目标是可以用在多种仿真系统中。在它被应用到新的仿真系统之前，必须确定它是否能正确地按仿真系统需求实现其功能，同时应测试其接口和仿真精度。

3.6 仿真建模方法应用示例

在陆军装备体系对抗仿真中，需要建立粒度细化到单装、全面反映战技性能、具有一定智能性的坦克模型。本节以坦克仿真建模为例，按照"观察分析、概念模型抽象表述、数学模型形式化描述、计算机模型设计实现方法和模型 VV&A" 5 个阶段，介绍各个阶段应用的建模方法。

1. 坦克抽象分析方法

在抽象分析阶段，根据系统论原理，坦克的作战功能主要由输入、输出来表现。其输入来自侦察和通信，其输出主要表现为机动、射击和通信，联系输入、输出的是由人的信息处理功能。由于建模者对坦克有些问题是清楚的，有些是不清楚的，有些局部是关注的，有些局部是不关注的，混合建模方法能很好地把定量观测与定性分析结合起来。因此，在对坦克进行观察分析时通常采用混合建模法。

例如，观察分析坦克的火炮射击，其炮弹出膛后基本的飞行过程是遵循牛顿定律的,弹道轨迹分析可采用受力分析的方法,分析不同作用力对其影响,进而根据牛顿第二定律建立作用力与运动变量方程。但由于炮弹在飞行过程中受到弹丸初速、弹丸旋转角速度、弹丸发射角度、弹丸质量与形状和重力、空气阻力、风向、风速及偏流等诸多因素的影响,炮弹弹丸在空中的飞行轨迹是一条非常复杂的空间曲线,其弹道方程非常复杂难以求解,所以需要对其进行简化,具体的方法是根据炮弹飞行轨迹分别在发射平面和水平面内的投影,进行方程拟合,然后根据实验法确定相关系数。

2. 坦克概念描述方法

在概念描述阶段,采用面向结构的思路描述坦克的整体特征,主要用面向对象的方法。如坦克的功能结构可描述为如图 3 – 30 所示,主要包括了 5 个功能模块:

(1)侦察模块。侦察主要是通过目测或者仪器获取敌情、我情、战场环境等信息,同时也对环境或其他单元施加影响。

(2)通信模块。通信主要完成与其他单元信息交互的功能。

(3)信息处理模块。信息处理主要完成情报信息的综合处理,确定当前应该实施的作战行动。

(4)机动模块。按战支性能提供的机动能力和方式产生空间位置变化。

(5)功能行为模块。坦克的功能行为是对攻击目标产生破坏作用的射击行为,这也是坦克存在于装备作战体系的功能目的。

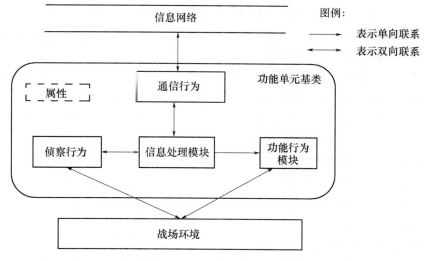

图 3 – 30　坦克功能结构描述

功能单元的行为是与能力或功能属性相关的最基本和最底层的行为。

每个功能模块都有其操作过程,因此,需要采用面向过程的方式进行描述。

3. 坦克形式化描述

坦克模型的形式化描述基本方法是采用 UML 语言建立图例化的形式化描述,如图 3 – 31 所示。

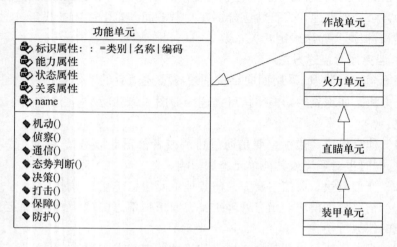

图 3 – 31 坦克的 UML 形式化描述及其派生关系

坦克模型除了描述功能外,还需描述其属性,包括:

(1)标识属性。标识用于相互区别,包括编码名称、名称、类型等。

(2)能力属性。能力表示实现某种功能的潜力,主要体现为战技性能,包括油料、弹药、射程、速度、侦察范围等。

(3)状态属性。状态表示在时空中存在的外在表现特征,包括外观特征、空间位置等,也包括任务类型、任务目标、毁伤程度、当前行动类型等。

(4)关系属性。关系属性是单元间相互联系的基础,包括敌我关系、上下级关系、同级关系、友邻关系、保障关系等。

坦克的功能模块由于需要描述的内容不一样,因此采用的方法也不一样。例如,机动模块采用微分方程法建立其空间位移的变化过程;其信息处理行为主要采用产生式规则的方法描述,根据不确定的输入条件产生具有适应性行为的变化特征。

4. 坦克计算机模型设计实现方法

在软件实现阶段,坦克计算机模型主要采用面向对象的软件开发方法实现组件级的计算机模型。

5. 坦克模型的 VV&A

按照各个阶段产生的阶段性模型描述,分别采用不同的方法进行 VV&A。例如,概念模型可以采用专家评审法、数学模型可以采用试验验证法、软件模型可以采用功能测试法等。

通过坦克建模方法运用示例,可以发现对于一个相对复杂的事物进行仿真建模时,通常需要根据各个阶段的需求采用不同的建模方法。围绕建立可信、适用、可重用的模型,力求使各个阶段的方法保持思路和内涵上的一致性,构成一个相互衔接的方法组合,从而使各个阶段的模型相互之间易于映射和转化。除此之外,仿真建模方法的选择还需根据阶段模型的特征及其不同应用需求考虑以下要求:

(1)抽象分析要保证抽取的模型与现实世界的一致性,形式化描述要进一步简化和提炼,形式化描述的仿真模型要保留现实世界最本质和符合研究需求的部分信息。评价形式化模型的标准是可信、可实现、简洁。因为越简洁就意味着后续在计算机映射的时候工作量越少,从仿真结果提取的信息越少。

(2)对于仿真计算机模型,首先它要能忠实地映射形式化描述的模型,其次作为一种软件产品要符合仿真应用的需求:有用、能用、好用和重用。

① 有用性,必须提供有用功能。

② 能用反映了模型能被有效开发并集成起来运行,得到研究所需的数据,这个需求对仿真模型的要求是可集成性,可集成性的要求是模型的各个部分互联、互通、互操作。

③ 好用是指易于理解和使用,用户容易控制计算机模型,操作少,能自动运行,健壮稳靠。

④ 重用是指模型能被应用于解决多种问题,可以在不同的硬件和软件环境中工作,易于通过参数化等方式在不同的环境中进行配置,易于升级和维护。

参 考 文 献

[1] 唐焕文,贺明峰. 数学模型引论[M]. 北京:高等教育出版社,1991:1-12.
[2] 徐豪华. 面向装备体系对抗的仿真建模理论与方法研究[D]. 北京:装甲兵工程学院,2009.
[3] 张海藩. 软件工程导论[M]. 北京:清华大学出版社,2003.
[4] 宋炎,等,译. 面向对象的编程指南[M]. 北京:电子工业出版社,1996.
[5] 侯捷,译. 深度探索 C + -对象模型[M]. 武汉:华中科技大学出版社,2001.
[6] 潘爱民. COM 原理与应用[M]. 北京:清华大学出版社,2002:10-12.

［7］晏荣杰.基于构件/构架软件的复用技术研究及应用［D］.保定：华北电力大学，2003.

［8］陈艳红.基于构件的软件复用技术的研究与应用［D］.北京：首都经济贸易大学，2001.

［9］孙纯怡，徐福缘.利用面向对象领域分析方法开发软件的构件与构架［J］.上海理工大学学报，177－180.

［10］张建奋.基于构件的GIS软件开发［D］.杭州：浙江大学，2002.

［11］郭齐胜，董志明，单家元，等.系统仿真［M］.北京：国防工业出版社，2006.

［12］李庆杨，王能超，易大义.数值分析［M］.北京：清华大学出版社，2001.

［13］吴重光.系统建模与仿真［M］.北京：清华大学出版社，2008.

［14］顾启泰.离散事件系统建模与仿真［M］.北京：清华大学出版社，1999：15－13.

［15］Byron S, gttfried PD. Elements of Stochastic Process Simulation［M］. New Jersey：Prentice － Hall INC, 1984：2－12.

［16］Donald Ekunth. 半数值算法［M］. 第3版.北京：国防工业出版社，2002：1－163.

［17］王红卫. 建模与仿真［M］. 北京：科学出版社，2002：101－118.

［18］Averill M, law W D K. Simulation Modelling and Analysis（Third Version）［M］. 北京：清华大学出版社，200：402－495.

［19］蔡自兴，徐光佑.人工智能及其应用［M］.北京：清华大学出版社，1996.

［20］周涛，柏文洁，汪秉宏，等.复杂网络研究概述［J］. 物理.34（1）：2005.31－33.

［21］浦再明.网络与指挥［M］.北京：解放军出版社，1987.

［22］S Boccaletti, V Lalora，Y. Moreno, et. al. 复杂网络－结构和动力学－Part A［J］.方爱丽，赵继军，译.复杂系统与复杂性科学. 2006,3（3）：57－94.

［23］齐欢，王小平.系统建模与仿真［M］.北京：清华大学出版社，2004.

［24］康凤举，杨惠珍，高立娥，等. 现代仿真技术与应用［M］. 第2版.北京：国防工业出版社，2006.

［25］黄柯棣，邱晓刚，张金槐，等. 系统仿真技术［M］.长沙：国防科技大学出版社，1998.

［26］刘兴堂，吴晓燕. 现代仿真技术［M］. 西安：西北工业大学出版社，2001.

［27］于永利，朱小冬，张柳. 离散事件系统模拟［M］. 北京：北京航空航天大学出版社，2003.

［28］郭齐胜，杨秀月，王杏林，等. 系统建模［M］. 北京：国防工业出版社，2006.

［29］金伟新. 大型仿真系统［M］. 北京：电子工业出版社，2004.

［30］吴旭光，杨惠珍，王新民. 计算机仿真技术［M］.北京：化学工业出版社，2005.

［31］王维平，李群，朱一凡. 柔性仿真原理与应用［M］. 长沙：国防科技大学出版社，2003.

第 **4** 章

仿真系统构建理论

仿真系统构建理论是指导构建仿真系统的共性理论,它从领域应用需求和技术需求出发,根据仿真系统承担的使命任务、预期目的,依据仿真系统相似理论,进行详细的需求设计、方案设计及可行性分析,一直到仿真系统实现。本章主要探讨了仿真系统的基本概念,并探讨了仿真系统相似理论、仿真系统需求分析理论、仿真系统设计理论以及仿真系统实现理论。

4.1 仿真系统的基本概念

本节阐述了仿真系统的定义、分类及主要特性。

4.1.1 仿真系统的定义

仿真系统是指满足特定应用目的的需求,运用仿真技术构建的、运用模型进行实验研究的系统。仿真系统是一类特殊的信息系统。

4.1.2 仿真系统的分类

仿真系统有多种不同的分类依据,如被仿真对象的性质、仿真时钟与实际时钟的比例关系、模型的种类、组成单元的性质、系统数学模型的描述方法、仿真系统体系结构、仿真系统的功能和用途等。

4.1.2.1 按被仿真对象性质分类

1. 连续时间仿真系统

对下列 3 类系统建立相应的数学模型和仿真模型,并在计算机上运行、实验,称为连续系统仿真。

（1）集中参数型连续系统:状态变化在时间上是连续的而且与在空间的位置变化无关,可以采用线性/非线性微分方程或传递函数(对线性时不变系统)或线性/非线性状态方程等数学模型来描述。

（2）分布参数型连续系统:状态变量的变化不仅依赖于时间连续变化,而且与空间位置有关,可以采用偏微分方程数学模型描述。

（3）线性离散系统或采样系统:输入、输出及其内部状态变量均是某些时间点上的离散函数。它是以实际连续系统为基础,经离散化得到的,可采用差分方程数学模型描述。

2. 离散事件仿真系统

若系统的状态变化发生在离散的时间点上,由随机发生的事件触发,并且总体结果满足统计规律,称为离散事件系统,可以用概率分布、排队论等数学模型来描述。在计算机上建立离散事件系统相应的仿真模型并运行和实验,称为离散事件系统仿真。

4.1.2.2　按仿真时钟与自然时间(墙钟时间)的比例关系分类

1. 实时仿真系统

仿真时钟推进与自然时间一致,二者的比例因子等于1,称为实时仿真。当仿真系统中接入实物时,例如各种训练仿真器,必须进行实时仿真。当仿真系统和真实系统连接运行时,称为在线仿真,也必须是实时仿真。

2. 欠实时仿真系统

仿真时钟推进比自然时间慢,二者的比例因子小于1,称为欠实时仿真。对仿真速度要求不苛刻的情况一般采用欠实时仿真。当仿真系统的规模较大,而并行度不高,不能充分发挥硬件的效能时,将导致仿真计算机的计算能力"不足",成为欠实时仿真。

3. 超实时仿真系统

仿真时钟推进比自然时间快,二者的比例因子大于1,称为超实时仿真。对于简化模型,采用高性能计算机进行仿真,可能实现超实时仿真。多方案、多样本的分析仿真研究要求进行超实时仿真。

4.1.2.3　按模型的种类分类

1. 数学仿真系统

数学仿真无需实物设备、各种物理效应设备和装置,也无需真实的人员进入仿真回路,只需建立数学模型和计算机模型,并在计算机上实验。

2. 硬件在回路仿真系统

硬件在回路仿真,又称实装在回路仿真,或半实物仿真。它建立被仿真对象部分实体的数学模型和计算机模型,和其他部分的实物一起在计算机上运行。一般来说,为了配合实物的接入,还要有相应的物理效应设备。

3. 软件在回路仿真系统

软件在回路仿真,是被仿真对象中的专用设备的软件进入仿真回路中进行的仿真试验。被仿真对象的数字化、智能化程度取决于设备中的各种专用软件。为了研究该专用软件功能的正确性、完备性和可靠性,必须进行软件在回路仿真。

4. 人在回路仿真系统

人在回路仿真是被仿真对象中的真实的人员进入仿真回路中进行的仿真试验,避免了建立人的行为模型,但要有模拟生成视觉、听觉、触觉、动感等各种感觉的物理效应设备。

4.1.2.4 按功能及用途分类

1. 工程仿真系统

工程仿真采用仿真技术建立数字化虚拟样机、半实物仿真系统、工程模拟器等研究产品的性能,主要用于产品的设计、制造和实验,以缩短产品开发时间、减小产品研发的风险、提高产品质量、降低成本和环境污染。

2. 训练仿真系统

训练仿真是采用各种训练模拟器或培训仿真系统,对受训人员进行使用技能、故障应急处理以及指挥决策能力的训练。训练仿真具有安全、经济、节能、环保等突出优点,不受场地和气象条件的限制,能有效缩短训练周期和提高训练效率。

3. 决策支持仿真系统

决策支持仿真是以复杂问题分析为目的的一类仿真活动。它通过对研究对象的不确定性因素进行探索,获取大量的仿真结果,进行综合分析,从而理解和发现复杂现象背后数据变量之间的重要关系,找出规律,获得问题的满意解。决策支持仿真主要以各类"方案"为研究对象,大都为模型闭环推演,关注运行的结果。它具有如下特点:多样本分析、超实时仿真以及复杂模型仿真等,已成为方案优化的重要手段,也是重大决策的支持工具。

4.1.2.5 按仿真系统体系结构分类

1. 单平台仿真系统

单平台仿真系统由一台计算机、一个仿真对象及相关的设备构成,用于分析和解决简单问题,或是用于简单操作技能的培训。

2. 分布交互仿真系统

随着计算机科学、信息技术的发展,复杂系统的研究、大型产品的设计与制造及复杂环境下产品性能的评估,尤其是军事训练等众多重大领域的应用需求促进了仿真系统体系结构由单平台仿真向多平台的分布交互仿真发展。

4.1.2.6 按组成单元的性质分类

1. 构造仿真系统

构造仿真是指在军事仿真的较高层次上,以军兵种的粗粒度作战单元(如:一个兵团、一个飞行大队、一个导弹旅等)为仿真实体,建立聚合级仿真模型,模型粒度较大,一般是进行体系对抗仿真。有时也将计算机生成兵力(CGF)系统之间的对抗、演练归入构造仿真。构造仿真均属于数学仿真,可以是实时的,更多是超实时运行。

2. 虚拟仿真系统

虚拟仿真指由各种仿真器和数字仿真实体(包括计算机生成兵力实体)构成的仿真系统,仿真粒度较细(如平台级),一般是实时运行。

3. 实况仿真系统

实况仿真,或真实仿真,是指真实的装备或设备作为仿真实体或仿真实体的一部分,并与其他类型的仿真实体互联完成统一的仿真任务,即硬件在回路仿真,通常是实时运行的。

4.1.2.7 按系统数学模型描述方法分类

1. 定量仿真系统

定量仿真系统采用定量描述模型,其输入/输出参数、初始条件也是用数值表示的。如:动力学系统、过程控制系统、电路系统等连续系统,数学模型主要是基于微分方程描述、仿真模型采用不同的离散算法;又如:各种采样系统等在时间点上离散的系统,主要采用差分方程来描述。

2. 定性仿真系统

定性仿真系统采用定性描述模型,是一种非数值化表示的建模方法。模型及输入和输出信息、行为表示与分析均采用有一定语义的、非量化的表示方法,比较符合人的思维过程。定性仿真源于对复杂系统的仿真研究,在处理不完备知识和深层次知识及决策等方面具有独特的优势,特别是符号定向图(SDG)能揭示复杂因果关系的全局性能,例如,化学工业、石油化学工业领域基于 SDG 的流程仿真,对于判断事故的故障有明显效果。

4.1.3　仿真系统的特性

仿真系统具有超现实性、分布式仿真的时空一致性以及实时仿真的实时性等特性。

4.1.3.1　超现实性

仿真系统和原系统在很大程度上可能是不相似、不相关,甚至完全不同的。因此,仿真系统产生的结果有相当部分不是真实系统的相似物。不能把这些结果强加到真实系统中去。用这些不相似的过程和结果来说明真实系统就是错误的、荒唐的,有时是危险的。

从相似理论可知,仿真系统和原系统是两个独立的事物。原系统是自然的或社会的客观存在,不受仿真技术人员控制、有着自己的发展演化规律。仿真系统是人造系统,是人们设想的事物。构建仿真系统时,要通过相似理论,提出相似的规则,找到两者的相似域,在这个域中两个系统有着相似的联系,而这个域是仿真人员在构建仿真系统的过程中实现的。因此,仿真系统是受到仿真技术人员控制的系统。本质上两者是不同的,这就造成了仿真系统的超现实性。

"超现实性"的表现主要是,仿真系统中会产生被研究系统所没有的各种现象。这些现象是被研究系统现实所没有的,但仿真系统当中却可能出现。它们不满足构建仿真系统中的相似规则,不在相似域中。

4.1.3.2　分布式仿真的时空一致性

时空一致是分布式仿真系统的基本要求,在大规模仿真系统中问题更为突出。为了给仿真用户逼真的时空感受,迫切需要研究大规模分布仿真中的时空一致问题。正是分布式仿真固有的特征导致了时空不一致问题。一方面,为了最大限度地重用仿真构件,以降低仿真应用的开发代价,提高仿真活动开展的效率,就得允许分布的仿真节点根据仿真模型特点,具有各自(不同)的、局部的时间和空间描述方法;另一方面,节点之间的信息交互又要求基于这些局部的时间和空间描述的仿真对象在一个共同的仿真环境中实现互操作,实现一致性的理解。这样,可重用与互操作两个矛盾要求的相互作用、分布式体系结构以及底层通信网络的固有延迟等因素就导致了时空一致性问题。

在实际的分布式仿真系统中,时空不一致问题有时间不一致、空间不一致、"时空耦合"不一致以及时空因果不一致等几种不同表现:

(1) 时间不一致:在某一时刻,同一仿真对象在不同联邦成员仿真时空中的时间坐标不一致。时间不一致的原因主要有联邦成员时钟不同步等。

(2) 空间不一致:在某一时刻,同一仿真对象在不同联邦成员的仿真时空中的空间坐标不一致。

(3) 时空转化:时钟偏差以及信息传输延迟等造成联邦成员间的时间差异将导致不同联邦成员对同一仿真对象位置的观测和理解的差异。时空转换具有单向性,即时间的差异可以转化为空间的差异,但反过来,空间上的差异并不能转化为时间上的差异。

(4) "时空耦合"不一致:时间不一致以及信息传输延迟等会因"时空转化"导致同一仿真对象的空间位置在不同联邦成员的仿真时空中理解和处理不一致。"时空耦合"不一致的外在表现既有时间不一致,又有空间不一致,但内在原因却是时间不一致和信息传输延迟。

(5) 时空因果不一致:联邦成员接收消息顺序与消息表示的事件发生的先后因果关系不一致。在分布式仿真中,各个仿真对象通过彼此交互来认识虚拟环境中自己感兴趣的部分,因此需要保证这些同构或异构的仿真应用在一个时间和空间相一致的环境中相互作用。否则,在仿真运行过程中,不同仿真对象对时间或空间认知的不一致,对同一事件的理解和相应的处理行为也会各不相同,这就不能达到仿真所要求的互操作,会对仿真效果造成很大影响,甚至导致仿真失败。

4.1.3.2.1 时间一致性

1. 相关的基本概念与术语

自然时间:指自然界客观存在的真实时间,也称为墙钟时间。

系统时间:指计算机时钟物理部件产生的机器时间。在集中式仿真系统中,存在单一的公共存储器和物理时钟,总是可以确定属于不同进程的两个事件的发生顺序。

仿真时间:指仿真系统运行时产生的仿真世界的逻辑时间。在分布式仿真系统中,没有公共存储器和物理时钟,很难准确获取计算机的时钟值,计算机之间也很难做到精确地同步,所以需要采用逻辑时间对事件进行全局的排序。

2. 同步类型

按照时间要求的严格程度,时钟同步实际上有 3 种不同类型,即同步系统(Synchronous System)、松弛同步系统(Loosely Synchronous System)和虚同步系统(Virtually Synchronous System)(图 4 - 1)。

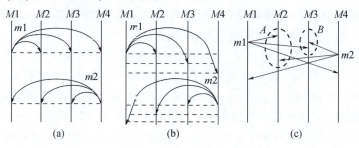

图 4 - 1 同步的 3 种不同类型
(a)同步系统;(b)松弛同步系统;(c)虚同步系统。

在同步系统中,任何一个事件按照严格的顺序发生,假定每个事件所需的完成时间为 0。图 4 - 1(a)中,节点 $M1$ 向组($M1,M2,M3,M4$)发送消息 $m1$,$m1$ 立即同时到达所有的目的地。同样,节点 $M4$ 向其他节点发送的消息 $m2$,立即同时被其他节点接收。

由于网络延时、路由多样性等造成的不确定性,同步系统是无法实现的。实际的系统都放松了对时间的要求,即松弛同步系统。在松弛同步系统中,每个事件会花费一定的时间,但所有的事件对所有的参加者来说表现出同样的顺序,如图 4 - 1(b)所示。

松弛同步系统是可以实现的,但对于某些应用来说,为提高执行性能,更为宽松的语义也是可以接受的,即虚同步系统。虚同步系统进一步放松了对事件顺序的限制,如图 4 - 1(c)所示,$M2$ 收到消息的顺序不同于 $M3$ 收到消息的顺序。即节点 $M1$ 发送的消息 $m1$ 先于节点 $M4$ 发送的消息 $M2$ 抵达节点 $M2$,而消息 $m2$ 先于消息 $m1$ 抵达节点 $M2$。只要 $m1$ 和 $m2$ 之间没有因果关系,这种情形也是允许的,不同于图 4 - 1(a)、(b)。

3. 时钟基点同步方法

在分布式仿真系统当中,要保证时间的一致性,首先要确保时钟基点同步,其次是时钟的同步。可采用基准授时、网络广播基准授时、硬件同步等多种方法使各时间源的起点误差达到极小。

4. 时钟管理策略

时间管理的核心是如何使仿真按照一致的时间推进或者确保在一个或几个帧周期内完成既定的解算任务。目前,仿真系统中有如下几种时间管理方法:

(1) 按时间戳顺序处理:在仿真运行过程中,某个时间段内只处理同一时间戳的事件和参数,对过时的事件和参数不做处理。

(2) 按事件的因果关系处理:按照事件在时间轴上发生的因果关系和顺序

进行仿真,计算完成帧时即结束,并开始下一帧时计算,帧时不固定。

(3) 按仿真对象的特性处理:根据仿真对象动态特性确定帧周期,严格按照计时器计时,确保帧周期相同,保证实时性。

时钟同步算法从总体上可分为两类:保守算法和乐观算法。对于保守算法,每个逻辑进程(LP)需要知道一个安全的时间点——时戳下限(LBTS),时戳小于 LBTS 的事件都是安全的,LP 只处理安全的事件。如果当前没有事件,LP 运行就会阻塞,直到有安全事件发生。对于乐观算法,LP 按顺序处理当前的事件,而不考虑它是否安全;当有过去的事件发生时,LP 先取消已处理的事件,把系统状态恢复到该过去事件发生之前的值,这个过程称为回退,这些不该被处理的事件称为错误事件。取消错误事件可能引发撤回它已发送给其他 LP 的事件,这会进一步引发回退。

当前 LBTS 计算隐含着"过于保守"的要求:在整个仿真过程当中,只要联邦成员具有"时间控制"属性,就会制约所有具有"时间受限"属性的联邦成员;只要联邦成员具有"时间受限"属性,就会受所有具有"时间控制"属性联邦成员的制约。这就造成各联邦成员间耦合关系过于紧密,时间推进时所受约束过多。不幸的是,在联邦成员时间推进过程中需要频繁计算 LBTS,并且计算 LBTS 需要一定数量的计算和通信资源,但按目前方法,所有管制联邦成员的当前时间 T 及 Lookahead 都要参与某个受控联邦成员的 LBTS 计算(但若该受控联邦成员同时又是管制联邦成员,则不参与计算)。也就是说,计算某个 LBTS 需要收集全局的信息,而其中的部分信息可能对某个受控联邦成员 LETS 的计算没有实际意义;而对大规模仿真系统来说,可能其中绝大多数信息对某个 LBTS 的计算没有实际意义。不仅如此,由于收集信息需要时间,因此在基于广域网的仿真系统中,信息传输延时常达数百毫秒,这时较大的网络延迟会存在长久等待某个管制联邦成员信息的现象,造成计算 LBTS 耗时太长。

事实上,只有当具有"时间受限"属性的联邦成员订购了具有"时间控制"属性联邦成员发布的对象属性或交互时,它们才真正形成制约关系,计算 LBTS 时仅需考虑对其有制约的具有"时间控制"属性的联邦成员。由于具有"时间受限"属性联邦成员在时间推进过程中需频繁计算 LBTS,且时间推进不能超越 LBTS,因此当系统中联邦成员数目很多时,当前 LBTS"过于保守"的计算方式,将暂时的、"可能"的制约当作永久的、肯定的制约来处理,会使得联邦成员时间推进的速度大受影响,不利于大规模仿真系统,特别是不利于基于广域网的大规模仿真系统。这可能与目前计算 LBTS 的方法源于并行离散事件仿真(PDES)领域有关,因为 PDES 主要是基于 SMP、MMP 或局域网,它们的全局信息都容易得到。

因此,改善时间推进的一个关键是正确、方便地预测联邦成员之间的制约关系。然而在大规模联邦中,要想精确描述众多联邦成员之间的制约关系十分复杂,好在"局部性原理"和 DDM(数据分发管理)的区域概念为简化描述提供了启发信息。

乐观并行仿真系统中支持状态恢复的方法可分为两类:一类是状态保存法,即把状态保存下来,回退时用保存的状态来恢复以前的状态;另一类是反向计算法(reverse computation),即回退时执行对事件处理的逆过程,以消除事件处理对系统状态的改变,回到以前的状态。

为提高并行度,离散事件仿真的时间管理通常需使用乐观推进机制;而HLA 虽然能够很好地支持时间步进方式推进仿真,却难以有效地支持离散事件建模及乐观时间管理,其乐观推进机制要求用户自己同步保存及恢复推进过程中的各种状态,而这些工作在工作量和技术上都存在很大的难度。实际上,到目前为止,HLA 还没有有效地实现乐观推进仿真。

4.1.3.2.2 空间一致性

由于各仿真节点可能采用不同的局部空间位置和姿态描述方法,因此,必须依靠相应的坐标变换算法对这些不同的空间描述进行变换,以获取对空间描述的一致理解。坐标变换算法涉及空间参考系、地球数学模型、大地水准面、投影方式、坐标定义和原点值等内容。

为减少坐标变换次数,可引入对空间进行统一描述的公共坐标系。坐标变换示意如图 4-2 所示。

图 4-2 坐标变换示意图

图 4-2 中,箭头方向表示信息的流向,符号 L_i 表示各节点中的局部描述,符号 C 表示分布交互仿真系统中规定的统一描述,符号 L_i/C 表示由节点 i 的局部表述到公共表述的变换,符号 C/L_i 表示由公共表述到节点 i 的局部表述的变换。由此可见,分布交互仿真系统中的任一节点均涉及两种变换: L_i/C 变换和 C/L_i 变换,这两个变换互为逆变换。 L_i/C 变换和 C/L_i 变换又可以分为位置描述的变换和姿态描述的变换。

在实际应用中存在几十种坐标系,它们在各自的学科中都有其存在价值。从大类上讲,有地球坐标系统、天球坐标系统和轨道坐标系统。目前仿真模型较常用的地球坐标系统有(图 4 - 3):地心空间直角坐标系(X_d, Y_d, Z_d)、大地坐标系(L, B, h)、拓扑中心坐标系如 ENU(东北天右手直角坐标系 X_t, Y_t, Z_t)与 NED(北东地右手直角坐标系)等。此外,还有各种坐标系统中实体的体坐标系(原点通常选在实体的质心)。

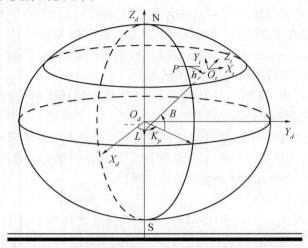

图 4 - 3　地心空间直角坐标系、大地坐标系和 ENU 坐标系

在坐标转换中,一般要完成几方面的工作:①坐标轴的标尺换算;②坐标原点的平移;③坐标轴的旋转变换;④地球椭球的投影变换(针对大区域仿真如远程导弹发射和卫星跟踪等)。这样,一个完整的坐标转换需要众多参数,即一个尺度变化参数、3 个平移参数、3 个旋转参数和至少两个地球椭球参数等。

4.1.3.2.3　自然环境一致性

综合自然环境(SNE)包括地形、大气及气象、海洋、空间四大领域,对于仿真系统的运行过程具有重要影响。建立一致和比较逼真的综合自然环境可增加仿真系统的实用性和可信性,主要考虑以下因素,如图 4 - 4 所示:

- 自然环境对实体的动态过程和人的行为的影响;
- 实体的动态过程和人的行为对自然环境的影响;
- 自然环境之间的相互影响。

综合自然环境的建模有别于实体的建模,数学模型一般是具有时空特性的场模型,这种场模型可用方程或数据来描述。建立一致的综合自然环境时,共同要求是合理性、交互性、动态性和实时性,需注意以下问题:仿真模型表达的权威性、仿真模型的标准化、仿真模型的确认和验证、仿真模型应用的一体化以及仿真模型高效协调的组织管理。为了促进模型的重用和互操作,

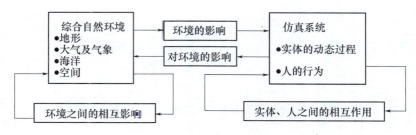

图 4-4　综合自然环境仿真

美军建模与仿真主计划（MSMP）提出了综合环境数据表示和交换规范（SEDRIS）。

4.1.3.2.4　电磁环境一致性

电磁环境（EME）是指存在于给定场所的所有电磁现象的总和,是元器件、设备、分系统、系统在执行规定任务时,可能遇到的辐射或传导发射电磁电平在不同频率范围内功率与时间的分布。随着电子技术的迅速发展及广泛应用,出现了数量庞大、体制复杂、种类多样、功率大的电子信息装备,伴随着人类的活动而产生多类型、全频谱、高密度的电磁辐射信号,由于激烈对抗条件以及己方大量使用电子设备引起的相互影响和干扰,从而造成了复杂电磁环境。

复杂电磁环境指在一定的空域、时域、频域和能量域上,电磁信号纵横交叉、连续交错、密集重叠,功率分布参差不齐,对相应电磁活动产生重大影响的电磁环境。例如,信息化战争条件下的战场电磁环境,就是在一定的战场空间内对作战有影响的电磁活动和现象的总和,其复杂性主要表现为:信号的密集性、样式的繁杂性、冲突的激烈性和变化的动态交迭性。它可能妨碍信息系统和电子设备正常工作,从而对指挥、作战行动和武器装备运用产生显著影响。

复杂电磁环境由人为电磁辐射、自然电磁辐射和辐射传播因素这 3 种要素构成(图 4-5),其中,人为电磁辐射是由人为使用电子设备而向空间辐射电磁能量的电磁辐射,可分为有意电磁辐射和无意电磁辐射;自然电磁辐射是雷电、静电、太阳黑子活动、地磁场、宇宙射线等自然电磁辐射源产生的电磁辐射及其存在状态;辐射传播因素是各种传播介质及其它因素引起的电磁吸收、反射、折射和绕射现象,对人为电磁辐射和自然电磁辐射都会发生作用。复杂电磁环境的构成要素直接决定着复杂电磁环境的状态和演化趋势。其中,人为电磁辐射、自然电磁辐射反映了复杂电磁环境的形成条件,辐射传播因素反映了电磁辐射传播特性的变化。

电磁环境仿真可分为信号流级和效能级两个层次。信号流级仿真,大多采用半实物仿真的方法。效能级仿真,可综合运用以下几种电磁辐射产生模式,

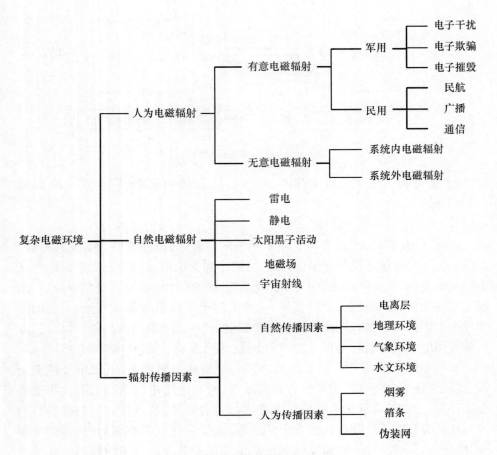

图 4-5 复杂电磁环境的构成要素

以较好地反映出辐射源的行为,保证电磁环境的一致性:

(1)预先设定。广播电台、民航导航台等民用电磁信号的频率和运营时间往往比较固定,很适合采用这种方式。而作战行动事先有严密的计划,如频谱管理计划、通信预案、雷达值班表等,这种方式也能较好地反映出作战的计划性。

(2)条件触发。这种方式可以反映相应的电磁信号与特定的作战行动相伴随的情况。

(3)随机模拟。对于自然电磁辐射等大量、非主要的电磁信号,可依据频率、频度、时长等方面的统计规律,生成相应分布类型和参数的随机变量进行模拟,但必须对随机数的性能进行检验,如不相关性、分布类型的一致性、足够长的周期等。

（4）人工干预。模型预留接口，可接受外部基于实时电磁态势做出的干预信息。

4.1.3.3 实时仿真的实时性

当实物或人在仿真回路中时，必须进行实时仿真，即要求仿真系统实时接收动态输入，并实时产生动态输出。工程应用领域常见的实时仿真系统主要有半实物仿真系统、软件在回路仿真系统、人在回路仿真系统和在线仿真系统等。其中，人在回路仿真系统包括人在回路训练仿真系统和人在回路决策仿真系统等，在线仿真系统包括在线仿真监测系统、在线仿真优化系统等。

1. 实时系统理论

实时系统必须在确定的时间期限到达之前完成规定的任务，否则将可能导致灾难性后果或系统崩溃。实时系统中，计算的正确性不仅取决于计算的逻辑正确性，而且取决于输出计算结果的时间。

实时系统分为硬实时系统和软实时系统。硬实时系统指系统要确保在最坏情况下的服务时间，即对于事件响应时间的截止期限必须得到满足。其他的所有实时特性的系统称为软实时系统。从统计的角度来说，软实时系统中的任务能够得到确保的处理时间，事件也能够在截止期限前得到处理，但违反截止期限并不会带来致命的错误，如实时多媒体系统。根据仿真时间的不确定性程度，可将实时系统进一步划分为确定性硬实时系统、可预测硬实时系统和软实时系统，如图 4-6 所示。

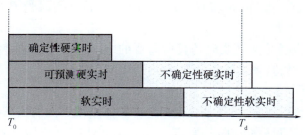

图 4-6　硬实时和软实时

对于超实时仿真，可以降低运行速度使其以确定的、硬实时方式执行。对于欠实时仿真，为了使运行能够继续，通常定义一个合适的帧溢出（frame overrun）允许时间量。每次同步期间，调度服务检查当前系统时间是否超出最大帧溢出边界。当帧溢出小于该允许时间量时，发出溢出警告，仿真继续运行；否则，报告严重错误并终止仿真。

2. 实时仿真系统原理

实时仿真系统基本上由实时仿真计算机、物理效应设备和接口设备 3 部分组成。实时仿真计算机解算动力学系统和环境的数学模型，获得系统和环境的各种参数。对于半实物仿真系统，这些参数通过物理效应设备生成传感器所需要的测量环境；对于人在回路仿真系统，这些参数通过物理效应设备生成操作人员所需要的感觉环境，从而构成仿真回路。仿真计算机输出的驱动信号经接口变换后驱动相应的物理效应设备，同时将操作人员或实物的控制信号馈入仿真计算机。其原理框图如图 4 – 7 所示。

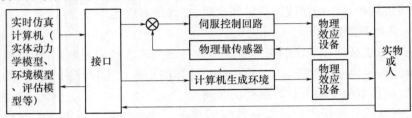

图 4 – 7   实时仿真系统原理框图

实时仿真对于时间和精度的要求都比较苛刻，以前大多采用专用仿真机。由于专用仿真机价格高、利用率低，以及通用计算机能力的迅猛发展，可依据采样频率和被模拟对象数学模型的复杂度来合理选择计算机。对于大型复杂仿真系统，若计算机运行速度满足不了实时性要求，可采用多台计算机联网实时运行。此外，在仿真算法上，应选择满足实时性要求的实时仿真算法。

物理效应设备是实现实时仿真所需要的中间环节，其动态特性、静态特性和时间延迟将对仿真系统的精度和置信度产生影响，一般都有严格的技术指标要求。

为了提高运行效率，仿真系统应当允许实体采用不同的状态更新间隔。例如，地地导弹、空空导弹此类高速、高机动运动实体需要毫秒级的更新速率，而水面舰艇、地面装甲车辆这类运动实体只需要秒级的更新速率。这样，当仿真中存在多个不同类型的实体时便可节省 CPU 资源。实时仿真系统中，所有实体的状态更新间隔应取为最小状态更新间隔的整数倍，以满足基于帧的实时调度算法的需要。

3. 基于帧的实时调度算法

不同线程具有不同的更新周期，且均为最小更新周期的整数倍。执行线程通过调用更新函数使各实体的状态得以更新，仿真调度的最小时间单位为最小更新周期。调度程序与线程之间通过信号量（semaphore）和条件变量确保每个 CPU 上的帧调度程序能够正确同步。显然，对于硬实时、基于帧的调度算法，所有实体的执行周期是循环的、确定的。

无论是实时仿真，还是非实时、基于离散事件调度的仿真，更新周期相同的多个线程或实体的执行顺序均按以下规则明确：

（1）逻辑依赖关系或因果关系。按照实体之间指定的或者隐含的逻辑依赖关系决定执行的顺序。在初始化阶段，调度程序会自动判断、记录实体的空间依赖关系。隐含的依赖关系，如机载导弹在发射之前，在空间关系上依赖于飞机。因此，飞机实体的执行顺序先于导弹。导弹在发射之后，则该依赖关系自动解除，此时，由于导弹的更新频率一般高于飞机的更新频率，则在同一帧内导弹实体反而可能先于飞机实体执行。本地因果关系约束（Local Causality Constraint）也被用来确定时间先后对因果关系约束的充分非必要条件。

（2）优先级。优先级别高的实体先于优先级别低的实体执行；更新频率高，则优先级也高。

（3）剧情文件中出现的先后。若两个实体的更新频率和优先级均相同，且无任何逻辑依赖关系，则根据两者在剧情文件中出现的先后决定执行顺序。

对于离散事件调度，负载平衡算法计算每个实体的平均更新时间，相当于 CPU 的平均使用率，然后，先按照实体的类型再按照 CPU 的平均使用率进行排序，最后按照时间片轮转（round – robin）方法将实体分配给每个 CPU。上述过程将使 CPU 的负载趋于某种动态平衡。

4.2 仿真系统相似理论

仿真系统与被仿真系统应该是相似系统。相似性是指系统具体属性和特征相似，强调的是系统结构与功能等多个特性综合的系统相似性，而不是个别特征现象的相似性。通常，复杂系统要素及特性数目较多，要素间关系复杂，不能用还原论方法求解其特性，目前只能在有限范围内识别相似性，分析相似性，模拟研究某些具体相似特性。下面从一般系统和复杂系统两个方面阐述仿真系统的相似理论。

4.2.1 一般系统相似理论

一般系统的相似，是指两个系统的结构、功能、性能、存在与演化等方面存在相似性。

系统的结构相似,指两个系统及其各子系统有着一定的对应关系,形成结构的相似。

系统性能、功能相似,指两个系统具有内在相似的特征,对外表现出相同或类似的某些功能。

系统的人机界面相似,指两个系统中,人的操作环境、操作空间环境、操作件的手感,操作者的视觉、听觉、体感等一致或类似。

系统的存在和演化相似,指两个系统有着静态和动态过程的相似性。即它们的初始状态是相似、一致的,且有各自的演化过程,而演化过程中的主要特点、主要参数存在相似关系。

4.2.2 复杂系统相似理论

复杂系统是不能用还原论来研究的系统。它具有非线性、涌现性、自治性、不确定性等复杂特性。

非线性是复杂系统的特性,由于元素之间的关系出现非线性,系统的表现才会复杂。系统涌现性是指系统整体具有而部分不具有的特性,在系统由低层到高层聚合中可以产生的新的属性、特征、行为、功能,有的涌现结果甚至令人始料不及。复杂系统的自治性是指复杂系统依靠与外界交换物质、能量、信息而使系统的结构、功能随着外界环境变化"自动"改变,系统可以"自发地"向更有序的方向演化。复杂系统的不确定性指系统演化的过程和结果不确定、不可预知。

复杂系统相似不但表现在结构、功能、存在和演化等相似,更重要的是表现在上述非线性、涌现性、自治性、不确定性等特性上的相似。基于这些相似,复杂系统在其复杂性表现、系统内在要素的相互作用、整体与部分关系及演化的不同阶段等方面会出现不同的相似现象。

4.2.3 仿真系统相似性和复杂性形成原理

仿真系统相似性和复杂性形成原理包括序结构共性和差异形成相似性和复杂性、信息作用共性和差异形成相似性和复杂性、相似性和复杂性支配原理。

4.2.3.1 序结构共性和差异形成相似性和复杂性

仿真系统是有序结构的系统,系统间组成要素及特性的序结构(时间序结构、空间序结构和功能序结构)存在共性,系统间形成系统相似性。在用系统要素及特性的序结构的共性建立相似系统模型时,应考虑系统中要素相似组合的序结构共性,以及多个要素特性相似性,而不能只注重几何、物理个别相似特性。例如,成比例放大或缩小物理模型不能仅注意要素特性有相似性,也要注意要素组成系统序结构上有相似性。因此,用对应要素特性有相似性,要素组成系统的序结构有共性或相似性,建立的相似模型与原型系统形成相似性。

但是,假定系统的组成要素数量不变,改变要素特性或改变系统要素间相似组合的序结构,其系统功能等特性将会发生变化,亦可涌现新特性,使相似性变化引起复杂性。因此,在构造相似系统模型时,用系统序结构的差异造就复杂性,在模型与原型间形成相似性变化,建立各种仿真系统模型。

4.2.3.2 信息作用共性和差异形成相似性和复杂性

仿真系统是有信息作用的系统,如果系统间信息作用存在共同性,那么系统间形成相似性。系统间信息作用共性是建立在系统环境信息、要素及特征数字信息,以及信息模型的相似性基础上。从认识系统间相似特性数据中,获得所需的共性信息,从信息共性角度去形成系统相似性。仿真系统同被仿真的系统接受相似的信息,执行相似的信息处理程序,可获得相似的结果。但是,随着信息和程序的变动,系统产生新特性或特性出现差异,使相似性变化出现复杂性。

4.2.3.3 相似性和复杂性支配原理

系统间相似特性在本质上服从相似的自然规律。系统相似程度大小与支配相似本质规律的共性大小柜关联。通过建立在本质上遵从相似的规律,建立相似系统模型,在系统间形成相似性,可在任何种类、层次系统之间进行仿真。但是,当支配系统特性本质规律出现差异,相似性现象发生变化而出现复杂性。例如,趋同适应在本质上相似特性服从相同或相似性较大的自然规律形成相似性,而趋异适应在本质上支配规律有差异,促进系统特性变异而造就复杂性。

4.2.4 仿真中运用相似性和复杂性若干问题

(1)复杂系统间有很多相似要素及特性,使得相似度计算变得异乎寻常的困难,甚至有些目前还不能做到定量计算。此时,运用定性分析与定量计算相结合的方法。

(2)随着系统范围扩大,系统的外部环境都考虑进去,系统中要素数量增多,系统相似性可能变化。在适当放宽一些相似条件,运用可拓相似概念,忽略某些因素进行近似处理之后,致使很多模型中某些特性因素不严格遵守相似性条件,系统相似性变化而出现复杂性。

（3）同一单元组合在不同系统中,其特性可由相同演变为相似,有时甚至在相似性变化中出现全新的功能。此时,相似元数值变化,以及不同相似元的不同组合关系,引起系统总体性能和单元特性变化涌现复杂性。

（4）仿真模型与原型的相似性是一种人工相似,在对客观世界认识基础上,依据相似性形成原理,建立仿真模型应符合客观相似规律。在仿真模型上创造出与实际系统相似特征数量往往有限,常侧重于结构、功能或行为某一方面有相似的特征。例如,仿真训练器中创造与自然系统功能相似、视觉相似、听觉相似、触觉相似和运动感觉相似特征。

（5）仿真系统与原系统在特性上遵从相似规律,注意有些特性相似程度可能很小,不能认为支配系统该相似特性的自然规律相同。同时,改变相似要素数量和特性相似程度及其相似组合的序结构,使相似性变化产生复杂性,建立不同的相似模型。

（6）仿真是基于相似模型的试验,试验结果只能在一定程度上反映实际系统,仿真系统可信性分析方法之一,是用系统相似度 Q 大小来检验。设仿真可信度为 F,则 $F \propto Q$。只有相似度大,仿真效果才得以良好实现。实践证明:应用系统相似度可有效地进行仿真可信度分析。在建立物理模型时,不仅要注意各个要素及特性对应相似,而且要使相似要素多和特性相似程度大。

（7）从整体系统相似角度上进行模拟,可获取可靠有用的知识和信息。通常,试图对一个复杂大系统进行系统全部特征参数的模拟往往办不到。但可将整体大系统分解成几个子系统,对系统相似性起决定性作用的对应子系统关键特性进行模拟。

（8）根据相似系统动态分析原理,改变物理模型或数学模型中特征参数,得到变化参数条件下的系统动态特征模拟实验结果。但是,加入新状态变量后,特性出现差异,会从早先引入的那些状态变量中转移注意力,也会出现复杂性。此时,应认真分析系统相似度大小,以及动态条件下模型与原型间相似特性在本质上是否还遵从相似规律,以便确定仿真模型的可信性。

4.3 仿真系统需求分析理论

4.3.1 软件需求与需求工程

需求是以一种清晰、简明、一致且无二义性的方式对待开发系统中的各个方面有意义的陈述的集合。需求必须包含足够多的信息,足以使设计师和工程师开发使客户满意的产品。

IEEE软件工程标准词汇表(1997年)中定义需求为:

(1)用户解决问题或达到目标所需的条件或功能(Capability)。

(2)系统或部件要满足合同、标准、规范或其他正式规定文档所需条件或功能。

(3)一种反映上面(1)或(2)所描述的条件或功能的文档说明。

软件需求包括三个不同的层次:业务需求、用户需求和功能需求(也包括非功能需求)。业务需求反映了组织机构或客户对系统、产品高层次的目标要求,它们在项目视图与范围文档中予以说明。用户需求文档描述了用户使用产品必须要完成的任务,这在使用实例(use case)文档或场景(scenario)说明中予以说明。功能需求定义了开发人员必须实现的软件功能,使得用户能完成他们的任务,从而满足业务需求。所谓特性是指逻辑上相关的功能需求的集合,给用户提供处理能力并满足业务需求。非功能需求包括产品必须遵从的标准、规范和合约;外部界面的具体细节;性能要求;设计或实现的约束条件及质量属性。所谓约束是指对开发人员在软件产品设计和构造上的限制,质量属性是通过多种角度对产品的特点进行描述,从而反映产品功能。多角度描述产品对用户和开发人员都极为重要。

1987年Frederick Brooks在其经典著作《No Silver Bullet: Essence and Accidents of Software Engineering》中充分说明了需求过程在软件项目中扮演的重要角色:"开发软件系统最为困难的部分就是准确说明开发什么。最为困难的概念性工作便是编写出详细技术需求,这包括所有面向用户、面向机器和其他软件系统的接口。同时这也是一旦做错,将最终会给系统带来极大损害的部分,并且以后再对它进行修改也极为困难。"

需求工程是系统工程和软件工程的交叉学科。之所以把需求作为"工程"来研究,其目的是强调它是一个系统的、协同的和反复的过程,是一个由客户、用户、系统设计、开发、实现和测试人员等众多风险承担人参与的复杂活动,涉及社会、人们的认知、表达方式以及企业文化等众多领域的问题。目前"需求工程"还没有标准的定义,一般认为需求工程是指应用已证实有效的原理、技术和方法,描述目标系统的外部特征和相关约束,从而确定客户需求,帮助分析人员理解目标系统的一门学科。

需求工程的核心就是获得关于目标系统稳定、准确的描述,其最终产品是一组系统需求文档,其中最主要的文档是项目管理文档和需求规格说明。这些文档是对需求"固化"的结果,是对系统的功能性需求和非功能性需求的陈述。

系统需求文档是后继系统设计、实现和测试的依据,它必须完整、一致、没有二义性,而且在系统开发、运行和维护的过程中,还必须能够对其进行修改、跟踪、验证和使用。为了达到这个目标,目前趋向于引入形式化方法进行一致性检查、类型检查、有效性验证、行为预测以及设计求精验证。

需求工程可划分为需求开发和需求管理两大领域,其中,需求开发包括需求获取、需求分析、需求规格说明编写和需求验证 4 个阶段;需求管理则是指在项目开发过程中系统化地处理对已认可需求的变更,支持系统的需求演化,以及对需求的可跟踪性支持等。需求工程可分为基于场景的需求工程和面向目标的需求工程两种类型。

4.3.2 基于场景的需求工程

场景是为了完成特定任务而按照时间顺序排列的一系列对象间的交互;是对象交互的特定时序;是完成信息系统的某个需要。对于基于场景的方法而言,它抓住事例进行分析,有利于人们弄清复杂系统的要求。然而,场景既要描述事例,也要进行分析,但由于场景仅仅提供有限的需求描述,完整需求的获得需要采用其他方法。不同的需求分析人员对场景的理解的侧重点不同,所以目前描述场景的方法多达 60 多种,研究较多的如时序图(event trace diagram)、use case、UML 活动图、合作图、交互图等,其他方法如场景树(scenario trees)、生命序列图(life sequence charts)则鲜为人知。这些方法所描述的场景主要用于表现系统行为和系统与环境之间的交互、产生需求规约说明、驱动设计和系统演化等。场景描述由内容、目的、生命周期和表现形式组成。其中,场景的表示形式有静态、动态和交互式。场景既可通过分支、耦合的方式和其他场景相结合,也可以与快速原型法、渐增式方法等其他需求分析方法相结合使用。

场景概念具有如下优点,在需求工程、软件工程、人机交互等领域内基于场景的方法越来越受到重视:

- 场景特别适合于描述软件系统的行为和功能需求。
- 场景具有直观性,用户、系统分析员和设计员都能理解。这极大地方便了系统开发者和用户之间的交流。
- 场景易与快速原型法结合获取用户需求。
- 场景可以引入到渐增式的设计过程中。
- 场景概念便于对系统结构进行抽象。
- 场景可以驱动设计过程、构建详细设计模型和实现模型。
- 场景便于文档编写和通信。

- 场景能指导测试实例生成并对不同抽象层次(如说明、设计和实现)加以确认。场景便于指导构造更详细的模型直到实现。

但凡事都有两面性,场景也不例外。场景的主要缺点有:

- 场景是系统行为的部分表示,一系列场景要保持完整性、一致性是非常困难的。
- 场景不适合于描述非功能需求。
- 由一系列场景合成出系统整体行为是一个非常困难的问题。
- 在开发实践中,获取粒度合适的场景并加以维护比较困难。
- 当前基于场景的设计方法都尚不成熟,有待进一步的研究。

总体上,基于场景的需求工程正引起越来越多的关注。较之自然语言,场景可以更为精确地刻画系统行为。相比形式化描述技术,场景概念则更为直觉,这种折衷的特性正是场景概念受到广泛重视的原因所在。系统开发初期用户难以用某种抽象的方式来表述他们的需要,如果让用户试验一个假想的系统,看用户是否满意,从而发现真正的需求,那么将有助于需求的正确获取。实践证明:场景概念符合人类从具体到抽象的认识事物的过程及认知科学的研究结论。

4.3.3   面向目标的需求工程

1987 年初 Yue K 首先提出目标概念,分析了"What"和"How"需求,还在对"Why"问题理解的基础上,将目标作为判断需求完整性的依据:即需求如果能满足当前的目标,则说明需求是完整的。目标是利益持有者对将要完成的系统的要求,它是对意向的一种说明性的描述。目标有多种类型:按层次可以分为高层目标和低层目标。高层目标是指具有战略性、粗粒度的和组织范围上的目标;低层目标是指技术上的、细粒度的和设计上的目标。按照涉及的类型可以分为功能目标和非功能目标。功能目标是所期望的服务,非功能目标是指服务的质量,例如:保密性、安全性、准确性、可执行性、费用和可使用性等,也可以指开发的质量,例如:适应性、互操作性和可重用性等。按照系统要求目标完成的程度,可以将目标分为硬目标和软目标。硬目标是指在系统设计时必须满足的目标,而软目标则是指在系统设计时尽量满足的目标。

面向目标的需求分析方法是一种有效的确认需求的方式,如知识的自动化获取规范(Knowledge Acquisition In Automated Specification,KAOS)方法,I*(distributed intention)框架,面向目标的非功能需求分析(Goal – Oriented Non – Function Requirement,GONFR)方法等。它们从分析最原始的需求材料开始,将最初目标进行分解和提炼,逐步获取更具体的目标并构造出目标模型,进而完成需求建模。

面向目标的需求工程是指利用系统目标来进行需求的启发、求精、结构化、规约、分析、协商、建档并随时对需求进行修订的过程。面向目标的需求工程的步骤如图4-8所示。这里系统是指需要实现的软件及其运行环境。目标则是指正在考虑的系统需要实现的属性，并以事先约定的形式进行描述，它一般包含系统的功能属性和非功能属性。目标的描述通常使用 KAOS 方法。KAOS 方法是一种目标驱动的求精方法，它采用一个元模型来指导这个需求求精过程，并提供了一种需求规约语言，具有很强的描述能力，除了一般的 What 需求外，还能说明 Why、Who、How 三类需求。

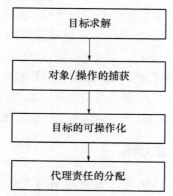

图4-8　目标驱动的需求工程的步骤

面向目标的需求工程具有以下优点：

- 可以系统地从目标获取对象模型及系统需求；
- 目标为系统提供其存在的理论依据；
- 目标求精树为系统需求提供了可跟踪性，使人们可在单一框架内完成系统的需求演化；
- 目标求精树提供了目标多级抽象，便于系统决策人员灵活地做出决定；
- 目标求精树有助于人们对需求文档的理解；
- 便于人们在多种可选方案中进行权衡，选出最佳者；
- 目标的形式化规约便于需求验证；
- 面向目标的需求规约在所有需求规约中最接近于人的思考方式，也最容易理解。

与基于场景的需求工程相比，目标在需求工程早期精确刻画系统行为上比场景要弱，但是，目标描述更加容易被形式化，因此也就容易证明其完整性和一致性。由于面向目标的需求工程日益显露出其优点,已引起人们的广泛关注,成为未来需求工程的一个重要研究方向。

4.4 仿真系统设计理论

需求并未包括设计细节、实现细节、项目计划信息或测试信息。需求与这些没有关系,它关注的是充分说明开发人员究竟想开发什么。

仿真系统设计理论主要研究仿真系统的设计原理、步骤、内容与要求,目的是要不断地协调、解决性能要求、成本支撑和研制周期约束之间的矛盾。即,在满足性能要求的前提下有一个合理的、经济的费用需求;在尽可能短的工程周期内实现和保证全部功能性能指标。具体来说,仿真系统设计包括仿真系统体系结构设计、仿真系统硬件设计、仿真系统软件设计和用户界面设计等内容。

4.4.1 仿真系统体系结构设计

目前,针对仿真系统体系结构框架,体系结构设计方法主要包括面向过程的设计方法和面向对象的设计方法。由于不同方法学提供的体系结构描述机制是不相同的,因而体系结构设计过程也有很大的差异。表4-1对各种体系结构设计方法做了比较,其中的可演化性是指某种方法在当前体系结构设计的基础上设计未来体系结构的难易程度。各种方法学提供的体系结构描述机制都是半形式化的,大部分可视化图形没有定义精确语义。

表4-1 体系结构设计方法的比较

	面向过程	面向对象(UML 语言)	SREM/DCDS
来源	系统工程	软件工程	软件需求工程
普及程度	高	高	低
体系结构描述机制	功能(过程)模型、数据模型、规则模型、动态模型、数据字典、方框图、节点模型和组织结构图等	用例图、类图、对象图、状态图、活动图、顺序图、合作图、构件图、配置图等	增强型功能流框图、N 平方图、实体—关系图、实体—关系—属性图、层次图、IDEF0、物理块图等
可理解性	好	好	差
可重用性	差	好	差
可演化性	差	好	差
可执行模型	不含	不含	含
体系结构开发工具	Framework、System Architect	Rose	CORE

与面向对象的设计方法相比,面向过程的设计方法破坏了系统对象的原貌,打破了现实世界中事物之间的原有界限,容易造成体系结构设计人员与系统用户之间理解上的偏差。并且,面向过程的设计方法对系统体系结构的维护和重用、详细设计都造成了一定的困难。利用面向对象的继承机制可更好地控制产品的属性,面向对象的设计方法从而支持体系结构的重用。因此,相对而言,面向对象的设计方法要优于面向过程的设计方法。但是,这种优劣不是绝对的,在体系结构开发实践中,设计方法的选择要考虑到多种因素,如待开发体系结构的特点、体系结构设计人员的专长和偏好以及可得到的工具支持等。

4.4.2 仿真系统硬件设计

仿真系统硬件设计要考虑硬件的先进性、可用性、可靠性、可维护性、可扩充性、可移植性。当前,计算机及接口设备等硬件更新换代很快,往往 2 ~ 3 年就会换代。

硬件必须具有自诊断功能。为提高平均无故障时间(MTBF),必须尽量缩短维修时间。系统中每块 I/O 通道板(如 A/D、D/A、D/I、D/O、D/D)都应具有自诊断的能力,将故障通道号的信息发送到主机。

4.4.3 仿真系统软件设计

仿真系统软件设计需综合考虑系统软件、支撑平台、程序设计语言、网络软件、图形软件和应用软件等因素。仿真系统软件在功能和性能上要尽可能与真实系统的功能和性能相似。即仿真系统可以再现被研究系统的某些功能,能反映系统对环境的作用,体现被仿真系统的主要性能。仿真系统的演化过程应与原型系统具有相似性,即两者之间有着静态和动态过程的相似性。此外,从软件工程角度,仿真系统软件设计需具备可靠性、稳定性、可维护性、可重用性等特性。

为了减轻计算机软件设计人员的负担,提高软件的生产率,人们不断寻求软件工程新的设计方法。目前,两种主流的程序设计方法是结构化设计和面向对象设计。仿真系统软件设计也来源于软件工程的设计方法。

结构化设计方法开始出现于 20 世纪 70 年代,并很快得到广泛应用。这种方法强调了功能抽象和模块性,把解决问题的过程看作是一个处理过程。软件设计的重要组成部分是模块的分解。结构化设计采用基于功能模块分解方法,以系统的流程图为准则,以数据作为模块的界面,将系统设计成若干个黑盒子,明确定义模块内的子程序和模块接口的实现细节,对于其他模块内的子程序和模块接口是隐蔽的,保证了模块之间的弱耦合性。在模块分解时,可采用自顶向下的分解和自底向上合成的方法。结构化程序设计既是一个启发过程,也是一个逐次迭代逼近的过程。

面向对象设计方法把世界看成是目标—对象的集合。通过对客观问题的分析,从中抽象出目标,然后再用面向对象的程序语言来表现。其过程主要是:识别目标中的分目标—识别出对于分目标的操作,然后再根据分目标操作开发系统。面向对象的重要思想包括抽象、封装、层次结构和继承性、多态性等。

结构化设计并没有把子程序组成一个协同工作子程序组的概念,也没有子程序的内部设计的概念。因此,结构化设计非常适合于具有许多互不作用的独立功能的系统、小型程序以及那些功能变化的可能性比数据变化的可能性大的问题。面向对象设计在较高层次抽象上要比结构化设计有效。它主要是设计模块数据和对数据操作的集合,因此,能比较准确地描述客观世界中的事物,比结构化设计更适合于大型程序设计,尤其适合于数据变动可能性大于功能变动可能性的问题。结构化设计与面向对象设计的思想及方法都是迥然不同的,但是二者并不冲突。

4.4.4　用户界面设计

用户界面是指人与机器间相互施加影响的领域。凡参与人机信息交流的一切领域都属于人机界面。当机械大工业发展起来的时候,如何有效操纵控制产品或机械问题产生了人机工程学。二战后,随着体力类简单劳动转向脑力类复杂劳动,人机工程学也进一步扩大到人类思维能力的设计方面。目前,人机界面已经满足了单纯的功能需求,人们开始追求自身个性的发展和情感诉求。所以,人机界面设计也必须考虑满足人的情感需求。

计算机人机界面(HCI)是实现用户与计算机之间的通信,以控制计算机或进行用户和计算机间数据传送的系统部件,主要完成用户与计算机互相传递信息的功能。本节中谈到的人机界面均指计算机人机界面。

设计一个功能完善的仿真系统人机界面,不仅需要计算机科学的知识和理论,也需要其他学科(如人机工程学、认知心理学、人工智能、系统工程、控制工程等)相关理论的指导。但是,通常在设计人机界面时,设计人员仅考虑如何编程实现界面功能,而忽略了对用户认知特性的分析。传统人机界面设计不被用户认同的根本原因,就是没有研究用户认知心理,从用户需要的角度进行设计。事实上,了解并遵循人类认知心理是进行人机界面设计的基础,对人机界面的设计有很强的指导意义。只有把认知心理学和人机界面的相关内容结合起来才能设计出成功的人机界面产品,即运用认知心理学相关知识研究生理、心理、环境等因素对用户的影响和效能,同时结合研究人的文化、审美、价值观念等方面的要求和变化,得出人机界面设计中需要考虑的因素。

4.4.4.1 基本原则

仿真系统用户界面设计应遵循简单性、安全性、体验性、交互性、共通性等基本原则[26]。

1. 简单性

要让用户尽可能地使用最少的功能,经过最少的步骤完成任务。要保持界面简洁直观,用户应能直接使用最基本的功能。只有经过任务分析而确定的必要的功能才被放到界面上。

2. 安全性

让用户尽量避免发生错误。交互界面应该提供视觉指引、提示、列表和其他辅助。上下文的关联和浮动的帮助都可以像助手一样协助用户完成任务。即使最简单的提示也可以减少用户出麻烦的机会。

3. 体验性

交互界面应该可以根据每个用户的需要进行调整,允许用户自定义。用户有各异的背景、爱好、动机、经验和能力。自定义的界面可以让人感觉舒适和亲切。个性化的计算机交互界面可以提高工作效率和用户满足度。

4. 交互性

强调人机界面的交互过程。

5. 共通性

同一软件甚至不同软件中的人机界面保持协调统一,功能、样式、情感、环境不能孤立地存在。

4.4.4.2 菜单屏幕设计准则

(1)按任务语义来组织菜单(单一菜单、线状序列、树状结构、非循环和循环的网络结构);

(2)广而浅的菜单树优先于窄而深的菜单树;

(3)用图形、数字或标题来显示位置;

(4)采用选项名称作为树的标题;

(5)根据含义将选项分组、排序;

(6)选项力求简短,以关键词开始;

（7）语法、布局、用词前后一致；

（8）允许超前键入、超前跳转或其他快捷方式，允许跳转到前层的菜单和主菜单；

（9）考虑联机求助、响应时间、显示速率和屏幕尺寸。

4.4.4.3 错误处理准则

在一个交互系统中，由于操作者的个人原因，经常会产生误操作，包括键入错误、数据输入错误等。同样，在用户编制的程序或设备连接时也可能会有错误。一个好的交互系统不能要求操作者不犯错误，而应该具有较强的处置各种错误的能力。除了在软件设计时注意各种容错机制、鲁棒性及各种诊断措施以外，在计算机用户接口上应提供各种避免用户操作错误的提示及各种错误信息的分析。

系统处理错误时，大部分时间要与用户沟通。沟通有助于增进了解、对行为的控制和激励以及情感表达。妨碍沟通的形式主要有：过滤、选择性知觉、情绪和语音。克服沟通障碍的方式有：利用反馈、精简语意、主动倾听、情绪控制。

针对具体错误，采取的方法有如下几点：

1. 数据录入错误的处理准则

在各类系统仿真软件中，资料录入的错误是经常发生的薄弱环节。为了减少用户在录入时的错误，应采用一系列措施。

- 对用户输入在屏幕上的数据予以"回答"。
- 对用户在屏幕上的交互输入，应提供暂存文件以记录全部输入，以便全部数据输入完后或临时需要时进行检查和确认。
- 对用户各种输入应提供检查。
- 对于数据库中的重要资料，必须进行严格的复查核对。

2. 用户输入的控制原则

控制输入的内容与用户接口的风格、控制方式有关。

- 对错误命令应提供反馈信息，告诉用户正确的命令格式及参数。
- 对文件操作的命令只对该文件的副本进行，以便在必要时仍可从文件的原稿中恢复。
- 对一些影响重大的命令需要由用户再次确认。
- 建立命令的历史文件。这是对系统进行恢复的最有效措施。它对于不同阶段的错误情况获取都是有用的。
- 避免使用菜单项编号。用户输入菜单项编号后，立即可进入该编号指定的项目。这种方法可以减少按键，提高操作效率，但在误按号码后将会引起错误。

3. 错误信息的设计原则

如何向用户提供确切的错误信息是系统设计的一个重要问题。一个好的用户接口,不仅应该具有容错、检错的能力,而且在错误出现后,应让用户清楚了解错误的性质和位置,以便于用户修正。下面是有关错误信息的设计原则:

- 尽可能使错误信息准确和定位;
- 应指明用户针对这类错误应如何做;
- 语言应简洁、明确,尽可能用通俗易懂的词汇和语句;
- 对于错误信息应该根据系统的实际情况进行分层提示;
- 应保持错误信息的风格一致;
- 尽可能采用可视的图形信息及音响效果。

4.5 仿真系统实现理论

包括面向过程仿真、面向对象仿真和面向 Agent 仿真。

4.5.1 面向过程仿真

面向过程仿真是一种结构化方法。它把软件生命周期划分为若干个相对独立的阶段,每个阶段采用结构化分析(SA)、结构化设计(SD)技术、结构化程序设计(SP)语言和适当的辅助工具,完成一些确定的任务,提交最终的软件配置文档或程序。每个阶段结束时进行严格的技术审查和管理复审,合格之后才开始下一阶段的工作。这就使软件开发的全过程以一种有条不紊的方式进行,保证了软件的质量,提高了软件的可维护性。结构化方法把现实世界描绘为数据在信息系统中的流动,以及在数据流动的过程中数据向信息的转化。其基本思想为:基于功能分解设计系统结构,通过不断把复杂的问题处理逐层分解来简化问题(即自顶向下,逐层细化),将整个程序结构划分成若干个功能相对独立的子模块直至最简,并且每个模块最终都可使用顺序、选择、循环 3 种基本结构来实现,它是从系统内部功能上模拟客观世界。结构化方法为处理复杂问题提供了一种有力工具。

结构化方法具有以下局限性:

(1) 结构化方法从功能抽象出发进行模块划分,所划分出的模块千差万别,模块共用的程度不高。

（2）结构化方法在需求分析中对问题域的认识和描述不是以问题域中固有的事物作为基本单位，而是打破了各项事物之间的界限，在全局范围内以数据流为中心进行分析，所以分析结果不能直接反映问题域。同时，当系统较复杂时，很难检验分析的正确性。因此，结构化分析方法容易隐藏一些对问题域的理解偏差，与后继开发阶段的衔接也比较困难。

（3）结构化方法中设计文档很难与分析文档对应，因为二者的表示体系不一致。结构化分析的结果——数据流图（DFD）和结构化设计的结果——模块结构图（MSD）是两种不同的表示体系，从分析到设计的"转换"使得设计文档与问题域的本来面貌相差甚远。

（4）结构化方法对需求变化的适应能力比较弱，软件系统结构对功能的变化十分敏感，功能的变化会引起一个加工和它相连的许多数据流的修改，同时设计出的软件难以重用，延缓了开发的过程。

针对面向过程仿真的上述局限性，提出了面向对象仿真和面向 Agent 仿真。

4.5.2　面向对象仿真

对象，从认识论角度，是一种抽象技术，最基本的特征是封装、继承和多态；从软件的角度，是一个计算实体，封装了一些属性以及可根据这些属性采取特定措施的方法，对象之间可通过消息传递或调用来交互。

4.5.2.1　面向对象仿真概述

在传统的面向过程仿真中，仿真模型的确认与仿真程序的验证，都是非常复杂而繁琐的工作。面向对象仿真（OOS）强调并支持重用已有的仿真模块，这些模块均经过了正确性验证及封装，因而为仿真模型的确认、仿真程序的验证带来很大的方便。同样，通过重用仿真模块，可以快速地建立模型以及改变模型的结构。

概括起来，面向对象仿真具有以下优点：

1. 模块化

构成面向对象仿真软件的基本单元都是模块化的对象。对象的所有信息都封装在该对象中，只有通过规定的接口才能读取、修改；同时，一个对象功能的改变，只要保持其接口不变，不会影响其他的功能。

2. 可重用

各种模型可以作为类存放在类库中，形成可重用的模型库。库中的模型可以作为未来建立新模型的构件，而实现重用。另一种重用方式是可以通过继承来建立新的类,从而建立新的模型。

3. 可扩充

可以方便地在系统中加入新的模块来增强仿真系统的功能。

4. 可理解

对象往往直接表示客观系统中真实实体。在仿真过程中,用户可以利用动画显示仿真模型的运行过程,各种仿真统计数据也可以利用图形来显示。这种图形表达能力对用户了解仿真过程、理解仿真结果都有很大的帮助。

5. 使仿真易于和人工智能结合

仿真与人工智能的结合可以增强仿真的能力。人工智能和专家系统在辅助建模、仿真结果的解释和仿真模型灵敏度分析等方面有重要的运用前景。面向对象方法既可以表达仿真模型,又可以表达知识和知识的获取与推理;既可以用于设计仿真系统,又可以用于设计专家系统,因而为仿真与人工智能的结合提供了有效途径。

6. 易于实现并行仿真

由于对象封装了所有的信息,能在分配给自己的处理程序上执行它的功能。这样,对象可以在一定程度上独立地运行,使面向对象仿真易于并行执行。而仿真的并行执行可以极大地降低仿真时间,允许仿真更多的对象以及在更细的颗粒上进行仿真。

4.5.2.2 面向对象仿真框架

面向对象仿真方法将问题域中的事物与仿真系统中的对象建立映射,以最大限度保持事物的本来属性和活动,适合于人的思维方式。不论使用何种具体的面向对象仿真方法,OOS 的基本活动过程不外乎 3 个基本环节:面向对象仿真分析(OOSA)、面向对象仿真设计(OOSD)和面向对象仿真实现(OOSI),因此可以认为这 3 个环节构成了面向对象仿真活动的主要过程(图 4 - 9)。从概念上看,这 3 个环节符合 1984 年 Oren 提出的仿真基本概念框架:"建模—实验—分析"。面向对象仿真分析(OOSA)对应于建模过程,通过分析,建立被仿真系统的数学模型和参数值,并根据数学模型抽象出模型对象、模型类;面向对象仿真设计(OOSD)对应于实验过程,通过设计运用某种计算机语言构造模型类、模型对象,把数学模型转化为仿真模型;面向对象仿真实现(OOSI)对应于分析过程,通过实现(即仿真运行),观察并研究问题域中被研究事物的动态特性。所以这两个基本框架之间的关系是统一的。面向对象仿真方法框架是仿真基本概念框架在面向对象仿真活动中应用的具体表现。两者之间的映射关系如图 4 - 10 所示。

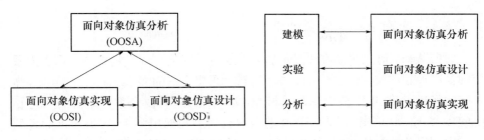

图 4-9 面向对象仿真方法框架

图 4-10 面向对象仿真方法与
仿真基本概念框架的映射关系

所以,根据面向对象仿真方法框架概念,可将面向对象技术的分析、设计方法移植于仿真活动,从而产生面向对象的建模与仿真(OOMS)。

4.5.2.3 面向对象仿真一般过程

运用面向对象仿真方法分析、设计仿真系统时的主要过程如下:

(1) 以面向对象的思想分析研究领域中的实体构成情况与仿真需求;

(2) 运用抽象技术,发现被仿真系统中的不同对象,并归纳出它们的类;

(3) 定义被仿真系统中类的属性、服务和建立它们的数学模型,并确定相应的模型类;

(4) 识别模型类、模型对象的外部关系,构造仿真系统的对象、特征、关系模型;

(5) 用某种语言(如 C + -)进行具体的编码、仿真,根据仿真结果,调整仿真系统。

4.5.3 面向 Agent 仿真

Agent 与对象有许多共同点,也封装数据和方法,有对象的继承与多态的性质。但 Agent 具有对象所不具有的自治性、反应性和社会性。自治性表现为,Agent 将其状态与方法完全封装,根据内部状态自治地执行某个方法或动作以实现自身的目标。反应性表现为,Agent 可观测所处环境,对环境的变化实时做出反应;Agent 不能直接调用,只能协商其他 Agent 执行某个动作以帮助实现自己的目标。社会性表现为,可由多个 Agent 协商,共同完成一个复杂的任务。此外,Agent 有独立的控制线程,标准对象模型中整个系统才拥有一个控制线程;尽管主动对象也有独立的控制线程,但它不具有灵活的自治行为。

4.5.3.1　面向 Agent 仿真概述

面向 Agent 仿真建模方法是一种由底向上的建模方法,它把 Agent 作为系统的基本抽象单位,先建立 Agent 模型,然后采用合适的多 Agent 系统(MAS)体系结构完成组装,建立整个系统的模型。其本质是,将复杂系统划分为与之相应的多个 Agent,首先从个体 Agent 的微观行为和局部规则入手,进而以涌现的方式生成复杂的整体行为。它对复杂系统的建模效率更高,而且能够同时考虑定量参数和定性参数(如推理、决策等)。面向 Agent 仿真理论的提出,打破了传统仿真建模方法的局限,为复杂的群体行为仿真建模提供了一条新的途径。它从现实世界中人类、事物和环境出发,认为事物的属性特别是动态特性在很大程度上受到与其密切相关的人和环境的影响,强调认识、思维与客观事物及其所处环境之间的相互作用,将影响事物的主观与客观特征相结合,并抽象为系统中的 Agent,作为系统的基本构成单位,通过 Agent 之间的合作实现系统的整体目标。

归结起来,多 Agent 仿真技术的优势主要体现在以下几个方面:

(1)集成性。多 Agent 仿真技术并不排斥传统仿真方法,可以在同一个仿真模型中集成定量参数、定性参数、差分方程、转换矩阵和基于符号规则的行为等要素,而且由于其模块化的性质,对这些要素的修改也很容易。

(2)可监控性。研究人员通过模型的监控机制,可以在模型运行过程中的任何时刻、以任何可能的详细程度对所有 Agent 的活动进行监视和记录,以及改变环境的状态、调整 Agent 的状态及其行为。

(3)层次性。MAS 中 Agent 之间的关系可以是网络型、层次型或复合型。所以多 Agent 仿真技术能够实现对具有多级结构系统(如人类社会组织)的建模。另外,由于所有 Agent 的可监控性,所以多 Agent 仿真技术打破了分析层次上的限制,理论上支持从全局到个体、从宏观到微观任意层次上的分析。

(4)易于实现。从软件学角度来看,MAS 和多 Agent 仿真系统具有开放系统的特征;而且,基于 Agent 的方法是面向对象方法的发展,目前的各种面向对象的软件开发语言如 Object C、C++、Java、JavaScript 等均可用于多 Agent 系统的开发。

(5)分布式仿真与并行仿真。Agent 是独立、自主的实体,通过通信来实现交互与协作,因此,MAS 可以很自然的在物理上分布的、异构的网络计算环境中实现;同样,Agent 也可以很好地支持并行计算环境和任务的要求,实现并行仿真。

4.5.3.2 面向 Agent 仿真一般过程

面向 Agent 仿真过程及其模型演化如图 4 – 11 所示。

（1）对象系统分析:分析对象系统的组成要素、结构以及各构成要素的活动或工作特征、相互关系。

（2）确定 Agent 的类型和行为特征:确定 Agent 的类型,明确各类 Agent 与对象系统中实体或事物的对应关系;确定各类 Agent 的行为特征,并建立各类 Agent 之间的抽象关系模型。这一步工作非常重要,将影响后续开发工作的复杂程度,且受研究人员的经验与思维方式的影响很大。

（3）模型的详细描述:根据 MAS 模型描述方法建立对模型要素及结构的详细描述,包括各类 Agent 的结构、行为和交互的描述,以及系统组织结构的抽象描述。

（4）定义仿真控制结构:确定仿真系统的具体控制结构、各部分的工作方式以及相互之间的信息、指令流动等。

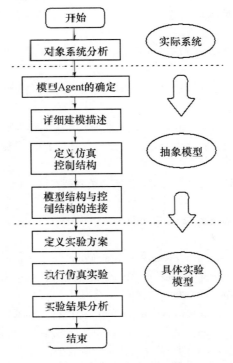

图 4 – 11　面向 Agent 仿真一般过程

（5）模型结构与控制结构的连接：将模型内核与仿真控制结构连接起来，形成可运行的仿真系统。

（6）定义实验方案：确定各类 Agent 的数量、参数、初始状态，以及各种实验控制的运行条件与参数等，形成仿真实验方案。

（7）执行仿真实验，生成实验结果。

（8）分析实验结果，修改实验方案，重新进行实验，直至退出。

参 考 文 献

［1］郭齐胜，徐享忠. 计算机仿真［M］. 北京：国防工业出版社，2011.

［2］C M Krishna, Kang G Shin. Real Time System［M］. McGraw Hill, 1996.

［3］钟海荣. 大规模分布式仿真系统的时空一致性研究［D］. 长沙：国防科学技术大学研究生院，2005,4：6 – 9.

［4］X Z. Xu, J Y Wang, Y L Ma. An Exploration on the System Simulation Theory of the discipline of Simulation Science and Technology［C］. ICSC'08,2008,10.

［5］徐享忠，王精业，马亚龙. 略论仿真科学与技术学科的仿真系统理论［C］. 第十届中国科协年会，2008,9.

［6］康凤举，杨惠珍，高立娥，等. 现代仿真技术与应用［M］. 第二版. 北京：国防工业出版社，2006.

［7］王行仁. 建模与仿真技术的若干问题探讨［J］. 系统仿真学报，2004,16（9）：1896 – 1897.

［8］惠天舒，陈宗基，童军，等. 分布交互仿真综述［J］. 系统仿真学报，1997,9(1)：1 – 7.

［9］许丽人，徐幼平，李鲲，等. 大气环境仿真建模方法研究［J］. 系统仿真学报，2006, 18 (S2)：24 – 27.

［10］张卫华，李革，黄柯棣. 模块化面向对象实时仿真调度服务［J］. 系统仿真学报，2006, 18(S2)：222 – 225.

［11］R M Fujimoto. Parallel and Distributed Simulation Systems［M］, Wiley Inter – science, 1999.

［12］Christopher D Caruthers, K S Perumalla, R M Fujimoto. Efficient Optimistic Parallel Simulations using reverse computation［C］. Proceedings of the 13th Workshop on Parallel and Distributed Simulation（PADS99），1999.

［13］Andrew Tanenbaum. Distributed Operating Systems［M］. Prentice – Hall Inc. , 1995.

［14］X Z Xu, J Y Wang, L J Pan. A Vector based Atomic Broadcast Protocol for Deferred Update in Replicated Distributed Databases［C］. ICSC'2008,2008,10.

［15］姚益平，张颖星. 基于并行处理的分析仿真解决方案［J］. 系统仿真学报，2008,20（12）：6617 – 6621.

[16] 吴重光,夏涛,张贝克. 基于符号定向图(SDG)深层知识模型的定性仿真[J]. 系统仿真学报, 2003, 15(10):1351 - 1355.

[17] 王汝群,等. 战场电磁环境[M]. 北京:解放军出版社, 2006.

[18] 周辉. 战场复杂电磁环境分析与应对策略[J]. 装备指挥技术学院学报, 2007(6):59 - 64.

[19] 李楠,张雪飞. 战场复杂电磁环境构成分析[J]. 装备环境工程, 2008(2):16 - 19.

[20] 周美立. 仿真系统建模的相似性与复杂性[J]. 系统仿真学报, 2004, 16(12):2664 - 2667.

[21] 何俊,胡振彪. 一种可重用的战场电磁环境仿真分层实现技术框架[J]. 电子信息对抗技术, 2009(4):43 - 47.

[22] 赵立军,任昊利,张晓清. 军用装备体系结构认证方法[M]. 北京:国防工业出版社, 2010.

[23] 罗雪山,罗爱民,张耀鸿,等. 军事信息系统体系结构技术[M]. 北京:国防工业出版社, 2010.

[24] 李勇华. 目标和场景相结合的需求工程[D]. 武汉:武汉大学研究生院, 2006, 4:3 - 10.

[25] 张云鹏. 基于认知心理学知识的人机界面设计[J]. 计算机工程与应用, 2005, 30:105 - 107.

[26] 李天科. 以人为本的人机界面设计思想[J]. 计算机工程与设计, 2005, 26(5):1228 - 1229.

第 **5** 章

仿真系统支撑技术

本章主要研究构建仿真系统的共性支撑技术,包括仿真系统构建的支撑技术、仿真系统运行的支撑技术。

5.1 仿真系统构建的支撑技术

仿真系统构建的支撑技术包括模型驱动的架构、对象模型开发、仿真系统集成和仿真语言等内容。

5.1.1 模型驱动的架构

HLA 技术旨在解决仿真系统的互操作和可重用问题,从这一角度而言,它与对象管理组织(OMG)提出的对象管理体系结构(OMA)及其扩展——模型驱动的体系结构(MDA)的目标是一致的。由于所追求的目标相同,决定了 HLA 与 MDA 在技术上具有一定的相通之处。应当将两者有效地结合起来,发挥各自的优势来解决仿真系统的互操作和可重用。

模型驱动的架构已经在可扩展的建模与仿真框架、仿真模型可移植性规范等领域得到了广泛应用。

5.1.1.1 MDA 概述

MDA 是 OMG 于 2001 年 7 月提出的信息系统集成解决方案,它通过提供一组规范来解决软件系统全生命周期中与集成相关的互操作和可重用问题:包括从建模到系统设计、组件构建、组合、集成、分发、管理以及进一步的发展。

MDA 采用元建模(meta – modeling)思想,即遵循 OMG 的标准,采用一个统一的元模型将系统的模型融合到一个统一的视角。元模型独立于语言、提供商和中间件。以这样一个公共的稳定模型为中心,用户可以派生针对不同平台的代码,即使底层的支撑环境发生了改变,这一元模型也保持不变,并能够移植到不同的中间件和平台环境下。

MDA 的核心是 OMG 提出的 3 个建模标准:统一建模语言(UML)、元对象功能(MOF)和公共仓储元模型(CWM)。其中,UML 主要用来实现过程和接口的形式化描述,并维护其一致性;MOF 提供了在 MDA 中使用的标准的建模和交换结构,奠定了模型/元数据交换和互操作的基础,同时也定义了应用全生命周期中模型和实例操作的编程接口;CWM 则是 MDA 数据仓储的标准,它涵盖了从设计、创建到管理数据仓库的整个过程,主要实现信息建模、对象建模、资源库以及数据转换等。

5.1.1.2 基于 MDA 的开发过程

MDA 技术定义了一系列的规范来建立系统的模型,并将系统基本功能的规范与具体实现平台的规范相分离,实现了系统的互操作和可重用。它主要实现了以下两类应用:

● 系统采用平台无关模型来定义,并能够通过辅助的映射标准在不同的平台上实现;

● 不同的应用可以通过模型的关联处理来进行集成,即使它们运行在不同的平台。

基于 MDA 的开发过程包括以下 3 个步骤:

(1)建立平台无关模型(PIM)。PIM 定义了应用所涉及的功能,其核心模型一般采用 UML 图表(Profile)的形式来表示。

(2)实现从平台无关模型(PIM)到平台相关模型(PSM)的转换。PSM 明确了功能需求在一个具体平台上的实现方法,通过标准的转换规则对 PIM 转换后获得。

(3)采用相关的软件工具从平台相关模型(PSM)生成代码。这些工具不仅要支持用户基于现有的领域功能和普遍服务来创建 PIM,以及支持公共资源库的创建,以便保存大量的只需稍加修改或改进就可重用的解决方案,还要实现从 PIM 到常见平台(如 COREA 和. NET)的标准 PSM 的自动映射,并支持模型的中间转换以及对传统模型的一致性处理。

5.1.1.3 MDA 与 HLA 的结合

MDA 与 HLA 技术都致力于系统互操作的实现,但前者从通信互联的角度出发,而后者则重点解决模型的重用问题,因此,将 MDA 的有关技术、思想应用到 HLA 中将是今后解决系统互操作和可重用的重要技术途径。

1. MDA 技术应用到 HLA 中的优点

在 HLA 技术中采纳 MDA 的技术、思想的优点包括:

- MDA 技术的采纳可以使 HLA 的相关规范与目前工业组织的体系结构进行结合、调整;
- MDA 技术提倡采用标准化的构件模型;
- MDA 提倡采用形式化的设计方法,如 UML;
- MDA 技术使开发人员的关注中心从系统的实现和中间件一方转移到了仿真系统的事务或行为一方;
- MDA 提供了一种机制来实现仿真应用随着相关标准的发展、变化而进行改变。

2. 建立 MDA 与 HLA 融合的技术途径

将 MDA 的相关技术、思想融合到 HLA 中,主要的技术途径有以下几个方面:

(1)将 MDA 中有关的标准化领域功能集成到 HLA 中;

(2)HLA 中所定义的 RTI 的相关服务,需要和 MDA 中的公共服务进行协调、扩展;

(3)将 RTI 作为中间件;

(4)MDA 技术通过引入一个总体的 PIM 实现对联邦开发工具开发标准化;

(5)研究实现数据工程中的获取、管理等问题。

5.1.1.4 可扩展的建模与仿真框架

基于 MDA 的元模型思想和 Web 技术,美国海军研究生院、乔治－梅森大学以及 SAIC 公司等组织的研究人员一起提出了可扩展的建模与仿真框架(XMSF)。XMSF 是一个基于 Web、与平台相关的解决方案,目的是为分布式建模与仿真应用确定必要的基本功能。在这方面,由 HLA 建立的框架已经提供了一个良好的开端,但从系统运行的角度,虽然 XMSF 需要实现现有 RTI 的 Web 化,XMSF 不会局限在 RTI 所定义的功能,它需要做进一步扩展。

1. XMSF 的技术内涵

目前,在 XMSF 中已经确定需要解决的4个核心技术领域是:

(1) Web 服务和相关的标准,如 SOAP 和 XML 等;

(2) Internet 技术和网络办议,使基于 XMSF 技术的系统能够运行在 Internet 上;

(3) 建模与仿真应用,其中涉及兼容性问题、权威表示、可组构性、多分辨率建模等;

(4) 将仿真应用集成到作战系统中,如利用建模与仿真功能来增强作战效能。

2. XMSF 面临的技术挑战

XMSF 技术为下一代先进分布仿真系统建立了一个可扩展的技术框架,具有良好的应用前景,但同时,在技术上也面临着一系列的挑战,主要包括:

(1) 如何利用基于 Web 的技术来实现更为强大、高效的先进分布仿真系统;

(2) 为作战想定提供开放的、可扩展的建模与仿真功能,并应用到实际的作战系统中;

(3) 如何有效利用目前企业范围内主流的软件开发技术和方法;

(4) 为开发人员和用户提供良好的应用环境;

(5) 对建模与仿真领域的不同类型的仿真应用提供支持;

(6) 力求提高模型的有效性和逼真度,仿真中的模型应体现实际的作战过程以满足军事行动的需求。

5.1.1.5 仿真模型可移植性规范

随着计算机技术的发展,工程层次上多领域、多组织和多层次的仿真模型开发与集成方法也获得了很大发展。2004 年欧洲航天局借鉴 MDA 思想,将仿真模型的设计信息与运行信息相分离,提出了仿真模型可移植性规范 SMP2.0,并提供了专业领域模型开发指南,包括开发建议、模型设计模式、模型文档模板、数据交换文件标准和模型兼容性测试等,确保领域模型开发和集成的有效性。当前 SMP 已经成功应用于欧洲航天技术中心(European Space Research and Technology Centre)的伽利略系统仿真辅助工具(Galileo System Simulator Facility)、欧洲航天运行中心(European Space Operation Centre)的金星探测和火星探测计划和 NASA 的航天系统概念设计的协同仿真环境等工程总体论证项目中,实现了这些项目中不同领域和不同组织仿真模型可持续的开发和集成。

SMP 的目的是提供一个模型开发框架,以实现仿真模型的平台独立、跨仿真平台重用和集成。SMP 2.0抽象出了工程层次仿真模型的元数据信息,强调平台独立模型与仿真平台相关模型的概念。SMP 2.0构件模型规范提供了基本的模型框架及仿真运行框架,包括模型体系构成、仿真模型之间的互操作方式、仿真模型与其他构件模型之间的访问机制、相关的仿真服务等。SMP 2.0标准采用公共的高层抽象概念开发模型以及基于XML的仿真模型定义语言(SMDL)描述仿真模型的设计信息和装配信息。这些技术涵盖了基本的模型描述和模型互操作模式,使得模型能在抽象层次上描述,形成与平台无关的仿真模型。

SMP2由仿真环境和仿真应用这两类构件构成,其体系结构如图5-1所示:由模型实例构成的仿真应用,其中模型实例确定应用的特定行为;用于提供以下4类仿真服务的仿真环境。

(1)日志服务(Logger):该服务采用一致的形式记录不同种类的日志消息,如信息、事件、警告、错误等。

(2)调度服务(Scheduler):该服务基于时间或周期事件调用模型的入口点(事件响应函数),主要依赖于时间服务。

(3)时间服务(Time Keeper):该服务提供4种不同的SMP2时间类型,即相对仿真时间、绝对公元纪元时间、相对的任务时间以及相对于计算机时钟时间。

(4)事件管理(Event Manager):该服务支持全局的异步事件排序和管理,可以注册事件句柄、广播事件,也可以定义用户特定的事件类型。

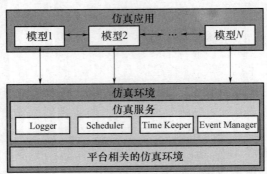

图5-1 SMP2的系统体系结构

5.1.2 对象模型开发

随着HLA分布仿真技术的发展,HLA对象模型开发工具(OMDT)已成为

HLA 建模的必备软件。

1. HLA 中的对象模型

（1）对象模型（OM）：对一给定系统固有对象的规格描述，包括对象特征（属性）的描述和对象之间存在的静态与动态关系的描述。HLA 中，对象模型必须遵循对象模型模板（OMT）格式，主要包含 FOM、SOM、MOM、BOM 四类。

（2）对象模型模板（OMT）：是一种标准化的描述框架，定义了 HLA 系统中参与交互的数据之间的归类方式和相互关系准则。在 HLA 中，对对象模型的完整描述包括两个部分：OMT 和 OMT 扩展。

（3）联邦对象模型（FOM）：标识联邦所支持的主要对象类、对象属性和对象交互作用，此外，也可能指定任选的附加信息类以便对联邦结构和/或行为进行更为完整的描述。

（4）仿真对象模型（SOM）：单个仿真提供给联邦的内在能力的规范说明，为仿真联邦开发者提供了一种能快速决定仿真系统在联邦中起指定作用的适宜性的方法。

（5）管理对象模型（MOM）：由预定义的管理对象类和管理交互类两部分组成，由 RTI 负责维护其信息，能有效帮助联邦的集成测试和监视、控制联邦的执行。它是真实世界、需求和设计之间的桥梁。

（6）基础对象模型（BOM）：概念模型、仿真对象模型、联邦对象模型的一部分，可以用作开发和扩展一个仿真应用或联邦的部件。BOM 的基本组成包括：对象类、交互类、相互作用模式、状态机和事件。

2. 对象模型开发工具

对象模型开发工具应具备如下主要功能：

（1）OMT 内容编辑及合法性验证，包括添加、删除、修改。在用户进行对象类属性、交互类参数、路径空间编辑时，可选所有数据类型（基本类型和用户自定义类型），且选择的数据类型必须存在于同一对象模型。已被使用的用户数据类型禁止删除、改名；用户编辑对象类属性、交互类时，可选所有现有路径空间，且所选路径空间必须存在于同一对象模型。已被使用的路径空间禁止删除、改名。删除对象类（交互类）时，应该保证其拥有的所有属性（参数）被删除，同时保证其子对象类（子交互类）已被删除或进行其他合适处理。模块编辑时，能编辑注释，即字典项。

（2）插入管理对象模型并进行合理调整，保证 MOM 信息不可更改。

（3）FED 文件编辑生成及合法性验证。

5.1.3 仿真系统集成

当前,仿真系统有两个重要的发展趋势:一方面,新开发软件的规模越来越大,复杂性越来越高;另一方面,越来越多的注意力被投放在了已有仿真系统的集成上。系统集成的主要内容是基于网络的由不同硬件、操作系统、数据库管理系统和应用软件组成的异构数据处理环境下的数据模型、数据库模式、查询语言、事务处理、并发性控制与数据库状态一致性维护等一系列问题的集成,目的是给用户提供一个集中、统一的视图,并确保模块之间的互操作性,以提高模块的重用度。仿真应用需求从过去的单系统仿真,发展到今天的多系统仿真和复杂系统联合仿真,且仿真系统对各自仿真平台的需求也有所差异,实现这些仿真系统尤其异构仿真系统的快速集成具有实际意义。

数据库异构是进行仿真系统集成时面临的主要问题和难题。它主要包括下列几种情形:属性和关系表的命名异构(如异字同义、同字异义)、关系表的结构异构(如关系表的组成和大小不同)、记录值的异构(如不同的单位制及其之间相互转换、命名异构等)、语义异构、数据模型异构等。解决数据库异构问题的方案主要有:联邦数据库、数据仓库、Mediator、基于知识的信息集成。

在分布、异构的软、硬件环境下,仿真系统集成方面存在 6 个层次上的挑战。由底向上,这些挑战分别是:地理上的分布、异构的数据结构和数据操纵语言、异构的属性表示和语义、异构的数据模式、对象标识和数据融合。目前,仿真系统集成方法主要有基于 HLA 的仿真系统集成方法和基于 SOA 的仿真系统集成方法。

5.1.3.1 基于 HLA 的仿真系统集成方法

HLA 采用标准规范、RTI 服务和对象模型模板实现各个仿真系统之间的互操作,为分布仿真提供一个与平台和地理位置无关的环境,从而降低了分布式应用系统开发的复杂性,提高了互操作性、可移植性和代码的可重用性。但是 HLA 只为分布仿真提供一个高层的体系结构,不对具体的仿真应用系统的设计和实现进行规范,因此,目前出现了不同应用领域和地域、基于不同仿真平台的各种异构仿真系统。由于缺乏统一的通信协议标准、规范的仿真平台框架,这些仿真系统难以直接进行互联,限制和降低了分布仿真的重用性和互操作性。

基于 HLA 的异构仿真系统的快速集成涉及 3 种相关支持技术:代理技术、中间件技术和 Web 技术。基于这些技术,异构仿真系统的快速集成有多种不同的实现方法,包括利用桥接成员实现多联邦互联,通过仿真系统框架使仿真系统在异构仿真平台上实现快速集成,使用 XMSF 使仿真系统成为松散耦合、面向构件和跨平台实现。

1. 基于桥接技术的集成

HLA 没有对联邦中联邦成员的设计和实现提供一个约束规范,也没有对 RTI 的数据通信协议格式进行严格定义,使得不同的联邦很难不需要任何的修改就能快速地集成,同时这种以 FOM 为中心的联邦之间可能因数据定义的不一致性使得联邦之间很难实现直接的互联。

HLA 接口规范允许一个成员同时加入多个并发的联邦执行。桥接成员可以同时加入多个联邦,并在联邦间进行数据转发(图 5 – 2)。桥接成员为每一联邦实现一个代理,因此桥接成员也可称为成员代理(Federate Proxy)。当使用桥接成员时,多联邦互操作的完成只需使用 HLA 成员接口规范定义的服务,桥接成员作为成员加入每一联邦执行,并将远程联邦的对象映射到本地联邦中。桥接成员负责收集各自所属联邦内部的交互信息,与其他桥接成员进行数据交换。因此,联邦之间没有发生直接的交互作用,通过桥接成员有效地屏蔽了相互之间的异构性,能够实现联邦之间的互联、互通和快速集成。

图 5 – 2　桥接成员的应用结构

桥接成员允许物理/地理上分离的且使用不同联邦对象模型(FOM)的两个联邦进行"无缝地"相互作用,即桥接成员的存在对任一联邦中的其他成员是不可见的。而且,桥接成员应能处理各种事件,如数据过滤和在不同的 FOM 间映射(即重命名)对象属性和交互。桥接成员逻辑结构由代理(Surrogate)与转换(Transformation Manager)两部分组成(图 5 – 3)。代理部件主要完成成员之间的交互数据并转发给转换部件,同时还从转换部件获取其他联邦的数据并通过 RTI 分发给联邦内其他的成员。转换部件提供了多个代理间的消息通道及消息转换功能,并自动根据预定义的 FOM 映射规则完成联邦之间数据的转换。

2. 基于仿真系统框架的集成

仿真系统框架是一个通用的仿真中间件,与传统的仿真系统相比,它可以根据应用需求,通过重用和组合不同的仿真模型构件快速构建仿真系统,屏蔽了应用层的仿真模型构件与底层仿真平台的设计细节,使仿真系统可在各种异

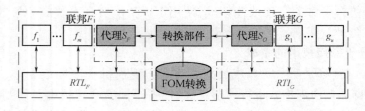

图 5 - 3　桥接成员的逻辑结构

构平台上运行。

　　仿真系统框架基于分层结构、以数据为中心,数据的流动推动整个仿真系统框架的运行。根据对数据的不同需求,仿真系统框架结构分为 4 层:数据提供层(data providing layer)、数据管理层(data managing layer)、数据处理层(data processing layer)和数据通信层(data communicating layer)(图 5 - 4)。根据软件设计的分层原则,各层只能通过接口访问相邻层提供的服务,不能越级访问。这样有利于整个体系结构的层次化管理,使各层之间的耦合性减少到最低程度,局部变化影响仅限于某几个层次。

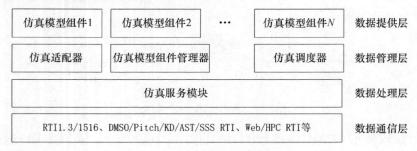

图 5 - 4　仿真系统框架的结构

　　仿真系统框架的逻辑结构主要包含仿真系统的可变部分和不变部分(图 5 - 5)。最低层是仿真系统的仿真平台,可以是不同版本、不同商家或不同技术的运行平台。仿真系统的可变部分直接面向用户,属于仿真系统的应用层,主要由不同功能的仿真模型构件及其他应用构件组成。仿真系统框架的仿真中间件组成仿真系统不变部分,为仿真系统提供通用功能模块。仿真引擎是仿真系统不变部分的核心模块之一,控制仿真系统的数据过滤、缓存和分发,根据仿真模型构件描述信息调度仿真模型构件的仿真活动,驱动仿真系统中仿真模型构件协调一致地推进。

3. 基于 XMSF 的集成

美国 SAIC 的 Katherine L. Morse 博士等利用 Web 服务对 HLA 仿真系统进

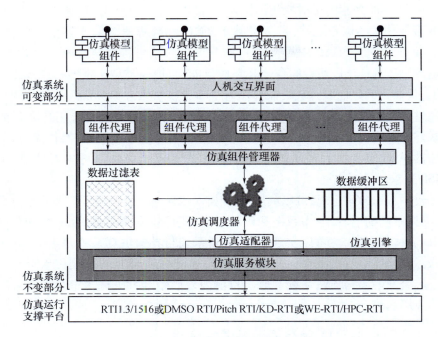

图 5-5 仿真系统框架的逻辑结构

行扩展,实现了 Web 使能 RTI(WE-RTI)。所谓"Web 使能"的应用,就是能够在 Internet 环境下运行、利用 Web 技术支持其运行的应用。一般而言,方式是在现有的系统上增加一层以便使用 Web 技术,系统的设计和结构仍是原来的,其层次比"基于 Web"的应用低。WE-RTI 的结构如图 5-6 所示。

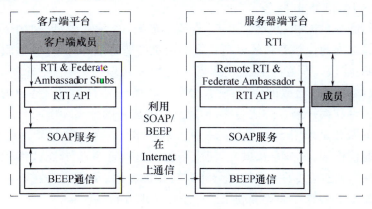

图 5-6 WE-RTI 的逻辑结构

WE - RTI 采用简单对象访问协议(SOAP)作为远程调用的协议。SOAP 是 Web 服务技术的核心之一,是一种基于 XML、在计算机之间交换信息的协议。WE - RTI 建立了 SOAP 格式的 RTI 接口,并通过块可扩展交换协议(BEEP)来传输 SOAP 消息。短期目的是使联邦成员能通过基于 Web 的服务与 RTI 进行通信;长期目的是使联邦成员能够作为 Web 服务驻留在 Internet 上,终端用户可以通过浏览器根据需要组建 HLA 联邦。为满足长期目标,终端用户必须能够对联邦成员进行配置、初始化与监控,这超出了目前 RTI 正常的操作能力,需要附加的 Web 服务层。Web 技术提高了 HLA 的互操作性与可扩展性,这正是 XMSF 追求的目标之一。

遵循 XMSF 的思想,可以利用 Web 技术建立一个统一的可扩展分布仿真框架,支持不同的语言、操作系统和硬件平台,既可以实现已有 HLA 仿真系统基于 Internet 的互联,也可以实现 HLA 仿真系统与异构仿真系统基于 Internet 的互联。如果能够解决 XMSF 涉及的诸多关键技术,则未来可以利用 XMSF 实现基于广域网的异构仿真系统互联。目前国外已经开发了许多符合 XMSF 的思想的应用系统。

5.1.3.2 基于 SOA 的仿真系统集成方法

虽然通过构建中间件(如"联邦桥"等),可以实现异构仿真系统间互操作,然而繁杂的双向转换将使得中间起桥梁作用的软件变得异常复杂。而且,在趋于网络化的计算环境情况下,更需要支持不同架构的实现平台和大规模分布环境。

1. SOA 和 Web 服务

面向服务的架构(SOA)是一个包含运行环境、编程模型、架构风格和相关方法论等在内的一整套新的分布式软件系统构造方法和环境,涵盖服务的整个生命周期:建模 - 开发 - 整合 - 部署 - 运行 - 管理。它以"业务和 IT 对齐"、"保持灵活性"和"松散耦合"为三大原则,以"服务"为中心,保持异构系统互联时运行平台和编程语言的透明性,构建出面向服务的计算环境。

Web 服务是采用 SOA 思想的一种实现技术。作为一个基于 Web 的标准化分布式通信框架,其核心思想为"使应用程序也具有 Web 分布式编程模型的松散耦合性"。它提供了一个建立分布式应用的平台,使得运行在不同操作系统和不同设备上的软件都能够利用这一平台实现分布式计算。

Web 服务基于服务提供者、服务请求者、服务注册中心 3 个角色和发布、查找、绑定 3 个动作构建(图 5 - 7),在传输协议(如 HTTP)、消息传递协议(如

SOAP)和数据描述(如 XML)上都采用了业界标准,这为不同平台、不同编程语言实现的系统互通、互操作提供了必要的技术基础。

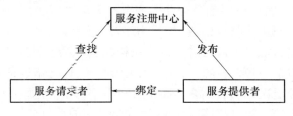

图 5-7　Web 服务的交互模型

2. 基于 SOA 的仿真系统集成

将仿真应用包装为 Web 服务并发布,可以在新的业务需求下重新组合完成新的业务流程;客户端和服务端通过统一的消息格式进行交互,实现服务的调用和数据的显示。客户端(可能是仿真应用或者受训人员)能够通过浏览器和客户端代理对仿真训练进行监控、管理(图 5-8)。其优点在于:将仿真应用"包装"成带统一资源标识符(URI)的软件程序,客户端可以通过 MTN(军事训练网)进行访问,仿真应用可以不需要移动硬件设备或重新安装,可以利用它已经成熟的技术支持和配置管理而待在原地,同时也保留了原有系统的运行数据和业务规范,延长了软件生命周期和提高了仿真应用的重用性。

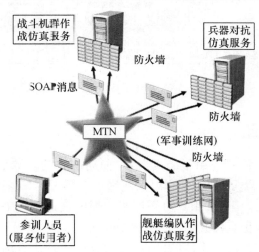

图 5-8　军事仿真应用通过 Web 服务集成

在 SOA 中,通过在业务流程层和应用层之间插入服务层,进一步打通下层应用层之间的隔阂,通过运用面向服务的设计理念实现自治性,最大程度地减少对其他服务的依赖,把所有的逻辑都控制在本服务所管辖的范围内,通过组合现有的服务,来达到可复用的目的。

在此基础上,将服务层细分为业务服务层和公共服务层,业务服务层主要由与业务相关的原子性服务组成,如兵力生成、态势显示、动力学模型等,可以通过"按照业务实体进行分析建模"的方法构建这些原子服务,以备复用。而应用服务层则是包括一些公共的、与业务无关的服务,如网络通信状态检查、短消息传递等。这种层次划分,提高了服务的利用率,规范了服务的分类和管理。通过对已有服务的重新组装,可以快速地构建出新的仿真应用。Web 环境下仿真应用功能层次如图 5 - 9 所示。

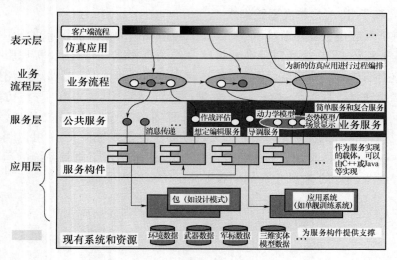

图 5 - 9　Web 环境下仿真应用功能层次

5.1.4　仿真语言

仿真语言是一种专门用于仿真研究、面向问题的非顺序性计算机高级语言。仿真语言是一类重要的仿真软件,允许用户不深入掌握通用高级程序语言编程的细节和技巧。因此,用户可用原来习惯的表达方式来描述仿真模型,而把主要精力集中在仿真研究上。

(1) 分类。按被仿真系统的特点,分为连续系统仿真语言、离散系统仿真语言和连续离散混合系统仿真语言;按数学模型的型式,分为面向框图的仿真语言和面向方程的仿真语言;按运行方式,分为交互式仿真语言和批处理式仿真语言。

（2）组成。包括 4 个部分：①模型定义语言：用以定义模型和仿真实验的语言。②翻译程序（用于连续系统仿真）或处理程序（用于离散系统仿真）：翻译程序将用模型定义语言编写的源程序翻译成宿主语言。处理程序将源程序连接实用程序库和运行支持程序，形成机器码。③实用程序库：包括算法、专用函数、随机采样函数、各种框图和绘图程序。④运行控制程序：供用户以人机交互的方式控制仿真运行、改变参数、收集数据和显示数据的程序。

（3）特点。仿真语言不同于一般通用的高级语言，具有以下几个特点：①仿真语言使用户可以采用习惯的表达方式来描述仿真模型。②仿真语言具有良好的并行性。在实际的连续系统中，过程都是并行发生的，而一般数字计算机都是串行计算的。因此，用仿真语言编写的源程序都有自动分选排序的功能，通过编译程序将源程序非列成正确的计算顺序，供计算机按顺序进行计算。③仿真语言与顺序性的通用编程语言（如 FORTRAN 语言）有兼容性，以扩展仿真语言的功能。④仿真语言备有多种积分方法可供用户选用。⑤仿真语言配有常用输入和输出子程序。⑥用仿真语言编制的源程序，便于实现多次运行仿真的研究。⑦用仿真语言编制的源程序，在程序运行的不同阶段，可给出诊断程序错误的信息，帮助用户查找程序错误。

5.1.4.1　连续系统仿真语言

仿真语言是随着数字计算机的发展而发展起来的。1955 年出现第一个框图式连续系统仿真语言——数字模拟仿真语言（DAS）。DAS 语言吸取了早期许多仿真语言的特点，在仿真语言的发展中起过重要的作用。它配有一整套对应于模拟计算机中各种标准运算部件的程序模块，所编写的源程序分为结构、参数和控制 3 部分，分别用来指定程序模块间的连接、模块的参数和模块的运行方式。用户编写源程序语句的顺序则是任意的。源程序经编译程序翻译成机器码，或经解释程序解释后执行。因为源程序的编制方法与模拟计算机的编排方式相类似，所以很受仿真界的欢迎，盛行于 1955 年—1965 年间，但模型的表达内容要受预先编制好的模块类型的限制。20 世纪 60 年代初在 DAS 语言的基础上出现了改进型数字模拟仿真语言（MIDAS）。

1959 年出现系统动力学建模语言（DYNAMO）。1967 年美国计算机仿真学会提出一种兼有框图表示功能的面向方程的仿真语言——连续系统仿真语言（CSSL），成为连续系统仿真语言的规范。此后，又出现了许多符合 CSSL 规范的仿真语言，其中，应用较广的有连续系统建模语言（CSMP）和微分分析器置换语言（DARE）。由于公式翻译语言 FORTRAN 的编译程序对某些小型计算机也能产生高效率的目标代码 所以面向方程的仿真语言都是先翻译成 FORTRAN

语言,再通过编译程序生成目标代码。

5.1.4.2　离散事件系统仿真语言

按照对系统的描述方式,离散事件系统仿真语言分为进程型、事件型和活动参考型3种形式,大多数属于前两种形式。

(1)进程型语言。进程型语言是面向进程的仿真语言,按照系统表达方式,又可分为框图型、语句型和网络型3种。1961年美国国际商业机器(IBM)公司G.戈登提出的通用仿真系统语言(GPSS)就属于框图型。美国宝来公司A.J.迈耶霍夫等人提出的宝来操作系统仿真语言(BOSS),允许用户在编码过程中运用自己的与流程图类似的模块,也属框图型。1966年挪威计算中心O.J.达尔和K.尼加德提出的仿真语言SIMULA(Simulation Language),在ALGOL的基础上扩展而成,属于语句型。连续离散混合系统仿真语言——交替建模仿真语言(SLAM)则属于网络型。

(2)事件型语言。事件型语言是基于事件调度的仿真语言,提供一系列方便直观的语句供用户定义系统及编写主程序和事件例程,支持子程序库会提供所需的程序。事件例程完成系统活动和事务处理的仿真。系统活动不论采用同时进行或顺序进行的方式,均由事件表排定事件例程。事件型语言仿真程序设计的中心任务是安排将要产生的下一个事件。主程序控制仿真运行,调用初始化程序设置变量初值,并读入描述模型的标准输入语句,采用事件单位增长的方法推进时钟。初始化后,从事件表中找出第一个事件,转至相应的事件例程,结果是调度其他事件发生,或修改系统状态,或收集统计数据等。仿真终止后,自动产生报告。1963年美国兰德公司的H.马尔科维茨等人提出最早的事件型语言——SIMSCRIPT(Simulation Scripture),B.普里兹克尔等人提出的另一种事件型语言——一般活动仿真语言(GASP),均在FORTRAN的基础上扩展而成。

20世纪80年代后离散事件系统仿真语言又有了新的发展,与仿真环境软件(包括数据获取与分析、仿真结果显示分析、试验设计等软件)相结合而构成仿真软件系统,并优化编译程序;改善与数据库的接口;引入连续系统仿真语言,发展为连续离散混合系统仿真语言。

5.2　仿真系统运行的支撑技术

仿真系统运行的支撑技术包括仿真引擎、仿真管理、负载均衡、状态保存与恢复、异常捕获等技术。

5.2.1　仿真引擎

仿真引擎是仿真技术发展到一定阶段的结果。在离散事件仿真系统中,有许多任务与具体的仿真对象无关,如随机数产生、事件排序、事件调度、时间同步等,从软件重用的角度考虑,将这一部分与应用相关部分(仿真模型)明确地分离开来,称为仿真引擎。这种分离还有更重要的作用:用户不必担心与应用无关部分的内部实现,只需要专注于模型的开发。仿真引擎与仿真模型的关系如图 5-10 所示,仿真引擎为模型提供统一的接口,仿真模型按仿真引擎的要求来构建,调用仿真引擎提供的接口函数实现所需的功能。

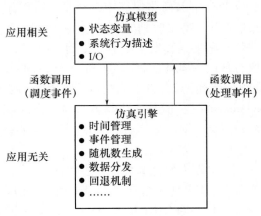

图 5-10　仿真引擎与仿真模型的关系

仿真引擎为仿真高效运行提供平台支持,包括时间管理、事件处理、随机数生成、数据分发等功能。对于分布并行仿真(PADS)引擎,回退机制也必不可少。

5.2.1.1　时间管理

HLA 时间管理关注如何在联邦执行时控制时间的推进。由于消息可以带"时间戳",并通过"时间戳"来表明消息发生的时间,而 RTI 的时间管理正是依靠协调带"时间戳"消息的传递,来实现仿真时间的推进。因此,HLA 时间管理机制必须与消息传递机制配合,包括两方面内容:消息传递机制和时间推进机制。

1. 消息传递机制

消息传递机制包括消息传输方式和消息传递顺序。消息的传输方式分为可靠（reliable）和快速（best effort）2 种。前者保证可靠性，但通常需要增加时延；后者以减少传输时延为主要目的，但要以降低可靠性为代价。消息的传递顺序可分为接收顺序、优先级顺序、因果顺序和时间戳顺序。目前，无论是发送的消息还是接收的消息，其顺序只能是接收顺序或时间戳顺序。

（1）接收顺序（RO）。RTI 按接收到消息的顺序将消息传递给成员，是时延最小的方式。这种情况下，可以理解为 RTI 内部为每个成员建立了 1 个队列，RTI 将要转发给成员的消息按先进先出（FIFO）方式在队列中排队，每次将最前面的消息传递给成员。此方式用于对传递速度的要求高于对因果关系的要求的情况。

（2）时间戳顺序（TSO）。RTI 将保证传递到成员的所有消息都是按时间戳顺序到达。实现方式为：RTI 将接收到的消息存于队列中，直到确信没有时间戳更小的消息到达，才将这些消息转发给成员。使用 TSO 可以保证成员不会收到过去的消息，以及所有从同一事件接收消息的成员能以同样的顺序接收消息。

要按照时间戳顺序传递消息，必须满足以下 3 个条件：消息的发送者必须拥有时间控制（regulating）属性；消息的接收者必须拥有时间受限（constrained）属性；消息本身必须被定义为时间戳事件。不满足以上条件的消息传递顺序在 HLA 中全部被看作 RO。

在联邦开发过程中，对象类属性和交互类参数都在 FED 文件中表明了其首选顺序类型（TSO 或 RO），供 RTI 在传递消息时使用。在仿真运行过程中，联邦成员可以用 changeAttributeOrderType( ) 和 changeInteractionOrderType( ) 服务来改变实例属性和交互参数传递的首选顺序。

2. 时间推进机制

根据并行离散事件仿真（PDES）提出的保守算法和乐观算法，HLA 的时间推进机制可分为保守时间推进机制和乐观时间推进机制 2 种。

1）保守的时间推进机制

HLA 保守的时间推进机制的基本思想是在遵守本地因果约束条件（local causality constraint）的前提下，保证系统发出的 t 时刻消息仅仅依赖于 t 时刻以前接收到的消息和状态，并且系统能够在 t 时刻预测出 $t + \varepsilon (\varepsilon > 0)$ 时刻的消息。

在保守的时间推进机制中，影响因素主要有时间前瞻量（lookahead）、时间戳下限值（LBTS）和时间戳顺序事件（TSO event）。时间前瞻量是时间控制成员与联邦之间的约定，它建立了下一个出现的事件与当前逻辑时间之间的关系。每个时间控制成员必须确定时间前瞻量，可以通过 RTI 的 modifyLookahead( ) 函数动态地进行改变，也可以是零。成员的 LBTS 表示该成员的最大安全时间推进值,将来不会再接收时戳值小于该值的 TSO 事件;成员均有 LBTS,但 LBTS 仅影响时间受限的成员。联邦的 LBTS 为所有成员 LBTS 的最小值,指在联邦最小的局部时钟和它之间建立时间窗,时戳在该时间窗的事件均可以并发执行。时间戳顺序事件是指带有时间戳的事件,由具有时间控制属性的成员产生,作用于具有时间受限属性的成员。时间控制成员通过 RTI 的逻辑控制构件来调整时间的推进,并把当前逻辑时钟设置为 Tcurrent。该类成员可以产生多种时间戳事件,但是所有事件必须出现在 Tcurrent + lookahead 时间或之后。

2)乐观的时间推进机制

HLA 乐观的时间推进机制以 PDES 的乐观算法为基础,不严格遵守本地因果条件,而是在因果关系发生错误时,采用回退机制恢复系统状态。乐观时间推进机制遵循以下几个原则:一是联邦成员使用乐观机制进行消息的接收和处理。二是联邦成员收到 TSO 时间戳小于已发送消息的时间戳时,由该成员启动回退操作:向 RTI 请求回收回退区间内发送的消息,RTI 收到此请求后,若发现要回收的消息还没有被发送,则删除该消息;若发现此消息已发送,则向已接收到该消息的联邦成员发出回收该消息、执行回退操作的请求。三是使用全局虚拟时钟(GVT)作为联邦成员的逻辑时钟,小于 GVT 的消息和事件不回退。乐观成员发送的时间戳小于 GVT + lookahead 的消息是安全的。

与保守的时间推进机制相比,乐观的时间推进机制允许事件的处理偏离 TSO,但必须检测出已偏离的事件并回退。而该回退操作由用户来完成,增加了开发者的负担,因此通常不使用乐观推进机制。

5.2.1.2　事件管理

事件执行结果可以分为对 LP(逻辑进程)状态的修改和调度新的事件两种。串行离散事件仿真系统只需一个事件队列,该队列只需支持插入和提取两种操作。提取操作总是从队列中提取出时戳最小的事件;插入操作总是将新生成的事件按其时戳顺序插入适当的位置,事件执行后即可删除。

在乐观运行的并行离散事件仿真(PDES)中,仿真计算按 GVT 周期进行,事件处理要经过乐观处理、计算 GVT、事件提交 3 个过程。首先,各成员乐观地处理本地待处理事件队列中的事件。因为此时并不能确定所处理的事件是否有效,每个已乐观处理的事件仍将暂时被保存在系统中的一个已处理事件队列中。如果收到掉队消息(时间戳小于成员当前仿真时间的消息)或反消息,系统将回退该队列中所有时戳大于该掉队消息或反消息的已处理事件。其次,当处理到某个设定的条件满足时(达到一定的乐观事件处理数量,或经过了一定的时间间隔),开始计算 GVT。为了降低在此同步过程中的开销,一般采用异步同步模式,即在该过程内,仍允许各成员保守处理事件,但停止发送消息,并等待网络中的所有成员到达同步点,然后在全局范围内计算出全局 GVT。最后,每个成员将仿真时间推进到新的 GVT 值,并提交已处理事件队列中那些时间戳小于新 GVT 的事件。事件的提交意味着承认该事件的处理有效,并从系统中永久删除该事件对象,回收这些事件占用的内存。更新 GVT 的意义在于确定仿真推进进度,为新的计算清理回收过时信息占用的内存,并允许仿真程序和外部模块或用户的交互。可见,在 PDES 系统中,为了支持乐观事件处理,除了待处理事件队列,还必须增加一个已处理事件队列来暂时保存乐观处理的事件以支持回退。

5.2.1.3　随机数生成

仿真试验对伪随机数发生器(PRNG)性能的要求较高,一般有:

(1)随机性。伪随机数序列应具有与实际随机过程相同的分布类型、分布参数和数字特征(如数学期望、方差)。由于计算机系统精度的限制,只能实现一个近似于实际分布的随机数生成算法,只要这种算法能满足一定的精确度即可。另外,由于实际系统中不同事件的发生往往是相互独立的,所以要求生成的随机数序列具有近似相互独立性。

(2)长周期。由于实际系统出现重复的随机过程的几率非常小,在仿真系统运行期间也要求尽量不出现随机序列重复的现象,这对仿真系统的可信性有重要影响。不仅如此,由于伪随机序列内在的相关性,一个周期为 P 的伪随机序列,其真正有效的序列长度仅为 $\sqrt{P}$ 左右。另外,多样本并行仿真往往要求将同一个随机序列分割成为若干个子序列,每个子序列的长度要能满足一个样本仿真的需要。因此,随机数发生器的周期通常要达到万亿量级(10^{12})。

(3)鲁棒性。有的算法在种子取某些值时效率非常高,而取其它值时效率却很低,甚至所生成随机数的性能都有很大程度的下降。仿真试验需要的是稳定的随机数发生器,周期对种子的取值不敏感。

(4)可再现性。为调试仿真系统的个别参数,或为分析随机因素可控的情况下改变其他输入量时系统的输出,这就要求随机数发生器能准确地再现同样的随机数序列。

计算机上生成随机数序列,一般采用某种数值计算方法,进行递推运算:给定 k 个初始值 $\xi_1,\xi_2,\cdots,\xi_k$,则 $\xi_n=f(\xi_{n-1},\xi_{n-2},\cdots,\xi_{n-k})$。生成(0,1)区间均匀分布随机数的数学方法主要有线性同余法(LCG)、线性反馈移位寄存器法(LFSRG,也称 Tausworthe 序列方法)和组合发生器等,其他分布类型的随机数可在此基础上通过统计抽样的方法生成。

经典的随机数发生器所生成序列的统计特性不理想,存在高维网格结构、长周期相关等不足。随着随机序列在随机模拟、信息安全、软件测试和游戏等领域的广泛应用,为克服经典方法的缺陷,又出现了许多生成随机数的新方法。例如,二次指数发生器、二次剩余发生器(BBS)、非线性同余法(特别是其中的逆同余法)、进位加/借位减/进位乘(AWC/SWB/MWC)发生器、混沌发生器等。

随机数生成算法一览见图5-11。

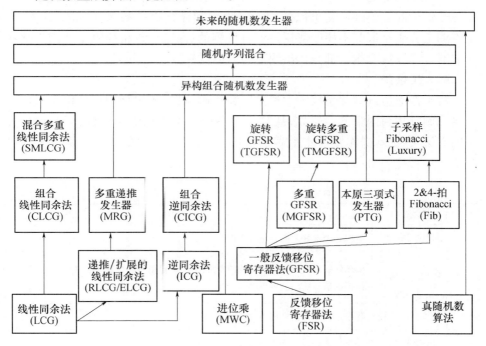

图5-11 随机数生成算法一览

在种类众多的随机数发生器当中,线性同余法(包括乘同余法和混合同余法)及其组合发生器在实现的方便性、随机序列的生成效率和统计品质方面具有优势,在仿真试验当中得到了广泛应用。

5.2.2 仿真管理

对仿真系统进行参数配置,支持任务分发和从数据库或文件进行加载,实现将仿真应用和配置文件配套进行部署;实现基于仿真引擎的运行控制,进行启动、暂停、恢复以及结束和状态监控。

5.2.2.1　系统检测

要保证作战仿真试验的顺利进行,特别是对于人在环、实装在环或实装软件在环的作战仿真试验,必须确保网络和各个节点正常工作。因此,在作战仿真试验之前必须对整个系统进行检测,主要是硬件检测、网络测试和实装软件测试。

系统检测要花费大量时间,尤其是在对全系统进行检测的时候。这里主要探讨硬件检测。硬件检测可以使用人工检测和计算机检测两种方法,其中,人工检测主要用于那些不便于使用计算机检测的部分,计算机检测主要用于那些能够通过计算机对相应部分作出快速检测的器件。

1. 人工检测

对于作战仿真试验系统中大量的实装或模拟器,要想利用计算机对其作出快速检测是相当困难的。比如,驾驶模拟器中的操纵杆的灵活性,只有利用人工的方法,人为地操作几下才能感觉出来。需要人工检测的部件主要如表 5－1 所列。

表 5－1　人工检测项目一览表

序号	检测部件	主要检测内容
1	模拟器电源	电源是否接好并能否正常工作
2	模拟器操纵件	操纵件的灵活性和各个位置的用力情况,其操纵力和行程是否正常、开始位置模拟器信号输出是否正确
3	模拟器挡位杆	各个挡位能否正常挂挡、挡位信号是否正确
4	模拟器仪表	各个仪表是否处于初始位置
5	网络物理连接	网络是否连接妥当
6	台式计算机	配套硬件是否齐备(如键盘、鼠标以及网络连接等)
7	交换机	交换机是否加电、各个网口是否插接牢固等

2. 计算机自动检测

人工检测要花费大量的时间和精力,而且很容易漏掉一些部位。计算机自动检测可以快速高效地对预先设计好的部位进行检测,而且不会漏掉。有些部位是不可能利用手工检测的,比如计算机内存是否正常。可以利用计算机自动检测的主要有(表 5－2):

表 5-2　计算机检测项目一览表

序号	检测部件	主要检测内容
1	模拟器共享板	共享板是否正常
2	计算机内部器件	计算机内部各个器件是否正常
3	模拟器内部电路	模拟器内部电路是否正常、关键部位电压和阻值是否合格等

硬件检测要经常进行。为了保证系统的正常运行必须制定硬件检测计划，在规定的时间段内对硬件进行检测，如 7 天一次小检，15 天一次中检，30 天一次大检。另外，在每一次仿真试验之前都要对系统进行一次适当规模的检测。

5.2.2.2　配置管理

仿真是基于各种模型（如业务过程模型、武器模型、地形模型、地物模型、环境模型等）的试验。模型的某些参数，或模型驱动信息，比如环境模型中的大气密度、压强等是可以而且必须事先设定的。配置管理就是设置仿真试验的初始数据，为各种模型提供驱动信息。

在作战仿真系统中，配置管理的主要内容包括实装软件的版本、想定的版本、作战仿真试验系统软件的版本、作战地域的矢量地图和三维场景、作战地域在作战时间段内的天候气象电磁环境、双方武器装备的三维模型和战技性能指标等。在这些配置内容当中，作战地域的矢量地图和三维场景、双方武器装备的三维图像和战技性能指标等资源属于基础建设的范畴，需要平时积累；而想定的细化和补充包括参战双方的编制、编成和部署、任务区分、作战计划等内容，涉及大量人力，需要做好规划。

5.2.2.3　运行管理

运行管理是仿真系统运行期间的重要工作。在传统方式下，仿真系统的运行准备、运行、运行后处理这些工作基本上通过手工进行，缺乏相应的软件工具支持，导致整个过程效率低下，自动化程度低，用户负担重，并且很难支持对系统运行的试验方法学设计和多次自动重复运行以获取可进行统计性分析的结果。另外，随着计算技术的发展，机架式、刀片式计算设备在仿真中的应用出现逐步扩大的趋势，对这些基本不具备单个节点键盘鼠标等人机接口设备的计算环境，传统的人工运行方式已经无法适应，严重阻碍了分布仿真技术的进一步发展和仿真手段向更广泛领域的推广。

基于 HLA 架构的仿真试验运行管理的主要内容包括联邦创建/销毁、仿真运行控制、仿真运行动态信息显示以及仿真回放等。HLA 通过创建联邦执行来启动一个具体的仿真试验,联邦成员通过加入(退出)联邦执行来加入(退出)仿真试验,销毁联邦执行后仿真试验结束。仿真运行控制主要涉及仿真试验宏观进程的启动、暂停、继续、结束以及对单个联邦成员运行状态管理,根据需要终止某个联邦成员的运行等。仿真运行动态信息显示是对仿真运行状态的可视化显示及监视,包括二维态势显示、三维场景显示等。

HLA 主要关注仿真系统互操作以及仿真资源重用,它以"软总线"的形式为各种应用提供 RTI 服务。由于 HLA 规范和各种版本的商用 RTI 不支持仿真多样本运行,多样本运行往往需要进行手工操作,非常繁琐而且容易出错。

5.2.2.4 日志管理

日志服务用于在仿真运行过程中记录模型的输出数据,以减轻仿真管理人员簿记(bookkeeping)的工作量。日志服务使用数据管理系统访问和存取各种模型参数,这样就减少了开发者编写输出代码的工作量。例如,美军的联合建模与仿真环境(JMASE),支持从工程级、平台级、任务级到交战级的仿真建模、配置、运行以及对仿真数据的评估。JMASE 提供 3 种日志数据格式:二进制格式、ASCII 码格式和 MATLAB 格式。

5.2.3 负载均衡

在集群系统环境下,任务调度算法的设计应当考虑下列原则,以减少进程的平均响应时间、提高系统资源利用率:

(1)高性能。调度算法本身应当高效。由于任务调度问题非常复杂,在实际应用中,只能寻找在一定可接受代价下的最有效调度方法。

(2)可伸缩性。调度算法能适应集群系统的节点和应用的动态特性。

(3)透明性。调度算法的运行不应当被用户和应用程序感知。

(4)高可用性。由于集群系统是一个松耦合的系统,调度算法应当能够容许节点或者互联网络的失效,具有利用不完全或陈旧信息做出有效调度的能力。

任务调度从性能目标上分为负载共享和负载均衡两大类:负载共享,简单地将等待运行的任务分配给集群系统中的空闲节点,力图通过保证没有任何节点处于空闲状态来提高系统资源的利用率;负载均衡,在集群系统范围内按照一定的标准均衡节点的负载,从而更为有效地利用系统资源。可见,负载均衡更为有效。

根据进程运行特性(如进程到达时间和速率、进程对资源的需求)的预先可

用性,负载均衡又可以分为两种:

(1)静态负载均衡,指通过预测基于任务的历史运行信息或者由用户主动说明,在任务执行之前获知任务的运行特性,并据此计算出最优的任务分配方式。

(2)动态负载均衡,指动态、实时地考虑集群系统当前的资源使用状态和进程的运行特性,在进程执行时进行有效的调度。

静态负载均衡的前提是预先精确地获知进程的实际运行特性,比较适合于应用相对固定的专用系统。对于具有信息不确定性、高度动态和强交互性的仿真应用,需要采用更为有效的动态负载均衡,如进程/成员迁移。目前研究较多的进程迁移,主要包括:基于移动 Agent 技术的进程迁移和基于虚拟机(VM)的进程迁移。

移动 Agent 具有移动性、自治性、反应性、平台无关性、动态适应性、目标导向性等特性,在分布式计算系统中表现出较之普通对象的巨大优势,可以节约网络带宽和克服网络延迟、支持异步自主执行、支持离线计算(断连操作)、提供个性化服务、增强应用的强壮性和容错能力,广泛用于电子商务、网络管理、分布信息检索和发布、并行处理等领域。

面向虚拟计算环境的负载均衡与传统分布式计算环境中的负载均衡最大的区别是迁移对象的粒度不同。传统分布式计算环境主要通过进程迁移达到负载均衡,迁移粒度小,迁移过程中传输的数据量少,忽略了传输数据的开销;面向虚拟计算环境的负载均衡则是通过虚拟机迁移,迁移粒度大,迁移时传输的数据量也大,因此,迁移开销是不可忽略的。

SWsoft 公司的 Virtuzzo 为运行在其中的每一个应用提供一个完整的虚拟操作系统环境(VE),每个 VE 都有自己的注册表、用户名、文件系统、TCP/IP 地址和内核等,所有的系统资源和表示均被虚拟化,由于全新的 VE 镜像仅有 30MB,大大提高了迁移速度。

VMWare 产品中集成的迁移技术 VMotion,不需要修改 OS 内核。开源虚拟机软件 Xen 集成了两种迁移技术,即 regular migration 和 live migration。与 live migration 不同,regular migration 需要中断源域的服务,属于 stop – and – copy 类型。

5.2.4　状态保存与恢复

联邦状态保存和恢复主要是指各个联邦成员状态的保存和恢复:在联邦执行的某一时刻保存联邦中所有成员的状态,在另一时刻再恢复所有成员的状态继续运行。

除了用于实现成员迁移,随着 HLA/RTI 的广泛应用,联邦状态保存和恢复日益显示出其重要性:

(1)最常见的运用是支持对错误的恢复。一个联邦在不同的时刻(检查点,Check - point)保存它的状态;当错误发生时,联邦可从不同的检查点处进行恢复,继续执行剩下的事件,从而提高了联邦执行的可靠性。

(2)有助于简化带仿真克隆的多个并行样本的并行运行(MPIP - Clone),提高运行效率。在探索不同参数对仿真结果的影响时,往往要求这些试验都是从相同的初始条件开始的。这些初始条件一般是通过仿真来得到的,而由于仿真自身的原因,很难通过重复计算来重现这一初始条件。而联邦执行的保存与恢复机制有助于解决这一问题。当联邦执行到某一分叉点时,进行状态保存,然后,可以多次进行恢复。每次恢复后,都会得到相同的条件,从而可用来以较高的效率探索不同的参数。

(3)对于时间跨度大的仿真,利用保存与恢复功能还可实现仿真的暂停与继续。

(4)状态保存和恢复的实现,能够为数据记录与回放的实现提供很好的参考。

为对联邦在某一时刻的状态进行保存和恢复,HLA 标准要求 RTI 和参加仿真的所有联邦成员一起进行状态的保存和恢复。RTI 作为底层数据通信平台,它不可能保存和恢复上层应用程序的状态,所以,各个联邦成员必须自行保存和恢复自己的状态。在保存和恢复期间,RTI 以及各个联邦成员不能够再进行数据的交换,此时 RTI 只接收和发送与保存和恢复相关的服务,而不再响应任何其他服务。

5.2.5 异常捕获

在 Windows 平台上,当应用程序运行出现异常时,如果该异常没有被处理,并且该应用程序当前没有被调试,操作系统将在"注册表编辑器"中查找错误调试程序来处理应用程序运行过程中发生而尚未处理的异常。

操作系统在注册表项\\HKEY_LOCAL_MACHINE\Software\Microsoft\ Windows NT\ CurrentVersion\AeDebug 下查找 Auto 项和 Debugger 项。Auto 项的值指定了在异常发生时,操作系统是否自动启动错误调试程序。Debugger 项的值指定了将要用来分析程序错误的调试程序所使用的命令。

(1)如果 Auto 项的值设置为 0,操作系统将弹出消息框,通知用户发生了程序错误。如果 Debugger 项的值指定了调试程序所使用的有效命令,消息框将显示两个按钮:"确定"和"取消"。如果单击"确定",程序将终止;如果单击"取消",操作系统将启动指定的调试程序。如果 Debugger 项的值为空,消息框将只显示"确定",并且不启动任何调试程序。这种调试就是所谓即时(JIT)调试,而该调试程序就是所谓即时调试器(JIT Debugger 或者 PostMortem Debugger)。

(2)如果 Auto 项的值设置为1,并且调试程序项的值指定了有效调试程序所使用的命令,操作系统将自动启动该调试程序,而不会弹出消息框通知用户。这种调试就是在程序调试时经常遇到的情形。

默认情况下,Windows 操作系统中 Auto 项的值设置为1,并且调试程序项的值指定了启动 Dr. Watson 的命令。这意味着当出现程序错误时,Dr. Watson for Windows 将自动诊断错误,并记录相应的诊断信息。

为了在异常发生时能够及时告知仿真管理人员,并为仿真技术人员定位和排除故障提供所需技术数据,作战仿真试验系统需要具备异常捕获能力,并存储异常发生时的上下文环境。应用程序可以调用 Kernel32. lib 中的 API 函数 SetUnhandledExceptionFilter()来捕获进程及线程产生的各种异常。

捕获到进程及线程产生的各种异常之后,应用程序可以进一步调用 dbghelp. dll 中的 API 函数 MiniDumpWriteDump()进行内存转储,获取到如下信息:造成异常的原因;出现异常时各寄存器的值;出错时的调用堆栈;计算机配置信息,如 CPU、操作系统版本、物理内存大小等;计算机状态,出错时运行的进程完整列表以及各进程加载的所有动态链接库。

参 考 文 献

[1] 刘秀罗,马亚平,黄亦工. MDA 与先进分布仿真技术[J]. 系统仿真学报,2004,16(10): 2357 – 2358.

[2] 郭齐胜,张伟,杨立功. 分布交互仿真及其军事应用[M]. 北京:国防工业出版社,2003.

[3] 郭齐胜,徐享忠. 计算机仿真[M]. 北京:国防工业出版社,2011.

[4] 杜强芳. 基于组件的 HLA 方真框架关键技术研究[D]. 哈尔滨:哈尔滨工业大学研究生院, 2005. 10.

[5] 李群,王超,王维平,等. SMP2.0 仿真引擎的设计与实现[J]. 系统仿真学报,2008, 20 (24):6622 – 6626.

[6] 雷永林,苏年乐,李竞杰,等. 新型仿真模型规范 SMP2.0 及其关键应用技术[J]. 系统工程理论与实践,2010,30(5):899 – 908.

[7] 华伟亮, 孙少斌. HLA /RTI 中时间管理机制及实现[J]. 系统仿真技术,2009,5(3):

208 – 211.

[8] Bruce Schneier. 应用密码学——协议、算法与 C 源程序[M]. 吴世忠,译. 北京:机械工业出版社, 2001.

[9] Jerry Banks, John S Carson II, Barry L Nelson, et al. Discrete – Event System Simulation (Fourth Edition)离散事件系统仿真. 肖田元, 范文慧,译. 机械工业出版社,2007.

[10] L'Ecuyer P, R Simard, E J Chen, et al. An Object – Oriented Random Number Package with many Long Streams and Substreams [J]. Operations Research, 2002, 50 (5): 1073 – 1075.

[11] 彭英武,弥晨,申志伟,等. 基于 HLA 的多次仿真运行机制研究[J]. 计算机仿真,2008, 25(1):23 – 26.

[12] 徐享忠,杨建东. 分析仿真联邦多次运行机制研究[J]. 装甲兵工程学院学报,2010,24 (6): 63 – 66.

[13] 赵鑫业,黄健,彭春光,等. HLA 联邦成员迁移机制研究[J]. 系统仿真学报, 2009, 21 (21): 6959 – 6963.

[14] 蒋江. 异构集群系统中基于进程迁移机制的负载平衡算法的研究[D]. 长沙:国防科学技术大学研究生院,2002:16 – 32.

[15] 郭义喜,李海林. HLA 中的对象模型浅析[J]. 系统仿真学报,2006, 18(S1):277 – 279.

[16] 龚立,刘高峰,刘忠. SOA 下军用仿真系统集成研究[J]. 武汉:武汉理工大学学报(交通科学与工程版), 2010, 34(6): 1121 – 1124.

[17] 龚建兴,黄健,郝建国,等. 基于 HLA 的异构仿真系统的快速集成方法综述[J]. 系统仿真学报, 2009, 21(20): 6504 – 6509.

[18] 黄继杰,李伯虎,柴旭东. 网格环境下的 Web – Enabled RTI 研究[J]. 系统仿真学报, 2007, 19(18): 4189 – 4192.

[19] 韩超. 基于多联邦的桥接[D]. 长沙:国防科学技术大学研究生院, 2006, 10: 20 – 22.

[20] 乔海泉. 并行仿真引擎及其相关技术研究[D]. 长沙:国防科技大学研究生院,2006:16.

[21] 刘会明. 基于移动 Agent 的理性迁移与负载均衡研究[D]. 武汉:华中科技大学研究生院,2006:25 – 39.

[22] 王勇,卢桂馥,王忠群. 基于 Java 实现移动 Agent 强迁移的方法[J]. 计算机工程与设计, 2010,31 (8): 1710 – 1713.

[23] VMWare. VMWare DRS: Dynamic Scheduling of System Resources [EB/OL]. http://www.vmware.com/cn/products/vi/vc/drs.html, 2009 – 06 – 12/2011 – 01 – 12.

[24] Barham P, Dragovic B, Fraser K. Xen and the Art of Virtualization [C]//Proceedings of the 19th ACM Symposium on Operating Systems Principles. New York, USA. ACM Press, 2003: 164 – 177.

第 6 章

仿真可信度理论

随着仿真技术本身的不断发展和人们对仿真技术应用价值认识的不断深入,其应用领域越来越广泛。与此同时,对仿真正确性和可信度的要求也越来越高。仿真系统的最终结果对于预期应用来说是否具有可用性,将直接影响到基于仿真结果所进行的一系列应用或决策过程。一个不正确的仿真结果可能导致重大的决策失误或训练事故。从某种意义上讲,只有保证了仿真的正确性和可信度,最终得到的仿真结果才有实际应用的价值和意义,仿真系统才真正具有生命力。因此,如何评估仿真系统的正确性和可信度,一直是仿真理论和仿真技术发展中一个不容忽视的问题。

6.1 仿真可信度的概念

对仿真可信度的概念,目前国内没有完全一致的系统表述,也没有完全一致的术语表达。本书综合各种典型的可信度定义,力求比较准确的把握可信度本身的内涵和外延,描述其概念。

6.1.1 仿真可信度的定义

以往研究人员结合各自的工程背景从不同角度给出了仿真可信度的定义,大致可分为基于相似度、基于置信度和基于误差 3 种类型:

1. 基于相似度的可信度定义

相似度描述了系统间的近似程度,它是系统间相似单元的数量、相似元的数值以及每个相似元对系统相似度影响的权系数的函数。假设有系统 A 和系统 B,两系统中我们感兴趣的要素数目分别为 k 和 l,这些要素之间存在 n 个相似元,每个相似元的相似度记为 $q(u_i)$,各相似元对系统相似程度影响的权系数为 β_i,则系统 A 和系统 B 的相似度可通过式(6-1)计算:

$$Q(A,B) = \frac{n}{k+l-n}\sum_{i=1}^{n}\beta_i q(u_i) \qquad (6-1)$$

有人基于相似性理论给出了可信度的定义,如:

文献[1]认为:"可信度是由仿真系统与原型系统之间的相似性决定的,仿真系统与仿真目的相适应的程度。"它具有目的相关性、客观性、综合性和层次性特点。

文献[2]指出:"仿真系统可信度是指仿真系统作为原型系统的相似替代系统在特定的建模与仿真的目的和意义下,在总体结构和行为水平上能够复现原型系统的可信度程度",并认为仿真可信度是纯客观的。

基于相似度的可信度定义建立在将仿真系统与真实系统相比较的基础上,强调了仿真可信度客观性的一面。

2. 基于置信度的可信度定义

置信度从概率论角度定义了人们接受某一仿真结果的信心。从数学角度置信度可描述为:对总体参数 θ 进行区间估计时,对预先给定的概率 α 能找到一个区间 (θ_1,θ_2),使得 $p(\theta_1 < \theta < \theta_2) = 1-\alpha$,则称 (θ_1,θ_2) 为置信区间,α 为置信度,$1-\alpha$ 为置信水平。

文献[4]以武器系统试验结果分析为背景给出了基于置信度的可信度定义:设 X 是现场子样,Y 是验前子样,为了检验两个样本 X 和 Y 是否属于同一总体,引入竞择假设:$H_0: X$ 与 Y 属于同一总体;$H_1: X$ 与 Y 不属于同一总体。

记:$A \equiv$ 采纳 H_0 事件,$\overline{A} \equiv$ 拒绝 H_0 事件。在采纳 H_0 的情况下 H_0 成立的概率,即 X 与 Y 属于同一总体的概率,称为验前子样 Y 的可信度,记为 $P(H_0/A)$。

3. 基于误差的可信度定义

还有一种比较普遍的观点认为,仿真可信度取决于仿真结果的精度,包括结果表示的精细程度和准确程度两个方面;通常采用误差分析的方法研究该类仿真可信度。

文献[5]指出,"仿真系统的可信度是指仿真系统的使用者对于仿真试验的结果解决某个特定问题的正确性的信任程度。"该定义建立在仿真结果误差分析的基础上,并突出了仿真可信度要针对仿真应用目的、体现研究人员意志的观点。

综合以上定义，可以认为仿真可信度的定义如下：

定义1 仿真可信度：仿真可信度是指模型与仿真相对于特定应用目的而言，其过程、现象和结果正确反映真实世界的程度。

6.1.2　仿真可信度的性质

仿真可信度具有以下几个性质：

（1）目的相关性。这是仿真可信度的本质属性。仿真可信度的高低是与研制该仿真系统的目的紧密相关的。即使是同一个仿真系统，仿真目的不同，系统所表现出的可信度也不同。例如，考察战场仿真环境中用六面体加贴纹理所构成的一幢房屋。如果该仿真环境是用来模拟坦克与坦克的对抗，这样的环境可能会达到可信度要求；而如果该仿真环境中还有计算机生成的士兵，这些士兵又有可能利用该房屋假掩蔽和机动，这种房屋模型就过于简单了。可信度反映的是仿真与仿真对象的差别对仿真可用性的影响程度，抛开仿真目的谈可信度没有任何意义。

（2）客观性。对于一个具体的、具有明确应用目的的仿真系统，其仿真可信度是确定的，不以评估者的态度和所使用的评估方法为转移。评估者的视角不同，所使用的评估方法不同，得到的结论可能不同。但这种不同的根源在于评估过程，而非可信度本身。

（3）综合性。仿真可信度是仿真模型、算法、通信、数据库乃至硬件设备等多种因素的综合反映。可信度的某个侧面可能受多种因素的影响；同样地，某一种因素也可能影响可信度的多个侧面。例如在车辆仿真系统中，地形数据的准确与否不仅影响视景中的遮挡关系，而且还会影响车辆行进中的地形匹配。这一点对系统集成、改进和可信度评估都带来很大困难，必须引起高度重视。

（4）层次性。仿真系统是由若干子系统组成的。相应地，各子系统也存在仿真可信度问题。子系统的可信度必然会反映在整个系统的可信度中。

（5）整体性。计算机技术和仿真技术的飞速发展使得仿真的可信度指标和人们对它的认识角度都发生了巨大的变化。尤其对于复杂仿真系统，有机的整体取代了被分割的局部 以往认为是独立的部分，现在看来是更大整体的组成部分，同时又是由若干更小部分构成的整体。因此，这就要求人们将复杂的仿真的可信度评估视为一个整体，针对问题分析各有关的局部但不陷入任何局部，追求评估效果的整体最佳，追求评估目标的整体实现，使可信度评估问题在全局意义上得到最终解决。

（6）关联性。关联是指系统内部元素之间及系统与外部环境的联系。按照系统工程的观点,一个系统的内部关联决定着系统的功能与特性,外部关联则决定着系统运动发展的方向。同时,周围环境的变化将直接影响系统功能的发挥。任何复杂问题的出现都有其内部原因和外部原因,所以系统工程方法要求在可信度评估问题的研究活动中,既要考虑内在的构成要素,对相互关联关系进行最优调整,又要找出可信度评估对象的问题、评估准则、评估指标体系与外部环境之间的关联关系。

(7) 反馈性。按照关联性,系统本身的变化将对外界环境产生影响,使环境发生变化。同时,这种变化又将反过来对系统本身产生进一步影响,这个过程便是反馈。对可信度问题进行评估是一个反复的过程。需要不断地通过实际效果来判断评估的合理性和准确性,以便使评估体系更加完善、评估结果更加有效。

6.1.3 仿真可信度研究中的难题与方向

仿真可信度研究是一项综合性的研究课题,其面临的难题既有理论问题,也有技术问题,以下为其中的几个主要方面:

1. 仿真可信度概念体系的建立

仿真效果如何界定,如何评价,是仿真的基本问题。但目前国内对这一问题的表述尚未达成一致,常用的术语就有"可信度"、"逼真度"、"置信度"等。除逼真度外,目前还未见到其他术语具体含义的系统阐述。归根结蒂,这些问题反映了仿真理论发展的滞后性。仿真技术是在其他理论和技术基础上发展起来的,但它毕竟是一种新技术,有其特殊性。随着仿真技术的发展和应用领域的扩大,对理论的需求也越来越迫切。

2. 仿真可信度评估理论和方法研究

王子才院士指出,仿真技术进入了今天的研究复杂系统仿真为主的新阶段。但是,在对复杂系统,诸如社会、经济、军事系统进行仿真的过程中,新的困难非常突出。对复杂系统中大量不确定因素定量精确化描述是一个困难,而对仿真系统的可信度进行评估是另外一个困难。因此,仿真系统尤其是复杂仿真系统的可信度评估的理论和方法研究将是一段时间内仿真可信度研究的重点和难点。

3. 仿真可信度评估标准化建设

当前仿真可信度评估的理论、方法和工具针对性强、适用面不广,造成了仿真评估时数据格式不一致、各工具难于集成的问题,不符合复杂大系统仿真高度集成和部件重用的需求,迫切需要建立统一的仿真测试与评估标准。

4. 仿真可信度评估辅助工具的开发

一般的建模与仿真的可信度评估工作,需要审阅和分析大量的文档,统计分析大量的数据,管理协调复杂的操作过程。所以,有必要提供自动化工具。一般来说,完整的仿真可信度评估的计算机辅助工具应包括的功能有:VV&A过程的设计与管理、VV&A文档生成、VV&A数据采集与分析、VV&A方法选择、仿真结果可信度评估及其可视化等。对于VV&A文档,如可接受准则报告、确认计划、VV计划、VV报告、可接受评估报告、确认报告等需要有一定的格式,设计相应的文档模板。对于仿真可信度评估所需数据,要有数据收集和监控管理等工具,以获得必要的数据。此外仿真结果的分析最好以可视化的结果表示出来。

综上,今后仿真可信度研究领域的研究重点和发展方向是建立和完善仿真可信度评估理论,研究和探索新的可信度评估方法,开发和应用一体化的测试与评估工具,制定通用的仿真测试与评估标准。

6.2　仿真 VV&A

仿真 VV&A 是贯穿于仿真开发及应用全生命周期的行为,系统完善的 VV&A 工作是仿真可信度的有力保证,因此,掌握 VV&A 的概念、工作过程、基本原则、相关人员及其职责、相关技术方法以及与仿真可信性的关系,是开展 VV&A 工作,提高仿真可信度的基础。

6.2.1　VV&A 的概念

通常来说,在 M&S 开发全生命周期容易犯以下 3 类严重错误:

(1) M&S 及其仿真结果本来达到了足够的可信度,却判为不可信;

(2) M&S 及其仿真结果本来没有达到足够的可信度却判为可信;

(3) 研究目的不明确而误认为明确,需求定义的描述不准确而误认为准确,导致 M&S 研究的实际内容与所需研究的内容不相符。

我们称第一类错误发生的概率为 M&S 开发者的风险;第二类错误发生的概率为 M&S 用户的风险;第三类错误发生的概率为 M&S 开发者与 M&S 用户共有的风险。第一类错误的发生必然要求改进已经达到足够可信度的仿真系统,这不得不增加本来不必要的开发成本;第三类错误的发生将不得不重新进行 M&S 开发,这将会浪费大量人力、物力与时间等资源;第二类错误的发生很可能会误导 M&S 用户对被仿真系统的理解、决策等行动,其结果很可能是灾难性的。

为了降低前述 3 类错误发生的概率,为了促进并确保所开发的仿真系统达到足够的可信度,人们在 M&S 的理论研究及工程应用中提出并逐步发展出了一套 VV&A 理论。它包括一系列原则、规范和技术,并贯穿于 M&S 的立项、设计、开发、调试、应用、维护等阶段构成的整个生命周期中。从 VV&A 的标准和规范可以看出,整个 VV&A 工作过程,始终是围绕 M&S 的开发目的进行的,VV&A 工作的核心就是要通过规范 M&S 的开发过程来保证仿真系统的可信度。

美国国防部 5000.59 计划中对 VV&A 所下的定义为:

校核:确定 M&S 是否准确反映开发者的概念描述和技术规范的过程。

验证:从预期应用角度确定 M&S 再现真实世界的准确程度的过程。

确认:权威机构对 M&S 相对于预期应用来说是否可接受的认可。

以上 3 个术语组成了 VV&A。这 3 个过程是相辅相成的,贯穿于 M&S 全过程。一般地说,校核侧重于对建模过程的检验,而验证则侧重于对仿真结果的检验,确认则是在校核与验证基础上,由权威机构来最终确定 M&S 对于某一特定应用是否可接受。校核与验证技术用于保证和提高 M&S 的正确性,而确认则是对仿真可信度做出的评价。

6.2.2　VV&A 的工作过程

VV&A 的一般工作过程可分为以下 8 个阶段:

(1) 确定 VV&A 需求。其内容包括:VV&A 工作所要进行的程度和范围、各阶段所要选用的 V&V 技术、确定 V&V 代理、所需的硬件和软件、所需的期限和费用等。

(2) 制定 VV&A 计划。首先要根据 M&S 的预期应用和 M&S 开发者确定的开发方案制定确认计划,内容包括:仿真系统的总体情况、系统开发的基本方案、确认代理、主要模型及其关键数据、仿真需求及可接受性判据等。随后制定 V&V 计划,内容包括:V&V 工作步骤及时间安排、主要的 V&V 对象以及所使用的技术方法、V&V 代理的具体分工、数据的 VV&C 计划等。

(3) 概念模型的 V&V。概念模型校核侧重于考查概念模型是否符合 M&S 功能需求,而概念模型验证则侧重于考查概念模型是否符合 M&S 的逼真度需求。对概念模型的 V&V 都应当进行记录。在记录文档中应说明 M&S 中的假定、算法、所期望的数据的有效性、概念模型结构等是否满足预期应用需求及其原因。概念模型的 V&V 应当在 M&S 的进一步的开发之前进行,这样可以尽早发现概念模型中可能存在的错误。错误发现得越早，修正错误所花费的代价越小。

（4）设计的 V&V。其目的是确保 M&S 设计与概念模型相一致，能够满足设计要求。

（5）实现的 V&V。其核心内容是，在同等输入条件下，比较模型或仿真的响应与原型系统的响应之间有何差异，分析这种差异对预期应用需求的影响有多大。

（6）应用的 V&V。在 M&S 准备运行前，还需要对应用的相关环节进行 V&V。这包括一些辅助性工作，如检查使用的软硬件平台是否合适等。对于人在回路仿真系统来说，还要检查操作员是否经过了必要的训练。

（7）可接受性评估。所谓可接受性评估，就是根据可接受性判据，评估 M&S 的性能和局限对于预期应用是否可接受。在以上进行的 V&V 工作的每一阶段，都应有一个阶段性的 V&V 报告。在进行可接受性评估之前，应将这些阶段性报告汇总成一个综合性的 V&V 报告。除 V&V 报告之外，还要收集其他一些信息，如 M&S 的配置管理状况、文档状况、使用的 M&S 开发标准，以及原有类似系统的使用情况等。这些信息和 V&V 报告都将在可接受性评估中作为重要依据。在可接受性评估完成后，应提交可接受性评估报告，对评估情况进行总结，并对 M&S 是否进行确认提出建议。

（8）确认。由确认代理和 M&S 用户对所提交的可接受性评估报告进行复审，并综合考虑 V&V 结果、M&S 的开发和使用记录、M&S 运行环境要求、配置管理和文档情况以及 M&S 中已知存在的局限和不足之处，最终做出 M&S 是否可用的结论，向用户提交确认报告。一个最终的确认结论可能是以下一种或几种结论的组合：

① M&S 对于其预期应用是完全可用的；
② M&S 对于其预期应用是可用的，但应注意有关的限制和约束条件；
③ M&S 在使用之前应当进行修改；
④ M&S 需要进行附加的校核与验证工作；
⑤ M&S 对于预期应用不具有可用性。

在这些结论中，可以认为前两种是符合要求的结论，后三种是不符合要求的结论。其中最后一种结论是最严重的，它表示 M&S 的开发是完全失败的，需要重新开发一个 M&S，或者采用替代的 M&S 来解决问题。

6.2.3 VV&A 的基本原则

在过去的 VV&A 实践中，人们总结了关于 VV&A 的一些基本原则和基本观点。如果能够深刻理解这些原则和观点,将有助于人们合理制定 VV&A 计划,指导 VV&A 工作的进行,提高工作效率。

原则 1:仿真系统只能是原型系统的一种近似。当仿真结果能够满足仿真可信度要求时,就认为仿真模型是有效的。

原则 2:VV&A 应贯穿于 M&S 的整个开发生命周期。

原则 3:对预期应用准确清楚的表达和阐述是 VV&A 的基础。

原则 4:仿真可信度的高低与仿真系统的预期应用紧密相关。仿真目的不同,逼真度要求也不同。

原则 5:M&S 的验证并不保证 M&S 对于预期应用的可接受性。

原则 6:子模型的 V&V 并不意味着整个模型的可信度。

原则 7:确认不是一种非此即彼的选择。

原则 8:VV&A 需要有创造性和洞察力。

原则 9:系统分析员在 VV&A 工作中的作用非常重要。

原则 10:VV&A 必须进行计划和存档。

原则 11:VV&A 的进行需要一定程度的独立性。

原则 12:成功的 VV&A 需要对所使用的数据进行 VV&C。

6.2.4　VV&A 相关人员及其职责

M&S 整个生命周期中涉及到的人员可以简单地划分为三方:M&S 用户、M&S 开发者和 VV&A 代理。通常 VV&A 代理被称为 M&S 的第三方,它在一定的程度上独立于 M&S 用户和 M&S 开发人员。而 VV&A 代理通常可以分为 V&V 代理和确认代理。

M&S 开发者:M&S 开发的组织和实施人员。

M&S 用户:M&S 开发完成后的使用人员。

V&V 代理:由 M&S 用户指定或有关文件规定的负责对 M&S 进行 V&V 的组织或机构。

确认代理:由 M&S 用户指定或有关文件规定的负责对 M&S 进行确认的组织或机构。

他们在 VV&A 工作中应当各负其责,既有分工,又有合作(表 6-1)。一般情况下,由 M&S 用户指定确认代理,具体负责管理、协调并全面落实 VV&A 计划,以保证 M&S 的可信度。再由确认代理来指定 V&V 代理或自己兼任,负责对 M&S 进行校核与验证,并收集整理所得到的结果用于对 M&S 的确认。M&S

开发者一般也是由用户指定，负责整个 M&S 的开发，并辅助有关 VV&A 的活动的进行。

表 6-1　有关人员在 VV&A 工作中的职责

VV&A 工作	职　　责			
	M&S 开发者	M&S 用户	V&V 代理	确认代理
起草 VV&A 可接受性判据报告		负责	辅助	辅助
制定确认计划		负责		参与
制定 V&V 计划	辅助		负责并参与	
校核	辅助		负责	
验证	辅助		负责	
起草 V&V 报告	辅助		负责并参与	
起草可接受性评估报告			辅助	负责
确认		负责并参与	辅助	辅助
起草确认报告		负责	辅助	参与

6.2.5　VV&A 的相关技术

如果说 VV&A 的原则是 VV&A 工作的指导方针，那么 V&V 技术就是 VV&A 工作的保障。在校核与验证过程中的每一步，都必不可少地要使用各种 V&V 技术作为具体操作手段。下面将简要介绍常用的一些校核与验证技术、技术的选用以及近年来出现的面向对象的 V&V 技术。这些技术大多数借鉴于软件工程等相关领域，一般都适用于计算机模型的 V&V。

1. V&V 技术

按照复杂程度不同，V&V 技术可以分为四大类：非规范 V&V 技术、静态 V&V 技术、动态 V&V 技术和规范 V&V 技术。

1）非规范 V&V 技术

非规范 V&V 技术是在 VV&A 工作过程中经常使用的技术。之所以称它们"非规范"，是因为这些技术所用的工具和方法依赖人工推理和主观判断，没有严格的数学描述和分析推理，但并不是说它们使用效果差。相反，如果应用得当，将会取得很好的效果。常用的非规范 V&V 技术有：

（1）审核（Audit）。评估模型是否符合现有的规范和标准，并尽量使建模的过程具有可追溯性。

（2）表面验证（Face Validation）。建模与仿真用户或者有关专家根据自己的估计和直觉来判定模型在某种输入条件下的输出是否合理。

（3）检查（Inspections）。检查小组对建模各阶段中的需求分析、详细设计等进行审查。由小组组长负责监督这些问题的解决情况，确保所有错误都已改正并且在改正过程中没有出现新的错误。

2）静态 V&V 技术

静态 V&V 技术用于评价静态模型设计和源代码的正确性。与后面要介绍的动态 V&V 技术相比，静态 V&V 技术不需要运行模型。使用静态 V&V 技术可以揭示有关模型结构、建模技术应用、模型中的数据流和控制流以及语法等多方面信息。常用的静态 V&V 技术有：

（1）因果关系图（Cause – Effect Graphing）。着眼于考查模型中的因果关系是否正确。

（2）控制分析（Control Analysis）。包括调用结构分析、并发过程分析、控制流分析和状态变化分析。所谓调用结构分析，就是通过检查模型中的过程、函数、方法或子模型之间的调用关系，来评价模型的正确性。并发过程分析技术是通过分析模型中的并发操作，检查同步和时间管理等方面存在的问题。控制流分析是指通过检查每个模型内部的控制流传输顺序，即控制逻辑，来检查模型描述是否正确。状态变化分析就是检查模型运行时所历经的各种状态，以及模型是如何从一个状态变换到另一个状态的，通过分析触发状态变化的条件来衡量模型的正确性。

（3）数据分析（Data Analysis）。包括数据相关性分析和数据流分析，用于保证数据对象的恰当使用和正确定义。数据相关性分析技术用于确定变量和其他变量之间的依赖关系。数据流分析技术则是从模型变量的使用角度评价模型正确性。

（4）错误/失效分析（Fault/Failure Analysis）。这里所说的错误是指不正确的模型组成部分，失效则是指模型组成部分的不正确响应。错误/失效分析是指检查模型输入/输出之间的转换关系，以确定模型是否会出现逻辑错误。同时检查模型设计规范，确定在什么环境和条件下可能会发生逻辑错误。

（5）接口分析（Interface Analysis）。包括模型接口分析和用户接口分析。这些技术对于交互仿真尤其适用。

（6）结构化分析（Structural Analysis）。用于检查模型结构是否符合结构化设计原则。通过建立模型结构的控制流程图，对模型结构进行分析并检查该流程图是否存在不规范、不符合结构化设计原则的地方。

（7）可追溯性评估（Traceability Assessment）。用于检查各要素从一种形态转换到另一种形态，是否还保持着一一对应的匹配关系。没有匹配的要素可能意味着存在未实现的需求,或者是未列入需求的多余的功能设计。

3)动态 V&V 技术

(1)动态 V&V 技术需要运行模型,根据运行的表现来评定模型的可信性。常用的动态 V&V 技术有:

(2)可接受性测试(Acceptance Testing)。将原型系统的输入数据作为模型的输入并运行模型,根据输出结果确定模型是否能够满足仿真需求。

(3)断言检查(Assertion Checking)。断言是在模型运行时应当有效的程序语句。断言检查是一种校核技术,用于检测模型运行过程中可能会出现的错误。

(4)自下而上测试(Bottom – Up Testing)。从最底层子模型开始,当同一层次的模型测试完毕后,再将它们集成在一起进行测试。

(5)调试(Debugging)。调试过程是一个循环往复的过程,用于查找模型出错的原因,并修正这些错误。调试过程一般分为 4 个步骤:第一步,对模型进行测试,找出其中存在的错误;第二步,找到导致这些错误的原因;第三步,根据这些原因来确定如何修正模型;第四步,修改模型。第四步之后再回到第一步,直到模型修改之后错误不再出现,而且未引起新的错误。

(6)功能测试(Functional Testing)。功能测试又称为黑箱测试(Black – box Testing),用于评价模型的输入—输出变换的正确性。它不考虑模型的内部逻辑结构,目的在于测试模型在某种输入条件下,能否产生期望的功能输出。测试输入数据的选取是一件很困难的工作,将直接影响测试效果。测试输入数据并不在多,但覆盖面要尽量广。实际上,对于大规模的复杂系统仿真来说,测试所有的输入输出情况是不大可能做到的,功能测试的目的在于提高对模型使用的信心,而不是验证它是否绝对正确。

(7)图形化比较(Graphical Comparison)。就是通过将模型输出变量值的时间历程曲线与真实系统的输出变量的时间历程曲线进行比较,来检查曲线之间的在变化周期、曲率、曲线转折点、数值、趋势走向等方面的相似程度,对模型进行定性分析。这种方法虽然带有很强的主观性,但因为人的眼睛可以识别许多用定量方法很难甚至无法识别的特征,所以作为初始的 V&V 手段,还是很有其实用价值的。

(8)敏感性分析(Sensitivity Analysis)。是在一定范围内改变模型输入值和参数,观察模型输出的变化情况。如果出现意外的结果,说明模型中可能存在错误。通过敏感性分析,可以确定模型输出对哪些输入值和参数敏感。相应地,如果我们提高这些输入值和参数的精度,就可以有效提高建模与仿真输出的正确性。

（9）特殊输入测试（Special Input Testing）。包括边界值测试、等价分解测试、极限输入测试、非法输入测试、实时输入测试和随机输入测试等。边界值测试技术是使用输入条件的边界值作为测试用例进行模型测试，因为模型容易在输入范围的边缘处发生错误。等价分解测试是把模型输入数据的可能值划分为若干个"等价类"，每一类中有一组代表性数据。如果该输入数据导致模型输出产生错误，则可以认为该类中其他输入数据也会使模型输出产生错误。这样只要测试几组代表性输入数据，便可近似获得模型输出的全部信息。极限输入测试是使用极限条件下的最大值或最小值作为模型输入来测试模型。非法输入测试是通过将不正确的输入数据作为输入来测试模型，根据是否出现不能解释的输出结果来判断模型中是否存在错误。实时输入测试常用于对嵌入式实时仿真系统的正确性评估，就是将从真实系统采集的实时输入数据输入到仿真系统中，根据输出结果来考查系统输入输出时序关系是否正确。随机输入测试就是应用随机数生成技术，得到符合某种分布规律的伪随机数，作为建模与仿真的输入对其进行测试。

（10）统计技术（Statistical Techniques）。就是比较在相同输入条件下模型输出数据与原型系统输出数据之间是否具有相似的统计特性。

（11）结构测试（Structural Testing）。又称白箱测试（White-box Testing）。与功能测试（黑箱测试）不同的是，结构测试要对模型内部逻辑结构进行分析。它借助数据流图和控制流图，对组成模型的要素如声明、分支、条件、循环、内部逻辑、内部数据表示、子模型接口以及模型执行路径等进行测试，并根据结果分析模型结构是否正确。

（12）代码调试（Symbolic Debugging）。就是应用调试工具，通过在运行过程中设置断点等手段对模型的源代码进行调试。几乎所有的程序开发环境都支持断点设置、单步执行和查看变量值等代码调试手段，从而大大提高了可执行代码调试效率。

（13）自上而下测试（Top-Down Testing）。与前面介绍的自下而上测试相反，这种技术用于测试自上而下开发的模型。它从最顶层的整体模型开始测试，逐层往下一直到最底层。

（14）可视化/动画（Visualization/Animation）。仿真的可视化和动画技术对模型的校核与验证具有很大的帮助。以图形图象方式显示模型在运行过程中的内部和外部动态行为，将有助于发现错误。但在使用时应注意，这种技术本身只是一种辅助手段，并不能保证模型的正确性。

4）规范 V&V 技术

规范的 V&V 技术是指基于数学推理、运算来证实所建模型正确性的技术。

虽然目前已有一些技术可以算作规范的 V&V 技术,但实际上,这些技术还只能作为非规范 V&V 技术的补充,还没有一种真正的规范 V&V 技术可用于直接推证模型的正确性。规范的 V&V 技术还有待于进一步研究和发展。

2. 校核与验证过程中 V&V 技术的选用

V&V 技术可以应用在 VV&A 工作过程中的具体阶段如表 6 - 2 所列。在具体选用时,还要根据模型类型、模型的预期应用和应用的限制条件(如时间、费用、进度)等各种因素综合考虑。

表 6 - 2　VV&A 工作过程各阶段可以使用的 V&V 技术

V&V 技术 \ VV&A 阶段	概念模型 V&V	数学模型 V&V	计算机模型 V&V	评估模型 V&V	可接受性评估
审核	✓	✓	✓	✓	
表面验证			✓		✓
检查	✓	✓	✓	✓	✓
图灵测试			✓	✓	✓
因果关系图	✓	✓	✓		
调用结构分析	✓	✓	✓	✓	
并发过程分析			✓		
控制流分析	✓	✓	✓	✓	
状态变化分析	✓	✓	✓		
数据分析	✓	✓	✓	✓	
错误/失效分析			✓		
模型接口分析	✓	✓			
用户接口分析			✓		✓
语义分析		✓	✓		
结构化分析	✓	✓			
语法分析			✓		
可追溯性评估	✓	✓	✓	✓	
可接受性测试				✓	✓
α 测试			✓		
断言检查			✓	✓	

VV&A 阶段 V&V 技术	概念模型 V&V	数学模型 V&V	计算机模型 V&V	评估模型 V&V	可接受性评估
β 测试			✓		
自下而上测试			✓	✓	
权限测试			✓		✓
性能测试					✓
安全测试					✓
标准测试					✓
调试			✓	✓	
功能测试			✓	✓	
图形化比较			✓	✓	
数据接口测试			✓	✓	
模型接口测试			✓	✓	✓
用户接口测试			✓	✓	✓
成品测试					✓
敏感性分析			✓	✓	✓
边界值测试			✓	✓	
等价分解测试			✓		
极限输入测试			✓		
非法输入测试			✓		
实时输入测试			✓		✓
随机输入测试			✓		✓
统计技术			✓	✓	✓
结构测试			✓		
代码调试			✓		
自上而下测试			✓		
可视化/动画			✓	✓	✓

6.2.6　仿真可信度与 VV&A 的关系

VV&A 规范是仿真可信度一个完整的保证体系。它的基本出发点是,充分而有效的 VV&A 行为一定能够保证仿真具有较高的可信度。因为 V&V 文档本身已包含了 M&S 开发的所有与可信度有关的信息,所以 VV&A 的确认结论就可以作为仿真可信度的评估结论,不必再进行专门的仿真可信度评估工作。对一个已有仿真系统进行可信度评估无疑是非常困难的,VV&A 则是在系统开发过程中最大限度地减少可能导致可信度降低的因素,通过对过程的监控来保证结果,从某种程度上讲回避了这一难题。

如果仿真系统的开发过程严格遵照 VV&A 规范去执行,就可以将 VV&A 的确认结论作为仿真可信度的评估结论。然而现实的情况是,在我国绝大多数仿真系统的开发都没有按照 VV&A 规范去做,而对仿真系统的用户来讲又需要仿真可信度的评估结论。所以如何在缺乏相关文档资料的前提下对已有系统的仿真可信度进行评估,仍然是仿真技术工作者面前一项非常艰巨的、无法回避的研究课题。

还需指出的是,仿真可信度评估的最大意义在于为用户提供已完成系统的评价,或者对系统的进一步完善提供指导,但不能像 VV&A 那样对仿真开发的全过程施加影响。因此,仿真可信度评估工作是不能完全取代 VV&A 的,只有 VV&A 才能为仿真开发过程提供全方位的检查和监督,有效降低开发风险和成本,从而有效地保证仿真可信度。

对仿真系统全生命周期进行 VV&A 开发,是提高和控制模型与仿真系统的可信度的最有效措施,图 6-1 给出了 DIS/HLA 混合结构的仿真系统生命周期

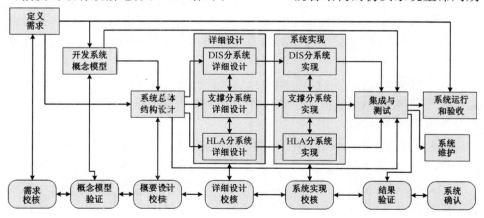

图 6-1　建模与仿真系统全生命周期的 VV&A 开发过程模型

的 VV&A 开发过程模型。这种 VV&A 开发过程模型也适合提高基于 DIS 或 HLA 单一结构的模型与仿真系统的可信度。

6.3 数 据 VV&C

在建模与仿真(M&S)中,不可信的主要来源包括 3 个方面,即模型、算法和数据。仿真的过程就是对给定数据进行不断变换的过程,仿真系统本身就是一个处理数据的信息系统,当错误数据被使用时,或者正确数据被错误使用时,仿真结果就会变得混乱而不可信。因此,数据也是影响仿真可信度的重要因素,恰当的收集和使用数据对建模与仿真共有重要的意义。而对建模与仿真全过程进行数据的 VV&C 是提高和保证仿真可信度的重要手段。数据 VV&C 是模型 VV&A 的一个必不可少的过程。数据的 VV&C 保证模型与仿真应用的数据是可信的,并且为 VV&A 提供最有效的数据。

6.3.1 VV&C 的基本概念

(1)数据校核(Data Verification):确定数据是否满足用户特定限制以及是否正确地进行转换和格式化的过程。其中用户特定限制是由数据标准和行业规则定义的。数据校核贯穿于建模与仿真全生命周期的每个阶段。可将校核分为概念模型校核、设计校核与代码校核 3 个阶段。

(2)数据验证(Data Validation):确定数据的评估有证明文件以及数据与已知值已经进行了比较的过程。事实上验证不仅局限于建模与仿真的输出结果与标准测试数据进行比较,还应包括使用敏感性等 VV 技术来测试仿真系统在极限条件下的性能表现;与其他高逼真度建模与仿真进行比较;征求领域专家的意见等。

(3)数据证明(Data Certification):数据被校核与验证的过程。数据证明不是一种凭空做出的结论,而是建立在客观依据基础上的关于仿真对预期应用来说是否可用的客观评价。

(4)元数据(Metadata):用于描述其他数据或其他数据某些方面的数据。这些方面包括:定义、安全、分类、正确度、精度、来源、使用局限和有效日期等。

(5)权威数据源(ADS):指经过了 VV&C 的数据所构成的数据集合。权威数据源在数据来源方面和仿真过程中都经过了很好的检验,具有权威性、很好的说服力和高度重用性。我们应该根据数据源的质量进行分类,进而将权威数据源建成知识库,供以后建模和仿真时直接使用。

6.3.2　仿真中数据的分类

仿真中的数据分为 5 类,如表 6-3 所列。

表 6-3　建模与仿真中的数据分类

数据分类	说　　明
标准数据	建模与仿真或联邦中所有使用数据的描述性信息,包括数据的分辨率、逼真度、精度、完备性、关联度、通用性、适用度等
硬线数据	任务功能描述中人的行为、响应、交互等算法中的数据值,已经以固定的方式包含在模拟系统内部的数据。例如:变量值、参数值等
初始化数据	模拟系统初始化和运行过程中用到的数据
验证数据	用于验证仿真结果是否足够正确的测度数据,测度来源于真实的测量或者领域专家提供的信息
交换数据	通过联邦成员的订购与发布,在联邦内进行交换的数据,这种数据是专门针对基于 HLA 仿真体系结构的

权威数据源分类:

Ⅰ类数据源:数据被很好的实践和管理,具有绝对权威性。例如,某种装备进行机动性仿真时的爬坡能力、车辆转速性能、加速性、制动性等数据。

Ⅱ类数据源:将仿真的总体方案和装备的相关信息输入计算机,经过权威部门认证的测算推演系统所产生的数据作为仿真数据。例如,在战场态势信息分析系统中,推演系统所产生的蓝方单位的编号、编成、位置、武器类型、数量、战损、机动方向、机动速度等信息。

Ⅲ类数据源:仿真中非常需要,但是没有这种数据,这样建模和仿真开发者根据仿真的需要和已有的知识所“定制”的数据。例如在进行网络仿真时,模拟敌方所进行网络攻击(如服务拒绝、欺骗、病毒、堵塞)模型数据、无线注入模型数据、参战建制单位外围或上层支撑系统模型及其信息流模型数据等。

6.3.3　仿真数据校核与验证的关键过程

由于参与研究和开发作战仿真系统的软件开发人员往往缺乏专业的领域知识以及领域专家和应用专家的深入支持,如果在忽视用户需求的情况下就为用户制定需求、修改功能,从而导致仿真系统需求不准确、功能不完善、可靠性和可用性不高等后果。因此,如果能在仿真系统设计和运行过程中引入数据的VV&C,就能够极大地提高仿真系统的可信度。加入 VV&C 的作战仿真系统开发和执行过程如图 6 – 2 所示。从图中可以看出数据的 VV&C 过程是贯穿于全寿命仿真周期的。图中虚线表示数据 VV&C 过程中对作战仿真系统开发与执行过程的改进反馈。

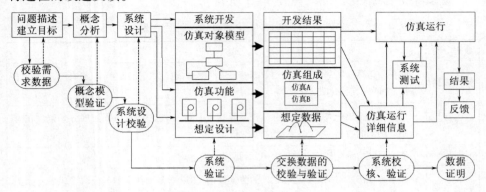

图 6 – 2　联邦开发与执行过程中的数据 VV&C

对于建模仿真中的数据,如果按照仿真运行的时间阶段划分,仿真中的数据可以分为仿真运行前的数据和仿真运行的结果数据,其中,仿真运行的结果数据又包括仿真运行中的结果数据和仿真运行后的结果数据,如果按照仿真数据在仿真中的作用划分,仿真数据的可信度研究也主要包括这两部分的可信度分析。对于仿真运行前的数据,主要通过仿真数据的 VV&C 来保证;对于仿真运行的结果数据,主要通过仿真结果数据的处理来进行分析,仿真结果不会影响仿真的可信度,但是能在一定程度上反映可信度,有利于增强用户使用该仿真系统的信心。

6.3.3.1　需求数据的校核与验证

需求数据的校核也称为联邦目标数据的校核。这一活动的主要目的是校核联邦发起者是否清晰准确地描述了将要开发、运行的联邦要求。它的基本内容包括:校核关键系统的顶层描述;校核系统的概略指标;校核仿真实体必要的行为、想定表达关键事件的说明;校核数据输出要求等。需要指出的是:联邦开发过程中程序上和技术上的约束也将在该阶段被校核与确认。仿真开发者应该明确如何在建模与仿真中使用这些需求数据,同时还要明确这些需求数据是否来源于权威数据源,从而决定这些数据使用的合理性。

6.3.3.2　确定校核与验证数据

开发校核数据的目的是为了对建模与仿真的结果进行验证,从而对包含数据的仿真结果进行评估。最直接的方法是将校核数据与结果数据进行比较,从比较它们的匹配程度来确定仿真的可信度。

仿真系统可以分为原型系统在现实世界中存在与原型系统在现实世界中不存在两种情况。对于原型系统在现实世界中存在的仿真系统,校核数据可以从权威数据库中直接得到,这些数据包括物理测度数据、测试数据和历史执行数据等测量数据。但是对现实世界中不存在的系统仿真,如未来战场的仿真、研发项目的先期技术演示等。由于没有与之对照的参照物,我们不可能得到这些数据的权威数据源,从而没有验证数据来进行对比。在这种情况下,需要领域专家根据其经验来对结果的可信度和建模仿真的输出数据进行判断来得出结论,即进行图灵测试。

6.3.3.3 输出数据的校核与验证

对于输出数据的验证也包括两种情况:有参照物对照的情况和无参照物对照的情况。在仿真系统有参照物对照的情况下,对仿真数据进行评估时,需要将建模与仿真的输出结果和已经开发的校核数据进行比较,这时应注意的是输出数据中往往包含数据噪声、不可测的环境影响以及一些其他因素,这将导致在真实世界、校核数据之间存在着一定误差。

无参照物对照的仿真系统往往依靠图灵测试来验证输出数据。这时需依靠领域专家检查输出数据并做出结论,这些仿真结论往往依赖于他们的操作经验、学术背景等,这将会导致仿真结论带有一定的主观性。

6.3.3.4 交换数据的校核与验证

交换数据是指联邦中各个联邦成员根据联邦对象模型的开发结果用来进行相互交换的数据,这是基于 HLA 仿真体系结构中一类非常重要的数据。通过联邦建立数据的 VV 是联邦和分布式仿真开发的一项重要内容。

在联邦执行过程中,每个联邦成员先和 RTI 进行交互,然后联邦成员之间再进行信息的交互。数据校核者应该确保联邦成员的输入数据产生正确的输出结果,两个联邦成员可以通过发布/订购数据来进行订购和发布的完整性校核,每个过程数据都应该被仔细检查以确保没有错误结果,最后,联邦被作为一个整体来进行测试以验证联邦功能是否正常,交换数据是否符合期望的结果。

需要注意的是在仿真生命周期的任何阶段,数据都有可能出现错误。因此数据必须能够回溯到源头来进行校核与验证。

6.4 仿真可信度评估方法

目前,针对不同的仿真系统,许多专家学者针对仿真可信度评估方法的研究进行了许多有益的探索,提出了不少研究思路。复杂系统是目前研究的热点,由于复杂系统的不可再现性及各种复杂性(高阶次、多回路、非线性、多时标、层次性、开放性、不确定性、病态结构以及涌现等),传统的观察、实验等办法不能有效地对其进行研究,仿真技术成为研究复杂系统的重要手段,自然而然,复杂系统仿真可信度的评估也成为一个备受关注的问题。

这里,对 6 种仿真可信度的评估方法进行介绍,它们是基于相似理论的可信度评估,基于模糊综合评判的可信度评估,基于层次分析法(AHP)的可信度评估,基于粗糙集理论的仿真可信度评估,基于粗糙—模糊综合评判的可信度评估,基于模糊推理的可信度评估方法。其中,后 4 种适合于复杂仿真系统的可信度评估。

6.4.1 基于相似理论的可信度评估方法

为便于说明用相似理论讨论系统仿真可信度的方法,首先对相似理论中几个基本概念进行描述:

1. 相似元

假定系统 A 有 $a_1, a_2, \cdots, a_k$ 个组成要素,系统 B 有 $b_1, b_2, \cdots, b_l$ 个组成要素,系统 A 和 B 要素的集合分别记为 A 和 B,则

$$A = \{a_1, a_2, \cdots, a_k\}, B = \{b_1, b_2, \cdots, b_l\}$$

如果系统 A 中某要素 a_i 的特性与系统 B 中要素 b_j 的特性相同,便构成相似元,可以把 a_i 和 b_j 构成一子集合,记为 u_{ij},则 $u_{ij} = (a_i, b_j)$。

假定系统间存在 n 个相同属性和特征的要素,那么在系统间可以构成 n 个子集合,把 n 个子集组成的集合称为相似集合,记为 U,则 $U = \{u_1, u_2, \cdots, u_n\}$。

2. 相似特性值及相似特征比例系数

考虑系统间相似元 $u_{ij}(a_i, b_j)$,设该相似要素有 m 个共有特征,记为 $s_1, s_2, \cdots, s_m$。记 $u_i(a_i)$ 为要素 a_i 相对于特征 s_j 的特征值,$u_j(b_j)$ 为要素 b_j 相对于特征 s_j 的特征值。则要素 a_i, b_j 相对于特征 s_j 的特征值比例系数:

$$r_{ij} = \frac{\min\{U_j(a_i), U_j(b_i)\}}{\max\{U_j(a_i), U_j(b_i)\}} \tag{6-2}$$

其中:$i = 1, 2, \cdots, n; j = 1, 2, \cdots, m; 0 \leqslant r_{ij} \leqslant 1$。

基于相似元的仿真可信度评估方法如下：

（1）找出模仿系统 A 与被模仿系统 B 中所有的要素,假设系统 A 由 k 个要素组成,系统 B 由 l 个要素组成;

（2）构造相似元。比较模仿系统与被模仿系统,找出所有相似元(假设有 n 个相似元),并求出该相似元相对于某一特征值比例系数 r_{ij};

（3）计算相似元的相似度。首先确定各个特征的特征权重,然后计算各个相似元的相似度 $q(\overline{u_i})$;

$$q(\overline{u_i}) = \sum_{j=1}^{m} d_j r_{ij} \tag{6-3}$$

式中, $i = 1,2,\cdots,n$; d_j 为特征权数,即每一特征对于相似元素的权重, $0 \leqslant d_j \leqslant 1$, 且 $\sum_{j=1}^{m} d_j = 1$。

（4）计算模仿系统与被模仿系统间的相似度;

$$Q(A,B) = \frac{n}{k+l-n} \sum_{i=1}^{n+2} \beta_i q(\overline{u_i}) \tag{6-4}$$

式中, $i = 1,2,\cdots,n$; β_i 为每一相似元对相似系统相似程度的影响权重, $0 \leqslant \beta_i \leqslant 1$, 且 $\sum_{i=1}^{m} \beta_i = 1$。

（5）根据模仿系统的相似度对模仿系统和被模仿系统的相似性做出评价。

6.4.2 基于模糊综合评判法的可信度评估方法

模糊综合评判模型可通过以下定义描述：

模糊综合评判模型:给定论域的因素集中有 n 个因素,用 $\boldsymbol{U} = \{u_1, u_2, \cdots, u_n\}$ 表示,由于各因素对事物的影响是不一致的,因素的权重分配可以视为 $\boldsymbol{U}$ 上的模糊集,用模糊权重向量 $\boldsymbol{A} = \{a_1, a_2, \cdots, a_n\}$ 表示,且满足 $\sum_{i=1}^{n} a_i = 1$。评判决策集中有 m 个元素,用 $\boldsymbol{V} = \{v_1, v_2, \cdots, v_m\}$ 表示,单因素评判矩阵为一个 $n \times m$ 阶模糊矩阵,通过下式描述:

$$\boldsymbol{R} = \begin{bmatrix} r_{11} & r_{12} & \cdots & r_{1m} \\ r_{21} & r_{22} & \cdots & r_{2m} \\ \vdots & \vdots & \vdots & \vdots \\ r_{n1} & r_{n2} & \cdots & r_{nn} \end{bmatrix}_{n \times m} \tag{6-5}$$

定义模糊合成算子"。"，则综合评判结果 $B = A \circ R = \{b_1, b_2, \cdots, b_n\}$，且满足 $\sum_{i=1}^{n} b_i = 1$，则称六元组$(U, V, A, R, "\circ", B)$为模糊综合评判模型。

模糊综合评判过程通常分为 4 个步骤：

（1）确定因素集 U 和评判集 V。

（2）确定因素集权向量 A。

该步中，由于各个因素的权重分配非常重要，将直接影响到评判的结论，可以采用模糊理论中隶属度的计算方法解决这一问题。如绝对比较法、二元比较法、模糊统计法、层次分析法等。但是无论哪种方法，都受到人为因素的影响。

（3）进行单因素评判，并组合单因素评判向量得到模糊评判矩阵 R。

（4）实施模糊综合评判，计算评估结果向量 B。

6.4.3　基于层次分析法的可信度评估方法

层次分析法是美国著名运筹学家、匹兹堡大学教授 T. L. Saaty 于 20 世纪 70 年代中期提出的一种系统分析方法。

层次分析法把一个复杂问题的各种因素通过划分相互联系的有序层次使之条理化，根据对一定客观现实的判断，就每一层次的相对重要性给予定量表示，利用数学方法确定表示每一层次的全部元素的相对重要性次序的数值，并通过排序结果分析和解决问题。这是一种实用的多准则决策方法，能够统一处理决策中的定性和定量元素，具有高等的逻辑性、系统性、简洁性和实用性等优点。

层次分析法的基本思想是先按问题需求建立起一个描述功能或特征的内部独立的递阶层次结构，通过两两比较元素（或目标、准则和方案）的相对重要性，给出相应的比例标度，改造上层某要素对下层相关元素的判断矩阵，以给出相关元素对上层要素的相对重要序列，其核心问题是排序问题，包括递阶层次结构原理、标度原理和排序原理。

将层次分析法引入仿真可信度评估中，通过确定系统仿真可信度评估指标体系各因素的权重，从多层次、多角度对 VV&A 过程实现定性和定量评估。

运用层次分析法进行仿真可信度评估，大体可以按下面 5 个步骤进行：

（1）分析影响系统仿真可信度各个因素间的关系，建立递阶层次结构；

（2）对同一层次的各元素关于上一层次某一准则的重要性进行两两比较，构造两两比较的判断矩阵；

（3）由判断矩阵计算被比较元素对于该准则的相对权重向量，并进行一致性检验；

（4）进行判断矩阵的一致性检验；

（5）计算各层次元素对于系统目标的总排序权重，进行排序，并计算评估结果向量。

6.4.4　基于粗糙集理论的仿真可信度评估方法

1982年，粗糙集（RS）理论首先由波兰华沙理工大学 Z. Pawlak 教授提出，它是一种研究不完整数据及不精确知识的表达、学习和归纳的智能信息处理方法，也是数据挖掘范畴内一个有效的分析工具。该方法的特点是不需要任何先验知识，如模糊理论中的隶属度函数，统计学中的概率分布，证据理论中的基本概率赋值等。而是直接从给定的数据集出发，通过数据约简，建立决策规则，从而发现给定数据集中隐含的知识。其应用非常广泛，如模式识别、决策分析、数据挖掘等。

在粗糙集中，使用信息表来描述论域中的数据集合，信息表的行代表对象，列代表属性，一个属性对应一个等价关系。在信息表中，不同的属性可能具有不同的重要性。为了找出某些属性（或属性集）的重要性，采取的办法是从表中去掉一些属性，再来考察去掉该属性后分类会怎样变化。如果去掉该属性相应分类变化较大，则说明该属性的强度大，即重要性高；反之，说明该属性的强度小，重要性低。分类变化与否可以用信息量来表述。

设 $A = (U, R)$ 为一信息系统，对于等价关系 $P \subseteq R$ 有分类 $U/ind(P) = \{X_1, X_2, \cdots, X_n\}$，则 P 的信息量记为

$$I(P) = \sum_{i=1}^{n} \frac{|X_i|}{|U|} \left[1 - \frac{|X_i|}{|U|} \right] = 1 - \frac{1}{|U|^2} \sum_{i=1}^{n} |X_i|^2 \qquad (6-6)$$

其中，$|X_i|$、$|U|$ 表示集合的基数。

应用等价关系信息量的概念，可以分析某个属性在属性集中的重要度。属性重要度和属性信息量的关系表述如下：

属性 $attr$ 在属性集 P 中的重要度定义为

$$sig_{p-\{attr\}}(attr) = I(P) - I(P - \{attr\}) \qquad (6-7)$$

其中，$attr$ 为某个属性，$P \subseteq R$ 为等价集中的一个等价子集。用 $\gamma_{P(Q)}$ 表示属性集 Q 对另一个属性集的依赖程度，定义为：

当 $\gamma_{P(Q)} = 1$ 时，称 Q 完全依赖于 P；

当 $0 < \gamma_{P(Q)} < 1$ 时，称 Q 粗糙（部分）依赖于 P；

当 $\gamma_{P(Q)} = 0$ 时，称 Q 完全独立于 P。

应用粗糙集的知识，进行基于粗糙集的可信度评估步骤如下：

1. 评估指标的量化

可信度评估采用 10 分制打分法,各个具体指标值的最终评分分布在 0~10 之间:

$$a_i = \frac{\sum\limits_{j=1}^{l} b_{ij}}{l} \qquad (6-8)$$

其中,a_i 为专家组集体认为第 i 个指标的评估值;b_{ij} 为第 j 个专家对第 i 个指标的评估值,l 为参加咨询的专家总数。

2. 基于粗糙集理论的指标属性约简

可信度评估指标体系 P 设计可能会有交叉的现象,要应用粗糙集约简理论消除一定程度的冗余性,得到剔除冗余的约简指标集 P',显然 $P' \subseteq P$。

3. 基于粗糙集理论的权重计算

根据粗糙集中属性重要度的概念,利用遗传算法得到根据约简后的指标集 P' 对论域的划分 $U/ind(P') = \{X_1, X_2, \cdots, X_m\}$,根据信息量计算公式计算出信息量 $I(P')$。同理,在指标集 $P' - \{attr\}$ 对论域 U 划分的基础上得到 $I(P' - \{attr\})$,然后得到指标 $attr$ 的重要度,将所有指标的重要度作归一化处理即得各指标的权重。第 i 个指标 p'_i 的权重为

$$w_i = \frac{sig_{p'-\{p'_i\}}(p'_i)}{\sum\limits_{k=1}^{s} sig_{p'-\{p'_i\}}(p'_i)} \qquad (6-9)$$

其中,$\sum\limits_{k=1}^{s}$ 表示 k 从 1 到 s 个重要度的求和。

4. 最终评估模型

令专家给出的约简后的指标集 $P' \subseteq P$ 相应的原始评估矩阵 C:

$$C = \begin{bmatrix} c_{11} & c_{12} & \cdots & c_{1s} \\ c_{21} & c_{22} & \cdots & c_{2s} \\ \vdots & \vdots & \vdots & \vdots \\ c_{n1} & c_{n2} & \cdots & c_{ns} \end{bmatrix} \qquad (6-10)$$

其中 c_{ij} 为第 i 个仿真工程第 j 个因素指标的得分,$i = 1, 2, \cdots, n, j = 1, 2, \cdots, s, s = |P''|$,即约简后的集中指标的个数。再对原始矩阵做标准化处理。

$$c'_{ij} = \frac{\max\limits_{i=1}^{n}(c_{ij}) - c_{ij}}{\max\limits_{i=1}^{n}(c_{ij}) - \min\limits_{i=1}^{n}(c_{ij})} \qquad (6-11)$$

最终评估结果曰下式给出：

$$R = C' \times W = \begin{bmatrix} c_{11} & c_{12} & \cdots & c_{1s} \\ c_{21} & c_{22} & \cdots & c_{2s} \\ \vdots & \vdots & \vdots & \vdots \\ c_{n1} & c_{n2} & \cdots & c_{ns} \end{bmatrix} \times \begin{bmatrix} w_1 \\ w_2 \\ \vdots \\ w_s \end{bmatrix} \qquad (6-12)$$

其中，w_i 为对应指标的权重，结果为这个对象的评估值，评估值越大说明该对象在该指标值上的表现越优。

6.4.5　基于粗糙—模糊综合评判的仿真可信度评估方法

目前，以模糊数学为基础的模糊综合评判方法可以通过隶属函数将定性问题转换为定量或半定量问题，非常适合仿真可信度的综合评估。模糊综合评判将定性分析和定量计算相结合，主观分析和客观分析相结合，使得评估更加科学化。这种方法具有较好的操作性，是国内学者研究的重点，在业界应用非常广泛。

评估问题的指标设计和指标权重的确定是两个最重要的部分。立足模糊数学的模糊综合评判存在两个无法解决的缺点：一是指标间的冗余问题；二是指标权重制定的非客观化而使结果的准确性受到质疑。

粗糙集中属性约简思想能够剔除冗余指标信息而得到最小的约简指标集，从而解决指标间的冗余问题，即指标信息的重复。另外，可以应用属性重要度和依赖度的概念确定指标的权重，在确定权重时无需提供数据集合之外的任何先验信息，从而避免模糊综合评判中权重确定的主观影响，弥补了第二个缺点。因此将模糊综合评判和粗糙集理论构成互补是非常好的选择。

将粗糙—模糊综合评判(RS - FSE)的方法应用于装备作战仿真的可信度评估，主要分为6个步骤：

（1）建立最初评估指标信息表；

（2）约简相应的信息表；

（3）若属性值为连续值，则进行属性的离散化处理，若为离散值，直接转下一步；

（4）确定指标集和评语集；

（5）由式(6-6)、式(6-7)计算等价关系的信息量和重要度，根据式(6-9)得出指标权重；

（6）确定待评估单元的评估值。

6.4.6　基于模糊推理的仿真可信度评估方法

当影响仿真可信度的指标因素繁多,且指标具有模糊性和不确定性时,可引入模糊推理方法,适合于表达模糊性和不确定性的知识。其推理方式比较类似于人的思维方式,是处理不确定性和非线性的有利工具,并且具有较强的解释推理功能,采用模糊理论可以实现定性问题的定量评估,能够有效减少人为的主观因素,使评估结果更加合理。

6.4.6.1　评估模型建立

使用模糊推理进行仿真可信度评估,首先要构建评估指标体系,建立评估模型。图 6-3 为一个评估模型示例。目标层是仿真可信度 C,底层指标依据相应的评估准则进行评估,然后上一级指标的评估由下一级指标的评估值由模糊推理确定。

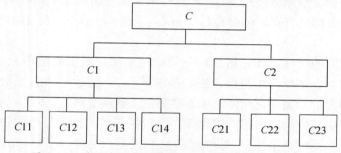

图 6-3　某仿真系统可信度的评估指标体系层次结构

6.4.6.2　评估状态等级划分

从底层开始向上评估时,对整个评估项目建立一个对应的等级评语集,与模糊综合评判不同,每个等级都给出一个合理的得分,仿真的可信度可以分为 3 个等级。

本书将仿真单元的可信度分为 4 个等级,不管对底部还是对整个上部结构,均得到一个三维的模糊评语集:$V = \{ I , II , III , IV \}$。如表 6-4 所列:

表 6-4　评估状态的等级划分

项目＼等级	I	II	III	IV
可信度状态	非常可信	基本可信	基本不可信	不可信
分值	100~80	80~60	60~30	30~0

根据图 6-3 建立的评估指标体系,可信度 C2 有 3 个底层指标:C21、C22 和 C23。每个指标都可以用一个四维的模糊评语集 V_i 来表示。这样,总的规则数为 $4^3 = 64$ 条,通过仿真专家的经验和讨论,可以整理出如表 6-5 所列的模糊推理规则,例如模糊规则 1 表示:如果 C11、C22 和 C23 均是 4 级,那么可信度 C 的得分是(0.0)。

表 6-5 模糊推理规则及底层指标等级

项目\规则	底层指标等级			规则结果(合理得分)
	物理模型	行为模型	环境模型	
1	Ⅳ	Ⅳ	Ⅳ	0.0
2	Ⅳ	Ⅳ	Ⅲ	12.3
3	Ⅳ	Ⅳ	Ⅱ	16.8
4	Ⅳ	Ⅳ	Ⅰ	21.6
5	Ⅳ	Ⅲ	Ⅳ	1.9
6	Ⅳ	Ⅲ	Ⅲ	15.7
7	Ⅳ	Ⅲ	Ⅱ	17.6
8	Ⅳ	Ⅲ	Ⅰ	18.9
...	...	...	...	...
62	Ⅰ	Ⅰ	Ⅲ	82.1
63	Ⅰ	Ⅰ	Ⅱ	85.3
64	Ⅰ	Ⅰ	Ⅰ	100.0

6.4.6.3 模糊推理计算过程

采用 Takagi-Sugeno(T-S)模糊系统进行模糊推理计算时,先将底层指示的测试数据转化为计算输入的模糊集向量。模糊集一般采用模糊隶属度函数表示成四维的模糊集输入。本书采用 S 型(Sigmoid)函数作为隶属度函数,该函数具有光滑、平整的过渡特性,同时还具有连续可微的非线性特性,CGF 仿真单元的隶属度函数和相应参数见下式:

$$\mu(\omega, \theta, x) = \frac{1}{1 + \exp(-\omega x - \theta)} \qquad (6-13)$$

等级对应的参数如表 6-6 所列。

表 6-6 等级对应参数表

等级＼参数	ω	θ
Ⅰ	0.306	-27.329
Ⅱ	-0.306	26.324
	0.306	-25.324
Ⅲ	-0.306	12.419
	0.306	-47.405
Ⅳ	-0.306	16.778

输入 3 个底层指标的测试数据,可以获得每个指标属于不同评语等级的模糊隶属度,再利用模糊规则库进行 T-S 模糊推理,具体计算公式见式(6-14)、式(6-15)、式(6-16):

$$\mu^i = \prod_{j}^{m} \mu_{jk}^i(x_j) \qquad (6-14)$$

$$\hat{\mu}^i = \frac{\mu^i}{\sum_{i=1}^{n} \mu^i} \qquad (6-15)$$

$$y = \sum_{i=1}^{n} \hat{\mu}^i \omega_i \qquad (6-16)$$

式中　$\mu_{jk}^i(x_j)$——指标 x_j 关于评语集 V_j 的隶属度;i 是规则代码,$i=1,2,\cdots,n$;
x_j 为输入指标变量,j 为评估指标数量,$j=1,2,\cdots,m$;k 为模糊集的维数;

μ^i——第 i 条规则对应的运算值;

ω_i——第 i 条规则对应的规则值;

y——最终评估结果。

根据推理结果,可以确定仿真的可信度等级,并做出相应的维护和校核措施,从而保证装备作战仿真的质量。

6.4.7　各种方法的分析对比

对仿真可信度评估中的层次分析法、基于相似度的计算方法、模糊综合评判法、基于粗糙集方法和基于粗糙—模糊综合评判方法在被评估对象的规模、权重的确定、评估的形式、冗余指标的消除和适应系统等几个方面进行对比分析。结果如表6-7所列：

表6-7　各种方法的对比分析

比较方面 评估方法	系统规模	权重确定	评估形式	指标约简	适应系统
层次分析法	较大规模	由重要性系数获得	定量评估	不易约简	复杂系统
基于相似度计算	较小规模	计算获得	定量评估	不易约简	简单系统
模糊综合评判	较小规模	专家调查	定性定量相结合	不易约简	简单系统
基于粗糙集方法	较大规模	计算获得	定量评估	可以约简	复杂系统
粗糙-模糊综合评判 方法方法	较大规模	计算获得	定性定量相结合	可以约简	复杂系统
模糊推理方法	较大规模	无需权重	定量评估	不易约简	复杂系统

下面对对比结果进行分析：

（1）层次分析法从本质上讲是一种思维方式，是一个将思维数学化的过程，其中一个弊端是构建判断矩阵时依赖于专家对两个因素指标的对比来确定标度值，从而导致评估结果受主观性影响较大。

（2）基于相似度的计算主要适合于规模比较小的系统，其弊端是相似元的获取比较困难，对于属性多且复杂的作战仿真系统来说，这种方法不太适合。

（3）基于模糊综合评判方法，其指标和权重的确定受人为的主观影响较大，适用于较小规模的系统，在大型复杂仿真系统仿真可信度评估时，由于影响因素非常多，在应用模糊综合评判法进行多层次综合的过程中必然会丢失许多信息，如果算法选取失当，就有可能得出错误结论。所以在大型复杂仿真系统仿真可信度评估中，模糊综合评判法只能作为其他评估方法的重要补充，或者应用于局部，而不能仅仅依赖其结果就作出对整个系统的评估结论。

（4）基于粗糙集的可信度评估的方法有其显著的优点，包括其权重的确定受主观影响因素小，能够根据重要度的概念计算得到，并且可以产生规则，这一点在作战仿真中是非常必要的，由于定量分析占主要部分，其评估的误差较小。粗糙集能够完成较大规模仿真系统的可信度评估，其缺点在于对一些评估结论比较模糊的问题难以定性解决。

（5）基于粗糙—模糊综合评判的仿真可信度评估的方法，为仿真可信度的综合评估提供了有效的途径。首先，基于粗糙—模糊综合评判方法的指标权重确定能够采用粗糙集理论的重要度概念计算得出，消除了人为因素的影响。其次，该方法能够约简可信度评估的指标，消除由于指标间的冗余所带来的评估复杂化的问题。第三,对于不确定性问题的处理,可以先用粗糙集理论消除冗余指标,然后利用模糊综合评判得出相应的模糊结论。需要指出的是,在对仿真的可信度进行评估时,基于粗糙—模糊综合评判的评估方法并不能完全消除人为因素的影响,在某些环节,还是需要一定的专家来参与。但是,它能在最大程度上避免人的主观因素所带来的影响,增加了评估的客观性和科学性。

(6)基于模糊理论的方法能够直观高效地表征和处理领域专家的知识和经验,在整个推理的过程中没有涉及到权重的计算,这样能够有效避免计算过程中的人为误差因素,在模糊推理规则比较合理、准确的情况下,可以得到比较满意的结果。需要指出的是,在建立推理规则时,如果输入数据的维数过多将会导致规则呈指数式爆炸。此时,可以考虑采用具有分布式存储和自动学习的神经网络来完成,实现良好的学习推理能力。

6.5　仿真可信度的控制

总体上说,仿真可信度的控制方法是:针对仿真全寿命周期的各个阶段,严格遵循数据 VV&C 和模型与仿真系统 VV&A 原则,执行 VV&C 和 VV&A 过程,对仿真试验的全过程进行控制;通过运行仿真系统进行仿真试验,得到仿真结果;再采用合适的方法分析、评估仿真可信度,如果可信度满足仿真应用需求,则接受仿真结果。否则,应该采用跟踪、回溯等方法确定仿真可信度不能满足仿真目的的原因,修改相应的数据、模型以及仿真试验的方案、步骤、过程,并反馈到仿真中。重复上述过程,直到仿真可信度满足要求为止,如图 6 - 4 所示。

对于确定性系统仿真只要比较相同输入条件下仿真系统的响应和原型系统的响应的误差(Error)或容差(Tolerance)或准确度(Accuracy)是否在仿真需求规定的范围内,即可判断仿真是否具有足够的可信度。

因为随机因素导致的不确定性仿真,需要在输入条件一定的条件下,进行多次仿真实验,再对多次仿真结果进行统计分析,用一定置信水平下的置信区间的方式表示仿真结果。在对仿真结果进行误差分析时,将实测值(或理想值)作为真值,分别用仿真结果的置信区间的端点值(最大、最小值)作为比较值,得到仿真输出与实测值的误差。如果两者的误差均在仿真需求允许范围内,接受仿真结果。否则,反馈修改。

复杂性系统仿真影响因素极多,且关系复杂。在给定输入条件下,多次运行仿真系统,仿真输出不但不同,而且多次仿真的结果可能不收敛,会出现发散

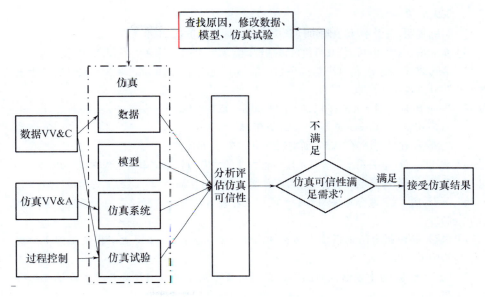

图 6 - 4　仿真的可信度控制方法

现象,甚至出现混沌现象。所以要控制仿真的可信度非常困难,目前还没有很有效的理论和方法。但其可信度控制可以从以下几个方面着手进行:极端强调数据的可信度;对方真全过程进行 VV&A,加强单个仿真平台和单个仿真实体的可信度分析;加强仿真结果的关联性分析和灵敏度分析,加强仿真系统的应用。

参 考 文 献

[1] 张伟. 仿真可信度研究[D]. 北京航空航天大学博士论文,2002:77 - 85.

[2] 孙世霞. 复杂大系统建模与仿真的可信度评估研究[D]. 国防科技大学博士论文,2005.

[3] 邓红莉,杨韬,邵晨曦. 一种对仿真可信度评估的智能专家系统[J]. 系统仿真学报,2011.8.

[4] 王立国,薛青. 基于 HLA 装备作战仿真数据的 VV&C 研究[J]. 计算机工程与应用,2006.

[5] 王立国. 装备作战仿真的可信度研究[D]. 装甲兵工程学院博士论文,2008.

[6] 谭亚新. 战役级作战仿真可信性研究[D]. 装甲兵工程学院博士论文,2008.

[7] 方可,王子才. 用于仿真系统可信度评估的 CES 网方法研究[J]. 控制与决策,2011,5.

[8] 唐见兵,焦鹏,等. 基于仿真组件构建的 HLA 仿真系统 VV&A 研究[J]. 系统仿真学报,

2009,5.

[9] 李伟,杨明,王子才.仿真精度问题探讨[J].计算机仿真,2009,1.

[10] 秦立格,杨明,方可.仿真可信度评估辅助工具研究[J].计算机仿真,2010,6.

[11] 方可,马萍,杨明.仿真可信度评估中的 AHP 超越权重[J].北京航空航天大学学报,2011,5.

[12] Yang Huizhen,Kang Fengju,Li Jun. A fuzzy AHP method for credibility evaluation of system simulation[J]. Computer Simulation,2008,6.

[13] 王亚丽.建模与仿真 VV&A 研究[J].电脑学习,2010,8.

[14] 贾旭东,等.电力系统仿真可信度评估方法的研究[J].中国电机工程学报,2010,7.

[15] 黄炎焱,等.仿真数据综合可信度的测度与校验方法研究[J].系统工程学报,2008,8.

[16] 王石,伍丁红,戴金海.基于 Bayes 网的武器装备仿真可信度评估[J].系统仿真学报,2011,6.

[17] 焦鹏.导弹制导仿真系统 VV&A 理论和方法研究[D].装甲兵工程学院博士论文,2010,6.

[18] 刘书如,等.基于置信区间的网络性能仿真可信度评估[J].郑州轻工业学院学报,2010,6.

[19] 王仁春,王石,戴金海.武器装备仿真系统可信度评估[J].计算机仿真,2009,1.

[20] 方可,何博夫,杨明,王子才.模糊综合评价法在仿真可信度评估网中的应用[J].哈尔滨工业大学学报,2011,5.

第 **7** 章

仿真应用技术

仿真应用技术主要研究所有仿真应用中的共用技术,包含仿真试验设计、仿真数据准备、仿真数据采集、仿真数据回放、仿真可视化、仿真结果分析等技术。本章主要围绕仿真应用技术展开论述。

7.1 仿真试验设计

当前,仿真开发人员往往只是为一个单一的系统结构配置来设计仿真运行,或仅仅关注众多因子中的一部分,且一次改变一个因子地来分析问题,没有养成正确进行试验设计的习惯;同时,仿真开发人员往往过于关注模型建立过程,而忽视了模型分析过程,以至于忽略试验设计的效用;另外,仿真分析人员还经常忽视试验设计在效率和避免遗漏等方面的作用。

此外,被动的试验数据采集将给试验分析带来许多问题,如试验指标上的变化可能只是与某个因子相关,但并不是由该因子水平的变化所引起;多个因子水平的同时变化可能产生难以分离的交互效应;指标之间可能是相关的,但试验分析人员错误地把它们当作是相互独立的。

仿真试验设计可以解决这些问题。因此,强调仿真试验设计非常必要。仿真试验设计是以概率论和数理统计等知识为基础,经济地、科学地安排仿真试验的一项技术,其主要内容是研究如何合理地安排试验和正确地处理、分析试验数据,从而尽快地给出试验结果。若试验方案设计正确,对试验结果的分析得法,就能够以较少的试验次数,较短的试验周期,较低的试验费用,迅速地得到正确的结论和较好的试验结果;反之,试验方案设计不正确,试验结果分析不当,就会增加试验次数,延长试验周期,造成人力、物力和时间的浪费,不仅难以达到预期的效果,甚至造成试验的失败。

在一个经过良好设计的试验当中,数据产生过程将实施积极的试验数据采集以消除冗余数据,提高信息质量。试验设计的一个共同目标就是在尽可能一致地采集试验数据的同时,为准确地估计模型参数提供足够的信息。

7.1.1 仿真试验设计概述

仿真试验设计的基本概念有:试验指标、试验因子、试验因子水平、试验效应。

1. 试验指标

试验目标是为了获得试验条件与试验结果之间规律性的认识,明确试验目标主要是明确试验达到什么指标。试验指标,指试验设计中根据试验目标而选定的用来考察或衡量试验效果的特值,也称为响应变量(response variable)或因变量(dependent variable),可以是一个或多个。试验指标要尽量满足试验设计的要求,从本质上表现出某项性能。试验指标可分为定量指标和定性指标,定量指标是在试验中能够直接得到具体数值的指标,如目标发现概率、目标识别概率、装备战损率、弹药消耗量;定性指标是试验中不能得到具体数值的指标,如机动能力、通信保障能力等。为了便于分析试验结果,一般把定性指标进行分解处理,例如将机动能力分成投送能力、道路机动能力、越野机动能力等。

2. 试验因子

试验因子,又称为试验因素,一般是指影响被研究对象的结构参数及环境条件等,分可控因子和不可控因子。可控因子:试验中研究者可以选择和控制其变化规律及范围的因子,如模型的输入、模型的结构参数以及可调整的环境参数等。不可控因子:试验中不能控制和确定的因子,如仿真试验中不可控的环境因子和干扰等。

依据因子数量的不同,试验分为单因子试验和多因子试验。单因子试验:一项试验中只有一个因子发生变化,而其他因子保持不变。多因子试验:一项试验中有多个因子发生变化。

3. 试验因子水平

在试验中各因子可取不同值或状态。每个因子的具体状态和条件称为水平。因子水平,也称试验点,即试验因子的取值点。试验因子取值点的数量称该试验因子水平数或位级数,也就是在某一试验因子上选择的取样点数量,每一取样点上的数值就是样点的值,与具体因子有关。一个试验点可以由多个试验因子取值点构成,多个因子的不同取值点就会构成不同的组合,这样每个组合称为一个组合试验点。

4. 试验效应

试验效应是反映试验输入医子对输出指标影响效果的标志,它通过具体的试验指标来体现。试验效应包括各输入因子的主效应和各因子之间的交互效应。

主效应指因子水平发生变化时所引起的响应的变化。交互效应指一个因子水平的响应变化受其它因子水平制约的情况。因子 a 与因子 b 的交互作用,通常记为 $a \times b$ 或 ab。

因子间的交互效应随着因子个数的增加而增加。例如,4 个因子 a、b、c、d 间的交互效应理论上有 3 类 11 个,其中,二级交互效应有 6 个:ab,ac,ad,bc,bd,cd;三级交互效应有 4 个:abc,abd,acd,bcd;四级交互效应有 1 个:abcd。此时,因子间的交互效应数目比因子个数还多。

实践表明,多数交互效应是不存在的或小到可以忽略不计,实际中主要考虑部分二级交互效应,甚至有时候只需考虑主效应,这将极大地减少所需试验次数,从而显著提高试验效率,如 Plackett – Burman 试验设计。

7.1.2 仿真试验设计常用方法

经典的试验设计(DOE)是在可观测和试验的实际系统基础上,研究如何为试验选择最优的输入设置以及相应的试验结果的分析方法,主要包括全因子试验设计、部分因子设计和单因子设计,其中,部分因子设计又包括正交试验设计、均匀试验设计、分式因子设计、响应面试验设计、拉丁方试验设计、D – 最优设计等(图 7 – 1)。随着仿真的出现和迅速发展,尤其是对复杂系统模型进行作战仿真时,经典的试验设计不能满足需求,这就需要仿真试验设计。

这些方法有如下一些共同的特性:

- 源于现实世界中的物理试验,遵循重复、随机化和区组的试验原则;
- 能处理的因子数目有限;
- 试验次数随设计变量的增加呈指数增长,不易有效地控制;
- 通常,只能处理规则设计空间;
- 采用简单的低阶多项式回归模型,且单个输入对应的输出分布一般被假设为正态独立同分布,没有考虑到高阶交互作用可能产生的影响;
- 对模型进行拟合时,通常使用最小二乘法;
- 设计最终目标通常是寻找最优因子水平组合。

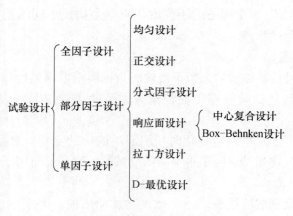

图 7-1   试验设计方法一览

7.1.3 仿真试验设计一般步骤

作战仿真试验的本质是处理问题中不确定性。如何在作战仿真试验中全面有效的处理不确定性是一个值得深入研究的问题。在探索性分析中通过对想定空间进行探索来获取具有鲁棒性的策略,如何保障生成的想定覆盖范围广、数量巨大,且每个想定具有不同特征是问题的关键。作战仿真试验设计就是用于探索想定空间的详细行为。探索性分析由于其探索的广度性,几乎要求包含所有可能的方案。经典试验设计已不能满足这种需求,这就需要特定的支持探索性分析的仿真试验设计。

仿真试验设计所考虑的内容远比经典试验设计丰富,主要考虑如下几个方面:

- 因子数目;
- 多重性能指标;
- 响应曲面的复杂性。

在探索性分析过程中,想定空间代表了各种可能情况,支持探索性分析的仿真试验设计就是如何自动生成想定空间,即在充分分析系统特性后,尽可能充分地利用专家知识、历史经验等描述所要探索的空间,然后对探索参数采取全面组合设计。而实际中,所研究的复杂系统,由于要考虑的因素多,而且每个因素通常又有很多水平数,如果进行全面组合设计,很可能导致常说的维度灾难,所以必须要引入合适的设计方法来适当减少因子并缩减想定空间,这就要进行正确的仿真试验设计。

作战仿真试验设计的一般过程如下(图 7-2):

第一步:对问题进行充分的系统分析,明确探索性分析研究的目标,同时利用多种知识来源,比如历史数据、文献、专家知识、高分辨率的仿真系统模型等,增进对问题的全局理解,结合问题分析树,对因素进行变量聚合,列出所感兴趣的需重点考虑的不确定性因素。

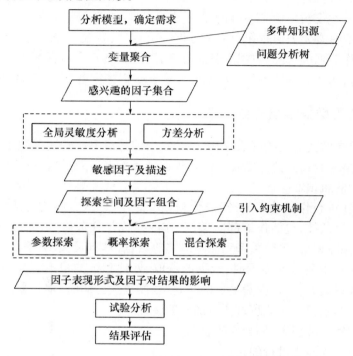

图 7 - 2 作战仿真试验设计的一般过程

第二步:结合分析模型,对这些聚合后的变量进行全局灵敏度分析或方差分析,对参数的灵敏度进行排序,全面获取不确定性因素对研究目标的影响。

第三步:为了提高探索的计算效率,可以在探索空间中引入适当的约束机制,如互斥关系约束、基本组合关系约束,进一步缩减探索的空间,这一步并不是必需的过程。

第四步:在综合考虑因素敏感度和分析计算能力的前提下选取部分重要参数进行探索,根据不同问题使用不同探索性分析方法,即参数探索、概率探索、混合探索等,研究这些不确定性因素在模型中的表现形式和对分析结果的影响。

第五步:对探索性试验数据进行分析,通过数据可视化等工具获取不确定性因素对研究目标影响的相关知识,并对结果进行评估,最终为高层决策服务。

7.2　仿真数据准备

仿真数据是为仿真模型服务的。随着仿真对象复杂程度的增加以及仿真规模的扩大,不仅构建仿真系统的难度日益加大,仿真数据准备的难度也随之加大。因此,有必要为仿真作业人员提供一个直观、高效、可靠的仿真数据准备工具,降低作业强度,提高数据准备的效率,进而提高整个仿真评估系统的响应速度。同时,仿真数据准备工具必须确保仿真数据的完备性、一致性和安全性。

7.2.1　仿真数据准备概述

为了提高仿真应用的灵活性和适应性,当前仿真系统普遍采取了平台与应用分离、模型与数据分离等措施。仿真数据准备的速度及质量往往成为大型仿真系统运行的瓶颈之一。

例如,在进行作战仿真时,需要依据训练想定、作战方案与保障方案,生成仿真初始边界条件,包括作战部队编制、作战编成与任务区分、作战部署,保障力量编制、保障编成、保障关系和保障部署等数据,具有量大、类型众多、关系复杂等特点。在准备这些数据时,数据的获取、处理和维护很不直观,非常繁琐;需要投入大量人力,并且耗费很长的时间,强度很大。同时,很容易出现数据漏失或者重复等错误。作战仿真作业的一般流程:

（1）理解作战想定,领会作战意图;

（2）对作战想定进行细化;

（3）与想定编写人员进行交流;

（4）进行图上、纸上作业;

（5）依托仿真作业工具输入作战边界条件;

（6）作业数据校核。对于陆军集团军战役级作战仿真系统的数据准备而言,需要数据准备人员投入至少一个半月的时间。

7.2.2　仿真数据的类型

仿真数据的具体内容和具体领域的应用类型有密切的关系。例如,作战仿真数据通常包括:红、蓝双方的编制、作战编成（包括指挥所结构、通信编成以及群队式编成/梯队式编成）、部署、武器装备战技性能、作战计划（机动、火力、侦察、通信、电子对抗、作战保障、后装保障等）。

依据数据的不同属性,仿真数据可以分为确定性数据与随机性数据两大类。随机性数据主要指随机数发生器生成的服从各种分布类型的随机数,用于仿真所研究系统中的各种随机发生的事件;确定性数据占仿真数据的多数,它又可以分为关系数据、层次数据、空间数据3类,其中,关系数据和空间数据的规模较大,而层次数据的规模较小。

1. 关系数据

关系数据指具有规则的二维结构的数据。人员、组织机构等实体的属性,武器装备的战技性能指标均是关系数据。关系数据适合采用关系模型来管理。关系模型的管理已经非常成熟,列如关系数据库管理系统。关系数据库管理系统通过索引、查询优化、事务处理、并发访问控制、触发器、错误恢复等强大的机制,有效地确保了海量数据存取的高效性,保证了数据的完整性和一致性,并提供了数据的可靠性和安全性,从而具有其他数据管理方式无法比拟的优势。

2. 层次数据

层次数据指具有层次性(包括组织机构的上/下级隶属关系以及属性数据的汇总/明细关系)和/或次序性(指同级组织机构的友邻关系,这种次序性通常是有特定意义的,并且不同于关系数据库当中的字典顺序或者其他字符排序顺序)的数据。仿真系统中的大量数据都具有层次结构,常见的例子包括组织机构序列(如公司机构、部队编制、作战编成)、分类体系(如中图分类法、学科体系、装备体系)等。

3. 空间数据

空间数据指具有空间性的数据。仿真数据通常都同时包含空间数据和属性数据。没有经过扩展的关系数据库在管理空间数据时,通常非常繁琐,效率不高。

7.2.3 仿真数据准备关键技术

7.2.3.1 层次数据的管理

关系模型所擅长描述的数据只是现实世界当中的一部分。对于现实世界中数据具有的次序语义,必须通过额外的附加字段进行描述,以能够索引同属元素的次序(当然,次序没有意义是关系理论所要求的。这样,通过建立索引搜索记录就更为容易,在性能上得到优化),并且,要维护这种次序语义也比较麻烦。类似地,对于现实世界中数据具有的层次结构(如父/子、祖先/后代等层次结构),也必须通过关系表中的附加字段进行描述(当然,层次结构也可通过有层次含义的编码进行维护,但这势必带来编码、解码等系列问题)。另外,关系模型也不擅长半结构化数据的管理。

XML 是 W3C 制定的标准,被设计为混合语(lingua franca),以便在用户和程序之间交换信息。它具有一系列优良特性,如可扩展性,简单性,自描述性,结构、内容和表现分开等。在自由软件及商业软件界获得强有力的支持,从而能够为开发人员提供极大的灵活性。

XML 本身就是树状模型,一个格式良好且有效的 XML 文档经过 DOM(文档对象模型)解析之后,就会在内存当中建立一棵树。因此,XML 便于与各种主流开发平台的树状控件相结合,并且,用 XML 进行次序语义和层次结构的重建(包括在不同应用程序甚至是在分布式应用程序之间共享层次结构)和动态维护也比较简单。最终,它将有助于缩短开发周期,提高开发质量。

作战仿真系统当中,编制、编成、武器装备体系均是层次结构,具有很大的灵活性和不规则性,用树的术语来说,树的深度(或高度)不确定;节点的度和树的度也不确定,这为信息描述和访问带来了很大的复杂性。由树形结构的存储和逻辑表示方法可知,很难用关系模型描述,或者即使勉强描述出来,效率也很低。相反,XML 文档特别适合和擅长于描述这种不规则的结构,并且,利用 DOM 对 XML 文档树形结构进行递归操作也十分便利(图 7-3)。同时,XML 文档格式良好,语法简单,易于理解。

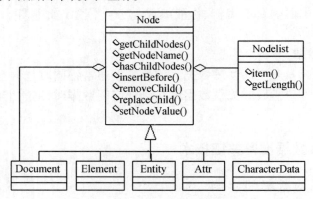

图 7-3　基于树的解析器的逻辑结构

采用专用 XML 文档编辑器有助于确保 XML 文档的语法正确性,降低用户的工作强度。但是,普通的文本编辑器,如 Notepad、Writer 也可以对 XML 文档进行编辑。另外,对于生成的 XML 文档,要判断其语法是否正确,是否符合用户的意图,采用 IE 就可进行语法检查和有效性验证,或者在 DOM 和 SAX 的基础上实现自己的语法检查器,也十分方便。这不仅简化了工作,而且极大地提高了效率。

基于 XML 的仿真数据准备工具的框架如图 7 – 4 所示,图中带阴影的部件
(即"通用解析软件"和"通用报表软件"),表示标准、通用的商业或者免费软
件,如文档解析器接口可以是 SAX,DOM 等;查询器接口可以是 XQL、XML –
QL、XQuery 等;报表处理软件可以是 XSLT、FO 等;支持 XML 的数据库中间件可
以是模板驱动、模型驱动等。

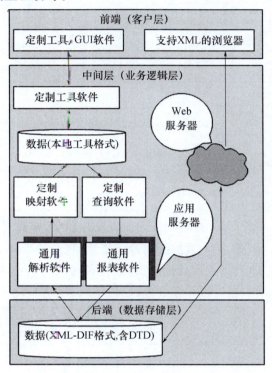

图 7 – 4　仿真数据准备工具的框架

基于 XML 的仿真数据准备工具中,XML 文档的解析、树状结构显示、对象
连接与嵌入(OLE)、节点编码、持续化等核心功能可以采用构件技术来实现,其
UML 模型如图 7 – 5 所示:

可见,仿真数据准备工具构件综合了树控件、XML、OLE 的拖—放等技术,
具有如下特点:从 XML 文档构建树状结构;以可视化方式直观地维护层次结
构;与 OLE 紧密结合;节点编码方式灵活;强大的表现功能。

7.2.3.2　多类数据统一管理方案

仿真数据准备工具通常需要同时管理关系数据、层次数据和空间数据 3 种

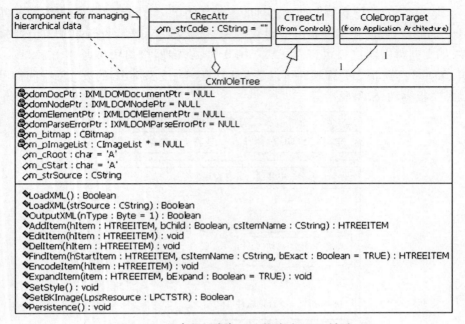

图 7 - 5　仿真数据准备工具构件的 UML 模型

不同类型的数据。因此,多类数据统一管理非常重要(图 7 - 6):

上图中,采用 XML 与关系数据库、树状控件相结合的方案,同时对层次数据、关系数据和空间数据进行无缝管理,包括建模、存储和表现等。其关键之处

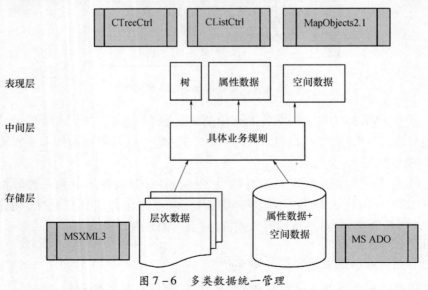

图 7 - 6　多类数据统一管理

是,将 XML 与关系数据库结合在一起,以扬长避短。具体来说,就是用 XML 管理小规模的层次结构的数据,而用关系数据库管理大规模的关系数据和空间数据,两者通过树的节点的编码进行连接。该方案充分利用了构件技术,以避免重复,所用第三方构件主要包括 MSXML3(XML 文档解析器),MS ADO1.5(结构扁平化的访问数据库的构件),ESRI 公司开发的 MapObjects 2.1(MO,地理信息系统软件)以及 MFC(微软基础类库)等。中间层为树状控件操作的具体业务规则,与特定应用领域相关,对开发人员开放。

7.2.3.3　仿真数据准备的高效性

为提高仿真系统的响应速度,需研究灵活快捷的仿真数据输入手段,如批量输入、并行作业、方案复制、预案调整等。同时,进行校核、识别并提示其中的明显错误,避免将初始条件中隐含的错误带入仿真运行当中。仿真数据的校核需要运用数据工程的相关理论与技术,确保仿真数据的质量。比较容易的做法是建立校核规则库,编写校核程序,自动进行数据校核,并在实际工作当中逐步完善校核规则,不断提高错误识别能力。对于不容易建立校核规则的内容,可进行人工校核。

7.3　仿真数据采集

数据采集包括接收要采集的数据以及对接收到的数据进行记录保存两部分工作。由于底层仿真平台的不同,这两部分工作的实现方法和难度也有很大差异,本节着重论述了在 DIS 和 HLA 体系结构下的仿真系统采集数据的保存和读取技术。

7.3.1　仿真数据采集概述

7.3.1.1　主要目的

仿真是人类认识世界的又一大手段。通过仿真,既可以重现以往的事件,也可以对还没有发生的事件做出预测。仿真不只是为人们提供视觉上的感觉效果,更重要的是提供必要的数据(或信息)。通过这些数据的分析,可以加深对于仿真对象的认识。

分布仿真中的数据采集是应用仿真系统的关键步骤,是分析仿真数据、进行仿真回放和 VVA 的基础,在一些特定用途的仿真如训练仿真、分析仿真中,数据采集更是不可缺少的工作。

7.3.1.2　基本原则

通常,数据采集遵循完整性、快速性、正确性、便利性等原则。

（1）完整性原则。应采集整个仿真运行的数据,避免信息查询时出现信息不足的现象。

（2）快速性原则。仿真演练时,网络上的节点少则几十个,多则几百个甚至几千个或几万个,将产生大量数据。要达到数据采集的快速性,需同时从软件和硬件方面着手,如采用企业级数据库管理系统(Oracle 10g、SQL Server 2008等)、多路 CPU、高速硬盘、高速网络等。

（3）正确性原则。采集到的数据应该和节点发送的数据完全一致。一般情况下,很难判定数据的正确性。应用程序只能够在数据存库之前,粗略地判断所接收的数据是否在合理的范围之内。比如,对于实体位置的坐标,可判断是否在演练地域的范围之内。如果在此范围之内,则认为数据正确,如果不在范围之内,则认为数据不正确。

（4）便利性原则。采集的数据要便于作分析统计评估。

7.3.1.3　仿真数据采集类型

仿真数据采集的类型有通用数据采集和特定用途数据采集两种。特定用途数据采集和 DIS 架构下通用数据采集技术已比较直接而成熟,这里分析 HLA 架构下的通用数据采集.

开发基于 HLA 的通用数据采集工具有两个层面上的通用性,即不针对特定联邦的通用性和记录数据读取的通用性。其中联邦独立性(FOM Independence)主要通过编译器动态生成代码方式实现,即通用的采集工具负责针对各个具体的联邦产生各自的数据采集器,具体的采集工作由采集器完成,动态生成的采集器代码中包括了对各自联邦的对象类、交互类及数据类型的描述,目前这种方法基本上得到公认。

而记录数据读取的通用性方面,因为 HLA 规范对数据格式描述的灵活性,使得很难从数据格式上实现读取的通用性,目前的解决方法实际上只实现了文本文件对肉眼观察的通用性和数据库表对数据库浏览程序的通用性,而没有实现最重要的程序读取的通用性。通用数据采集的目标是实现数据读取接口的通用性,即提供标准的接口用来读取数据,而读取到的数据格式和内容属于应用范畴,既不可能也不必要实现通用。

在实现通用数据接收的时候,利用编译器及动态代码生成技术,已经可以将 FOM 中的对象类和交互类及各种数据结构翻译成编程语言对应的实体。以 C++为例,一般将 HLA 对象类转化为 C++对象类,其属性变为数据成员,同时加上一些函数成员如发送更新等操作;而交互类一般翻译为 C++结构,实际上也是 C++对象类,其参数也作为结构数据项;枚举和复杂数据类型定义,则直接翻译为 C++的枚举和结构数据类型。仿真中采集的数据绝大部分就是对象属性更新和交互发送,因此在产生了代码的基础上,如果能够对这些类增加一些功能使之能够保存和恢复自己,将所有的这些保存和恢复连接起来即形成了采集数据的自动保存和读取功能,并且,这种读取出来的结果是恢复了一个对象实例或交互结构,非常便于数据的回放,其所有的数据类型和结构定义都隐藏在各自的定义中,对应用层是透明的。

7.3.1.4 仿真数据采集方式

仿真数据采集方式分为集中式数据采集、分布式数据采集以及混合式数据采集 3 种。

(1) 集中式数据采集。在网络上只设置一个数据采集节点,对网络上的所有信息进行采集。优点是操作简便,配置简单,方便以后的集中使用;不足之处是数据采集节点负载将较重,很容易出现数据丢失现象,并且不利于对各个节点的分析。

(2) 分布式数据采集。在网络上同时设置几个数据采集节点,每个节点分别负责几个节点的数据采集。它的优点是各个采集节点的工作并不是很忙,而且可以通过添加采集节点来减少工作量,从而减少数据的丢失;不足之处是不便于对全局的分析统计等,必须将各个采集节点上的数据聚合到一个节点上,这样会增加操作的时间和复杂程度。

(3) 混合式数据采集。网络上同时设置几个数据采集节点,其中一个节点进行全局数据采集(全局记录器),其他节点则采集部分节点的数据(局部记录器),是集中式数据采集和分布式数据采集相结合的方法。在分析统计时,如果要进行节点统计,则利用部分记录器记录数据进行工作。当进行全局的分析统计时,则利用全局记录器记录数据进行工作。同时,如果时间充分的话,还可以利用部分记录器上的数据对全局记录器上的数据进行校验,看全局采集器上的数据是否正确(这里的正确只是相对的)。这种方式具有数据采集齐全、便于事后分析等优点,不足之处是操作比较复杂,编程实现的工作量大。

7.3.2 DIS 仿真数据采集

在 DIS 中,VV&A、演习评估、结果统计分析、演习回放等都离不开仿真过程产生的数据。DIS 是通过协议数据单元(PDU)进行数据交换的,各仿真实体之间的通信通过广播 PDU 数据包进行,因此 PDU 是 DIS 数据的主要来源。只有将大量的 PDU 记录下来,才能对演习作深入细致的分析。同时演习的目的是否达到,则必须有结果来说明。而数据记录正是为结果分析做数据准备。

PDU 一共有 27 种,每种 PDU 都有固定的标准格式。由于 DIS 的广播式通信机制和格式化的 PDU 数据包,使得在 DIS 下的数据接收、保存、分析和回放易于实现。

接收:任何一个连接到 DIS 仿真局域网的计算机节点都可以接收到所有的 PDU。采集程序通过使用 DIS 提供的 API,就可以自动接收所有 PDU。因此,DIS 下数据接收无需针对不同系统而有不同实现。

保存:PDU 都有固定的格式和有限的种类,并且不同种类的 PDU 之间的格式还有一定程度的相似性,所以 DIS 下采集数据的保存有很多选择,如二进制数据文件、关系型数据库、面向对象数据库等。

分析和回放:无论采用数据文件、关系型数据库还是面向对象数据库,采集数据都是按照完整的 PDU 包格式进行保存。因此,可以按照 PDU 包的方式来逐一读取,然后可以对这些 PDU 进行分析或将这些恢复的数据包按照其发生的时间顺序广播到网络上以实现重放。

7.3.3　HLA 仿真数据采集

HLA 是在 DIS 的基础之上提出的一种先进的分布仿真框架,通过引入新的技术和概念克服了 DIS 固有的一些缺点。其中,与数据采集密切相关的改进包括:在底层通信上使用了组播(multicast)的方式;同时在通信数据包的格式方面允许自定义(通过对象管理和声明管理实现),而不再使用固定的 PDU 方式。这两方面的改进在提高仿真系统的灵活性和效率的同时给仿真数据的采集带来了很大的困难,使得数据接收、保存、分析、回放成为 HLA 仿真数据采集研究的难点,需要进行专门设计。

7.3.3.1　HLA 仿真数据采集面临的困难

HLA 仿真数据采集面临的困难可以从两个方面来分析。

1. 数据组播方式带来的困难

为了避免 DIS 的广播通信机制在大规模系统下出现的数据爆炸现象,充分利用底层通信技术提供的通信能力,HLA 采用组播作为数据通信的基础,并提供声明管理、对象管理和数据分发等服务,以公布/订购的方式来实现数据通信与之配合。因此,数据采集程序要记录仿真中发生的所有通信,必须加入联邦,并订购所有公布的数据。而哪些数据是可订购的信息描述在 FOM 和 SOM 中,不同的联邦和成员有不同的 FOM 和 SOM,采集程序必须通过 OMT 来获得这些可订购的数据。联邦内部的数据类型各异,因此开发通用的数据采集工具十分困难,只能在 FOM 一级借助编译器动态生成代码技术,这也是 DMSO 的 DCT 工具采用的方法。

2. 数据格式灵活性带来的困难

HLA 提供了允许用户自定义数据格式的能力,RTI 只将数据看成一块内存进行传输,并不试图对数据的格式和内容进行解释。而定义数据格式的能力仅仅受限于开发工具的能力,一个数据包类似于编程语言中的一个自定义数据类型,可以包含不定数量的数据项,数据项的类型可以是语言提供的各种类型和其他自定义类型,它在 FOM 和 SOM 中有所描述,并且最终由产生数据的成员来实现。这种能力为 HLA 仿真系统表示数据提供了强有力的支持,但是也要求采集程序必须能够处理各种不同的数据格式,并且将这些定义转换为程序语言的数据类型以便于在运行时接收数据。这种灵活性在接收数据的表示、存储和访问方面带来了困难。以基于数据库的存储机制为例,首先,它要求对每个对象类和交互类创建单独的表与之对应,当类型很多时就会有大量的表,这对于数据的读取、分析和回放都很不利;第二,表之间的数据在时间上没有联系,如果想按照时间的先后关系观察事件就必须在表之间反复比较查询,这是一件麻烦、很难通用化的工作;第三,这种方式的存储空间利用率低,大规模或高速的仿真对存储系统的容量和速度都提出了更高的要求;第四,对于复杂的数据类型(如多层嵌套加变长定义)要分解到表字段,其算法比较复杂,对象数据库的出现可以略为改善这种状况,但目前对象数据库本身还不够成熟;最后,从数据库表中读取数据虽然只是写数据的逆过程,却很难直接利用写数据的方法得到读数据的方法,对数据的处理十分不利,特别是增大了用户自行处理数据的工作量。为较好地解决这 5 个困难,可通过对象串行化技术采用一种单一的二进制数据文件的格式。

7.3.3.2　数据采集方案设计

一般来说数据采集的需求应该由采集数据的用户提出,从常规的应用包括回放、数据分析显示的需求来看可以给出一个基本的设计。首先,采集的数据中大部分是对象属性的更新和交互的发送,考虑到 HLA 对属性更新运行一次只更新部分属性,甚至可能一次更新在接收方引起多个反射,所以必须在采集的数据中反映这种情况。从这个方案来看,不管一次更新了多少属性,在记录的时候都是记录的全部属性,其中没有更新的部分属性保持最近更新的值,因此必须引入额外的记录来保存这次更新的属性情况,这样在处理数据的时候才能逼真地反映仿真的真实情况。例如在其他成员使用了 DR 算法的时候,如果配合回放成员使用,就必须了解更新的情况,否则即使只更新了最近的旧值也会给 DR 算法带来误差。特别是在第一次更新的时候,如果只更新了部分属性,其他属性的取值是无效的,这时候如果将这些无效的属性值进行分析或回放就会带来错误。这样做虽然增加了记录的数据量,却反映了最真实的情形,而且是基于文本文件和数据库方式难以实现的。

除了记录对象更新和交互发送之外,还有一些事件必须通过 MOM 记录,如时间推进、对象创建、删除等,通过这些事件的分析有助于制定回放方案和进行分析。另外,还需要记录联邦中成员及其调用的 RTI 服务的情况,这也必须通过 MOM 获得,其中传输模式(RO、TSO)的改变只能通过这种方式获得,而传输模式的改变对回放也是必须的。

还有一个问题就是类派生的问题。联邦可能有多个类层次,并且可能在不止一个层次上有注册的对象实例,作为采集来说应该记录真实的类而不是其父类,但是为了记录所有可能的情况要订购所有可以订购的类,这样要求一个公布的类应该以最接近订购的类被发现,这一点靠 RTI 保证。

此外,还需要记录事件发生时的墙上时间和仿真时间戳。为了保证记录的完整性和处理的需要,还需要记录一些辅助数据,并保存到单独的文件中,例如,定义的 C++ 类名和 HLA 中的类名之间的对应关系,以及联邦的 FOM、FED,以及各成员的 SOM 等一组文件。

访问接口设计可采取如下方案。首先,将动态产生的数据采集器代码中关于类的定义等以函数库的方式独立出来,提供给采集器本身和采集数据的用户使用,以获得完整的数据读取能力。其次,提供额外的 API 用来访问保存的数据文件,供分析程序或回放程序用来获取对象类的数量、交互类的数量、对象类或交互类的名字、对象类的实例数量、对象类的各实例的属性更新情况、交互类实例的发送情况。

7.4　仿真数据回放

仿真与实际系统相比一个很大的不同点是仿真可以反复进行,可以在仿真完毕后对仿真的片段进行再现。这对于研究指挥策略具有重大的意义。比如,当作战演习进行到某个阶段时,指挥人员同时想到了几种策略,但是实际情况下只能够选择一种。而在仿真中,可以利用回放功能,将演习先推进到决策点,而后按照另一种策略进行演习。这样可以在相同的情况下对两种策略做出比较,达到指挥策略的优化选择。

7.4.1　仿真数据回放概述

通过成员的状态和交互行为进行采集,可以对仿真系统进行事后分析(AAR)和在线监控。为了评估仿真结果,仿真回放是十分必要的。在作战仿真、操作员训练仿真中,仿真回放可使演习或受训人员在仿真过程结束后,分析仿真中存在的战术或操作问题;也可以评估预先设计的各种策略。由此可见,仿真数据采集与回放在 HLA 仿真系统中发挥着重要的作用。

随着仿真领域的拓展及 HLA 标准的广泛应用,对基于 HLA 的仿真回放工具的功能要求也越来越高。主要表现在以下方面:

(1)重用性,可用于不同规模、不同领域的仿真应用,是联邦独立的。这也符合 HLA 可重用性的目标。

(2)灵活的回放控制,比如:仿真回放开始、停止、前进、后退、暂停、变速度、任意时间跳转等。

(3)回放方式的多种选择,如:集中式/分布式回放,全部/部分回放,在线/离线回放。

(4)自动回放,即经过初始配置后,能自动回放而不需手动控制,主要用于仿真演示。

(5)回放内容可选择性,用户可在初始/运行时选定/修改要回放的数据。这是分布式回放以及部分回放的基础,并且运行时修改可以弥补初始配置的失误。

7.4.2　仿真数据回放方式

1. 集中式回放、分布式回放和混合式回放

与仿真数据采集形式相对应,回放也可分为集中式回放、分布式回放和混合式回放。集中式回放是指由单一成员向其他成员提供需要回放的数据。通常此成员与数据采集成员为同一成员,回放时可直接使用存储在本地的数据。这种方式的优点是简单,易于实现。缺点是负载集中于单一成员,对于大型联邦,效率较低。

分布式回放是指各成员利用存储在本地的回放数据进行回放。回放时各成员比较独立,不再需要从其他成员获取回放数据,所以这种回放方式将负载

分散到各成员上,并且减少了成员间的数据交互量,但需要增加成员间的同步处理。

混合式回放是前两种回放方式的结合,各区域相关成员的回放数据由各区域的采集成员提供,较为独立的各区域回放也需要增加区域间的同步处理。

2. 在线回放与离线回放

数据回放可以与 RTI 相关(在线回放),即在回放程序中需要调用 RTI 提供的服务,实现仿真数据的交互;也可与 RTI 无关(离线回放),回放程序从记录中直接读取回放数据,不涉及 RTI 服务的调用与回调,不从别的成员获取回放数据。在线回放中,各成员间存在实际的互操作;离线回放中,各成员间只存在逻辑上的互操作;在线回放中,有些成员不发送交互实例也不更新对象属性,如观察器成员,仿真的不同模式对其是透明的,即当前的仿真模式不影响观察器成员的运行,这样的成员无需记录和回放模块。离线回放中,由于各成员需要主动获取数据,所以必须具有回放模块。另外,离线回放中为了保证回放时各仿真节点间的协调一致,需要对其进行仿真管理,而在线回放中,成员可以直接使用仿真演练时的时间管理策略,由 RTI 协调各成员的运行。所以使用在线回放虽然运行效率不如离线回放,但便于程序的编写。

为了保证各成员在仿真演练及回放时能够在时间上保持同步,回放时必须协调各成员的时间推进。在 HLA 中,成员的推进方式分为两大类,一类为协商的时间推进,另一类为独立的时间推进。

在协商的时间推进方式下,由 RTI 协调成员间的时间推进,确保成员间互操作的逻辑顺序正确。回放时,通过调节某个时间管理策略为"时间控制"的成员的时间推进速率,即可限制其他策略为"时间控制"或"时间调节"的成员的推进。由于仿真时间推进的进度都由一个成员控制,所以回放模块中的快进/慢进、暂停/继续均可由此成员实现,用户在此节点上可以任意调节整个仿真系统回放的进度。

如果仿真运行时不指定成员的时间管理策略,该成员的时间推进方式即为独立的时间推进,不受 RTI 的协调管理。这种情况下,可采取一种简单的外部时间管理方法实现成员间的同步,即在开发联邦对象模型(FOM)时,定义一个仿真时间交互类,该类有一个仿真时间参数,一个成员公布该交互类,其余成员订购该交互类。

3. 部分回放与全部回放

部分或者全部回放是指回放用户感兴趣的那部分信息,还是记录的所有信息。部分回放可以分 3 类:部分对象类/交互类的回放,一个对象类下部分对象实例的回放,以及这两种情况的混合。部分回放可提高仿真调试效率及节约费用,并且是分布式回放的基础。

4. 自动回放

仿真演示时,为减少误操作,以及保证演示流程的顺畅,回放过程需要按照预先设定自动执行,包括回放步骤的设定、每步起始/结束时间、回放速度的设定,以及全部/部分回放的配置。

7.4.3 仿真数据回放关键技术

仿真数据回放涉及 FED/OMT 解析、索引策略、回放回退、多个回放器之间时间同步、部分回放策略等关键技术。

1. FED/OMT 解析

根据 FED/OMT 文件格式特点,按照一定的匹配算法,解析符合 DMSO RTI 1.3 以及 IEEE 1516 规范的相应文件,读取对象类/交互类、属性/参数等信息,并通过定义合适的数据结构来保存信息,供其他模块使用,以实现联邦独立性。

2. 索引策略

在仿真数据采集时,记录器收集仿真状态信息,然后加上该时刻的仿真时间,一起写入数据文件中,而后依据该时间来回放,以实现回放过程中的任意时间跳转以及回退。

3. 回放回退方法

HLA 的保守时间推进机制(目前大部分仿真系统采用该机制)要求仿真时间是递增的,也就是说,成员的仿真时间不能向后推进。然而,在仿真系统分析、演示阶段,可能需要在回放过程中回过来再看一下刚刚发生过的事件(称之为回放回退)。它有两种类型:一是仿真时间向后跳转而后向前推进,一是从当前时刻向后推进。解决这一问题的方法是保证仿真时间递增的同时回放用户需要的数据。

4. 同步方法

在分布式回放时,多个回放器之间需要协调一致地工作,关键就是时间同步。可以设定所有的回放器均采用"调节与受限"的 HLA 时间管理策略,而其他成员的时间管理部分不需要任何改动。时间依据还是数据记录时的时间信息,并可根据 XML 文件输出,设定时间步长为原仿真的最小更新周期。

5. 部分回放策略

如前所述,部分回放有 3 种情形,其中部分类的回放实现较容易,只需在声明管理中公布需要回放的对象/交互类即可,而未公布的类经过过滤后其实例

不会被回放。难点在于一个对象类中只有部分实例需要回放的情形,有两种实现方法:

一种是选定回放内容后,生成一个信息文件,记录需要回放的数据在原始记录文件中的位置,而后在回放过程中,根据该信息文件,在原数据文件中读取数据来回放。该方法的缺点是:在仿真运行过程中动态修改回放内容不方便,并且如果仿真记录文件很大,那么生成信息文件所耗时间会很长,操作灵活性不好。

一种是建立一个回放对象实例列表,存放这样的对象实例信息:该实例所属的对象类下有部分实例不需要回放。而后回放时在该列表中搜索,以确定是否回放该数据。该方法缺点是在回放过程中,需要经常搜索;优点是回放内容动态修改很容易。在实际仿真应用中,一般这种列表的长度不大,搜索耗时并不大。

7.5   仿真可视化

随着仿真科学与技术的发展,仿真可视化已成为仿真领域的重要技术分支,得到人们的重视和迅速发展。本节阐述了仿真可视化的智能化及自动化、柔性体的可视化、计算和绘制的实时加速、非视觉物理量的可视化等关键技术,并以战场多维信息的综合显示为例,说明仿真可视化在分布式训练系统(DMT)上的应用。

7.5.1   仿真可视化概述

仿真可视化技术,是将仿真中的数字信息变为直观的、以图形图像形式表示的、随时间和空间变化的仿真过程呈现的技术手段。它使研究人员能把握过程的整体演进,发现其内在规律,从而丰富了科学研究。其关键技术包括:可视化算法、实时绘制技术、图像生成技术、多通道和多视点显示、开发工具、软件工程学、分布式与并行计算、人机交互理论与实现、渲染、多媒体、虚拟现实、效果评估与各行业相关的建模技术等。

7.5.2   仿真可视化的智能化及自动化

传统的可视化软件一般是针对专门的需求开发的,在开发完成后往往难于做大的改动。为此,可采用实体动态生成、视点智能选取等智能化和自动化的设计思想,引入柔性技术,解决动态加载、自我判断和自动驱动控制等一系列的技术问题。

实体动态生成的步骤包舌：

（1）通过组件建模方法动态组建新模型；

（2）研究在态势想定文件中如何获取实体信息的方法，比如可通过基于 XML 技术以解决动态想定问题；

（3）通过查询数据库中的实体信息表，实现实体信息的动态匹配。

7.5.3　柔性体的可视化

柔性体指云、雪、诱饵弹等没有固定形状、随时间变化不断扩散或者变形的实体。柔性体的可视化不能采用刚体的三维实体建模方法，即常用的依照模型的实物尺寸进行绘制的方法，而必须另辟新径。只有通过研究柔性体的运动特性和作用机理，建立组元各异的动力学和运动学模型，再加以可视化绘制，才能表达出逼真的效果。例如，基于粒子系统的空气动力学效应对雪这一自然现象进行实时仿真，其思路是建立风的作用模型，把雪的运动看作风的运动和雪的自由落体的综合运动。

7.5.4　计算和绘制的实时加速

实时性和逼真度之间的平衡一直是困扰仿真可视化的技术难题之一，工程上通常采用折衷的方法，但从技术方法上还是要寻求各种软、硬件加速技术来达到计算和绘制的加速目标。软件加速是对软件结构或代码进行优化，通过减少计算量提升绘制速度；硬件加速是从提高芯片计算性能和处理模式出发，实现快速绘制。

随着 GPU（图形处理器）高速计算能力的发展，并行计算方法、像素处理能力、可编程等基于图形硬件的绘制技术成为提高仿真可视化中帧速率的一个主流方向。GPU 提供了几何处理和渲染处理，可以大大提高图形绘制速度，但 GPU 的体系结构是一种高度并行的单指令多数据指令执行体系，采用了不同于 CPU 的指令集，代码不能直接移植。采用 GPU 加速时，要根据所显示的对象，研究出基于 GPU 的算法和数据处理方式，才能实现基于硬件的绘制，达到加速绘制的目的，例如基于图形硬件的大规模海浪实时绘制、复杂弹性物体变形的实时绘制效果以及质系动量定理的实时仿真等。

7.5.5　非视觉物理量的可视化

磁场、电场、温度场、水声场、流场等真实存在而不可见、且在仿真系统中扮演重要角色。对于这些非视觉物理量的可视化也是仿真中值得重视的问题,其要点是对由三维物理场所生成的三维数据场进行可视化显示。目前主要有两类方法:

(1)基于面的可视化方法,用三维数据生成一些等值面,对这些面进行绘制,进而显示三维物理场,如切片技术、网格划分法、几何变形曲面法等。其优点是计算简单,缺点是不能反应物理场的全貌与细节,如均匀物性的重力场的可视化。

(2)基于投影的可视化方法,将三维数据投影到计算机屏幕上,再进行绘制,如直接投影法、射线跟踪法等。其优点是能产生三维数据的全貌图像,图像质量高,缺点是计算复杂,如三维地震数据体的可视化。

此外,基于动态纹理、半规则纹理、粒子纹理融合技术的方法也有所开展。

7.5.6 战场多维信息的综合显示

分布式训练系统是一个包括实况仿真、虚拟仿真及构造仿真的共享训练环境,可使指战员在战役的各个级别上进行单独或集体的训练。随着先进分布仿真技术的飞速发展,基于联合综合战场空间(JSB)的分布式训练将使军事训练在质和量上取得重大的进步。为便于指挥员及时掌握战场态势、对训练效果和武器性能做出高效快速的评估和分析,需要一种直观、自然的方式对战场的多维信息进行综合显示,主要包括多分辨率地形的可视化、实体间交互的可视化、地理信息的可视化、环境信息的可视化、听觉信息的播放、综合显示的控制等。

7.5.6.1 多分辨率地形的可视化

地形地貌是综合战场环境的基础,仿真对地形地貌真实性和地理信息具有很高的需求。流水线 3D 图形硬件技术和有效的地形可视化新算法,才使三维地理信息系统(3DGIS)得以应用于综合战场环境的仿真中。地理信息系统与地形可视化技术的结合称为"虚拟 GIS"。为了适应全局显示的需要,需对虚拟GIS 的地形数据进行必要的简化,例如,用长方形表示数字地形模型,具有一致的网格高程数据;地面植被、水域等信息由纹理提供,并不进行细致建模。同时,应用层次细节(LOD)技术减少地形数据,并采用多分辨率模型即用不同的分辨率来表示地景不同的区域。基本做法是用不同的 LOD 构造或近似表示地景,其中对局部分辨率依赖视点变化的地景模型,距视点不同距离区域的层次细节可以不同,并且随着视点的移动作相应的变化;而对于依据地表特征变化的模型,在突变和缓变处采用不同的细节层次。则场景的不同部分必须从多个 LOD 模型中获取,即前景或突变区域从高细节版本中获取,背景或缓变区域从高细节版本中获取,不同的模型无缝结合到一起。

7.5.6.2　实体间交互的可视化

对飞机、坦克、舰船等所有军事实体建立标准化的完备的 3D 模型库,并对红、蓝、白各方加以区分,当实体运动或不同实体之间发生交互时,能将实体的运动轨迹或实体的交互信息以图形的形式显示出来。例如,以线段表示实体的运动轨迹,用半透明的圆锥体表示雷达探测范围或导弹的攻击范围等。为了直观了解实体的毁伤情况,实体爆炸、燃烧、冒烟等特殊效果也以一定的简化形式显示出来。

7.5.6.3　地理信息的可视化

地理人文特征和描述性信息,如河流、道路、桥梁、通信电力设施、机场、仓库以及城市名称、行政区划等对于指挥员在训练和仿真中部署兵力、确定作战策略意义很大,所以要对这些信息建库并以标准的形式进行显示。综合信息显示系统中对如道路、河流等的线状物体以曲线表示叠加于地形纹理之上并规定了线的宽度和颜色。类似的,对点状信息(如城市的位置)和文字信息(如城市的名称)也进行了相应的规定。

7.5.6.4　环境信息的显示

增强训练效果的方法之一是给仿真平台、传感器和武器提供一个能够相互作用的逼真的自然环境。随着计算机图形技术及复杂科学可视化技术的飞速发展,大量气象数据的可视化得以实现,例如以箭头表示风力、风向,以不同的颜色表示温度或湿度,用粒子系统模拟雨雪等。所有这些技术都可应用于综合信息显示系统中,同时还应以光照度及背景颜色的变化模拟出白天、黑夜的时间变化。

探测器是用户感知环境信息并与其交互的途径,这些数据与生成视景的数据是不同的,为了适应仿真演练的要求,综合信息显示系统提供对红外、雷达等探测信息的显示。

电子战在现代战争中的地位已经越来越重要,随着电磁环境的全数字化模型的建立,电磁环境信息的可视化显示也成为综合信息显示系统的一项必要的内容。

7.5.6.5 听觉信息的播放

听觉信息是仅次于视觉信息的第二传感通道,它是虚拟环境多维信息中的一个重要组成部分。给综合战场环境中加入虚拟声音,增强了综合战场环境的真实性和完整性,可以给指挥员提供强烈的沉浸感和临场感,减弱大脑对于视觉的依赖性,并获得更多的信息。与一般虚拟环境中的声音播放不同,在多维信息显示系统中要充分考虑全局因素,声音的强度不能以声源的真实距离计算,例如在一般虚拟环境中爆炸在十几千米的距离内才能被听见或看见,而在综合战场环境显示系统中观察范围很大,有时几百千米内的爆炸都能有图形显示。由于同时观察到的实体数目很大,为了不造成混乱,不能播放所有实体的声音,只能按照一定规则进行有选择的播放。除了环境中真实存在的声音,还应提供一些起辅助作用的提示性声音,如威胁警告等。

7.5.6.6 综合显示的控制

综合信息显示系统只能在同一时刻尽可能多的显示信息,但决不可能同时显示所有信息,否则,不仅会给多维信息显示系统的设计与实现造成巨大的困难,而且也会超出人脑对信息的采集和处理能力,所以针对不同信息的显示控制是必要的。对于构建综合战场环境的基本要素如地形、军事实体等给予完全显示,而对于实体交互信息以及温度、湿度、风力等气象信息则由指挥员根据需要控制其是否叠加在视景上。综合信息显示系统采用多通道显示以获得更大的视场角,以非标准透视关系调整观察视角以及场景中景物的比例关系。对虚拟战场环境进行观察时,指挥员可以控制视点绕场景移动或适当拉近、移远视点,但总保证对战场环境的全局观察,及时掌握战场信息,以迅速做出决策或评估,这就不会出现观察传统三维虚拟环境时的"迷失"问题。考虑红、蓝、白三方的需要,场景显示对于红、蓝双方来说是透明的,红、蓝双方只能观察到己方侦察探测系统"视线"范围之内的信号,而白方则能观察到综合战场环境中的所有信息。

7.6 仿真结果分析

在多数情况下,仿真结果并不能直接用于决策,必须经过数据分析与挖掘,这样才能有效利用仿真结果进行决策分析。例如,有时需要通过各自的仿真试验随机输出数据来进行比较分析,选取优化的系统方案,或者通过输出数据来寻找规律以启发决策,或者通过仿真试验数据来回归预测系统的输出等。

7.6.1 输出数据不稳定及自相关的处理方法

由随机输入驱动的仿真将产生随机输出,因此,想要恰当地分析与正确使用仿真结果,必须应用统计技术处理仿真输出数据。然而,几乎所有实际系统的输出过程和仿真系统的输出过程都是不稳定的和自相关的,因此所有经验统计检验都是不可直接使用的。下面讨论可用来解决这个问题的两种统计方法。

1. 对比验证法

由仿真运行产生的一系列输出结果可以认为是来自总体的一系列观察值。因此,大多数仿真分析人员根据真实系统的观测数据和仿真系统的输出数据分别计算一个或几个相应的统计量(比如样本均值、样本方差、样本相关函数和直方图等),然后用所得到的仿真系统的统计量与真实系统的统计量对比,而不使用正规的统计法。这种对比验证法的缺点在于不同统计量的值有时可能相近,体现不了两者的差异。因此,对于真实系统和仿真系统的观测数据的固有随机性来说,这个方法的说服力不强。但总的来说,对比验证法可为某些仿真研究提供模型是否适用的有价值的信息。事实上,对某些仿真研究来说,由于能从真实系统的运行中获得的数据的数目受到严格的限制,因而对比验证法可能是唯一可行的方法。

2. 置信区间法

在有可能从模型和系统中收集数据的情况下,置信区间法是一种对比仿真系统与真实系统的更可靠的方法。假设采集了来自真实系统的 m 个独立数据集合,以及来自仿真系统的 n 个独立数据集合。令 x_j 是真实系统数据的第 j 个集合中的观测数据的值,y_j 是仿真系统数据的第 j 个集合中的观测数据的值,诸 x_j 是均值为 $u_x = E(x_j)$ 的、独立的同一分布的随机变量,诸 y_j 是均值为 $u_y = E(y_j)$ 的独立的、同一分布的随机变量。设法为 $\delta = u_x - u_y$ 构造一置信区间,以对比仿真系统与真实系统;有理由认为 δ 构造一置信区间比检验假设 $H_0 : u_x = u_y$ 更可取。一是由于模型只是对现实系统的近似,H_0 几乎在所有情况下都不成立;二是由于置信区间比对应的假设检验提供了更多的信息,若假设检验指出 $u_x \neq u_y$,则置信区间也将提供这个信息,同时还给出 u_x 与 u_y 的数值差异。

可用成对 t 法或 Welch 法对 δ 构造置信区间。成对 t 法要求 $m = n$,但允许 x_j 与 y_j 相关。Welch 法只要求 $m \geq 2$ 和 $n \geq 2$,任何情况下都可用,但要求 x_j 与 y_j 相互独立。如果置信区间不够小,不能判断实际有效性,就需要再获得一些 x_j 和 y_j。然而必须注意,对 Welch 法来说,单靠增多 x_j 和 y_j 不可能使置信区间任意小。因此,如果系统的数据集合数 m 不能增加,就不能靠做越来越多的仿真系统复演来判断实际有效性。

置信区间法的缺点是要做多次复演,需要大量数据,而且不提供关于两个对比输出过程自相关特性的信息。

7.6.2 终止型仿真结果分析

终止型仿真的运行时间长度是事先明确的(如仿真时间为 4h)。由于运行时间长度有限,系统的性能与运行时间长度有关,不能忽略系统的初始状态对系统性能的影响。为了消除系统的初始状态对系统性能估计造成的影响,需要多次独立运行仿真模型,理论上讲独立运行次数应为无穷多。在实际中如何确定运行次数以便得到较好的性能估计,是终止型仿真结果分析需要讨论的问题。

而仿真试验次数的确定,与仿真模型有关。当仿真模型中引入大量的随机过程时,一般来说,理论上较难确定满足给定精度所需的仿真试验次数。然而,在经过适当简化、在一定的假设条件下可近似确定所需仿真试验次数。

终止型仿真的要求是每次运行的初始条件相同,但每次运行必须是相互独立的,可通过每次仿真采用不同的独立随机数序列来实现。设 x_i 是第 i 次运行时得到的系统的某一性能参数(如平均队长)的仿真结果,由于每次运行相互独立,可以认为 x_i 是独立同分布的随机变量,从而可以用经典的统计分析理论构造 $E(x)$ 的置信区间。根据对置信区间的要求,终止型仿真结果分析有 3 种基本方法,即重复运行法、序贯程序法和方差缩减法。

7.6.2.1 重复运行法

重复运行法是指选用不同的独立随机数序列,采用相同的参数、初始条件以及用相同的采样次数 n 对系统重复仿真运行。

对于终止型仿真,需要大量重复地做仿真试验。而每次仿真运行的初始条件和参数是相同的,每次仿真运行的结果也必然是相近的,相互之间的偏差不会很大。因此,根据中心极限定理,可以假设仿真结果 $x_1, x_2, \cdots, x_n$ 是近似服从正态分布的随机变量,其期望值 $E(x)$ 的估计值 X 为

$$X = \bar{x}(n) \pm t_{n-1,1-\frac{\alpha}{2}} S(n) / \sqrt{n} \qquad (7-1)$$

式中,α 为显著水平,而

$$\bar{x}(n) = \frac{1}{n} \sum_{i=1}^{n} x_i \qquad (7-2)$$

$$S^2(n) = \frac{1}{n-1} \sum_{i=1}^{n} \left[x_i - \bar{x}(n) \right]^2 \qquad (7-3)$$

7.6.2.2 序贯程序法

在终止型仿真结果分析的重复运行法中得到的置信区间长度不仅与 x_j 的方差 S 有关,而且与仿真运行次数有关,其中,方差 S 取决于仿真模型,而运行次数则是由用户规定的。为了减小置信区间的长度,需要加大 n。这样就产生了另一个方面的问题,即在一定的精度要求下,规定仿真结果的置信区间,设法确定能够达到精度要求的仿真次数。这样做可以对置信区间的长度进行控制,避免得出不适用的结论。

置信区间的半长称为置信区间的绝对精度,用 β 表示,而置信区间的半长与点估计的绝对值之比称为置信区间的相对精度,用 γ 表示。序贯程序法的目标是:在一定的精度要求下,规定仿真结果的置信区间,设法确定能够达到仿真精度要求的仿真次数。

设限定置信区间的长度为 $[\hat{x} - \varepsilon_\beta, \hat{x} + \varepsilon_\beta]$,并给定置信度 $(1-\alpha)$。为了达到此精度,需要取足够大的仿真运行次数 n,使其满足

$$p(|\hat{x} - \bar{x}| < \varepsilon) \geq = 1-\alpha$$

假定仿真已运行了 $n_c(n_0 \geq 2)$ 次,为了满足上式,必须选择运行次数 n,使得

$$n \geq n_0$$

且

$$\beta_n = t_{n-1,1-\frac{\alpha}{2}} S(n) / \sqrt{n} \leq \varepsilon_\beta \qquad (7-4)$$

或

$$\gamma_n = \beta_n / \bar{x}(n) \leq \varepsilon_\gamma \qquad (7-5)$$

7.6.2.3 方差缩减法

从式(7-4)可知,仿真试验结果的绝对精度与 $\frac{1}{\sqrt{n}}$ 成正比;同时,仿真试验结果的绝对精度还依赖于方差。因此,如果仿真试验采用具有较小方差的随机数,可在不增加样本数量的条件下提高精度,这就是方差缩减法。而在给定精度要求的条件下,方差缩减方法可在序贯运行方法的基础上,进一步减小所需样本数量。

最为有用和普遍采用的方差缩减法包括公用随机数法(CRN)和对偶变量法(AV),其中,公用随机数法的思想是在不同模型的仿真运行过程中,采用相

同种子的$(0,1)$均匀分布随机序列,可应用于对两个或者几个不同的仿真模型进行比较;对偶变量法则适用于单个系统模型的仿真运行,其中心思想是在两次仿真运行过程中,设法使得第一次仿真运行中的小观测值能够被第二次仿真运行中的大观测值所补偿,或者是相反。这就相当于两次运行中观测值的平均值作为分析的基准数据点,而这个平均值与所估计的观测值的期望更加接近。一般情况下,对偶变量法采用互补的随机数驱动仿真模型的两次运行。也就是说,如果是用于第一次运行中的某个具体目的的$(0,1)$均匀分布随机数,则在第二次运行中将用于同一目的。

公用随机数法和对偶变量法对用于仿真试验的随机数发生器提出了新的要求。

7.6.2.4 不同方法的比较

仿真试验多样本运行数量确定方法的比较如表7-1所列。

表7-1 多样本数量确定方法的比较

多样本数量确定方法	结果统计模式	对运行控制环境的相对依赖程度	确定的所需样本数量（一般情况下）
重复运行法	离线	弱	大
序贯运行法	在线	中	中
方差缩减法	在线	强	小

7.6.3 稳态型仿真结果分析

稳态型仿真是一次仿真运行时间很长的仿真。稳态型仿真结果分析的主要目的仍然是对系统状态变量的估计及使估计值达到给定精度要求的。在仿真运行过程中,每相隔一段时间即可获得一个观测值y_i,从而可以得到一组自相关时间序列的采样值$y_1,y_2,\cdots,y_n$,其稳态平均值定义为

$$\nu = \lim_{n \to \infty} \frac{1}{n} \sum_{i=1}^{n} y_i$$

如果ν的极值存在,则ν与仿真的初始条件无关。

下面介绍4种用于稳态仿真结果分析计算的方法,即批均值法、稳态序贯法、重复删除法和再生法。

7.6.3.1 批均值法

一般来说,对于稳态仿真,若采用类似重复运行法那样利用全部观测值进

行估计,得到的估计值 y^* 与实际的稳态值 y 之间会有偏差,记

$$b = y^* - y$$

式中,b 为 y 在点估计 y^* 中的偏差。这个偏差是由人为的或任意的初始条件所引起的,希望得到一个无偏估计,至少也希望偏差值 b 相对于 y 值尽可能地小。如果在点估计中有明显的偏差,采用大量的重复运行来减少点估计的变化范围,可能会导致错误的置信区间。这是因为偏差不受重复运行次数的影响,增加重复运行次数只会使置信区间围绕错误的估计点 $(y + b)$ 变短,而不会围绕 y 变短。为了降低偏差的影响,可以采用批均值法。其基本思想如下:

设仿真运行时间足够长,得到足够多的观测值 $y_1, y_2, \cdots, y_m$,将其分为等长的 n 批,每一批中有 l 个观测值。得到每批数据的均值 $\bar{y}_j$ 和总的样本均值 $\bar{y}$,$\bar{y}$ 即为 ν 的点估计。为了构造 ν 的置信区间,需要假定 $\bar{y}_j$ 是独立的且服从正态分布的随机变量,并且有相同的均值和方差。此时,ν 的 $100(1-\alpha)\%$ 置信区间的解析式为

$$\nu = \bar{y} \pm t_{n-1,1-\alpha/2} \sqrt{S_{\bar{y}_j}(n)/n}$$

$$S_{\bar{y}_j}(n) = \frac{1}{n-1} \sum_{j=1}^{n} (\bar{y}_j - \bar{y})^2$$

7.6.3.2　稳态序贯法

设某次稳态运行得到的观测值是 $y_1, y_2, \cdots, y_m$,其批长度为 l,共 n 批,每批均值为 $\bar{y}_j = (j = 1, 2, \cdots, n)$,总体样本均值为 $\bar{y}(n, l)$。

记任意两批之间的相关系数为 ρ_i,则

$$\rho_i = \text{cov}[\bar{y}_i, \bar{y}_{i+1}] \quad (i = 1, 2, \cdots, n-1)$$

又令

$$b(n, l) = E\{\hat{\sigma}^2[\bar{y}(n, l)]\}/\sigma^2[\bar{y}(n, l)]$$

式中

$$\hat{\sigma}^2[\bar{y}(n, l)] = S_{\bar{y}_{j(l)}}^2(n)/n$$

若 $y_1, y_2, \cdots, y_m$ 是长方差平稳过程,则可以证明,当 $l \to \infty$ 时,$\rho_i(l) \to 0$。如果在批均值法的基础上,根据相关系数 $\rho_i(l)$ 的大小来确定 l,使得 $\rho_i(l)$ 达到足够小,则可以认为 $\bar{y}_j$ 基本上是独立的或接近独立的。

为得到不相关的 $\bar{y}(l)$,直观的做法是:批数 n 不变,不断地加长 l,直到 $\rho_i(l)$ 的估计值小于规定值为止。但是,如果 n 选择过小,则其方差加大,从而 b 将远小于 1,结果得到的置信区间就会偏大,所以 n 也要加大。因此,为达到一定精度的 ρ_i 且使 $b(n, l)$ 接近 1,$m = nl$ 就会特别大。

7.6.3.3　重复删除法

实践表明,不能由终止型仿真结果来估计系统稳态平均响应。原因在于,采用终止型仿真时,虽然每次运行是独立的,但其系统的初始状态是完全相同的,而这种初始状态不一定能代表系统稳定特性的状态。由于每次仿真长度有限,初始状态对仿真结果的影响未消除,所得到的结果必然是系统的有偏估计。

重复删除法的基本思想如下:

设对某一系统进行 K 次独立的终止型仿真,每次长度为 m,$y_{ji}(j=1,2,\cdots,K;i=1,2,\cdots,m)$ 是第 j 次运行得到的第 i 个观测值。在统计系统性能时,删除每一次运行的前 l 个观测数据,其中 $0 \leqslant l \leqslant m$,并令

$$\bar{y}_j(m,l) = \sum_{i=l+1}^{m} y_{ji}/(m-l)$$

$$\bar{\bar{y}}(K,m,l) = \sum_{j=1}^{K} \bar{y}_j(m,l)/K$$

将 $\bar{y}_j(m,l)$ 作为每次运行的均值,将 $\bar{\bar{y}}(K,m,l)$ 作为系统稳态性能的估计值,其置信区间半长为 $\beta = t_{K-1,1-l/2}\sqrt{S^2_{\bar{y}_{j(m,l)}}(K)/K}$。

其中

$$S^2_{\bar{y}_{j(m,l)}}(K) = \frac{1}{K-1}\sum_{j=1}^{n}\left[\bar{y}_j(m,l) - \bar{\bar{y}}(K,m,l)\right]^2$$

重复删除法只需要运行 K 次独立的终止型仿真,所需样本容量大大减少,问题是如何确定 l 的值。l 是 $[0,m)$ 区间内的随机整数,可用独立性和均匀性较好的随机数发生器产生。

7.6.3.4　再生法

在批均值法中,将一次长度为 m 的稳态仿真结果分成等长的若干批数据进行处理,批长度的确定对于这种方法是非常重要的,它直接影响批均值法的效能。但到目前为止,选取批长度的原则尚未完全确定,因此有必要考虑其他有效的方法。

在仿真过程中,随着仿真时钟的推进,系统状态不断发生变化。如果在某一时刻观测到了系统一组状态变量的值,而在若干时间之后又重新观测到完全相同的一组状态变量的值,则称所观测的系统为再生系统。也就是说,在稳态仿真中,系统从某一初始状态开始运行,若干时间后重新达到该状态,这时可以认为系统的过程相对于以前的过程是独立的,系统在此时刻重新运行,以后这

种状况将重复,因此,这个重复的过程称为系统的再生周期,而重复出现的时刻点称为再生点。

再生法的思想就是要找出稳态仿真过程中系统的再生点,由每个再生点开始的再生周期中所获得的统计样本都是独立同分布的,可以采用经典统计方法对参数进行估计并构造参数值的置信区间。再生法的缺点在于系统再生点的数量要求足够多,而且每个再生周期应是独立的。而实际系统的仿真运行中可能不存在再生点或者再生周期过长,这样就要求仿真运行的总长度要足够大。另外,这种方法难以预先确定置信区间的精度,因而无法得到规定精度要求的置信区间。

7.6.4　仿真结果重抽样统计分析

评价一个仿真系统取决于系统的平均性能测度,如在系统中的平均需求数,或在队列中的平均等待时间。通常用 7.6.2 节和 7.6.3 节介绍的独立重复或批平均值法采集仿真输出数据,然后使用参数统计技术,如 z 或 t 统计量建立置信区间,并进行假设检验。这种估计方法以样本的抽样分布近似正态分布的假定为基础。

根据中心极限定理,样本的抽样分布近似服从正态分布,当且仅当下列条件之一成立:

(1)仿真输出数据的分布近似服从正态分布。

(2)样本量"足够大",以使样本的抽样分布近似正态分布。

然而,许多仿真输出数据的总体分布偏离正态分布,甚至是高度偏斜的。这时第一个条件不成立。第二个条件的"足够大"很难定量化,大到什么程度,通常因分布而异。一般来说,总体分布的偏斜度越高,所需样本容量越大。对于有些分布,即使样本量无限大时,第二个条件也不成立。所以无法给出一个适合各种情况的满足第二个条件的样本量,而且有时由于条件等因素的限制也不可能获得足够的样本量。在某些情况下,人们被迫使用小样本,并用正态理论进行估计,这就必然影响所得结论的精确性。

重抽样统计分析方法不做任何有关分布的假定,完全从样本确定任何感兴趣的性能测度的抽样分布,并可用于估计和假设检验。它的优点是摆脱了从一开始就制约统计理论的两个因素:正态分布的假定和能从数学上测度理论特性的要求。重抽样统计分析方法本身是一种以试验分析为基础的计算机增强仿真技术,从本质上更适合作为仿真输出分析的工具。

下面介绍仿真结果的两种重抽样统计分析方法,即刀切法和自助法。

7.6.4.1 刀切法

刀切法(Jack knife)是 Quenouille 在 1949 年,为了减少估计的偏性首先提出的,并将该方法称为无偏差的非参数估计法(nonparametric estimation of unbias),后来由 Tukey 正式命名为刀切法。该方法允许统计人员在没有几率分配假设的前提下,对参数进行估计并调整估计的偏误。

刀切法的基本原理和方法如下所述:设 $X = (X_1, X_2, \cdots, X_n)$ 是来自未知总体 F_θ 的独立随机子样,θ 是感兴趣的性能测度,而 $\hat{\theta}_n(X_1, X_2, \cdots, X_n)$ 为基于 $X = (X_1, X_2, \cdots, X_n)$ 的关于 θ 的估计量。将子样分为 g 组,每组容量为 h,$n = gh$。令 $\hat{\theta}_{-i}$ 为依据略去第 i 组后所余下的容量为 $(g-1)h$ 的子样而得到 θ 的估计。定义

$$\hat{\theta}_n^i = g\hat{\theta}_n - (g-1)\hat{\theta}_{-i}, \; i = 1, 2, \cdots, g$$

$$J(\hat{\theta}_n) = \frac{1}{g} \sum_{i=1}^g \hat{\theta}_n^i$$

称 $\hat{\theta}_n^i$ 为刀切虚拟值,$J(\hat{\theta}_n)$ 为 θ 的刀切估计值。

当 $h = 1$ 时,便得到一般的"去一"刀片估计值定义为

$$\hat{\theta}_n^i = n\hat{\theta}_n - (n-1)\hat{\theta}_{-i}, i = 1, 2, \cdots, n$$

$$J(\hat{\theta}_n) = \frac{1}{n} \sum_{i=1}^n \hat{\theta}_n^i$$

经过泰勒展开,进一步可以得到,$J(\hat{\theta}_n)$ 的偏倚量小于 $\hat{\theta}_n$ 的偏倚量。

然而,刀切法并不是适用于估计一切统计量。如刀切法不可用于中位数的估计,还发生过机械的刀切线性模型的最小二乘估计使本来无偏的估计变有偏。因此,刀切法虽有其优点,但不能照搬,应先在理论上说明其可行性,然后才能将其用于实际分析中。

7.6.4.2 自助法

自助法(Bootstrap)是美国 stanford 大学统计系教授 Efron 在 1979 年提出的一种新的统计推断方法。该方法只依赖于给定的观测信息,不需要其他的假设和增加新的观测,避免了在处理问题时用传统统计方法,即对所需的分布先作假定,再利用现成的统计表进行推断。实际上,总体的真实分布通常是无法精确了解的。自助法的基本概念就是视原先样本 $(x_1, x_2, \cdots, x_n)$ 为虚拟母体,从虚拟母体 $(x_1, x_2, \cdots, x_n)$ 中以有放回方式随机抽出 n 个样本并视为一组重复资料

X^*。由于 x_i^* 是从虚拟母体中以有放回方式所抽出的随机样本,因此,x_1^*,x_2^*,$\cdots$,x_n^* 之间互相独立且分布相同,令自助样本 $X^* = (x_1^*, x_2^*, \cdots, x_n^*)$。

用纯数学语言描述即为:Bootstrap 方法利用来自总体的独立样本 X 的经验分布 $\widehat{F}_n$ 来代替总体分布 F。设随机子样 $X = (X_1, X_2, \cdots, X_n)$ 来自未知总体 F_θ,θ 是感兴趣的性能测度,$R(X, F)$ 为某个预先选定的随机变量,它是 X 和 F 的函数,要求根据子样观测值 $x = (x_1, x_2, \cdots, x_n)$ 估计 $R(X, F)$ 的分布特性。则 Bootstrap 分布的构造方法如下:

(1)由子样观测值 $x = (x_1, x_2, \cdots, x_n)$ 构造子样经验分布函数 $\widehat{F}_n$:$\widehat{F}_n$ 在每点 x_i 处具有密度 $1/n$,$i = 1, 2, \cdots, n$。

(2)从 $\widehat{F}_n$ 中有放回地抽取子样 $X_i^* = x_i$,$X_i^* \sim \widehat{F}_n$,$i = 1, 2, \cdots, m$。称 X_1^*,X_2^*,$\cdots$,X_n^* 为 Bootstrap 子样。

(3)用 $R^* = R(X^*, \widehat{F}_n)$ 的分布来替代 $R(X, F)$ 的分布。R^* 的分布称为 Bootstrap 分布。

计算 Bootstrap 分布及估计量常用的方法有:直接的理论计算、蒙特卡罗法和泰勒展开法。由于计算机的日益发展,蒙特卡罗法用途越来越大。用蒙特卡罗法进行 Bootstrap 统计模拟计算,即利用随机数发生器,从观测值中有放回地产生容量为 n 的 Bootstrap 样本,重复地抽取 m 次,得到 m 个 Bootstrap 子样,每个子样的长度均为 n,计算相应的 $R_{(i)}^* = R(X_{(i)}^*, \widehat{F}_n)$,$i = 1, 2, \cdots, m$;然后对 $R(X_{(i)}^*, \widehat{F}_n)$ 的统计特性进行估计。

假定已经从仿真输出中获得一个容量为 n 的样本 $x_1, x_2, \cdots, x_n$,$t(x_1, x_2, \cdots, x_n)$ 是一个选定的感兴趣的性能测度 θ(如均值、方差、中位数或某个百分位数等)的估计量,用 Bootstrap 方法为 θ 建立置信区间的步骤为:

(1)从原始样本中用放回抽样抽取 m 个独立的、容量均为 n 的 Bootstrap 样本:$X_1^i, X_2^i, \cdots, X_n^i$,$i = 1, 2, \cdots, m$。

(2)对每个 $i (i = 1, 2, \cdots, m)$,计算 $t(x_1^i, x_2^i, \cdots, x_n^i)$ 的值。

(3)用上述 m 个值为 $t(x_1, x_2, \cdots, x_n)$ 建立一个 Bootstrap 分布。m 的取值根据研究的目的不同取不同的值,如果用来计算估计的标准差,则在 $50 \sim 200$ 之间取值即可;如要估计置信区间,取值应大于 1000。

(4)利用 $t(x_1, x_2, \cdots, x_n)$ 的 Bootstrap 分布及其百分位数为 θ 建立置信区间。

Bootstrap 方法应用范围很广,适合:服从任何分布(包括正态分布)的样本,任何样本量,任何感兴趣的估计量(包括均值估计)。

参 考 文 献

[1] 郭齐胜,徐享忠.计算机仿真[M].北京:国防工业出版社,2011.

[2] 胡剑文,常青,张岱,等.作战仿真实验设计与分析[M].北京:国防工业出版社,2010:2,15-18,30.

[3] 张伟,赵新,雷永林,等.支持探索性分析的仿真试验设计研究[C].系统仿真技术及其应用,2007:259-263.

[4] 杨祥忠,张新宇.对象串行化技术在HLA仿真数据处理中的应用[J].系统仿真技术,2008,4(3):187-192.

[5] 张柯,张新宇,鞠儒生,等.基于HLA的分布仿真系统数据采集解决方案[J].系统仿真学报,2004,16(12):2725-2728.

[6] 刘卫华,冯勤,王行仁.虚拟战场环境中的多维信息综合显示[J].系统仿真学报,2002,14(3):316-318.

[7] 李宁,彭晓源,马继峰,等.虚拟作战战场环境的研究与实现[J].系统仿真学报,2003,15(7):969-972.

[8] 宋建勇,陈定方.行为建模在基于粒子的物理方阵中的应用[J].计算机辅助设计与图形学学报,2006,18(1):150-155.

[9] 徐享忠,王精业,刘朔.XML在层次结构建模上的应用研究[J].系统仿真学报,2009,21(6):1511-1514.

[10] 陈宏,周以齐,闫法义.基于HLA的仿真系统的记录与回放[J].系统仿真学报,2006,18(3):629-632.

[11] 李伟,马萍,杨明,等.基于HLA的柔性仿真重演工具研究[J].系统仿真学报,2007,19(17):3974-3977.

[12] 邹志红,张正军,冯允成.仿真输出分析中置信区间的Bootstrap估计方法[J].系统工程理论与实践,1997,2:14-17.

[13] 徐享忠,荆涛.基于XML的数据交换格式及其支撑工具研究[C].吴连伟.计算机仿真增刊,江西九江.2009,8:388-342.

[14] 康凤举,华翔,李宏宏,等.可视化仿真技术发展综述[J].系统仿真学报,2009,21(17):5310-5313.

[15] 陈蕾,陈贺新.在分型模拟器中实现雪的实时模拟[J].吉林大学学报,2005,33(2):164-165.

[16] 李苏军.基于GPU的大规模海浪实时绘制[J].计算机仿真,2008,25(5):190-194.

[17] 车英慧.一种基于物理的实时细节保持变形算法[J].计算机研究与发展,2008,45(3):503-509.

[18] 肖永刚. 基于 DirectX 的双缓冲图形绘制技术在动量定理仿真中的应用[J]. 现代计算机, 2005, 22(5): 59 – 61, 73

[19] Paul M K. The gravity effect of a homogenous polyhedron for threedimensional interpretation [J]. Pureand Applied Geophys cs, 1974, 112(3): 553 – 561.

[20] Kidd G D. Fundamentals of 3 – D seismic volume visualization [J]. The Leading Edge, 1999, 18(6): 702 – 709.

第**8**章

仿真标准化

仿真标准化是解决仿真资源共享和重用、仿真系统互操作等问题的基础，是仿真科学与技术的重要组成部分。为了能对仿真标准化有一个总体上的了解，本章系统分析仿真标准化需求，简要介绍仿真互操作性标准组织、美军和我军仿真标准化情况，示例给出 DIS 和 HLA 标准。

8.1 仿真标准化需求分析

建模与仿真需要解决的下列主要问题均需要仿真标准化作支撑。

8.1.1 解决大规模仿真中的协作和理解问题的需要

复杂系统的仿真需要进行大量的协作或联合开发以及联合仿真，为此需要限制开发人员或组织在开发过程及成果形式上的随意性，使开发者既能保持开发过程的同步，又能准确、迅速地理解和使用他人的最终或阶段成果。因此，有必要制订相应的标准规范，将经过实践检验并优化过的工作程序、方法技术、文档格式等以标准规范的形式总结明确并推广开来，以保证仿真系统或仿真资源开发过程的合理性，提高开发效率，促进开发过程中的协作和联合开发，提高建模与仿真的可信性，为联合开发或联合仿真任务中开展合作、增进对彼此开发工作的共同理解提供保障机制。

8.1.2 解决仿真可信度问题的需要

如何提高武器装备体系效能仿真的可信度，是建模与仿真中面临的重大问题。迫切需要制订相关的标准规范,从管理、程序和方法技术 3 个层次来规范建模与仿真活动,以保证建模与仿真工作的可信度。这些标准规范既是开展建模与仿真认证与检验管理及技术的依据,也明确了开发方、用户方和检验方在建模与仿真可信性保障中的关系及各自的职责。

8.1.3　解决仿真系统互操作问题的需要

仿真对象往往是复杂系统(如武器装备体系)而非简单系统,其仿真平台主要是分布式网络而非单一计算机,其开发模式主要是联合或协作开发而非独立开发,这就需要建立互操作、可移植、可伸缩的分布式仿真体系结构标准,定义仿真系统的组件、服务和接口,以促进分布式仿真应用的开发,保证仿真系统的互操作性、可重用性,以及不同仿真系统之间的互连互通。

8.1.4　解决仿真资源共享与重用问题的需要

为了建模与仿真资源的共享和重用,必须制订相应的标准、规范,对仿真模型的划分原则和设计规范、武器装备数据、自然环境、作战想定的内容框架和处理方式、军事规则等进行规范化表示。这些标准规范是建立各种资源库的基础和前提。如果没有相应的标准规范,各自收集或开发的资源无法重用和共享。通过统一规划,建设建模与仿真资源库,可以大幅度地提高建模与仿真开发的效率,使开发者能将精力集中于处理与特定应用相关的问题。美国国防部建模与仿真办公室 1995 年发布的建模与仿真主计划的第五个大目标就是要为建模与仿真开发人员和使用人员提供一个有效的建模与仿真基础设施,它包括硬件、软件、人员、知识库等各个方面,其中,最重要的基础设施就是建模与仿真资源库。

8.2　仿真互操作性标准组织简介

下面从起源、需求、举办的会议、组织结构、产品及远景规划等方面对仿真互操作性标准组织(SISO)进行介绍。

8.2.1　SISO 的起源

SISO 是致力于促进建模与仿真互操作性和重用的国际性组织,是随着

DARPA 的 SIMNET 项目的开展而建立的。SIMNET 项目从 1983 年一直进行到 1991 年,目标是演示论证将大量相对低成本仿真器网络化,从而形成一个"虚拟战场"的可行性。由于此项目的成功,美国陆军启动了名为"联合装备战术训练"的大型项目。为了确保签约的多家团队能够投标此项目和各个模块的子项目,负责训练设备的陆军项目管理部门不久之后被重新命名为陆军仿真训练与条令司令部(STRICOM),与 DARPA 和新组建的国防建模与仿真办公室(DMSO)一起启动了一系列研究组,用户代表和相关合同商能够在研究组中一起工作,致力于开发基于 SIMNET 协议的标准。

SISO 成立于 1989 年,当年 4 月 26 日和 27 日举办了一个名为"交互式网络化训练仿真"的小型研讨会。当时参会人员大约 60 人,他们关注网络化仿真中的活动事件,并相信,如果有一种方式能够交换公司和团队之间的信息,那么该领域的技术发展会更快,而且一旦技术趋于稳定,也会产生标准化的需求,可以通过捕获该领域的技术和共识形成标准,作为成熟的网络化仿真技术。该会议很快发展成为分布式交互仿真(DIS)研究组,现在致力于创建基于重点工程 SIMNET 的标准,而 SIMNET 将来会成为该领域的基准标准。1996 年后期,根据高层体系结构(HLA)的进展,DIS 组织将自己转换为更具功能性的组织,称为仿真互操作性标准组织。

8.2.2　SISO 存在的现实需求

SISO 得以存在的根本原因是建模与仿真的大客户(如美国国防部)有大量问题需要解决,而且开支成本很高。这些大客户使用建模与仿真主要是出于以下应用目的:

(1)分析。军事运筹研究领域的出现是为了解决军事应用问题,主要强调用建模和仿真研究极度复杂的问题,例如计划编制、组织、后勤、训练科目开发、新系统的评价等。

(2)研究与开发。在新型运载工具、武器系统、指挥控制系统开发的各个阶段,都要使用建模与仿真进行综合研究、设计决策、性能预估、后勤保障需求分析等众多工作。

(3)测试与评估。新系统在开发时,都首先在模型与仿真中进行测试,然后才进行实际测试,而实际测试的运行成本非常高。与其他系统的接口也要使用模型与仿真进行研究,经常是通过仿真对新系统必须交互的其他系统进行表示。

(4)训练。新系统的使用教程通常是通过模型与仿真进行开发和测试,然后开发新系统的训练仿真,供学习新系统操作、保障、维护和交互的人员使用。

解决上述问题的成本非常高,不仅是因为仿真自身的复杂性,也是因为在系统生命周期中需要开发很多不同类型的仿真。大体上看,新系统的模型和仿真总是在系统开发、实现和使用的每一阶段由代理商和合同签约方一步一步从无到有开发出来的。从历史上看,跨系统或跨开发阶段的仿真的重用非常少,因此,每一项重要的系统开发项目期间,都要创建多个仿真,资金开销很大。

一个相关问题是这些仿真的复杂性。除了仿真开发的成本开支很大之外,仿真的复杂性也使得很少有人能够深入理解仿真行为。在某些情况下,这种理解的缺乏以及新仿真开发消耗的大量时间和资金导致仿真经常被超出能力范围使用。这种情况的发生有时是因为决策者一致决策使用现有仿真而不是开发新仿真;有时也可能是因为缺乏对仿真约束条件的理解。

20 世纪 80 年代后期,人们进行了很多认真的努力来解决与费用和复杂性相关的问题,当时鼓励开发更加模块化和可重配置的仿真,使仿真能够重用于多种用途和多个项目。SISO 在这些工作中发挥了主要作用。

8.2.3　SISO 承办的会议

SISO 会议委员会在美国和欧洲组织了仿真互操作性专题学术研讨会(SIW)。SISO 标准活动委员会以独立形式或与其他组织联合的方式开发和支持仿真互操作性标准。北约将 SISO 确认为标准开发组织(SDO),IEEE 将其作为标准发起组织。此外,SISO 还在国际标准化组织(ISO)中负责与综合环境数据表示与接口规范(SEDRIS)相关的标准开发的联络工作。

1989 年 8 月 22 日至 23 日在佛罗里达州奥兰多市举办了"第一届国防仿真互操作性标准专题学术研讨会"。从 1989 年至 1996 年,每半年举行一次分布式仿真(DIS)专题学术研讨会。第一届仿真互操作性研究会议于 1997 年春天在奥兰多由 SISO 主持举办。从 1997 年开始,仿真互操作性会议每半年举行一次。2001 年,SISO 开始在欧洲各地每年举办一次仿真互操作性研讨会。仿真互操作性研讨会的进度安排由 SISO 网站负责维护。

8.2.4　SISO 的组织结构及其职能

SISO 组织由来自 25 个国家的 1131 名成员组成,其中约 30% 来自美国以外国家。为保持成员地位,这些成员中的大多数成员需要每年至少参加一次仿真互操作性研讨会。SISO 的发起机构包括 40 多个政府与商业组织。管理文件 SISO - ADM - 002 - 2006"SISO 政策与程序"详细说明了 SISO 的组织结构、政策和程序。简要来说,SISO 的组织结构如图 8 - 1 所示。

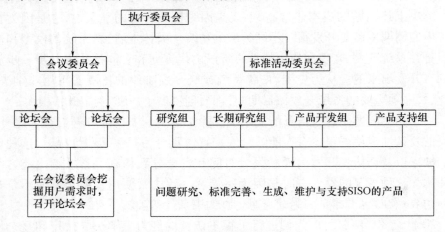

图 8 - 1　SISO 的组织结构

其中,执行委员会(EXCOM)是管理实体,负责全面管理和战略规划。

研讨会委员会(CC)负责组织仿真互操作性研讨会,也负责论坛会议的管理。通过专题论坛会,可对建模与仿真领域各组成部分的信息和新思想进行交流。

标准活动委员会(SAC)负责管理建模与仿真领域互操作性与重用支持产品的开发与保障工作。SAC 管理产品开发组和产品支持组,这两个组致力于标准和相关产品的开发与支持工作。

此外,还专门设计理事会(BOD),负责 SISO 的财务监督以及 SISO 与其他组织的合同关系。

产品开发组(PDG)负责 SISO 产品的开发、变更与修订。在成立一个新产品开发组时,标准活动委员会从 SISO 领域内的志愿者中招募成员。另外,成员也可由执行委员会推荐或者由标准活动委员会从其他满足技术条件的人员中挑选,从而确保成员的广度、技术专业性和效力。不要求参与者一定是 IEEE 或SISO 的成员。

每个产品开发组分为下列 3 组:

(1) PDG 草案组。负责执行产品开发过程中第二阶段的分析与产品开发过程,包括草案产品的评估与发展;产品送审;对评审意见做出答复;就范围、进度和技术问题向标准活动委员会做出答复。草案组成员的数量由标准活动委员会依据产品开发组的性质和预期的活动级别加以规定,通常情况下的数量范围是 5 ~ 7 名。草案组成员由标准活动委员会指派。

（2）PDG 指定评审组。负责对所有产品进行集中评审和评议,包括 SISO 程序与政策第五节中规定的中间产品。PDG 指定评审组成员可达到 20 名,成员由草案组推荐并经过标准活动委员会批准。草案组和指定评审组决定分析中间阶段的完成时间。

（3）志愿评审组。负责产品的全面评审,可以评审产品的任何草案,并向草案组提出评议意见。志愿评审组成员在规模上不加限制,面向整个 SISO 领域开放。

8.2.5 SISO 的产品

SISO 目前维护两个主要的 IEEE 标准系列,即 IEEE1278(分布式交互仿真)和 IEEE1516(建模与仿真高层体系结构)。这些标准最初是由 DIS/SISO 以 IEEE 计算学会 SAB 的子委员会的身份开发的。

除上述两个 IEEE 标准外,SISO 还负责发布和维护下列内容的标准:

（1）实时平台参考联邦对象模型;

（2）Link 16 仿真;

（3）基础对象模型(BOM)模板规范、实现与使用;

（4）HLA 接口规范的兼容动态链接的 HLA API 标准。

1. 已经批准的部分 SISO 标准

· SISO – STD – 001 – 1999:实时平台参考联邦对象模型指南、基本原理与互操作性特征(GRIM 1.0)

· SISO – STD – 001 1 – 1999:实时平台参考联邦对象模型(RPRFOM 1.0)

· SISO – STD – 002 – 2006:Link16 仿真标准

· SISO – STD – 003 – 2006:基础对象模型(BOM)模板规范

· SISO – STD – 003.1 – 2006:BOM 使用与实现指南

· SISO – STD – 004 – 2004:用于 HLA 接口规范 1.3 版本的兼容动态链接的 HLA API 标准

· SISO – STD – 004.1 – 2004:用于 HLA 接口规范(IEEE1516.1 版)的兼容动态链接的 HLA API 标准

2. 已经批准的部分 SISO 指南产品

· SISO – REF – 001 – 1998:参考联邦对象模型研究组总结报告

· SISO – REF – 002 – 1999:保真度实施研究组报告

· SISO – REF – 003 – 1999:RTI 互操作性研究组总结报告

· SISO – REF – 004 – 2000:C^4I 研究组总结报告

· SISO – REF – 005 – 2001：BOM 研究组总结报告

· SISO – REF – 006 – 2001：BOM 方法稻草人（BMG）规范

· SISO – REF – 007 – 2001：SISO 软件产品（SSP）研究组总结报告

· SISO – REF – 008 – 2002：C⁴ISR/Sim TRM 总结报告

· SISO – REF – 009 – 2003：战术数据链研究组总结报告

· SISO – REF – 010 – 2006：DIS 枚举

· SISO – REF – 011 – 2005：智能漫游系统互操作性（ITSI）研究组总结报告

· SISO – REF – 012 – 2006：公共图像生成器接口（CIGI）SSG 年度报告

· SISO – REF – 013 – 2005：仿真参考标记语言（SRML）研究组总结报告

· SISO – REF – 014 – 2005：可扩展建模与仿真框架图（XMSF）研究组总结报告

· SISO – REF – 015 – 2006：军事想定定义语言（MSDL）研究组总结报告，包括 4 个部分：基本报告、规范草案、模式草案和数据字典草案

· SISO – REF – 016 – 2006：联盟—战役管理语言（C – BML）研究组总结报告

· SISO – REF – 017 – 2006：仿真概念建模（SCM）研究组总结报告

· SISO – REF – 018 – 2006：SISO 澳大利亚长期研究组年度报告

· SISO – REF – 019 – 2007：离散事件系统规范（DEVS）研究组中期总结报告

· SISO – REF – 020 – 2007：DIS 简易指南

· SISO – REF – 021 – 2007：一般方法学校核与验证研究组总结报告

8.2.6 SISO 的远景规划

1. SISO 的定位

2007 年 6 月，SISO 发布了远景规划，在此规划中，SISO 将自己定位在从建模与仿真领域的整体（包括世界范围内的开发人员、采办人员和用户）利益出发，致力于促进建模与仿真互操作性和重用的组织。

2. SISO 的使命

SISO 的使命是：提供一个开放的论坛，通过思想交流、技术考察和标准开发促进模型和仿真的互操作性和重用。

3. SISO 的标准开发与挑战

（1）标准开发。开发有用且有意义的标准是 SISO 最重要的活动，这样的标准对解决互操作性与重用具有重要作用。有价值的标准必须满足 3 个基本

准则：

①对建模与仿真领域需求的响应。为保证标准开发过程最有效，SISO 必须及时响应所服务领域的要求，开发满足需求的标准。可通过两种方式来完成，第一种方式是在专题学术讨论会框架内，SISO 必须能够接纳各类不同用户领域的意见要求；第二种方式是 SISO 必须在专题学术讨论会框架之外与企业、政府和学术领域一起紧密合作，有效地开展工作。

②开发及时。为了发挥产品对于用户的价值，必须及时交付产品。在交互式仿真的快速变化领域，SISO 必须快速交付产品，以使产品的预期效益最大化。为达到这一目标，标准开发组必须短小精悍而且能得到有力保障，同时要坚持开放和及时响应的原则。

③切实优秀的质量。SISO 交付的产品必须既具备最高质量又紧贴用户需求。只有提升用户使用价值的标准和产品才会被使用、维护和更新。

（2）面临的挑战。SISO 认识到，在实现其远景规划的过程之中会遇到很多挑战，其中面临的 3 个主要挑战是：

①宣贯。许多人不了解分布式仿真的基础知识，也不知道分布式仿真对其工作有何作用。此外，许多人不了解为改善建模与仿真资源的互操作性和重用而在进行的工作，也不知道这些工作能够带来的巨大回报。SISO 作为一个组织，对大多数人来说，仍是一个未知实体。SISO 必须提高知名度，努力成为学习和分享的建模与仿真中心，成为建模与仿真重要标准的发源地。成功的关键是制定积极的有针对性的宣贯与拓展计划，要展现出通过互操作性、重用以及参与 SISO 过程能够带来的收获。

拓展计划必须明确 SISO 是一个新的不同组织，它的任务就是为广大建模与仿真领域服务，是一个学习、分享和开发标准的世界级中心，这也是独立之所以如此重要的原因，SISO 最终必须成为不受惠于任何一个团体的组织。

②财务独立。在成立的前 10 年，SISO 的主要经费来源于美国政府机构，主要是国防部对于标准开发活动的支持。此外，国际社会的众多商业公司和政府组织也一直在不断提供支持。

SISO 的目标之一是争取更高的财务自由度，因为 SISO 坚信如果这样做，它能够更好地为整个国际上的建模与仿真领域提供支持。当前的建模与仿真环境是市场驱动的，SISO 的目标是通过加强财务能力，能够更灵活地解决广大建模与仿真领域的需求。

③提高标准过程的响应速度。从历史上看，标准开发一直是一个深思熟虑的过程，标准的正式批准也比某些成员想象得慢。由于建模与仿真技术一直在更新而且更具市场驱动性，在短期内完成标准的开发和批准的压力不断增加。

SISO 认识到这些趋势,并正在改善其标准开发过程,同时,也要保持其标准的严格和优秀。SISO 将努力为标准开发组提供很好的保障和支持,尽可能缩短标准的编制周期。

8.3　美军仿真标准化情况

以美军为代表的军事强国,对建模与仿真工作给予了高度重视,尤其是建模与仿真的标准化问题,美军认为这是促进建模与仿真互操作、可重用并增强模型与仿真可信度的根本保障,必须优先开展。

8.3.1　发展情况

在 1990 年以前,建模与仿真领域的一个明显的标志是各自为政,各个仿真之间只具备有限的互操作性,模型与仿真的通用性和可重用性不好。

20 世纪 80 年代末 90 年代初期,随着分布式交互仿真的大规模发展,如何解决仿真系统之间的互操作、仿真部件的可重用等问题已经迫在眉睫地摆在了建模与仿真界的面前。

1995 年 10 月,美国国防部发布了国防部建模与仿真主计划(图 8 – 2),倡议"建立互操作性的标准和协议,促进军事部门的仿真","更好地共享信息、性能和资源"。以此为标志,建模与仿真进入了一个新的发展阶段。

目标1	目标2	目标3	目标4	目标5	目标6
提供一个通用建模与仿真技术框架	提供及时和权威的环境表述	提供权威系统表述	提供权威的人员行为表述	提供建模与仿真的基础设施	共享建模与仿真的利益

图 8 – 2　美国国防部建模与仿真主计划六大目标

1998 年 8 月,北约发布了北约建模与仿真主计划,其目的在于建立一个统一的运用先进仿真技术的方法,促进北约各国军用仿真之间的互操作性和可重用。

1995 年和 1998 年,美国陆军两度发布陆军建模与仿真主计划,其基本目标是提供世界一流的模型与仿真来满足整个陆军部队的需求,并鼓励具有创新意义方法的发展与使用,如基于仿真的采办。美国陆军为了加强对建模与仿真标准化工作的管理,从 1996 年开始成立了标准化负责人组织,由陆军建模与仿真办公室每年发布建模与仿真标准化负责人年度报告,陈述本年度建模与仿真标准化的现状,以及下一年度标准化的发展建议。

1997 年 2 月,美国海军发布了美国海军建模与仿真主计划,该主计划宣称在 21 世纪,美国海军将充分使用建模与仿真来优化决策分析,提高作战技能,发展最好的系统来维持世界上最强大的海军力量。

这些主计划通过制度上的改变,使建模与仿真在以下 4 个方面取得明显进展:(1)体系、标准和协议;(2)环境、系统和人的行为的描述;(3)建模与仿真领域和相关的基础设施;(4)建模与仿真领域的高端活动。

2008 年 1 月,美国国防部发布 M&S VV&A 文档标准 MIL – STD – 3022,该标准建立了 VV&A 过程 4 个核心产品的文档模板,包括确认计划、校核验证计划、校核验证报告和确认报告。这些文档模板提供了一个通用框架,适用于不同阶段和不同的工作组,其中许多是通用的或是共享的信息。根据这些模板产生的计划和报告为 VV&A 的参与成员提供了良好的交互能力,使得在特定应用的建模与仿真中进行 VV&A 时,减少信息冗余,提高信息重用。该标准适用于美国国防部及其下属机构的所有建模与仿真开发、使用或管理的 VV&A 过程。该标准的 4 个模板中,确认计划定义在确认评估过程中使用的标准、方法和资源;标识确认过程中存在的问题。校核验证计划定义确定校核验证应用效果范围的方法和可接受标准;定义校核验证的任务;产生支持确认验证的信息;标识校核验证过程中的有关问题。校核验证报告记录校核验证的结果;记录建模与仿真的想定、能力、限制、风险和影响;记录未解决的问题和校核验证过程中的经验教训。确认报告记录确认评估过程的结果;记录支撑确认决策的建议和确认过程中的经验教训。

8.3.2　建立过程

按照美国陆军的经验,建模与仿真标准的开发流程主要包括组队、需求定义、开发标准、达成共识、发布标准和教育等 7 个步骤,如图 8 – 3 所示。

1. 建立开发小组

吸引来自美国陆军、国防部、院校甚至是私营工业部门等各个特定建模与仿真学科的专家组成一个标准种类开发小组,是建模与仿真标准开发过程的第一步也是最关键的一步,小组成员可以根据变化而随时调整。

2. 需求定义

标准种类负责人及其小组成员具体确定其研究的标准种类的范围。每一

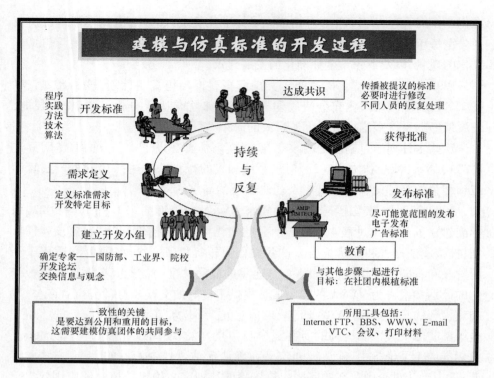

图 8-3 建模与仿真标准开发的 7 个步骤

个种类的定义都需要得到陆军部负责军事运筹的副部长帮办(Deputy Under Secretary of the Army for Operations Research)的批准。之后,小组根据未来 5 年内对陆军建模与仿真的潜在利益、标准的成熟程度以及开发的可能性等情况设定标准开发的优先次序。在建立了标准开发的长期目标的前提下,开发小组为各个领域的标准定义开发需求。

3. 开发标准

开发与确认标准是整个过程的关键。标准可以采用各种类型,如程序、实践、过程、算法或技术等。涉及的建模与仿真专家越广,标准的价值就越高。

4. 达成共识

由于标准的开发过程是基于小组成员的共识,因此,标准种类负责人和标准开发小组成员在向 DUSA(OR),即陆军部负责军事运筹的副部长帮办提请批准之前,应该在整个建模与仿真领域中达成共识。

5. 获得批准

一旦一项标准已经在建模与仿真团体中达成一致,并经过陆军高级分析人员的审查和投票赞成,则该项标准就可以提交给陆军部负责军事运筹的副部长帮办审批。

6. 发布标准

为确保标准的最大范围分发、使用,标准种类负责人可以使用各种方法,包括建立文档库和电子数据库,使用户能方便地获取这些标准的模型、对象、算法、软件和数据。

7. 教育

一旦标准建立完成并且以一定的等级(草案、认可或强制)发布后,标准种类负责人及其小组成员就应该着手建模与仿真团体的标准获取、试用和应用教育。

8.3.3 标准体系

美国国防部在 1995 年 10 月发布的《国防部建模与仿真主计划》是建模与仿真标准体系的基础,为建模与仿真标准化提供了基本的发展方向,这些方向涉及仿真开发、数据、模型、算法和可信度增强等各个方面。美国陆军建模与仿真标准化机构根据主计划中提出的六大目标,提出了包括系统设计与体系结构、战场空间功能描述、数据标准、对象管理、可视化、地形、动态大气环境、信息获取、损耗、机动、后勤、通信系统、费用表述、动员与复员、部署与调遣、C^4I 综合集成、指挥决策建模、半自动兵力、VV&A 等 19 类建模与仿真标准,如图 8 - 4 所示。

美国陆军建模与仿真标准开发集中在以下领域:
(1) 陆军军事行动和物理现象的建模;
(2) 认知过程的建模;
(3) 环境表达的标准化;
(4) 确保建模与仿真质量和可信度的指导方针和方法的开发等。

8.3.3.1 系统设计与体系结构

主要是确定仿真系统各个组成部分的结构与相互关系,建立系统设计、开发与改进的原则和指导方针,促进模型和仿真之间互操作和可重用,使那些互操作性好、可重用性高和可信赖的仿真系统的开发经验和范例得到充分共享。

8.3.3.2 战场空间功能描述

要求建立起权威的资源,作为捕获、共享和完善信息的手段,为仿真设计活

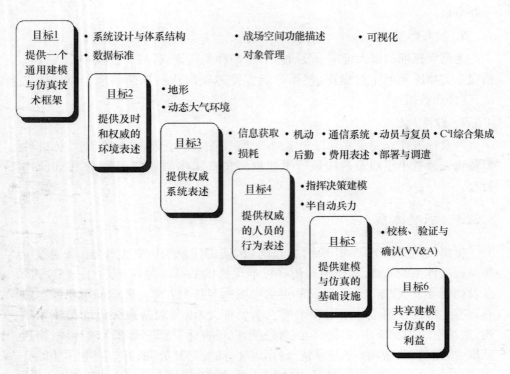

图 8-4　建模与仿真标准体系组成

动提供一个通用的、易于访问的、权威的起始点。

8.3.3.3　数据标准

包括建立数据元、数据库结构、访问程序、系统通信、数据维护与控制等标准,提高和促进领域之间的信息交换。

8.3.3.4　对象管理

目的是为了防止重复开发和开发不适用的模型,增加代码可重用、可维护的可能性,并使实体级仿真开发易于实现。

8.3.3.5　可视化

主要任务是开发硬件、软件和程序的标准,提供一个对战场空间无缝观察的方法和可视化环境,使领导人、决策者、作战参谋和士兵等各个层次的人员获取相应的战场信息。

8.3.3.6 地形

包括在建模与仿真中表述地形和动态地形过程所需要的数字地形数据内容、分辨率和准确度,地形数据库及其快速生成的技术,动态地形特征化技术和数据交换标准。

8.3.3.7 动态大气环境

其目标是吸取真实的气象数据和实时的气象预报到仿真中,并开发基础动态环境数据库、标准的综合自然环境、促进系统性能分析的标准工具等。

8.3.3.8 信息获取

能够应用于声音和电磁领域的信源反射或发射现象的信号化,也可应用于信息获取的对抗等,包括战场环境信号的形成、信号的传输和转换、信号识别和搜索过程。

8.3.3.9 损耗

包括目标的选择、排序、交战、战斗毁伤评估以及脱离战斗的算法和过程,还包括表述直瞄和间瞄射击武器系统的命中/杀伤概率的物理过程、对抗过程、目标跟踪与指示、射弹飞行以及弹药的费用等。

8.3.3.10 机动

复现影响地面部队平台与人员运动活动所需要的对象、算法、数据和技术,同时还包括作为工程功能的机动和反机动、作为机动退化的运动的抑制、编队与分散。

8.3.3.11 后勤

包括 10 个补给类的初始供应、补给、再补给、储存、设备、维护与共享的建模与仿真,以及作战服务支持(CSS)服务所需要的对象、算法、数据和过程。

8.3.3.12 通信系统

包括定义控制、通信与计算机系统的建模与仿真表述的目标,开发效能量度,确定控制、通信和计算机系统模型与仿真的关键因素,检验其误差等,复现敌我双方的控制、通信、计算机系统和过程。

8.3.3.13 费用表述

建立作战的精确成本计算和所有相关费用因素的一致化表述所需要的标准的费用因素的定义、数据工具、算法和技术。

8.3.3.14 动员与复员

准确地描述部队为军事行动做准备以及战后复员所需要的算法、对象和统一的建模方法。

8.3.3.15 部署与调遣

准确描述军队与民兵部队从驻地向作战区域部署,以及从一个作战区域向指定的本土基地或海外基地或新的作战区域部署的准备与机动所需要的对象、过程、技术、算法和其他因素。

8.3.3.16 C^4I 综合集成

建立该类标准可以确保建模与仿真的软、硬件可以与真实 C^4I 系统的软、硬件互操作和同步,使那些潜在的变化和复杂的需求具有可管理性,以避免重新设计。同时也有助于系统分析人员、教练员、作战人员从他们在综合环境中所看到、听到、感觉到和闻到的信息中产生习惯性的联想。

8.3.3.17 指挥决策建模

用于导致一个动作、决策或计划形成的人的行为的建模或仿真的算法,其目的是提高用于半自动化兵力(SAFOR)、计算机生成兵力(CGF)和构造仿真等领域的决策建模过程。包括:计划过程、作战管理语言、指挥决策的表现框架等的标准化。

8.3.3.18 半自动兵力

目的是形成一个新的体系结构和集中的资源来支持未来半自动兵力应用研究,使半自动兵力的行为尽可能符合真实情况。

8.3.3.19 VV&A

目标是建立和定义 VV&A 过程的标准,完善校核与验证的工具和指南,使校核与验证工具对用户可用,并开发效能量度以便于关键因素的确定。

8.3.4 组织管理

建模与仿真标准化的管理是建模与仿真管理的重要组成部分。以下主要介绍美国陆军和海军建模仿真标准化的管理。

8.3.4.1 陆军

美国陆军建模与仿真的标准化管理工作是严格按照美国陆军条令 AR 5 - 11《陆军建模与仿真管理》来实施的,并受到"陆军模型改进规划"的资金支持。

陆军建模与仿真标准化工作的组织管理结构如图 8 - 5 所示。

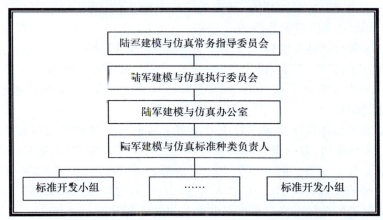

图 8 - 5 美国陆军建模与仿真标准工作组织管理结构

陆军建模与仿真常务指导委员会(AMS GOSC)是陆军建模与仿真标准的审批者,主要职责是批准标准的经费投资计划,其负责人是陆军采办主任(AAE)。

陆军建模与仿真执行委员会(AMSEC)是陆军建模与仿真标准的审查者,其人员组成由来自陆军 28 个部门的领导人或代表组成,负责人是陆军部军事运筹副部长,负责批准或否决一项陆军建模与仿真的标准。

陆军建模与仿真办公室(AMSO)是陆军建模与仿真管理的中心机构,负责为建模与仿真标准化工作提供信息论坛、发布被采用的标准、协调标准种类的协同开发、负责标准种类小组与其他工作组之间的协调以及召开支持开发的会议。

标准化种类负责人组织(SCC)是建模与仿真标准种类的提议者与标准开发的组织者。负责具体指导各个种类的标准开发小组工作。

标准开发小组是各类标准开发工作的具体承担者。

8.3.4.2　海军

美国海军建模与仿真标准化管理具有自己的特点。美国海军 M&S 标准项目对海军 M&S 标准的定义为:通过海军 M&S 标准指导组评价过程审查的任一算法、体系结构、数据、策略、最佳实践、程序、过程、协议或技术。一项海军 M&S 标准的关键特性包括:备有证明文件(包括范围和应用程序)、得到实际应用的验证、通过一项确定的过程进行维护、得到海军专家组织的认可。

海军标准的开发对象由海军 M&S 管理办公室(NAVMSMO)与海军 M&S 人员共同讨论决定,由 NAVMSMO 研究确定标准建立的途径,对陆军建模与仿真办公室(AMSO)和仿真协作标准化组织(SISO)正在开发的标准进行评审。为此,NAVMSMO 在 1999 年 11 月成立了海军 M&S 标准指导组(MS3G),专门负责此项工作。2002 年 10 月,NAVMSMO 发布了第一版“海军 M&S 标准政策与程序指南”,2005 年发布了第二版指南,至今已审查颁布了 13 套海军通用“标准需求文件(SND)”。

海军建模与仿真标准化项目由海军部下属的 NAVMSMO 直接设立,MS3G 是项目的主管部门,其负责人向 NAVMSMO 报告工作。MS3G 由来自海军部、海军作战部主任办公室、舰队、各系统司令部、各实验室、大学附属研究中心(UARCs)等的代表共同组成,这些人员都来自政府部门或由政府部门指定。多方参与确保了候选标准经过了严格的评估与恰当的筛选。

MS3G 本身不从事具体的技术研究工作,它的首要任务是监督 M&S 标准形成的进程,候选标准的技术评估工作交由下属的特别任务小组完成。MS3G 还对已颁布标准的回顾工作负责,并保证海军 M&S 开发人员与用户确实在执行这些已颁布的标准。MS3G 还要与国防部 M&S 社团、院校以及企业的专家团体保持联系,提高海军标准开发的效率。MS3G 下属若干工作组。

1. 体系结构特别兴趣组

体系结构是指系统中各要素的构成方式,其间的关系,以及长期指导它们设计与评估的原则与指南。该小组的任务是确保海军建模与仿真体系结构(NMSA)与包含在国防部框架体系结构内的规则、指南和产品说明一致,这就保证了理解、对比体系或是体系集成时能够取得的一致性。

2. C^4ISR 技术领域组

该小组的任务是促进通信应用标准的建设,包括在国家或是国际标准中,研究挑选合适的标准并整理发布,包含一些必要的扩展工作;指导研究合作;发展将要向有关国家、区域、国际标准机构或企业倡议的标准以及开发、发布通信指南的规范;进行测量、演示与测试等。

3. 数据技术领域组

　　该小组的任务首先是确定旨在增强 M&S 互用性的数据标准。海军对于产品数据模型、海洋环境数据、信号数据等标准有单独的要求。如果某确定的数据标准表达了单独的海军要求,将对它进行评估以便于向 MS3G 提交。其次是在确定的数据标准中,对于非海军独有的将向 MS3G 推荐并继续发展成为联合技术体系(JTA)M&S 数据标准。第三是向该项目其他下属领域组提供本类别专家组。

4. 互用性特别兴趣组

　　该小组的任务首先是定义互用性,其次是为互用性开发概念框架,并引出需求与标准。美军把仿真的互用性定义为仿真可以提供、接受服务以及在运行时间前后与其他模型或仿真交换数据的一种能力,目的是运用这些服务或交换的数据来增强它们运行的效率。另外,仿真还必须理解在表达、解释所提供的数据的语法与语义过程中的前后关系,确保在联邦全局中粒度与保真度的一致性,而无须开发一些本地软硬件或工具。

5. 后勤运用规划与审查组

　　该小组的任务是确定、评估与实现通用 M&S 后勤标准的一致性,提升海军模型、仿真及数据的可重用性,并支持相关的协议、技术与进程。该小组关注的问题包括:有没有可以支持用户的潜在 M&S 标准;如果有,能否解决目前的问题,是否能够满足某种需求;可用于哪些领域,带来哪些好处;某个确定下来的标准是否应该被提议进一步发展为 JTA 标准。

6. 综合自然环境(SNE)技术领域组

　　该小组的任务是通过颁布合适的标准和最优方法,确保自然环境及其影响能够在整个海军训练和仿真中被准确地表达出来。环境是所有仿真运行的一般媒介,需要适合每一个实体,并且在所有的联邦之间保持一致。营造这样的自然环境将遇到各种难题,包括确定个别仿真的需求,管理动态数据的传输等。解决这些问题最好的方法就是建立一套良好的标准以及规定一套最优的工作方法。综合自然环境技术领域组的任务是通过颁布合适的标准和最优方法,确保自然环境及其影响能够在整个海军训练和仿真中被准确的表达出来。

7. VV&A 技术领域组

　　该小组的任务是提供专门的 VV&A 技术支持,以及通过研究、分析、审查提交的 M&S 标准,解决 VV&A 技术领域提出的需求问题。负责海军 M&S 的 VV&A 标准从需求的提出到批准、发布、推广的各项工作。该组不直接从事标准的开发,而是通过研究使用记录在已有的标准中挑选与推荐,目的是使海军 M&S 的 VV&A 跟上技术革新的步伐。

8.4　我军仿真标准化情况

主要介绍军用建模与仿真标准化现状、标准体系及内容。

8.4.1　现状

"十一五"期间,军用建模与仿真标准化建设筹划科学,稳步推进。一是建立组织机构。为加强跨军兵种、跨行业、跨系统、跨功能领域建模与仿真标准的集中统管和集体把关,总部于 2007 年成立了军用建模与仿真标准化技术委员会,负责开展军用建模与仿真领域的标准化技术工作。二是构建标准体系表。主要是为满足我军建模与仿真领域的实际需要和发展要求,引领和指导相关国家军用标准体系建设。三是组织标准制定。着眼信息化条件下联合作战、训练和装备建设急需,重点开展了体系结构、仿真工程、仿真模型和战场环境数据等基础类标准建设,制定报批标准 40 余项。四是开展技术培训。举办了多期标准化培训班,全军近 20 个单位的标准化工作人员和标准编制人员参加了集训。五是深入理论研究。搜集整理外军建模与仿真标准体系的有关资料,全面分析了标准分类方法、构成要素和体系结构,深入研究国内外建模与仿真技术标准化发展趋势,完成了多份研究报告。

8.4.2　标准体系

军用建模与仿真标准体系由基础标准和应用标准两大部分组成,体系结构框架见图 8-6。基础标准是军用建模与仿真各应用领域共同遵循的标准,应用标准是军用建模与仿真各应用领域所应遵循的专用标准。

8.4.2.1　基础标准

包括术语、数据、模型、体系结构和仿真工程 5 类标准。

1. 术语标准

术语标准是规范建模与仿真领域常用基础术语的标准,提供建模与仿真术语的统一描述,保证其具有唯一性和共同的理解,方便建模与仿真技术的交流与合作。

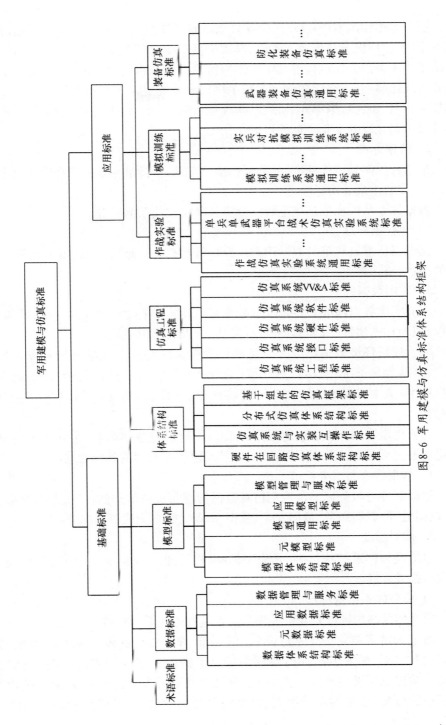

图8-6 军用建模与仿真标准体系结构框架

国家军用标准 GJB 6935—2009 详细规定了军用仿真术语。包括军用仿真基本术语、军用仿真建模技术术语、军用仿真系统及其开发技术术语、军用仿真应用术语 4 个部分。该标准规定了军用仿真常用的术语及其定义,适用于军用仿真系统建模、开发与应用领域。在军用仿真系统建模开发技术部分共定义了包括元数据、协议数据单元、协调时间推进机制、同步、数据交换标准、数据模型等涉及仿真开发的 130 个标准术语。

2. 数据标准

包括数据体系结构标准、元数据标准、应用数据标准和数据管理服务标准。

1)数据体系结构标准

数据体系结构标准是规范数据分类及其相互关系的标准。

2)元数据标准

元数据标准是规范与数据理解及数据管理相关信息的标准,用于规范元数据的描述、格式等。

3)应用数据标准

(1)实体数据标准。实体数据标准是规范实体静态属性(如性能、几何等特性)以及动态属性(如实体的状态、反应、交互等)的标准。

(2)战场环境数据标准。战场环境数据标准是规范战场环境数据内容、格式、结构等的标准,包括自然环境(地理、海洋、大气、空间、电磁、核生化等)数据标准、人文环境(民族、宗教、行政区域、经济区域、军事同盟等)数据标准等。

(3)想定数据标准。想定数据标准是规范想定数据内容、格式等的标准。想定数据包括对实体数据、环境数据以及想定所涉及到的其他数据。

4)数据管理与服务标准

数据管理与服务标准是规范仿真数据管理与服务活动的标准,包括数据采集、数据处理、数据服务、数据安全、数据 VV&C、数据集成等的标准。

3. 模型标准

包括模型体系结构标准、元模型标准、模型通用标准、应用模型标准、模型管理与服务标准。

1)模型体系结构标准

模型体系结构标准是规范模型分类及其相互关系的标准。

确定满足武器装备体系建设和全寿命管理所需要的模型系列的组成、分类和相互关系,保证不同部门建模与仿真资源的共享与协调,为建模与仿真开发人员提供标准的军事模型,防止重复开发和开发不适用的模型。包括军事模型的分类、模型的结构组成、模型的聚合与解聚,以及模型管理的方法与程序等。模型体系框架规定了武器装备体系效能仿真中涉及的模型系列（主要是武器装备模型）的组成、分类和相互关系，明确了各个模型在模型体系中所处的层次和位置，是各单位确定待开发模型的任务边界或选择模型时所要遵循的基本依据。

模型体系框架把所有模型按描述对象的粒度和分辨率分为两个层次：小粒度高分辨率模型和大粒度低分辨率模型。小粒度高分辨率模型首先把所有武器装备按军兵种进行树状分层和分类，然后针对每一层次的单武器平台开发模型，如歼击机模型、坦克模型等，这些模型描述了武器装备实体的行为细节，主要用于战术级仿真。大粒度低分辨率模型则以武器装备的基本火力单元或战术单元为描述对象，如攻击机编队模型、高炮连模型等，主要用于战役级仿真。该模型体系框架是完备的，即它规定的模型集可以满足我军武器装备体系研究的需求，它是建立可共享的模型资源库的基础。

2）元模型标准

元模型标准是规范元模型的分类、描述方法等的标准。

3）模型通用标准

模型通用标准是规范军用建模与仿真中各类模型应遵循的通用要求，包括：概念模型、数学模型、仿真模型等标准。

例如国家军用标准 GJB 5254—2004 详细规定了功能建模语言 IDEF0 的句法和语义，涉及 IDEF0 模型、句法、语义、IDEF0 图、IDEF0 模型页面、模型图特征、IDEF0 参考表达式等具体内容。

4）应用模型标准

应用模型标准是规范各类模型格式、组成、接口等的标准，包括实体描述模型、环境模型、效果评估模型、行为仿真模型、可视化模型和仿真管理模型等标准。

5）模型管理与服务标准

模型管理与服务标准是规范模型管理、服务活动的标准，包括模型服务、模型存储、模型安全、模型报废和模型 VV&A 等的标准。

4. 体系结构标准

包括硬件在回路仿真体系结构标准、仿真系统与实装互操作标准、分布式仿真体系结构标准、基于组件的仿真框架标准。

1）硬件在回路仿真体系结构标准

硬件在回路仿真体系结构标准是规范硬件在回路仿真系统组成及其相互关系的标准。

2）仿真系统与实装互操作标准

仿真系统与实装互操作标准是规范仿真系统与实装互操作的技术参考模型、互操作接口、互操作数据格式以及交互协议等的标准。

3）分布式仿真体系结构标准

分布式仿真体系结构标准是规范分布式仿真系统组成及其相互关系的标准。

4）基于组件的仿真框架标准

基于组件的仿真框架标准是规范基于组件技术建模与仿真框架中模型组件管理，模型时间同步，模型实体与交互的存储、访问、传输服务，行为模型、动作模型的访问控制等的标准。

5. 仿真工程管理标准

包括仿真系统工程标准、仿真系统接口标准、仿真系统硬件标准、仿真系统软件标准、仿真系统 VV&A 标准。

1）仿真系统工程标准

仿真系统工程标准是规范建模与仿真过程中需求文档、系统设计、系统维护、系统报废等的标准。

2）仿真系统接口标准

仿真系统接口标准是规范仿真系统各个模块之间内部通信接口以及仿真系统与外部系统之间的外部通信接口的标准。

3）仿真系统硬件标准

仿真系统硬件标准是规范仿真系统所用到硬件的开发流程、接口、电磁特性等的标准。

4）仿真系统软件标准

仿真系统软件标准是规范仿真系统所用到软件的开发流程、过程质量控制、软件测试与验收等的标准。

5）仿真系统 VV&A 标准

仿真系统 VV&A 标准是规范仿真系统 VV&A 的过程、实施方法等的标准。例如国家军用标准 GJB 6184—2007 详细规定了目标与环境特性建模 VV&A 通用要求，涉及 VV&A 的目的、过程、VV&A 小组、需求校核、VV 计划制定、概要设计校核、模型实现校核等。

8.4.2.2　应用标准

包括作战实验、模拟训练和装备仿真 3 类标准。

1. 作战实验标准

作战实验标准是规范作战分析仿真实验系统的设计、实现、验收和应用等的标准。

1）作战仿真实验系统通用标准

作战仿真实验系统通用标准是规范各类作战仿真实验系统的设计、验收和应用等的通用标准。

2）单兵/单武器平台战术分析仿真实验系统标准

单兵/单武器平台战术分析仿真实验系统标准是规范单兵/单武器平台战术分析仿真实验系统设计、验收和应用等的标准。

2. 模拟训练标准

模拟训练标准是规范作战指挥模拟训练系统及装备模拟训练器材的设计、验收和应用等的标准。

1）模拟训练系统通用标准

模拟训练系统通用标准是规范各种模拟训练系统设计、验收和应用等的通用标准。

2）实兵对抗模拟训练系统标准

实兵对抗模拟训练系统标准是规范实兵对抗模拟训练系统及器材设计、验收和应用等的标准。

3. 装备仿真标准

装备仿真标准是规范武器装备仿真系统需求分析、论证、可行性分析、设计、研制、验收、鉴定、训练、保障、维修、报废等的标准。包括武器装备仿真通用标准、具体装备仿真标准。其中,武器装备仿真通用标准包括装备发展战略论证仿真系统、装备规划计划论证仿真系统、装备作战需求论证仿真系统、装备预先研究论证仿真系统、装备型号论证仿真系统、装备保障论证仿真系统、装备体系论证仿真系统等的标准。

8.5 标 准 示 例

这里列出两个 IEEE 建模与仿真标准:分布式交互仿真(DIS)采用的 IEEE1278 标准和高层体系结构(HLA)采用的 IEEE1516 标准。

8.5.1 DIS 标准

20 世纪 80 年代,美国国防部高级计划局和美国陆军开始开发了 SIMNET,可以将单个的坦克训练者在共同的作战环境下进行并肩战斗。每一个单个的模拟器在这个共同的虚拟战场环境下代表一个武器系统,具备行动和交互能力:坦克可以机动、观察、相互射击、相互通信等。单个实体可以通过通信导致（整个）状态变化,通过消息通信完成交互。

如果两辆坦克在一场对抗中,可以定义这两个实体之间的活动和数据的顺序。如果一门加农炮发生移动,则其他模拟器将更新其视景,以显示其变化。当加农炮射击时,这些数据将被发送给每个模拟器。所有的观察系统将"看见"射击过程(烟火、闪光等)。被击中的模拟器也将接收到射击信息,诸如开火、(弹丸)速度、角度等。被击中的模拟器将计算射击后果——如彻底击毁、失去机动能力、失去火力打击能力等。所有的观察者(包括射击者),将更新他们对于被击中的模拟器的视景。基于这些评估,射击者决定是否继续打击任务或者执行一个新任务。基于这些数据可以很好地理解各模拟器在共同的战场空间内的具体的独立的行为。

由于信息交互说明集合能够被很好地定义,因此建立这些消息相应的标准应运而生,由此产生了 IEEE1278 分布式交互仿真标准:协议数据单元(PDU)用于所有可能的行动和交互的句法和语义,基于单个模拟器代表单个武器系统,而不仅仅是单个的武器平台,团队(如排、营)同样被认为是 PDU 的接收者和制造者,只是这些团队在战场空间被认为是单个的实体。

下列是 DIS 结构定义的在军事训练中所有可能的各种类型的标准PDU,然而一些预想的事件发生——如一辆坦克对另一辆坦克开火,两个实体相撞、在特定区域内的野战炮兵的使用、一个阻塞被用于压制侦察设备等——选择如下合适的 PDU,并运用标准化的信息格式来描述事件,在PDU 内部,句法和语义被合并在信息交互描述中,下表 8 – 1 列出了 PDU 的主要结构。

表 8 – 1 PDU 结构一览表

PDU 头	协议版本	8 位枚举类型	PDU 头	协议版本	8 位枚举类型
	操作 ID	8 位无符号整型	发出实体 ID	位置	16 位无符号整型
	PDU 类型	8 位枚举类型		应用	16 位无符号整型
	协议族	8 位枚举类型		实体	16 位无符号整型
	时戳	32 位无符号整型	接收实体 ID	位置	16 位无符号整型
	长度	16 位无符号整型		应用	16 位无符号整型
	修正符	16 位无符号整型		实体	16 位无符号整型

既然 DIS 结构通常使用一个序列来传输 PDU 包,每个模拟器总是接收所有的 PDU 包,同时决定应用与自身相关的特定的 PDU 包,表 8 – 2 定义了 PDU 包如何进行解释说明的。

表 8 - 2　DIS 中 PDU 的定义类型

值	描述	值	描述	值	描述	值	描述
0	其他	24	指示器	12	删除实体	143	开火—F1 健
1	实体状态	25	发信器	13	开始/恢复	144	爆炸—F1 健
2	开火	26	信号	14	停止/暂停	150	位置对象状态
3	爆炸	27	接信器	15	应答	151	线性对象状态
4	碰撞	129	声明对象	16	行动请求	152	实体对象状态
5	服务请求	130	删除对象	17	行动回应	153	环境
6	再供应	131	插述应用	18	数据查询	155	转换控制请求
7	再供应接收	132	描述事件	19	数据设定	156	转换控制
8	再供应取消	133	描述对象	20	数据	157	转换控制认定
9	修复完成	140	时间空间位置指示—F1 健	21	事件报告	160	内部通信控制
10	修复回应	141	外观—F1 健	22	注释	161	内部通信信号
11	创建实体	142	连套件—F1 健	23	电磁发射	170	总计

DIS 依然被广泛使用,且实时平台参考联邦对象模型(RPR - FOM)描述了 DIS 的许多解决方案,同时在 HLA 联邦运行中通常需要 DIS 的一致性。

8.5.2　HLA 标准

在美国国防部建模与仿真办公室的领导下,几个不同的原型版本被开发出来,如 HLA1.3NG。许多美国公司至今仍采用这一标准。IEEE 下属的一个国际标准化委员会通过更新改进了这一标准,比如在 1.3NG 中的某些术语被 XML 代替,而且硬编码列举被可重复的配置方案或者配置表代替。其结果导致 IEEE1516—2000 标准的诞生,目前已成为主要的版本,在欧洲、亚洲部分地区和澳大利亚等广泛使用。尽管两个版本许多区别在于其编辑特性,但是连接多个不同版本的联邦之间的途径依然需要。新旧版本之间主要的区别是信息交互模型有了标准组件,因此,部分信息交互协议可以实时修改,而且,动态连接能力、扩展 XML 支持、增强的容错能力和基于网络的标准被整合到基于 HLA 的联邦之中。许多支持者和组织机构已经开始执行这一新的标准。

定义 HLA 的目标是为分布式的计算机仿真系统定义一个通用的目标体系结构。它定义了一个由联邦成员构成的联邦,即仿真系统,连接中间件以允许信息在不同仿真系统间交互,下面是从标准的角度定义的 3 个组件:

(1) HLA 规则。用于描述通用准则以定义联邦如何工作以及如何相互工作。如更新的时机、由谁来更新等；

（2）HLA 接口描述。包括两个方面：仿真系统向 RTI 提供的服务；RTI 依次从仿真系统发出请求时提供的服务。

（3）对象模型模板（OMT）。用于定义通过 RTI 进行通信的多个联邦之间的信息结构。

为了确保：①正确的联邦能够提供所有需要的信息；②仅仅需要的信息由正确的联邦提供；③信息提供的时机正确；下列 6 个方面被采用：

（1）联邦管理的目的是选择正确的联邦。联邦成员加入或者离开联邦所使用的功能函数被定义在联邦管理组中。

（2）声明管理的目的是确定哪个联邦成员能够发布和订购哪个信息元素，它定义了所能共享的信息类型。

（3）对象管理的目的是共享目标的实例，通过被共享在联邦成员中，发送、接收、更新均属于该组中。

（4）数据分发管理的目的是确保信息交互的高效，通过增加附加的过滤器，改组能够获取黑板上感兴趣的数据。

（5）时间管理的目的是使得联邦同步。

（6）所有权管理的目的是确保实例的个性化和不同联邦属性之间的转换。

对象模型模板（OMT）定义了可交互的信息，实际上，有两种信息交互策略，持续的目标和短暂的交互。两种策略非常相似：对象具有属性、交互具有参数。两种使用类型被定义在 OMT 表中；均使用 RTI 服务；两种均定义在基于树状的对象结构中，能够提供简单的从类到子类的继承；最大的不同在于交互仅仅分发数据一次，而对象便被创建；它们可以被更新，可以改变所有权，同样可以被销毁。所有的交互和对象包括参数和属性，其他定义基于联邦对象模型（FOM）建立。

联邦之间的信息交互都通过 RTI 服务；在 OMT 提供的信息中，哪些信息可以通过多个联邦交互，RTI 提供的信息定义了信息如何交互。

仿真工程师另一个关心的是管理对象模型（MOM），它是对象模型模板的一部分。然而，当仿真数据建立了 FOM 后，管理数据和扩展将属于 MOM，RTI 需要管理数据提供的服务如下：

（1）有多少个联邦成员加入到联邦运行中；

（2）时间管理参与到联邦使用中的具体内容；

- 仿真实体的哪些实例被注册；
- 他们在哪些区域被注册；
- 是否订购了这些实例；

（3）新增联邦事件发生滞后的情况；

- 能够分配的最小逻辑时间是多少；
- 哪些实例已经被注册和更新；
- 这些属性最新的数值是什么；

在联邦管理中最常用的是管理对象模型（MOM），其核心数据是标准化的，但是可被扩展以支持用户请求功能。RTI 提供这些功能，其扩展功能同样可被"管理联邦"使用。

最后，为应对先进的分布式仿真的调整，附加的联邦协议应运而生，如对于多个联邦：哪一个联邦起主导作用，以及如何解决在一个联邦内部多目标映射等问题。这些联邦协议通常在官网中为开发者和工程师使用，它们是一个联邦运行工作顺利的重要组成部分。下列是经常使用上述协议的一些仿真活动：

（1）发布和订购，包括实体所有权的变化；

（2）数据管理和数据分发；

（3）时间管理；

（4）位置同步，包括保存和恢复策略；

（5）初始化和开始运行程序；

（6）使用支持数据库，特别是在授权的数据源方面；

（7）安全程序。

参 考 文 献

［1］军用仿真术语. 中华人民共和国国家军用标准［S］. GJB 6935—2009.

［2］功能建模语言 IDEF0 的句法和语义. 中华人民共和国国家军用标准［S］. GJB 5254—2004.

［3］目标与环境特性建模 VV&A 通用要求. 中华人民共和国国家军用标准［S］. GJB 6168—2007.

［4］刘兴堂,刘力,宋坤,等. 对复杂系统建模与仿真的几点重要思考［J］. 系统仿真学报, 2007,19(13):3073 – 3075.

［5］阎晋屯,王笑寒. 仿真实验标准化技术及标准体系研究［J］.论证与研究, 2009,2:44 – 47.

［6］胡振彪,邵国培,何俊,等. 建模与仿真通用技术框架研究［J］. 中国人民解放军电子工程学院学报,2001,20(2):24 – 28.

［7］王燕. 军用建模与仿真标准化问题研究［J］. 军事运筹与系统工程, 2011,25(3):52 – 56.

［8］卢刚. 遵循 IEEE1516 标准的分布式仿真基础支撑平台的研究与实现［D］. 国防科学技术大学硕士学位论文,2003:6 – 13.

［9］郭刚. 综合自然环境建模与仿真研究［D］. 国防科学技术大学博士学位论文,2004: 13 – 24.

[10] 张向波,黄俊领. 军事仿真概念模型及其开发过程研究[J]. 情报指挥控制系统与仿真技术,2004,26(2):29-33.

[11] 刘晓平,郑利平,路强,等. 仿真 VV&A 标准和规范研究现状及分析[J]. 系统仿真学报,2007,19(2):456-460.

[12] Paul M. Nelson. A requirements specification of modifications to the functional description of the mission space resource center[D]. Naval postgraduate school, Monterey, California. June 2001:16-37.

[13] Department of Defense. Modeling and Simulation (M&S) Master Plan (DOD 5000.59-P), October 1995.

[14] 军用建模与仿真标准化体系表. 军用建模与仿真标准化技术委员会,2009.